张良康◎著

R语言统计分析与可视化
从 入门 到 精通

R Language for Statistical Analysis and Visualization

from Introduction to Mastery

北京大学出版社
PEKING UNIVERSITY PRESS

内 容 简 介

本书循序渐进、深入讲解了R语言数据统计分析与应用的核心知识，并通过具体实例的实现过程演练了知识点的用法和流程。全书共16章，分别讲解了R语言基础、R语言数据统计语法基础、数据获取和处理、绘制可视化统计图、描述性统计分析、探索性数据分析、推论统计、回归分析、方差分析、非参数统计分析、主成分分析、聚类分析、生存分析、因子分析、基于机器学习的患者再入院预测分析系统和中概科技指数统计分析与投资系统。全书简洁而不失其技术深度，内容丰富全面，历史资料翔实齐全。同时，本书易于阅读，以极简的文字介绍了复杂的案例，同时涵盖了其他同类图书中很少涉及的历史参考资料，是学习R语言数据统计分析与应用的实用教程。

本书适用于已经了解R语言基础知识的读者，以及想进一步学习数据分析、统计分析、行业统计应用的读者，也可以作为相关从业者的参考书，还可以作为大专院校相关专业的师生用书和培训学校的专业性教材。

图书在版编目(CIP)数据

R语言统计分析与可视化从入门到精通 / 张良康著.
北京：北京大学出版社, 2024. 10. -- ISBN 978-7-301-35446-9

Ⅰ. C819
中国国家版本馆CIP数据核字第2024S2Q529号

书　　　名	R语言统计分析与可视化从入门到精通 RYUYAN TONGJI FENXI YU KESHIHUA CONG RUMEN DAO JINGTONG
著作责任者	张良康　著
责 任 编 辑	王继伟　姜宝雪
标 准 书 号	ISBN 978-7-301-35446-9
出 版 发 行	北京大学出版社
地　　　址	北京市海淀区成府路205号　100871
网　　　址	http://www.pup.cn　新浪微博：@北京大学出版社
电 子 邮 箱	编辑部 pup7@pup.cn　总编室 zpup@pup.cn
电　　　话	邮购部 010-62752015　发行部 010-62750672　编辑部 010-62570390
印 刷 者	北京市科星印刷有限责任公司
经 销 者	新华书店
	787毫米×1092毫米　16开本　29印张　698千字 2024年10月第1版　2024年10月第1次印刷
印　　　数	1-3000册
定　　　价	119.00元

未经许可，不得以任何方式复制或抄袭本书之部分或全部内容。
版权所有，侵权必究
举报电话：010-62752024　电子邮箱：fd@pup.cn
图书如有印装质量问题，请与出版部联系，电话：010-62756370

前言

在当今信息化和数字化时代，数据分析和统计建模技能已经成为各行各业的核心竞争力之一。本书作为一本全面的指南，旨在帮助读者掌握R语言这一强大工具，从而在处理各种类型的数据、进行统计分析和预测时可以游刃有余。本书涵盖数据获取、数据处理、可视化、描述性统计、推论统计、机器学习等内容，为读者提供了系统、全面的学习路径。

随着各行业的数字化转型和数据驱动的发展，社会对具备数据分析和统计建模能力的人才需求不断增加。本书作为系统介绍数据统计分析与实践应用的指南，不仅可以满足不同行业人才培养的迫切需求，而且为从业者提供了提升数据分析能力、优化决策流程的有效途径。

本书的特色

1. 全面系统的内容覆盖

本书涵盖R语言基础知识、高级数据统计分析技术等内容。通过本书，读者可以学习R语言的基本语法和功能，了解数据处理、可视化、描述性统计、推论统计、机器学习等多方面的知识。

2. 以案例实战为导向

本书以案例实战为导向，通过丰富的实例演示，将理论知识与实际应用相结合。书中配有详细的代码和实例分析，帮助读者理解如何运用R语言进行数据分析和建模，解决实际问题。

3. 跨行业应用

与其他单一行业的数据分析书籍不同，本书涵盖了多个行业的数据分析应用，包括金融、医疗、科技等领域。这使得本书的内容更加多样化，适用于不同行业的专业人士和学习者。

4. 深入浅出的讲解方式

本书以简洁清晰的语言，深入浅出地介绍了数据统计分析的基本概念和方法，使初学者易于理解。同时，对于高级读者，本书也提供了一些深入的技术细节和实践经验，以满足不同层次读者的需求。

5. 实用工具和技巧分享

除了介绍R语言的基本语法和功能，本书还分享了许多实用的工具和技巧，包括数据获取和处理、可视化方法、模型建立和评估等方面的经验。这些工具和技巧对于读者在实际工作中提高效率和解决问题具有重要意义。

本书的内容

本书通过深入浅出的讲解，结合丰富的案例和实例，帮助读者系统学习和掌握R语言数据统计分析的基本理论和实践技能，适用于不同行业的数据统计分析从业者和学习者。

（1）R语言基础：介绍R语言的发展历程、特点及如何获取并安装R语言运行环境。同时，介绍常用的R语言开发工具，如R GUI和RStudio，并演示了如何编写和运行简单的R语言程序等。

（2）R语言数据统计语法基础：涵盖R语言内置函数、内置数据处理函数及apply函数族等内容，介绍基本的数据处理和操作方法，包括查看、筛选、合并、分组、汇总、排序和转换等。

（3）数据获取和处理：介绍不同数据源的获取和处理方法，包括键盘输入数据，处理CSV、Excel、XML、JSON和MySQL等格式的数据，以及从网页抓取数据的方法等。

（4）绘制可视化统计图：讲解R语言的绘图系统和常用的绘图包，包括单变量、双变量和多变量数据的可视化方法，以及文件数据的可视化处理等。

（5）描述性统计分析：深入介绍描述性统计分析的概念和方法，包括计算平均数、中位数、众数、方差、标准差和百分位数等。

（6）探索性数据分析：介绍探索性数据分析的基本思想和方法，包括检测重复值、数据可视化方法、相关性分析等内容。

（7）推论统计：涵盖抽样和抽样分布、置信区间、假设检验、抽样方法等内容，介绍参数推断和非参数推断的基本理论和应用。

（8）回归分析：介绍线性回归、多元线性回归、逻辑回归、非线性回归和条件回归等内容，包括基本概念、方法和应用。

（9）方差分析：涵盖单因素方差分析、多因素方差分析和协方差分析等内容，包括基本概念、方法和应用。

（10）非参数统计分析：介绍非参数统计分析的基本方法和应用，包括秩和检验、Wilcoxon符号秩检验、Kruskal-Wallis检验、Friedman检验、卡方检验和符号检验等。

（11）主成分分析：介绍主成分分析的概念、数学原理和应用，包括信用卡欺诈检测的实战案例。

（12）聚类分析：涵盖K均值聚类、层次聚类、DBSCAN聚类、高斯混合模型聚类和谱聚类等内容，包括聚类分析的基本方法和应用。

（13）生存分析：介绍生存分析的基本概念、Kaplan-Meier生存曲线和Cox比例风险模型，以及心血管疾病的生存分析实战等。

（14）因子分析：包括因子分析的基本概念、方法和应用，以及心血管疾病风险因素分析系统等。

（15）基于机器学习的患者再入院预测分析系统：介绍基于机器学习的患者再入院预测分析系统的设计、实现和应用等。

（16）中概科技指数统计分析与投资系统：介绍中概科技指数统计分析与投资系统的设计、需求分析和系统分析，包括系统目标、系统模块和数据处理流程。通过对具体的实例进行分析，读者可以了解如何利用R语言进行金融数据分析和投资决策。

本书的读者对象

- 数据分析师和数据科学家：有志于使用R语言进行数据分析和统计建模的数据分析师和数据科学家将从本书获益。本书详细介绍了R语言在各个领域的应用，从基础知识到高级技术，涵盖了数据获取、数据处理、可视化、统计分析、机器学习等方面的内容。
- 金融从业者：金融行业的专业人士可以通过本书学习如何使用R语言进行金融数据分析和量化交易。本书提供了丰富的案例和分析技术，可以帮助读者更好地理解金融市场和金融产品，并运用数据分析技术进行风险管理、交易决策和投资组合优化。
- 统计学和数据科学教育工作者：统计学和数据科学领域的教育工作者可以将本书作为教材，帮助学生学习R语言和数据分析的基础知识和实践技能。本书理论和实践相结合，通过丰富的案例和练习，可以促进学生学习能力的提升。
- 企业和研究机构的数据团队：企业和研究机构的数据团队可以将本书作为参考资料，指导团队成员学习和使用R语言进行数据分析和建模。本书提供了大量的实用技术和案例，可以帮助数据团队提升工作效率和数据分析能力，推动其业务发展和科研成果转化。
- 企业决策者和管理者：企业决策者和管理者可以通过本书了解如何利用R语言进行数据分析和决策支持。他们可以学习如何利用数据驱动来解决企业面临的挑战，优化业务流程，改善产品和服务，提高市场竞争力。
- 研究人员和学生：研究人员和学生可以通过本书学习如何运用R语言进行科学研究和学术工作。本书提供了丰富的统计分析方法和数据处理技术，可以帮助他们处理和分析研究数据，撰写论文和报告，并进行科学实验和建模研究。
- 高校教师：高校教师可以将本书作为教材或参考书，用于统计学、数据科学、金融学等相关专业的课程教学。本书内容全面，结构清晰，案例丰富，适合作为教学材料，帮助学生理解和掌握数据分析和统计建模的基本理论和实践技能。

致谢

在编写本书的过程中,我得到了北京大学出版社专业编辑们的大力支持,正是他们的求实精神、无限的耐心以及高效的执行力,才使得本书能够在这么短的时间内出版。另外,也十分感谢我的家人给予的巨大支持。由于我的水平有限,书中纰漏之处在所难免,诚请读者提出宝贵的意见或建议,以便修订并使之更加完善。

最后感谢您购买本书,希望本书能成为您学习路上的领航者,祝您阅读愉快!

温馨提示

本书附赠资源,读者可以扫描右侧二维码,关注"博雅读书社"微信公众号,输入本书77页的资源下载码,根据提示获取。

博雅读书社

目录

第 1 章 R 语言基础

- 1.1 R 语言的发展历程 ········· 2
- 1.2 R 语言的特点 ········· 2
- 1.3 获取并安装 R 语言运行环境 ········· 3
  - 1.3.1 在 Windows 操作系统安装 R 语言 ········· 3
  - 1.3.2 在 Linux 操作系统和 macOS 操作系统安装 R 语言 ········· 5
- 1.4 R 语言开发工具：R GUI ········· 5
  - 1.4.1 命令行方式运行 R 语言程序 ········· 6
  - 1.4.2 文件方式运行 R 语言程序 ········· 6
- 1.5 R 语言开发工具：RStudio ········· 7
  - 1.5.1 安装 RStudio ········· 7
  - 1.5.2 RStudio 界面简介 ········· 9
  - 1.5.3 使用 RStudio 开发 R 语言程序 ········· 10
- 1.6 认识第一个 R 语言程序：简易数据统计与格式化输出 ········· 11
  - 1.6.1 新建 R 语言工程 ········· 11
  - 1.6.2 编写程序文件 ········· 12
- 1.7 R 语言和数据处理 ········· 14
  - 1.7.1 R 语言的优势 ········· 14
  - 1.7.2 数据处理和数据分析的区别 ········· 14

第 2 章 R 语言数据统计语法基础

- 2.1 基本的内置函数 ········· 17
  - 2.1.1 数学和统计函数 ········· 17
  - 2.1.2 字符和字符串处理函数 ········· 19
  - 2.1.3 文件操作函数 ········· 21
  - 2.1.4 概率分布函数 ········· 25
  - 2.1.5 日期函数和时间函数 ········· 27
- 2.2 内置数据处理函数 ········· 33
  - 2.2.1 查看、筛选和编辑数据 ········· 33
  - 2.2.2 合并数据 ········· 35
  - 2.2.3 分组和汇总 ········· 38
  - 2.2.4 排序 ········· 40
  - 2.2.5 转换 ········· 42
- 2.3 apply 函数族 ········· 43
  - 2.3.1 apply 函数族中的函数 ········· 43
  - 2.3.2 函数 apply() ········· 44
  - 2.3.3 函数 lapply() ········· 45
  - 2.3.4 函数 sapply() ········· 46
  - 2.3.5 函数 vapply() ········· 47
  - 2.3.6 函数 mapply() ········· 49
- 2.4 数据重塑与变形 ········· 50
- 2.5 数据查询与过滤 ········· 51
  - 2.5.1 使用 dplyr 包进行数据查询和过滤 ········· 52
  - 2.5.2 使用 sqldf 包进行 SQL 风格的查询 ········· 53

第3章 数据获取和处理

- 3.1 数据获取和处理简介 ……………… 56
- 3.2 使用键盘输入数据 ………………… 57
- 3.3 处理 CSV 数据 …………………… 58
  - 3.3.1 读取 CSV 文件 ……………… 59
  - 3.3.2 写入 CSV 文件 ……………… 60
  - 3.3.3 数据转换和处理 ……………… 61
- 3.4 处理 Excel 数据 …………………… 64
  - 3.4.1 R 语言和 Excel 文件 ………… 64
  - 3.4.2 使用 readxl 包 ……………… 64
  - 3.4.3 使用 openxlsx 包 …………… 66
- 3.5 处理 XML 数据 …………………… 67
  - 3.5.1 使用 XML 包 ………………… 68
  - 3.5.2 使用 xml2 包 ………………… 70
- 3.6 处理 JSON 数据 …………………… 72
  - 3.6.1 JSON 包 ……………………… 72
  - 3.6.2 使用 jsonlite 包 ……………… 73
  - 3.6.3 使用 RJSONIO 包 …………… 75
- 3.6.4 使用 tidyjson 包 ……………… 76
- 3.7 处理 MySQL 数据 ………………… 78
  - 3.7.1 和 MySQL 相关的包 ………… 78
  - 3.7.2 使用 RMySQL 包 …………… 78
  - 3.7.3 使用 RMariaDB 包 ………… 80
  - 3.7.4 使用 DBI 包 ………………… 81
  - 3.7.5 dplyr 包和 dbplyr 包 ……… 82
- 3.8 从网页抓取数据 …………………… 84
  - 3.8.1 使用 rvest 包抓取数据 ……… 84
  - 3.8.2 使用 httr 包抓取数据 ……… 85
  - 3.8.3 使用 XML 包抓取数据 ……… 87
  - 3.8.4 使用 jsonlite 包抓取数据 …… 88
- 3.9 数据准备与清洗 …………………… 88
  - 3.9.1 缺失数据处理 ………………… 89
  - 3.9.2 异常值检测和处理 …………… 91
  - 3.9.3 异常值检测方法小结 ………… 93

第4章 绘制可视化统计图

- 4.1 R 语言绘图系统简介 ……………… 97
  - 4.1.1 常用的绘图包 ………………… 97
  - 4.1.2 基本绘图函数 plot() ………… 97
- 4.2 单变量绘图 ………………………… 99
  - 4.2.1 绘制直方图 …………………… 99
  - 4.2.2 绘制条形图 …………………… 102
  - 4.2.3 绘制饼形图 …………………… 106
  - 4.2.4 绘制箱线图 …………………… 107
  - 4.2.5 绘制密度图 …………………… 109
- 4.3 双变量绘图 ………………………… 112
  - 4.3.1 绘制双变量条形图 …………… 112
  - 4.3.2 绘制散点图 …………………… 116
- 4.3.3 绘制折线图 …………………… 118
- 4.3.4 绘制箱线图(双变量) ………… 120
- 4.4 绘制多变量图 ……………………… 122
  - 4.4.1 绘制气泡图 …………………… 123
  - 4.4.2 绘制热力图 …………………… 125
- 4.5 文件数据的可视化 ………………… 128
  - 4.5.1 CSV 文件数据的可视化 …… 128
  - 4.5.2 Excel 文件数据的可视化 …… 130
  - 4.5.3 XML 文件数据的可视化 …… 131
  - 4.5.4 JSON 文件数据的可视化 …… 132
  - 4.5.5 MySQL 数据库数据的可视化 … 134

第5章 描述性统计分析

- 5.1 描述性统计分析简介 ……………… 137
- 5.2 平均数、中位数和众数 …………… 137

5.2.1	计算平均数	138	5.3.2	计算标准差	145
5.2.2	计算中位数	140	**5.4**	**百分位数**	**147**
5.2.3	计算众数	142	5.4.1	常见的百分位数	147
5.3	**方差和标准差**	**143**	5.4.2	计算百分位数	148
5.3.1	计算方差	144			

第6章
探索性数据分析

6.1	**EDA 简介**	**151**	**6.4**	**相关性分析**	**162**
6.2	**检测重复值**	**151**	6.4.1	相关性分析的基本信息	162
6.2.1	检测重复值简介	151	6.4.2	皮尔逊相关系数	163
6.2.2	R语言检测重复值的方法	152	6.4.3	斯皮尔曼相关系数	165
6.3	**数据可视化方法**	**155**	6.4.4	肯德尔相关系数	166

第7章
推论统计

7.1	**抽样和抽样分布**	**169**	**7.4**	**抽样方法**	**181**
7.2	**置信区间**	**169**	7.4.1	随机抽样	181
7.2.1	置信区间的概念	169	7.4.2	系统抽样	183
7.2.2	总体均值的置信区间	170	7.4.3	分层抽样	184
7.2.3	总体比例的置信区间	173	7.4.4	多阶段抽样	185
7.2.4	总体方差的置信区间	176	**7.5**	**推论统计的方向小结**	**185**
7.3	**假设检验**	**177**	7.5.1	参数推断	185
7.3.1	假设检验的基本步骤	178	7.5.2	非参数推断	186
7.3.2	假设检验中的错误类型	179			

第8章
回归分析

8.1	**回归分析简介**	**189**	**8.4**	**非线性回归**	**201**
8.2	**简单线性回归和多元线性回归**	**189**	8.4.1	非线性回归简介	201
8.2.1	简单线性回归	189	8.4.2	使用非线性回归模型	202
8.2.2	多元线性回归	194	**8.5**	**条件回归**	**203**
8.3	**逻辑回归**	**197**	8.5.1	条件回归简介	203
8.3.1	逻辑回归简介	197	8.5.2	使用条件回归模型	204
8.3.2	逻辑回归的应用领域	197			
8.3.3	使用逻辑回归模型	198			

第9章 方差分析

- 9.1 方差分析简介 207
- 9.2 单因素方差分析 208
  - 9.2.1 单因素方差分析的步骤 208
  - 9.2.2 单因素方差分析的应用 209
- 9.3 多因素方差分析 212
  - 9.3.1 多因素方差分析简介 212
  - 9.3.2 两因素方差分析 213
  - 9.3.3 多因素方差分析 216
- 9.4 协方差分析 218
  - 9.4.1 协方差分析方法简介 218
  - 9.4.2 协方差分析的应用 218

第10章 非参数统计分析

- 10.1 非参数统计的方法 233
- 10.2 秩和检验 233
  - 10.2.1 秩和检验简介 233
  - 10.2.2 使用秩和检验 234
- 10.3 Wilcoxon 符号秩检验 236
  - 10.3.1 Wilcoxon 符号秩检验简介 236
  - 10.3.2 使用 Wilcoxon 符号秩检验 236
- 10.4 Kruskal-Wallis 检验 239
  - 10.4.1 Kruskal-Wallis 检验简介 240
  - 10.4.2 使用 Kruskal-Wallis 检验 240
- 10.5 Friedman 检验 247
  - 10.5.1 Friedman 检验简介 248
  - 10.5.2 使用 Friedman 检验 248
- 10.6 卡方检验 250
  - 10.6.1 卡方检验简介 250
  - 10.6.2 卡方拟合度检验 251
  - 10.6.3 卡方独立性检验 252
- 10.7 符号检验 254
  - 10.7.1 符号检验简介 254
  - 10.7.2 使用符号检验 254

第11章 主成分分析

- 11.1 PCA 简介 257
  - 11.1.1 PCA 的概念 257
  - 11.1.2 PCA 的应用领域 257
- 11.2 PCA 的数学原理 258
  - 11.2.1 主成分的提取 258
  - 11.2.2 PCA 的可解释性 259
- 11.3 PCA 的应用：信用卡欺诈检测 260
  - 11.3.1 准备 R 语言包 260
  - 11.3.2 导入数据集 261
  - 11.3.3 计算 ROC 和 AUC 262
  - 11.3.4 可视化处理 263
  - 11.3.5 显示混淆矩阵 265
  - 11.3.6 探索数据 265
  - 11.3.7 相关性分析 267
  - 11.3.8 使用随机森林模型 268
  - 11.3.9 欺诈预测 270
  - 11.3.10 结论 272

第12章 聚类分析

- 12.1 聚类分析简介 274
  - 12.1.1 聚类分析的基本概念 274

12.1.2	聚类分析的方法 ⋯⋯⋯⋯⋯⋯⋯⋯ 274	12.4.1	DBSCAN 简介 ⋯⋯⋯⋯⋯⋯⋯⋯⋯ 285
12.1.3	聚类分析的应用领域 ⋯⋯⋯⋯⋯ 275	12.4.2	DBSCAN 的应用领域 ⋯⋯⋯⋯⋯ 286
12.2	**K 均值聚类** ⋯⋯⋯⋯⋯⋯⋯⋯⋯ **276**	12.4.3	使用 DBSCAN 聚类算法 ⋯⋯⋯ 286
12.2.1	K 均值聚类简介 ⋯⋯⋯⋯⋯⋯⋯ 276	**12.5**	**高斯混合模型聚类** ⋯⋯⋯⋯⋯ **289**
12.2.2	K 均值聚类的应用 ⋯⋯⋯⋯⋯⋯ 277	12.5.1	高斯混合模型聚类简介 ⋯⋯⋯ 289
12.3	**层次聚类** ⋯⋯⋯⋯⋯⋯⋯⋯⋯⋯ **280**	12.5.2	高斯混合模型聚类的应用 ⋯⋯ 289
12.3.1	层次聚类简介 ⋯⋯⋯⋯⋯⋯⋯⋯ 280	**12.6**	**谱聚类** ⋯⋯⋯⋯⋯⋯⋯⋯⋯⋯⋯ **295**
12.3.2	层次聚类的应用 ⋯⋯⋯⋯⋯⋯⋯ 281	12.6.1	谱聚类简介 ⋯⋯⋯⋯⋯⋯⋯⋯⋯ 295
12.4	**DBSCAN 聚类** ⋯⋯⋯⋯⋯⋯⋯ **285**	12.6.2	谱聚类的应用 ⋯⋯⋯⋯⋯⋯⋯⋯ 295

第 13 章

生存分析

13.1	**生存分析简介** ⋯⋯⋯⋯⋯⋯⋯⋯ **299**	**13.4**	**心血管疾病的生存分析实战** ⋯ **309**
13.1.1	生存分析的基本概念 ⋯⋯⋯⋯⋯ 299	13.4.1	数据集简介 ⋯⋯⋯⋯⋯⋯⋯⋯⋯ 309
13.1.2	生存分析的应用领域 ⋯⋯⋯⋯⋯ 300	13.4.2	数据预处理 ⋯⋯⋯⋯⋯⋯⋯⋯⋯ 310
13.1.3	用 R 语言实现生存分析 ⋯⋯⋯ 300	13.4.3	二元变量分布 ⋯⋯⋯⋯⋯⋯⋯⋯ 315
13.2	**Kaplan-Meier 生存曲线** ⋯⋯⋯ **302**	13.4.4	连续变量分布 ⋯⋯⋯⋯⋯⋯⋯⋯ 317
13.2.1	Kaplan-Meier 生存曲线的解释 ⋯ 303	13.4.5	死亡事件计数与生存时间 ⋯⋯ 324
13.2.2	Kaplan-Meier 生存曲线的构建 ⋯ 303	13.4.6	相关性分析 ⋯⋯⋯⋯⋯⋯⋯⋯⋯ 328
13.3	**Cox 比例风险模型** ⋯⋯⋯⋯⋯ **307**	13.4.7	变量选择的机器学习模型 ⋯⋯ 331
13.3.1	Cox 比例风险模型简介 ⋯⋯⋯ 307	13.4.8	生存分析 ⋯⋯⋯⋯⋯⋯⋯⋯⋯⋯ 337
13.3.2	Cox 比例风险模型的应用 ⋯⋯ 307	13.4.9	总结 ⋯⋯⋯⋯⋯⋯⋯⋯⋯⋯⋯⋯ 343

第 14 章

因子分析

14.1	**因子分析简介** ⋯⋯⋯⋯⋯⋯⋯⋯ **345**	14.2.6	因子旋转 ⋯⋯⋯⋯⋯⋯⋯⋯⋯⋯ 355
14.1.1	因子分析的基本概念 ⋯⋯⋯⋯⋯ 345	14.2.7	因子得分估计 ⋯⋯⋯⋯⋯⋯⋯⋯ 357
14.1.2	因子分析的应用领域 ⋯⋯⋯⋯⋯ 346	**14.3**	**因子分析的应用：心血管疾病风险因素分**
14.2	**因子分析方法** ⋯⋯⋯⋯⋯⋯⋯⋯ **346**		**析系统** ⋯⋯⋯⋯⋯⋯⋯⋯⋯⋯⋯ **358**
14.2.1	常用的因子分析方法 ⋯⋯⋯⋯⋯ 346	14.3.1	设置环境 ⋯⋯⋯⋯⋯⋯⋯⋯⋯⋯ 358
14.2.2	最大似然估计法 ⋯⋯⋯⋯⋯⋯⋯ 347	14.3.2	数据准备和探索 ⋯⋯⋯⋯⋯⋯⋯ 359
14.2.3	最小二乘法 ⋯⋯⋯⋯⋯⋯⋯⋯⋯ 349	14.3.3	相关性分析 ⋯⋯⋯⋯⋯⋯⋯⋯⋯ 362
14.2.4	广义最小二乘法 ⋯⋯⋯⋯⋯⋯⋯ 351	14.3.4	总结 ⋯⋯⋯⋯⋯⋯⋯⋯⋯⋯⋯⋯ 371
14.2.5	主轴因子分析 ⋯⋯⋯⋯⋯⋯⋯⋯ 353		

第 15 章

基于机器学习的患者再入院预测分析系统

15.1	**背景简介** ⋯⋯⋯⋯⋯⋯⋯⋯⋯⋯ **373**	**15.2**	**需求分析** ⋯⋯⋯⋯⋯⋯⋯⋯⋯⋯ **373**

15.3	系统分析	374	15.7.4	模型比较 394
15.4	**系统简介**	**375**	**15.8**	**第二方案 396**
15.4.1	系统功能简介	375	15.8.1	数据集拆分和数据平衡 396
15.4.2	系统模块结构	375	15.8.2	逻辑回归模型拟合和预测 397
15.5	**技术分析**	**376**	15.8.3	计算处理 397
15.5.1	dplyr：数据预处理	376	15.8.4	逻辑回归模型的拟合、预测和评估 398
15.5.2	psych：心理学和社会科学研究	376	15.8.5	使用交叉验证方法训练决策树模型 399
15.5.3	ROSE：不平衡处理	377	15.8.6	使用交叉验证方法训练随机森林模型 400
15.5.4	caret模型训练和评估	377	15.8.7	实现朴素贝叶斯模型 401
15.6	**数据处理**	**378**	**15.9**	**模型训练和评估 402**
15.6.1	导入数据集	378	15.9.1	数据预处理 402
15.6.2	数据预处理	380	15.9.2	逻辑回归模型的训练和评估 403
15.7	**第一方案**	**389**	15.9.3	决策树模型的训练和评估 404
15.7.1	划分训练集和测试集	390	15.9.4	随机森林模型的训练和评估 404
15.7.2	数据集平衡	390	15.9.5	朴素贝叶斯模型的训练和评估 405
15.7.3	交叉验证	391	**15.10**	**结论 406**

第16章 中概科技指数统计分析与投资系统

16.1	**背景简介**	**409**	16.6.1	股票价格和收益分析 413
16.2	**需求分析**	**409**	16.6.2	配对分析统计图 420
16.3	**系统分析**	**410**	16.6.3	MACD技术分析统计图 422
16.3.1	系统目标	410	16.6.4	OBV技术分析统计图 424
16.3.2	系统模块	410	16.6.5	CCI技术分析统计图 430
16.3.3	数据处理流程	411	16.6.6	Chaikin AD Line技术分析统计图 436
16.4	**技术栈**	**411**	16.6.7	相对表现比率统计图 437
16.4.1	Tidyquant：财务数据分析	411	16.6.8	RSI技术分析统计图 439
16.4.2	Tidyverse：数据处理工具	412	16.6.9	交易差价技术分析统计图 444
16.4.3	Loess平滑算法：非参数统计方法	412	16.6.10	CCI密度图 446
16.5	**数据处理**	**412**	16.6.11	自定义指数技术分析统计图 448
16.6	**中概股技术分析**	**413**		

R语言的全称是 Recovery Component，是一种面向对象的编程语言，主要用于数据统计分析、绘图、数据挖掘等领域。本章将详细讲解R语言的发展历程、R语言的特点、R语言开发工具、认识第一个R语言程序、R语言数据处理等。

1.1 R语言的发展历程

R语言来自S语言，是S语言的一个变种。S语言由Rick Becker、John Chambers等人在贝尔实验室开发。贝尔实验室在科学界享有盛名，如著名的C语言、UNIX操作系统便是由贝尔实验室开发的。

S语言的第一个版本于1976年至1980年，基于Fortran开发；于1980年被移植到UNIX操作系统，并对外发布源代码。1984年出版的"棕皮书"（Becker和Chambers，1984）总结了到1984年为止的S语言版本，并开始发布授权的源代码。该版本称为旧S语言，与现在用的S语言有较大差别。

1988年对S进行了较大的更新，变成了人们现在使用的S语言，称为第2版S语言。1988年出版的"蓝皮书"（Becker, et al, 1988）对此进行了总结。

1992年出版的"白皮书"（Chambers和Hastie，1992），描述了在S语言中实现的统计建模功能，增强了面向对象的特性。此为第3版S语言，这是当前多数用户所使用的版本基础。

1998年出版的"绿皮书"（John M. Chambers，2008），描述了第4版S语言，主要是编程功能的深层次改进。然而，并非所有的现行的S语言系统都采用了第4版，直到S-PLUS的第5版才采用了S语言第4版。

1988年发布了S语言的商业版本S-PLUS，目前为Tibco Software所有。

R语言是一个自由软件，由GPL（GNV General Public License）授权，最初由新西兰Auckland大学的Ross Ihaka和Robert Gentleman于1997年发布。R语言实现了与S语言基本相同的功能和统计能力，现在由R语言核心团队开发，全世界的用户都可以贡献软件包。

1.2 R语言的特点

推出R语言的最初目的是实现数据统计和绘图功能，经过长时间的发展，目前R语言在数据处理和可视化展示方面发挥着巨大的作用。在TIOBE近日发布的编程语言排行榜中，R语言的排名稳步上升，已经成为科学界不可或缺的编程语言。

（1）完全免费并开源：一个自由软件、免费、代码开源并支持各种主要计算机操作系统。

（2）易于编码：一种开源统计语言，被认为是易于编码的语言之一，并且很容易安装和配置。

（3）与其他语言的集成：允许用户与其他编程语言如C、C++、Java和Python集成并使用不同的数据源。

（4）强大的制图功能：如果希望将复杂数据进行可视化操作，R语言无疑是首选。

（5）良好的扩展性：不仅可以跨平台操作，还可以胜任复杂的数据分析工作，以及绘制精美的图形。

（6）功能强大：提供了应用广泛的技术，可用于数据分析、采样和可视化。与其他语言比，R语言拥有更先进的工具来分析统计数据。

（7）交互式数据分析：支持复杂的算法描述，图形功能强大。

（8）实现了经典的、现代的统计方法：支持参数和非参数假设检验、线性回归、广义线性回归、非线性回归、可加模型、树回归、混合模型、方差分析、判别、聚类、时间序列分析等功能。

1.3 获取并安装 R 语言运行环境

在使用R语言进行程序开发之前，需要先搭建其运行环境。只有在计算机中搭建运行环境后，才可以运行R语言程序。本节将详细讲解搭建R语言运行环境的知识。

1.3.1 在 Windows 操作系统安装 R 语言

（1）登录R语言的官方下载网站（https://cloud.r-project.org/bin/windows/base），在打开的网页中会显示适合Windows操作系统版本的R语言运行环境，通常为当时的最新版本，如图1-1所示。

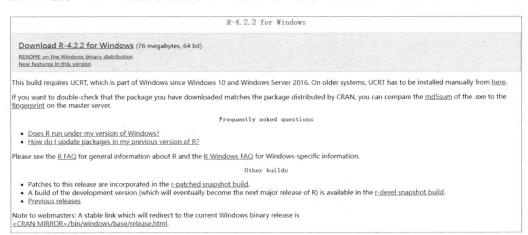

图1-1　Windows操作系统版本的R语言运行环境

（2）单击"Download R-4.2.2 for Windows"超链接，下载R语言安装文件"R-4.2.2-win.exe"。

（3）安装R语言。双击安装文件"R-4.2.2-win.exe"，弹出"选择语言"对话框，如图1-2所示。在此选择"中文（简体）"，单击"确定"按钮。

（4）弹出"信息"对话框，如图1-3所示，单击"下一步"按钮。

图1-2　"选择语言"对话框

（5）弹出"选择安装位置"对话框，如图1-4所示，单击"下一步"按钮。

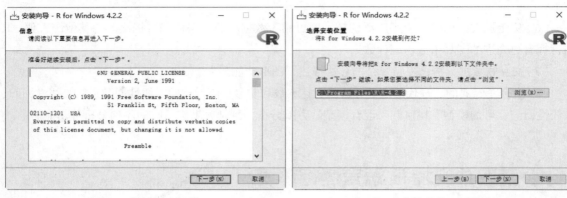

图1-3　"信息"对话框　　　　　　　　　图1-4　"选择安装位置"对话框

（6）弹出"选择组件"对话框，如图1-5所示，单击"下一步"按钮。

（7）弹出"启动选项"对话框，如图1-6所示，单击"下一步"按钮。

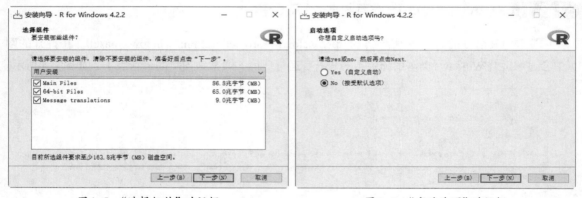

图1-5　"选择组件"对话框　　　　　　　图1-6　"启动选项"对话框

（8）弹出"选择开始菜单文件夹"对话框，如图1-7所示，单击"下一步"按钮。

（9）弹出"选择附加任务"对话框，如图1-8所示，单击"下一步"按钮。

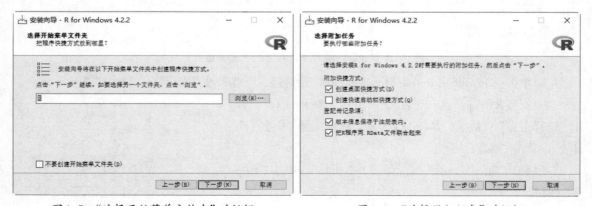

图1-7　"选择开始菜单文件夹"对话框　　　图1-8　"选择附加任务"对话框

（10）弹出"正在安装"对话框，显示安装进度，如图1-9所示。

（11）完成后弹出安装完成对话框，如图1-10所示，单击"结束"按钮，完成安装。

图1-9 "正在安装"对话框　　　　　　　图1-10 安装完成对话框

1.3.2　在 Linux 操作系统和 macOS 操作系统安装 R 语言

1. Linux 操作系统

获取Linux版R语言的网址如下。

（1）官方地址：https://cloud.r-project.org/bin/linux/

（2）USTC 镜像：https://mirrors.ustc.edu.cn/CRAN/bin/linux/

（3）TUNA 镜像：https://mirrors.tuna.tsinghua.edu.cn/CRAN/bin/linux/

上述网址中提供了不同Linux版R语言的安装教程，读者按照教程即可完成安装。

2. macOS 操作系统

获取macOS版R语言的网址如下。

（1）官方地址：https://cloud.r-project.org/bin/macosx/

（2）USTC 镜像：https://mirrors.ustc.edu.cn/CRAN/bin/macosx/

（3）TUNA 镜像：https://mirrors.tuna.tsinghua.edu.cn/CRAN/bin/macosx/

在上述网址中提供了不同macOS版R语言的安装教程，读者按照教程即可完成安装。

如果读者觉得打开上述网址的速度太慢，可以访问清华大学提供的源地址：https://mirrors.tuna.tsinghua.edu.cn/CRAN/bin。

1.4　R 语言开发工具：R GUI

本节讲解R GUI的用法。R语言安装完成后，会自动安装R语言官方提供的开发工具R GUI。在Windows操作系统中依次选择"开始"菜单→"R 4.2.2"，即可启动R GUI，如图1-11所示。

启动 R GUI 后的界面效果如图 1-12 所示。

图 1-11　选择"R 4.2.2"

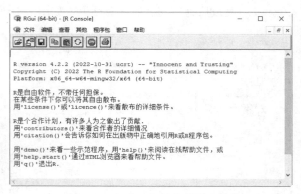

图 1-12　启动 R GUI 后的界面效果

1.4.1　命令行方式运行 R 语言程序

图 1-12 所示界面是一个命令行界面，可以通过交互式方式运行程序。例如，输入如下代码。

```
print("Hello, world")
```

按 Enter 键，即可输出执行结果 "Hello, world"，如图 1-13 所示。

R GUI 具有代码着色功能，图 1-13 中，"print("Hello, world")" 表示 R 语言程序代码，"Hello, world" 表示执行结果。

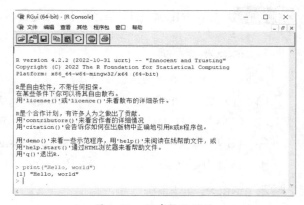

图 1-13　程序执行结果

1.4.2　文件方式运行 R 语言程序

（1）打开 R GUI 后，选择"文件"→"新建程序脚本"，如图 1-14 所示。

（2）在弹出的 R 编辑器界面中可以编写 R 语言程序代码。例如，编写如下代码，如图 1-15 所示。

```
print("Hello, world")
```

图 1-14　选择"新建程序脚本"

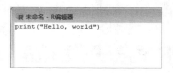

图 1-15　编写 R 语言程序代码

（3）按 Ctrl+S 组合键或选择"文件"→"保存"，在弹出的"保存程序脚本为"对话框中给当前程序命名，并选择保存位置。例如，将程序命名为"first"，保存到"R 语言 \codes\1"目录下，如

图1-16所示。

（4）单击"保存"按钮，会在"R语言\codes\1"目录下保存刚刚编写的R语言程序文件first.R，其中".R"是R语言的扩展名，表示这是一个R语言程序文件。

（5）选择"编辑"→"运行所有代码"，运行文件first.R中的所有代码，如图1-17所示。如果选择"编辑"→"运行当前行或所选代码"，则会运行文件first.R中的选定代码。注意，运行结果在前面介绍的命令行界面中展示。

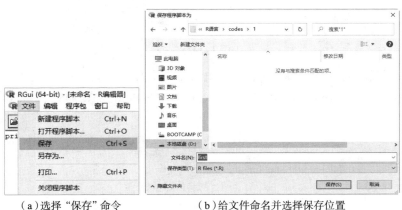

（a）选择"保存"命令　　　（b）给文件命名并选择保存位置

图1-16　保存R语言程序文件

图1-17　运行代码

1.5　R语言开发工具：RStudio

为了提高R语言程序的开发效率，本节介绍一款著名的IDE（Integrated Development Environment，集成开发环境）开发工具：RStudio。RStudio具备基本的调试、语法高亮、Project管理、代码跳转、智能提示、自动完成、单元测试、版本控制等功能。

1.5.1　安装RStudio

RStudio是R语言的一个集成开发环境，由JJ Allaire公司在2011年创建并发布，分为Desktop版和Server版。RStudio两个版本的具体说明如下。

（1）Desktop版：这是RStudio的桌面版本，直接安装在计算机中，供开发者使用。Desktop版RStudio可以安装在Windows、Linux和mac等不同操作系统中。

（2）Server版：这是RStudio的服务器版本，是一个基于Web访问的RStudio云端开发环境，需要安装在Linux服务器中，可以供多个网络用户远程访问使用。

对于本书读者来说，只需安装Desktop版RStudio即可。下载并安装Desktop版RStudio的流程如下。

（1）登录RStudio官方下载网站（https://posit.co/downloads），找到"RStudio Desktop"下方的

"Free"（免费），单击"DOWNLOAD"按钮，如图1-18所示。

图1-18　单击"Free"下方的"DOWNLOAD"按钮

（2）在弹出的页面中显示了当前最新的RStudio版本，并介绍了需要安装的R版本。因为1.3节已经安装了R，所以此处只需单击"DOWNLOAD RSTUDIO DESKTOP FOR WINDOWS"按钮，开始下载RStudio即可，如图1-19所示。

图1-19　下载RStudio

（3）下载完成后，得到一个扩展名".exe"的安装文件。双击该安装文件，即可开始安装RStudio。首先弹出"欢迎使用RStudio安装程序"对话框，如图1-20所示。

（4）单击"下一步"按钮，弹出"选择安装位置"对话框，在此选择安装RStudio的位置，如图1-21所示。

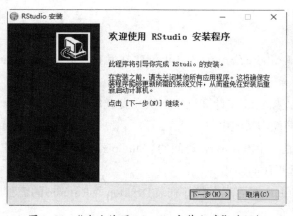

图1-20　"欢迎使用RStudio安装程序"对话框

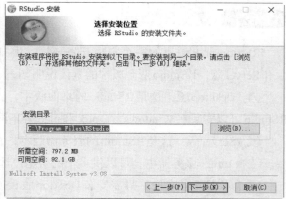

图1-21　"选择安装位置"对话框

(5)单击"下一步"按钮,弹出"选择开始菜单文件夹"对话框,在此选择安装RStudio的位置,如图1-22所示。

(6)单击"安装"按钮,弹出"正在安装"对话框,如图1-23所示。当进度条达到100%后,即完成RStudio的安装工作。

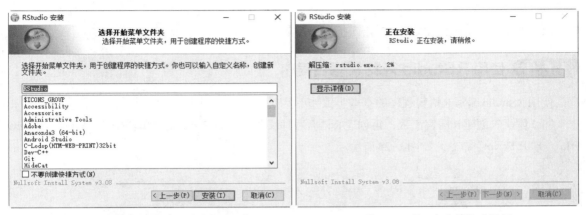

图1-22 "选择开始菜单文件夹"对话框　　　　图1-23 "正在安装"对话框

1.5.2　RStudio界面简介

打开RStudio,其界面的初始效果如图1-24所示。

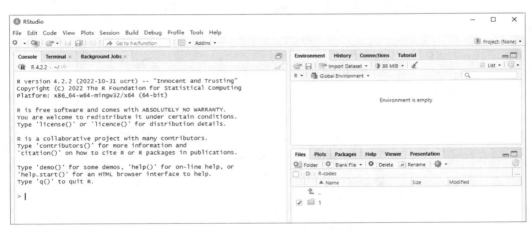

图1-24　RStudio界面的初始效果

RStudio界面一般分为3个或4个窗格,其中控制台(Console)与R GUI的命令行窗口基本相同,只是功能有所增强。RStudio界面中包含的重要窗格选项如下。

(1)Files:列出当前项目的目录(文件夹)内容。其中,以".R"或者".r"为扩展名的是R语言源程序文件,单击某一源程序文件,即可在编辑窗格中打开该文件。

(2)Plots:如果程序中有绘图结果,将会显示在该窗格中。因为绘图需要足够的空间,所以当屏幕分辨率过低或者Plots窗格太小时,可以单击"Zoom"图标,将图形显示在一个单独的窗口中,或者将图形窗口作为唯一窗格显示。

（3）Help：存放R软件的文档与RStudio的文档。

（4）Environment：存放已经有定义的变量和函数。

（5）History：存放以前运行过的命令，不限于本次RStdudio运行期间，也包括以前使用RStudio时运行过的命令。

（6）Packages：显示已安装的R语言扩展包及其文档。

1.5.3 使用 RStudio 开发 R 语言程序

使用RStudio编写R语言程序的基本步骤如下。

（1）建议先创建R语言工程，再创建R语言程序文件。选择RStudio菜单栏中的"File"→"New File"→"R Script"命令，如图1-25所示。

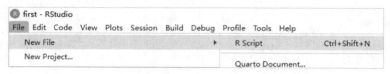

图1-25　选择"File"→"New File"→"R Script"命令

（2）在弹出的编辑界面中即可编写R语言程序代码，如编写代码"print("Hello, world")"。按Ctrl+S组合键或选择"文件"→"保存"命令，在弹出的对话框中给当前程序命名，并选择保存位置。例如，将程序命名为"second"，保存到"R-codes\1"目录下，如图1-26所示。

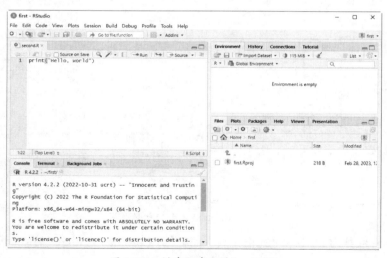

图1-26　创建程序文件second.R

在图1-26所示界面中，左上部分是RStudio的编辑窗口，用于展示程序文件second.R的代码。通过编辑窗口，可以查看和编辑R语言程序、文本型的数据文件、程序与文字融合在一起的Rmd文件等。在编辑窗口中，可以使用操作系统中常用的编辑方法对源文件进行编辑，如复制、粘贴、查找、替换等。

（3）单击编辑窗口顶部的图标按钮"→Run"，可以运行程序文件second.R，在左下方的Console窗口中输出运行结果，如图1-27所示。

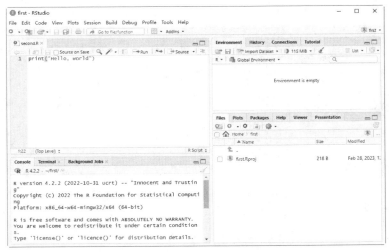

图1-27　运行程序文件second.R

1.6　认识第一个R语言程序：简易数据统计与格式化输出

前面已经介绍了编写并运行R语言程序的方法。本节将使用R语言开发一个简易的数据统计与格式化输出程序，介绍开发R语言程序的完整流程。在本示例程序中，计算一组数字数据的统计信息，包括均值、中位数、标准差、数据范围、总和以及第一、三四分位数；使用R语言中的pander包，以表格形式格式化输出统计信息。

1.6.1　新建R语言工程

在使用R语言和RStudio编写程序时，建议用一个工程保存一个独立的软件项目。这样做的好处是不同的软件项目可以使用同名的R语言程序文件而不会发生冲突，当在程序中用到某个R语言程序文件时，只需要写文件名而不需要写文件所在的目录。打开RStudio，为本数据统计程序创建一个独立的工程，具体流程如下。

（1）在RStudio菜单栏中选择"File"→"New Project"命令，在弹出的"Create Project"对话框中选择"New Directory"，如图1-28所示。

（2）弹出"Create New Project"对话框，为当前工程设置名字和保存路径。例如，将工程名字设置

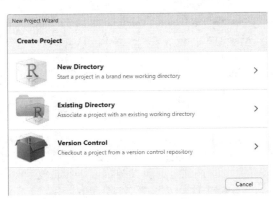

图1-28　选择"New Directory"

为"first",将当前工程保存在"D:\R-codes\1"目录中,如图1-29所示。

(3)单击"Create Project"按钮,开始创建工程,创建成功后会在"D:\R-codes\1"目录中自动生成工程文件,如图1-30所示。

图1-29 设置工程名和保存路径　　　　图1-30 自动生成的工程文件

1.6.2 编写程序文件

在创建工程first后,接下来在工程中新建一个R语言程序文件,具体方法可参考1.5.2节中的内容。在工程first中创建R语言程序文件first.R,具体代码如下:

```r
# 安装并加载pander包
if (!require(pander)) {
  install.packages("pander")
}
library(pander)

# 创建一个包含数据的向量
data <- c(10, 20, 30, 40, 50, 60, 70, 80, 90, 100)

# 计算统计信息
mean_value <- mean(data)
median_value <- median(data)
std_deviation <- sd(data)
data_range <- range(data)
sum_value <- sum(data)
percentiles <- quantile(data, probs=c(0.25, 0.5, 0.75))

# 创建一个表格
result_table <- data.frame(
  Metric = c("均值:", "中位数:", "标准差:", "数据范围:", "总和:", "第一四分位数:", "第三四分位数:"),
```

```
    Value = c(mean_value, median_value, std_deviation,
              paste(data_range[1], "到", data_range[2]), sum_value,
              percentiles[1], percentiles[2], percentiles[3])
)

# 输出结果表格
pander(result_table, caption = "数据统计信息", split.table = Inf)
```

对上述代码的具体说明如下。

（1）if (!require(pander)) { install.packages("pander") }：用于检查是否已安装pander包，如果尚未安装，则将安装该包。函数require()用于检查包是否已加载，如果未加载，则执行加载操作。

（2）library(pander)：用于加载pander包，以便可以使用其功能进行格式化输出。

（3）data <- c(10, 20, 30, 40, 50, 60, 70, 80, 90, 100)：用于创建一个包含数据的向量data，其中包含一组数字数据。

（4）后面的几行代码用于计算数据的统计信息，如均值、中位数、标准差、数据范围、总和及分位数，将这些信息存储在相应的变量中。

（5）result_table <- data.frame(…)：用于创建一个数据框result_table，其中包含两列，分别为Metric（统计指标）和Value（结果值）。每个统计指标后面都有一个冒号，之后是相应的结果值，这是通过函数paste()将两者连接在一起实现的。

（6）pander(result_table, caption = "数据统计信息", split.table = Inf)：使用函数pander()以表格形式输出result_table，并且通过caption参数添加表格标题。split.table = Inf参数用于确保表格不分割成多页，以保持整个表格在单个页面上显示。

由此可见，文件first.R的主要目的是计算一组数据的统计信息，并以格式化方式输出这些信息，其中每个统计指标后面都有一个冒号，之后是相应的结果值。执行后会输出：

```
---------------------------------
    Metric              Value
---------------- -----------------
     均值：               55
    中位数：              55
    标准差：         30.2765035409749
   数据范围：         10 到 100
     总和：              550
  第一四分位数：         32.5
  第三四分位数：         77.5
---------------------------------

Table: 数据统计信息
```

1.7 R语言和数据处理

R语言在数据处理（Data Processing）和数据分析（Data Analysis）方面具有许多优势，因此其成为数据科学和统计学领域的流行工具。

1.7.1 R语言的优势

R语言在数据处理和数据分析方面拥有的优势，具体如下。

（1）丰富的数据处理功能：R语言提供了广泛的数据处理功能，包括数据清洗、转换、合并、重塑和透视等。R语言具有强大的向量化操作和数据框操作功能，可以高效地处理大规模数据集。

（2）多样的统计和机器学习算法：R语言拥有丰富的统计和机器学习算法，包括线性回归、逻辑回归、决策树、随机森林、支持向量机、聚类分析等。这些算法通过R语言的众多包和库提供，使得数据分析师和科学家能够轻松应用这些算法进行数据建模和预测分析。

（3）数据可视化能力：R语言拥有强大的数据可视化功能，可以创建丰富多样的图形，包括散点图、柱状图、折线图、箱线图、热图等。R语言的图形库（如ggplot2）提供了灵活且美观的图形语法，使得用户能够以直观的方式呈现和解释数据。

（4）大型社区支持：R语言拥有庞大的用户社区和活跃的开发者社区，用户可以轻松获取各种问题的解答、分享经验和获取扩展功能。这意味着用户可以从其他用户的经验中获益，并利用他们开发的各种包和工具来加速自己的分析工作。

（5）可扩展性：R语言具有强大的扩展性，允许用户根据自己的需求编写自定义函数和包。用户可以根据自己的工作流程和分析要求，定制和优化代码和功能，以满足特定的数据处理和分析需求。

（6）免费和开源：R语言是免费和开源的，任何人都可以自由使用和修改它。这使得R语言成为许多学术界、研究机构和企业的首选工具，且无须支付高昂的许可费用。

总体而言，R语言在数据处理和分析方面具有广泛的功能和灵活性，能够满足不同领域的数据分析需求。R语言的优势不仅在于其功能的丰富性，还在于其活跃的社区支持和开放的生态系统。

1.7.2 数据处理和数据分析的区别

数据处理和数据分析是数据科学中两个关键的概念，它们在数据处理过程中具有不同的职责和目标。

（1）数据处理：对原始数据进行转换、清洗、整理和组织的过程。数据处理涉及数据清洗（去除异常值、处理缺失值）、数据转换（格式转换、数据类型转换）、数据集成（合并多个数据源）和数据存储等操作。数据处理的目标是确保数据的准确性、一致性和完整性，以便后续的数据分析和建模能够基于可靠的数据进行。

（2）数据分析：对处理后的数据进行探索、理解和提取有价值的信息的过程。数据分析的主要目的是揭示数据中的模式、趋势、关联和洞察，并通过统计方法、机器学习算法等进行数据建模、预测和决策支持。数据分析包括描述性统计分析、探索性数据分析、推断统计分析、机器学习和预测分析等。数据分析的目标是从数据中提取知识和见解，为业务决策和问题解决提供支持。

数据处理和数据分析是数据科学中不可分割的两个环节。数据处理是数据分析的基础，确保数据的质量和可用性；而数据分析则是利用处理后的数据进行深入探索和发现有意义的信息。数据处理关注数据的整理和准备，数据分析关注数据的发现和解释，两者相辅相成，共同构成了数据科学的重要组成部分。

第 2 章

R 语言数据统计语法基础

本章将深入探讨R语言的数据统计语法基础。首先，详细介绍R语言内置的数据处理函数。之后，重点介绍apply函数族，这些都是R语言中重要的数据处理工具。在此基础上，将进一步探讨数据重塑与变形，以及如何进行数据查询与过滤。本章将详细介绍如何使用sqldf进行SQL风格查询，以及使用dplyr扩展包进行数据查询和过滤。通过本章的学习，读者将能够更好地理解和掌握R语言的数据处理技巧，为后续的数据分析和处理工作打下坚实的基础。

2.1 基本的内置函数

在R语言中，内置函数指的是R语言自带的函数，无须进行额外的安装或导入即可直接使用。R语言中的内置函数可以执行各种操作，包括数学运算、字符处理、向量和数据结构操作、数据框和矩阵操作、文件和输入/输出操作、图形和可视化等。这些函数提供了丰富的功能，使得R语言成为数据分析和统计建模的强大工具。

> 注意
> R语言的内置函数是由R语言的开发团队开发和维护的，并随着R语言的发展不断更新和改进。

2.1.1 数学和统计函数

R语言中有许多内置的数学和统计函数，可用于执行各种数学运算和统计分析。下面列出了一些常用的内置数学和统计函数。

（1）sum(x)：对向量x中的元素求和。

（2）mean(x)：计算向量x的平均值。

（3）median(x)：计算向量x的中位数。

（4）max(x)：找到向量x中的最大值。

（5）min(x)：找到向量x中的最小值。

（6）var(x)：计算向量x的方差。

（7）sd(x)：计算向量x的标准差。

（8）quantile(x, probs)：计算向量x的分位数。其中，probs是一个介于0~1的数字向量。

（9）cor(x, y)：计算向量x和y之间的相关系数。

（10）cov(x, y)：计算向量x和y之间的协方差。

上述函数可以用于数值型向量、矩阵和数据框，以及其他支持数学运算和统计分析的数据结构。这些函数不仅可以执行常见的数学和统计计算，而且可以与其他R语言函数和操作符结合使用，以进行更复杂的数据处理和分析。

> **注意**
> 上面只是列出了一小部分R语言中可用的数学和统计函数,在R语言中还有许多其他内置函数和包,用于更高级的数学运算、统计模型拟合、假设检验等任务。有关具体信息,读者可以查阅R语言的文档和帮助文件,了解更多有关数学和统计函数的详细信息和用法。

实例2-1 判断是否为整数(源码路径:codes\2\weight.R)

假设某个舍友在一年中的每个月份内每天都记录了自己的体重,并想要计算每个月的体重变化幅度和年度的体重变化情况。为了实现这一目标,我们可以编写一个R语言的程序,使用R语言内置的数学和统计函数进行计算并分析体重信息。实例文件weight.R的具体实现代码如下:

```r
# 生成随机的体重数据
set.seed(123)   # 设置随机种子,以确保结果可复现
weight <- runif(365, min = 60, max = 80)
# 生成365个介于60~80的随机数,模拟体重数据

# 计算每个月的体重变化幅度
monthly_changes <- diff(weight, lag = 30)
# 计算每30天的体重变化幅度,lag参数表示间隔的天数

# 计算年度的体重变化情况
annual_change <- weight[365] - weight[1]
# 计算最后一天的体重与第一天的体重之间的变化

# 输出每个月的体重变化幅度
cat("Monthly Weight Changes:\n")
for (i in 1:11) {
  cat("Month", i, "to", i+1, ": ", monthly_changes[i], "\n")
}

# 输出年度的体重变化情况
cat("Annual Weight Change: ", annual_change, "\n")
```

对上述代码的具体说明如下。
(1)使用函数runif()生成365个介于60~80的随机数,模拟一年中每天的体重数据。
(2)使用函数diff()计算每30天的体重变化幅度,得到每个月的体重变化情况。
(3)计算最后一天的体重与第一天的体重之间的变化,得到年度的体重变化情况。
执行后会输出:

```
Monthly Weight Changes:
Month 1 to 2 :  13.50893
Month 2 to 3 :  2.279878
Month 3 to 4 :  5.634567
```

```
Month 4 to 5 :   -1.751
Month 5 to 6 :   -18.31707
Month 6 to 7 :   8.644789
Month 7 to 8 :   4.607081
Month 8 to 9 :   -13.52022
Month 9 to 10 :  -4.66508
Month 10 to 11 : -4.499779
Month 11 to 12 : -16.28067
Annual Weight Change:   1.51446
```

由此可见，通过使用R语言内置的数学和统计函数，能够方便地计算和分析体重数据的变化情况，从而更好地了解个人的体重变化趋势。

2.1.2 字符和字符串处理函数

R语言中有许多内置的字符和字符串处理函数，可用于对字符向量和字符串进行各种操作及转换。下面列出了一些常用的内置字符和字符串处理函数。

（1）paste(…, sep = " ")：将多个字符或字符串合并为一个字符串，并可指定分隔符。

（2）tolower(x)：将字符向量或字符串中的字符转换为小写。

（3）toupper(x)：将字符向量或字符串中的字符转换为大写。

（4）substr(x, start, stop)：提取字符向量或字符串中指定位置的子串。

（5）strsplit(x, split)：根据指定的分隔符将字符向量或字符串拆分为子串。

（6）nchar(x)：计算字符向量或字符串的字符个数。

（7）grep(pattern, x)：在字符向量或字符串中搜索与指定模式匹配的子串，并返回匹配的位置。

（8）gsub(pattern, replacement, x)：在字符向量或字符串中查找与指定模式匹配的子串，并将这些子串替换为指定的字符串。

（9）substr_replace(x, start, stop, replacement)：替换字符向量或字符串中指定位置的子串为指定的替换字符串。

（10）strsplit(x, split)：根据指定的分隔符将字符向量或字符串拆分为子串，并返回一个列表。

上述函数可用于处理和操作字符向量和字符串，包括合并字符串、大小写转换、提取子串、拆分字符串、计算字符长度、搜索和替换子串等。这些函数提供了丰富的功能，使得在R语言中进行字符和字符串处理变得更加方便和灵活。

> **注意**
>
> 上面列出的只是一小部分R语言中可用的字符和字符串处理函数。R语言还提供了许多其他函数和包，用于更高级的字符匹配、正则表达式、字符串分析等任务。读者可以查阅R语言的文档和帮助文件，了解更多关于字符和字符串处理函数的详细信息和用法。

实例2-2　大小写转换（源码路径：codes\2\zhuan.R）

实例文件zhuan.R的具体实现代码如下：

```r
# 定义文本字符串
text <- "Hello, World! This is an Example."

# 将大写字母转换为小写字母
lower_text <- tolower(text)

# 将小写字母转换为大写字母
upper_text <- toupper(text)

# 输出转换结果
cat("Original Text:", text, "\n")
cat("Lowercase Text:", lower_text, "\n")
cat("Uppercase Text:", upper_text, "\n")
```

对上述代码的具体说明如下。
（1）定义了一个文本字符串text。
（2）使用函数tolower()将其中的大写字母转换为小写字母，得到lower_text。
（3）使用函数toupper()将其中的小写字母转换为大写字母，得到upper_text。
（4）使用函数cat()输出原始文本、转换为小写字母的文本和转换为大写字母的文本。
执行后会输出：

```
Original Text: Hello, World! This is an Example.
Lowercase Text: hello, world! this is an example.
Uppercase Text: HELLO, WORLD! THIS IS AN EXAMPLE.
```

实例2-3　分类留学生的资料（源码路径：codes\2\liu.R）

假设在一个字符串向量中有某高校部分留学生的信息，包含学生的人名和他们所属的国家/地区。现在想要从该字符串向量中提取人名和国家/地区，并按照国家/地区对人名进行分组。这里可以使用R语言内置的字符和字符串处理函数来实现。

实例文件liu.R的具体实现代码如下：

```r
# 创建包含人名和国家/地区的字符串向量
names <- c("John (USA)", "Emily (Canada)", "Mike (USA)", "Sophie (France)",
  "Jack (Canada)")

# 提取人名和国家/地区
person_names <- gsub("\\s*\\(.*\\)", "", names)    # 去除括号及其内容，提取人名
countries <- gsub(".*\\((.*)\\)", "\\1", names)    # 提取括号内的国家/地区
```

```
# 按照国家/地区对人名进行分组
grouped_names <- split(person_names, countries)

# 输出每个国家/地区的人名
for (country in unique(countries)) {
  cat("People from", country, ":", paste(grouped_names[[country]], collapse
    = ", "), "\n")
}
```

对上述代码的具体说明如下。

（1）创建一个包含人名和国家/地区的字符串向量。

（2）使用函数gsub()和正则表达式提取人名和国家/地区。其中，gsub("\\s*\\(.*\\)", "", names)去除括号及其内容，提取人名；gsub(".*\\((.*)\\)", "\\1", names)提取括号内的国家/地区。

（3）使用函数split()将人名按照国家/地区进行分组，并将结果存储在grouped_names中。

（4）使用循环输出每个国家/地区的人名。

执行后会输出：

```
People from USA : John, Mike
People from Canada : Emily, Jack
People from France : Sophie
```

2.1.3 文件操作函数

R语言中有一些内置的文件操作函数，可用于处理文件、读取数据、写入数据以及管理文件和文件夹。下面列出了一些常用的文件操作函数。

（1）file.exists(path)：检查指定路径的文件或文件夹是否存在。

（2）file.create(path)：创建一个空文件。

（3）file.remove(path)：删除指定的文件。

（4）dir.create(path)：创建一个新的文件夹。

（5）file.rename(from, to)：将文件或文件夹从一个名称更改为另一个名称。

（6）file.copy(from, to)：将文件从一个位置复制到另一个位置。

（7）list.files(path)：列出指定路径下的所有文件。

（8）list.dirs(path)：列出指定路径下的所有文件夹。

（9）read.csv(file)：读取CSV格式的文件并返回一个数据框。

（10）read.table(file)：读取文本文件并返回一个数据框。

（11）write.csv(data, file)：将数据框写入为CSV格式的文件。

（12）write.table(data, file)：将数据框写入为文本文件。

通过使用上述函数，可以在R语言中进行文件和文件夹的创建、删除、重命名、复制等操作，以及读取和写入文件数据。这些函数提供了处理文件和文件系统的基本功能，并为数据的读取和写入提供了方便的接口。

> **注意**
> 上述列出的只是一小部分R语言中可用的文件操作函数，在R语言中还有许多其他内置函数和包，用于更高级的文件处理、目录操作、文件格式解析等任务。读者可以查阅R语言的文档和帮助文件，了解更多关于文件操作的详细信息和用法。

实例2-4 写入并读取文件的内容（源码路径：codes\2\file.R）

实例文件file.R的具体实现代码如下：

```r
# 写入文字到文件
text <- "Hello, World!\nThis is an example text."

file_path <- "example.txt"

# 打开文件进行写入
file_conn <- file(file_path, "w")

# 将文本写入文件
writeLines(text, file_conn)

# 关闭文件连接
close(file_conn)

cat("Text has been written to '", file_path, "'.\n")

# 读取文件内容
file_conn <- file(file_path, "r")

# 逐行读取文件内容
file_content <- readLines(file_conn)

# 关闭文件连接
close(file_conn)

cat("File content:\n")
cat(file_content, sep = "\n")
```

对上述代码的具体说明如下。

（1）定义要写入文件的文字内容。

（2）使用函数file()创建一个文件连接对象，指定要写入的文件路径和写入模式"w"。

（3）使用函数writeLines()将文字内容写入文件。

（4）关闭文件连接。

（5）打开文件连接，指定读取模式为"r"。使用函数readLines()逐行读取文件内容，并将结果存储在file_content中。

（6）关闭文件连接，并使用函数cat()输出读取到的文件内容。

执行后会输出如下内容，并将文字写入了文件example.txt中，如图2-1所示。

图2-1 文件example.txt的内容

```
Text has been written to ' example.txt '.
File content:
Hello, World!
This is an example text.
```

在上述实例中，文件example.txt的路径是相对路径，其位于运行R语言代码的当前工作目录下。当前工作目录是指R语言会在其中查找文件和文件夹的目录。可以使用函数getwd()获取当前工作目录的路径。如果没有设置当前工作目录，那么R语言会将当前工作目录设置为R语言脚本文件所在目录，或者在交互式会话中通常设置为启动R语言会话的用户的主目录。

要查看当前工作目录的路径，可以使用以下代码实现：

```
cat("Current working directory:", getwd(), "\n")
```

执行上述代码后，会在控制台输出当前工作目录的路径。

> **注意**
> 如果想指定文件的绝对路径而不是相对路径，可以在变量file_path中提供文件的完整路径。

实例2-5 文件夹操作（源码路径：codes\2\fold.R）

实例文件fold.R的具体实现代码如下：

```
# 创建一个新的文件夹
dir.create("my_folder")

# 检查文件夹是否存在
if (file.exists("my_folder")) {
  cat("Folder 'my_folder' has been created.\n")
}

# 在文件夹中创建几个空文件
file.create("my_folder/file1.txt")
file.create("my_folder/file2.txt")
file.create("my_folder/file3.txt")
```

```
# 列出文件夹中的文件
files <- list.files("my_folder")

cat("Files in 'my_folder':\n")
for (file in files) {
  cat("- ", file, "\n")
}

# 删除文件夹及其中的文件
unlike("my_folder", recursive=TRUE)

# 检查文件夹是否存在
if (!file.exists("my_folder")) {
  cat("Folder 'my_folder' has been deleted.\n")
}
```

对上述代码的具体说明如下。

(1) 使用函数 dir.create() 创建一个名为 my_folder 的新文件夹。
(2) 使用函数 file.exists() 检查文件夹是否存在，并根据结果输出相应的消息。
(3) 使用函数 file.create() 在文件夹中创建几个空文件，如 file1.txt、file2.txt 和 file3.txt。
(4) 使用函数 list.files() 列出文件夹中的文件，并使用循环输出文件列表。
(5) 使用函数 unlike() 删除文件夹及其中的文件。
(6) 使用函数 file.exists() 检查文件夹是否存在，并根据结果输出相应的消息。

通过该实例，读者可以学习如何使用 R 语言内置的文件夹操作函数来创建文件夹、删除文件夹及其中的文件，并列出文件夹中的文件。这些操作对于文件和文件夹的管理非常有用，可在实际项目中发挥重要作用。

实例 2-6　分别计算学生的总成绩和平均成绩（源码路径：codes\2\csv.R）

假设有一个名为 data.csv 的 CSV 文件，其中包含学生的姓名、年龄和成绩数据。实例文件 csv.R 的具体实现代码如下：

```
# 读取 CSV 文件并返回一个数据框
data <- read.csv("data.csv")

# 输出数据框的前几行
head(data)

# 计算学生总成绩
total_score <- sum(data$成绩)

# 计算学生平均成绩
average_score <- mean(data$成绩)
```

```
cat("学生总成绩:", total_score, "\n")
cat("学生平均成绩:", average_score, "\n")
```

对上述代码的具体说明如下。

（1）使用函数read.csv()读取名为data.csv的CSV文件，将文件内容解析为一个数据框，并将其存储在变量data中。

（2）使用函数head()输出数据框的前几行，默认情况下显示前6行，这样可以查看读取的数据是否正确。

（3）使用函数sum()计算学生的总成绩，通过"data$成绩"可以访问数据框中的"成绩"列的数据。

（4）使用函数mean()计算学生的平均成绩，同样通过"data$成绩"访问数据框中的"成绩"列的数据。

（5）使用函数cat()输出学生的总成绩和平均成绩。

执行后会输出：

```
      姓名  年龄  成绩
1     John   25   85
2     Amy    23   92
3   Michael  28   78
4     Emma   21   88
学生总成绩: 343
学生平均成绩: 85.75
```

该实例演示了如何使用函数read.csv()读取CSV文件，并对文件中的数据进行计算和统计。这可以帮助我们从外部数据源中获取数据并进行进一步的分析和计算工作。

2.1.4 概率分布函数

R语言中有许多内置的概率分布函数，可用于生成和分析不同的概率分布。这些函数提供了概率密度函数、累积分布函数、分位数，以及从给定分布中生成随机变量的功能。下面列出了一些常见的概率分布函数。

1. 正态分布

正态分布（Normal Distribution）是统计学中常见的连续概率分布之一，用于描述许多自然现象。R语言中的正态分布函数如下。

（1）dnorm()：计算概率密度函数。

（2）pnorm()：计算累积分布函数。

（3）qnorm()：计算分位数。

（4）rnorm()：生成随机变量。

2. 二项分布

二项分布（Binomial Distribution）是一种离散概率分布，描述了在一系列独立的是/非试验中成功的次数。R语言中的二项分布函数如下。

（1）dbinom()：计算概率密度函数。

（2）pbinom()：计算累积分布函数。

（3）qbinom()：计算分位数。

（4）rbinom()：生成随机变量。

3. 泊松分布

泊松分布（Poisson Distribution）是一种离散概率分布，用于描述在固定时间段内某事件发生的次数。R语言中的泊松分布函数如下。

（1）dpois()：计算概率密度函数。

（2）ppois()：计算累积分布函数。

（3）qpois()：计算分位数。

（4）rpois()：生成随机变量。

4. 均匀分布

均匀分布（Uniform Distribution）是一种连续概率分布，用于描述在给定区间内所有值都是等可能的情况。R语言中的均匀分布函数如下。

（1）dunif()：计算概率密度函数。

（2）punif()：计算累积分布函数。

（3）qunif()：计算分位数。

（4）runif()：生成随机变量。

5. 指数分布

指数分布（Exponential Distribution）是一种连续概率分布，常用于模拟时间间隔或寿命数据。R语言中的指数分布函数如下。

（1）dexp()：计算概率密度函数。

（2）pexp()：计算累积分布函数。

（3）qexp()：计算分位数。

（4）rexp()：生成随机变量。

另外，在R语言中还有许多其他概率分布函数可用于不同的应用，如伽马分布、贝塔分布、威布尔分布等。读者可以查阅R语言官方文档或相关资料，了解这些函数的详细信息和用法。

实例2-7 掷硬币游戏（源码路径：codes\2\ying.R）

本实例演示了使用R语言内置的概率分布函数模拟掷硬币的过程，实例文件ying.R的具体实现代码如下：

```
# 模拟掷硬币实验
num_trials <- 1000    # 实验次数

# 通过二项分布模拟掷硬币，其中prob=0.5表示正面出现的概率为0.5
coin_flips <- rbinom(num_trials, size = 1, prob = 0.5)

# 统计正面和反面出现的次数
num_heads <- sum(coin_flips)
num_tails <- num_trials - num_heads

cat("掷硬币实验结果：\n")
cat("正面出现次数：", num_heads, "\n")
cat("反面出现次数：", num_tails, "\n")
```

对上述代码的具体说明如下。

（1）使用函数rbinom()通过二项分布模拟1000次掷硬币的实验。函数rbinom()的参数size表示试验次数，prob表示正面出现的概率。

（2）使用函数sum()统计实验中正面出现的次数，并通过总实验次数减去正面次数，计算反面出现的次数。

（3）使用函数cat()输出掷硬币实验的结果，包括正面和反面出现的次数。

因为掷硬币是随机的，所以每次执行的结果不同，执行后会输出：

```
掷硬币实验结果：
正面出现次数： 512
反面出现次数： 488
```

通过该实例，读者可以了解如何使用R语言的概率分布函数（这里是二项分布函数）来模拟实验，并进行简单的统计分析。这一方法在模拟和分析实际生活和科学研究中的概率事件时，具有很高的实用价值。

2.1.5 日期函数和时间函数

R语言中提供了许多内置的日期和时间函数，用于处理日期、时间和时间序列数据。下面列出了一些常用的日期和时间函数。

（1）Sys.Date()：返回当前日期。

例如：

```
current_date <- Sys.Date()
print(current_date)
```

（2）Sys.time()：返回当前日期和时间。

例如：

```
current_datetime <- Sys.time()
print(current_datetime)
```

(3) format()：将日期或时间对象格式化为特定的字符串格式。

例如：

```
current_date <- Sys.Date()
formatted_date <- format(current_date, "%Y-%m-%d")
print(formatted_date)
```

(4) as.Date()：将字符向量或其他日期对象转换为日期格式。

例如：

```
date_string <- "2023-05-15"
date <- as.Date(date_string)
print(date)
```

(5) weekdays()：返回日期是星期几。

例如：

```
current_date <- Sys.Date()
weekday <- weekdays(current_date)
print(weekday)
```

(6) months()：返回日期的月份。

例如：

```
current_date <- Sys.Date()
month <- months(current_date)
print(month)
```

(7) difftime()：计算两个日期或时间之间的差值。

例如：

```
start_time <- Sys.time()
#Do some operations...
end_time <- Sys.time()
time_diff <- difftime(end_time, start_time)
print(time_diff)
```

(8) POSIXlt 和 POSIXct：用于存储和操作日期和时间的数据类型。

(9) Sys.timezone()：设置时区。在使用日期和时间函数时，要确保正确设置时区信息，以便与当前所处的时区保持一致。可以使用函数 Sys.timezone() 获取当前时区，并使用 Sys.setenv(TZ = "your_timezone") 设置时区。

> **注意**
>
> 上述函数只是R语言中内置的日期和时间函数的一小部分，另外还有许多其他内置日期、时间函数和包，可用于更高级的日期和时间操作，如日期运算、时间序列分析等。

实例2-8　计算某人的年龄（源码路径：codes\2\age.R）

假设某同学的出生日期是1990-06-15，编写实例文件age.R，计算这名同学的年龄，具体实现代码如下：

```r
# 获取当前日期
current_date <- Sys.Date()

# 设置出生日期
birthday <- as.Date("1990-06-15")

# 计算年龄
age <- as.numeric(difftime(current_date, birthday, units = "years"))

cat(" 当前日期:", format(current_date, "%Y-%m-%d"), "\n")
cat(" 出生日期:", format(birthday, "%Y-%m-%d"), "\n")
cat(" 年龄:", age, " 岁 \n")
```

对上述代码的具体说明如下。

（1）使用函数Sys.Date()获取当前日期。

（2）将字符串日期"1990-06-15"转换为日期对象，并将其设置为出生日期。

（3）使用函数difftime()计算当前日期与出生日期之间的差值，单位设置为"years"，以得到年龄。

（4）使用函数cat()输出当前日期、出生日期和计算得到的年龄。使用函数format()对日期进行格式化，将日期以"年-月-日"的格式输出。

执行后会输出：

```
当前日期：2023-05-15
出生日期：1990-06-15
年龄：32 岁
```

注意，本实例中计算年龄时使用了函数as.numeric()，这是因为函数difftime()返回的是一个时间间隔对象，需要将其转换为数值型。

实例2-9　万年历程序（源码路径：codes\2\wan.R）

实例文件wan.R的具体实现代码如下：

```r
# 获取当前年份
```

```r
current_year <- as.integer(format(Sys.Date(), "%Y"))

# 输出日历
cat("========= ", current_year, " 年万年历 =========\n")

# 遍历每个月份
for (month in 1:12) {
  # 获取每个月的第一天
  first_day <- as.Date(paste(current_year, month, "01", sep = "-"))

if (month == 12) {
  next_month_first_day <- as.Date(paste(current_year+1, "01", "01", sep =
    "-"))           # 获取每个月的第一天
} else {
  next_month_first_day <- as.Date(paste(current_year, month+1, "01", sep =
    "-"))           # 获取下个月的第一天
}
num_days <- as.integer(difftime(next_month_first_day, first_day, units =
  "days"))          # 输出月份标题
  cat("\n", format(first_day, "%B"), "\n")

  # 输出星期几的标题
  cat("日 一 二 三 四 五 六 \n")

  # 计算每个月第一天是星期几
  weekday <- as.integer(format(first_day, "%w"))

  # 输出每个月的日期
  cat(paste(rep("   ", weekday), collapse = ""), sep = "", end = "")
  for (day in 1:num_days) {
    cat(formatC(day, width = 2), sep = " ", end = " ")
    if ((weekday + day) %% 7 == 0) {
      cat("\n")
    }
  }
  cat("\n")
}
# 获取当前日期和时间
current_datetime <- Sys.time()

# 提取日期和时间信息
current_date <- format(current_datetime, "%Y-%m-%d")
current_time <- format(current_datetime, "%H:%M:%S")
```

```
# 输出日历
print("===== 万年历 =====")
cat(" 当前日期:", current_date, "\n")
cat(" 当前时间:", current_time, "\n")
```

对上述代码的具体说明如下。

（1）获取当前年份，并将其存储在current_year变量中。

（2）使用循环遍历每个月份。对于每个月，获取该月的第一天，并计算该月的天数。

（3）输出月份标题和星期几的标题。

（4）计算每个月第一天是星期几，并在日历中对齐日期。

（5）输出每个月的日期，确保每周七天换行显示。

（6）使用函数Sys.time()获取当前日期和时间。

（7）使用函数format()将日期和时间格式化为指定的字符串格式。在这里，将日期格式化为"年-月-日"的形式，时间格式化为"时:分:秒"的形式。

（8）使用函数cat()输出日历的标题和当前的日期和时间。

执行后会输出：

```
=========   2024   年万年历 =========
一月
日    一    二    三    四    五    六
            1     2     3     4     5     6
7     8     9     10    11    12    13
14    15    16    17    18    19    20
21    22    23    24    25    26    27
28    29    30    31

二月
日    一    二    三    四    五    六
                        1     2     3
4     5     6     7     8     9     10
11    12    13    14    15    16    17
18    19    20    21    22    23    24
25    26    27    28    29

三月
日    一    二    三    四    五    六
                              1     2
3     4     5     6     7     8     9
10    11    12    13    14    15    16
17    18    19    20    21    22    23
24    25    26    27    28    29    30
31
```

四月

日	一	二	三	四	五	六
	1	2	3	4	5	6
7	8	9	10	11	12	13
14	15	16	17	18	19	20
21	22	23	24	25	26	27
28	29	30				

五月

日	一	二	三	四	五	六
			1	2	3	4
5	6	7	8	9	10	11
12	13	14	15	16	17	18
19	20	21	22	23	24	25
26	27	28	29	30	31	

六月

日	一	二	三	四	五	六
						1
2	3	4	5	6	7	8
9	10	11	12	13	14	15
16	17	18	19	20	21	22
23	24	25	26	27	28	29
30						

七月

日	一	二	三	四	五	六
	1	2	3	4	5	6
7	8	9	10	11	12	13
14	15	16	17	18	19	20
21	22	23	24	25	26	27
28	29	30	31			

八月

日	一	二	三	四	五	六
				1	2	3
4	5	6	7	8	9	10
11	12	13	14	15	16	17
18	19	20	21	22	23	24
25	26	27	28	29	30	31

九月

日	一	二	三	四	五	六
1	2	3	4	5	6	7
8	9	10	11	12	13	14
15	16	17	18	19	20	21

```
        22  23  24  25  26  27  28
        29  30

        十月
         日   一   二   三   四   五   六
                  1   2   3   4   5
         6   7   8   9  10  11  12
        13  14  15  16  17  18  19
        20  21  22  23  24  25  26
        27  28  29  30  31

        十一月
         日   一   二   三   四   五   六
                                  1   2
         3   4   5   6   7   8   9
        10  11  12  13  14  15  16
        17  18  19  20  21  22  23
        24  25  26  27  28  29  30

        十二月
         日   一   二   三   四   五   六
         1   2   3   4   5   6   7
         8   9  10  11  12  13  14
        15  16  17  18  19  20  21
        22  23  24  25  26  27  28
        29  30  31

[1] "===== 万年历 ====="
当前日期：2024-08-12
当前时间：14:31:59
```

2.2 内置数据处理函数

R语言中提供了丰富的内置数据处理函数，用于对数据进行操作，如对数据实现查看、编辑、筛选、合并、分组、汇总、排序和转换功能。

2.2.1 查看、筛选和编辑数据

R语言中提供了多个内置函数来查看和编辑数据，其中常用的函数如下。

（1）head()：查看数据框的前几行，默认显示前 6 行。
（2）tail()：查看数据框的后几行，默认显示后 6 行。
（3）View()：在查看器中以表格形式查看数据框。

（4）str()：查看数据框的结构，包括变量的类型和属性。

（5）summary()：生成数据框的摘要统计信息，包括均值、中位数、最小值、最大值等。

（6）dim()：获取数据框的维度，即行数和列数。

（7）names()：用于获取或设置数据框或列表的名称。如果用于数据框，names(df) 会返回列名。

（8）colnames()：专门用于获取或设置数据框或矩阵的列名。对于数据框，colnames(df) 会返回与 names(df) 相同的结果。

（9）rownames()：获取数据框的行名。

（10）nrow()：获取数据框的行数。

（11）ncol()：获取数据框的列数。

（12）subset()：根据指定条件从数据框中筛选子集。

（13）transform()：在数据框中添加新的变量或修改已有变量。

（14）edit()：在编辑器中编辑数据框。

（15）fix()：在数据框的数据编辑窗口中编辑数据。

（16）replace()：替换数据框中的特定值。

（17）aggregate()：按照指定的条件对数据框进行聚合操作。

假设有一个包含学生信息的数据框，包括学生姓名、年龄和成绩，可以使用 R 语言内置函数查看和编辑这些数据。

实例2-10 查看、筛选和编辑学生的信息（源码路径：codes\2\bian.R）

实例文件bian.R的具体实现代码如下：

```r
# 创建学生数据框
students <- data.frame(
  Name = c("Alice", "Bob", "Charlie", "David"),
  Age = c(20, 21, 19, 22),
  Score = c(85, 92, 78, 80)
)
# 查看前几行数据
head(students)

# 查看数据框的结构
str(students)

# 查看数据框的摘要统计信息
summary(students)

# 获取数据框的维度
dim(students)

# 获取数据框的列名
```

```
names(students)

# 筛选年龄大于或等于 20 的学生
subset(students, Age >= 20)

# 在数据框中添加新的变量 "Grade"
students$Grade <- c("A", "B", "C", "B")

# 使用编辑器编辑数据框
edit(students)

# 替换成绩为 90 的学生成绩为 95
students$Score[students$Score == 90] <- 95
```

在上述代码中，使用了 R 语言的内置函数实现了查看数据框的前几行、查看数据框的结构、摘要统计信息、获取数据框的维度和列名、筛选子集、添加新的变量，编辑数据框，替换特定值等操作，执行结果如图 2-2 所示。

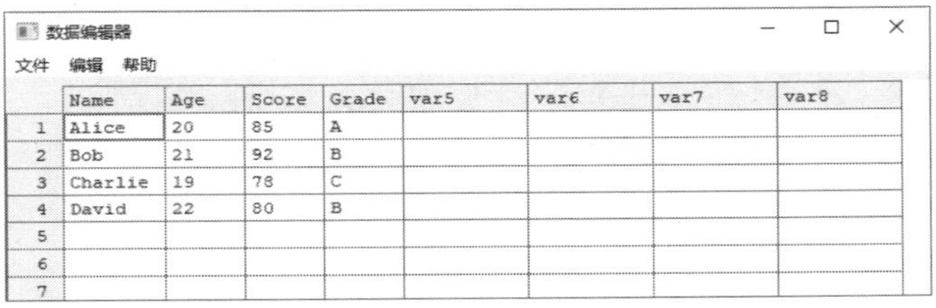

图 2-2　执行结果

2.2.2　合并数据

R 语言中提供了多个合并数据的内置函数，其中常用的函数如下。

（1）merge()：按照指定的键将两个或多个数据框按行合并，可以通过参数 by 指定用于合并的列名。例如：

```
merged_data <- merge(data1, data2, by = "key_column")
```

（2）cbind()：按列合并两个或多个数据框，合并的数据框必须具有相同的行数或通过广播规则进行匹配。例如：

```
combined_data <- cbind(data1, data2)
```

（3）rbind()：按行合并两个或多个数据框，合并的数据框必须具有相同的列数或通过广播规则进行匹配。例如：

```
merged_data <- rbind(data1, data2)
```

（4）join()：使用dplyr包中的函数join()进行数据框的合并，可以支持多种类型的合并操作，如内连接、左连接、右连接和全连接等。例如：

```
library(dplyr)
merged_data <- join(data1, data2, by = "key_column", type = "inner")
```

（5）bind_rows()：使用dplyr包中的函数bind_rows()按行合并两个或多个数据框，合并的数据框必须具有相同的列数或通过广播规则进行匹配。例如：

```
library(dplyr)
merged_data <- bind_rows(data1, data2)
```

上述函数提供了不同的数据合并方式，读者可以根据具体的需求选择合适的函数。需要注意的是，在合并数据时，应确保要合并的列具有相同的名称或进行适当的重命名，以便正确匹配和合并数据。

假设有两个数据框，一个包含学生的姓名和成绩信息，另一个包含学生的年龄和性别信息。在实例2-11中就是使用R语言的内置函数合并这两个数据框。

实例2-11 合并学生的信息（源码路径：codes\2\he.R）

实例文件he.R的具体实现代码如下：

```
# 创建学生成绩数据框
scores <- data.frame(
  Name = c("Alice", "Bob", "Charlie", "David"),
  Score = c(85, 92, 78, 80)
)

# 创建学生信息数据框
students <- data.frame(
  Name = c("Alice", "Bob", "Charlie", "David"),
  Age = c(20, 21, 19, 22),
  Gender = c("Female", "Male", "Male", "Male")
)

# 使用函数 merge() 按照姓名合并数据框
merged_data <- merge(scores, students, by = "Name")
print(merged_data)

# 使用函数 cbind() 按列合并数据框
combined_data <- cbind(scores, students)
print(combined_data)
```

函数rbind()在合并数据框时要求数据框具有相同的列数，而在上述代码中，学生成绩数据框和学生信息数据框的列数不同，因此无法使用函数rbind()来合并。正确的做法是使用函数merge()按照指定的键合并数据框，或者使用函数cbind()按列合并数据框。执行后会输出：

```
  Name Score    Name Age Gender
1 Alice    85   Alice  20 Female
2   Bob    92     Bob  21   Male
3 Charlie  78 Charlie  19   Male
4 David    80   David  22   Male
```

在 R 语言程序中，dplyr包提供了强大的数据处理功能，包括数据合并、筛选、变换等操作，如果需要更灵活和高级的数据处理功能，建议使用dplyr包进行数据合并。当使用dplyr包进行数据合并时，可以使用 left_join()、right_join()、inner_join()、full_join()等函数实现，这些函数提供了更灵活和直观的数据合并方式。

假设一个虚拟宠物游戏中有两个数据框，一个包含宠物的基本信息，另一个包含宠物的技能信息。在实例2-12中就是使用dplyr包合并这两个数据框，以获取完整的宠物信息。

实例2-12 获取完整的宠物信息（源码路径：codes\2\qianghe.R）

实例文件qianghe.R的具体实现代码如下：

```r
# 创建宠物信息数据框
pet_info <- data.frame(
  PetID = c(1, 2, 3, 4),
  Name = c("Fluffy", "Buddy", "Whiskers", "Max"),
  Age = c(3, 2, 4, 5),
  Species = c("Cat", "Dog", "Cat", "Dog")
)

# 创建宠物技能信息数据框
pet_skills <- data.frame(
  PetID = c(1, 2, 4),
  Skill = c("Jump", "Fetch", "Roll Over"),
  Level = c(2, 3, 1)
)

# 导入 dplyr 包
library(dplyr)

# 使用函数 left_join() 按照 PetID 列左连接合并数据框
merged_data <- left_join(pet_info, pet_skills, by = "PetID")
print(merged_data)

# 使用函数 right_join() 按照 PetID 列右连接合并数据框
merged_data <- right_join(pet_info, pet_skills, by = "PetID")
print(merged_data)
```

```r
# 使用函数 inner_join() 按照 PetID 列内连接合并数据框
merged_data <- inner_join(pet_info, pet_skills, by = "PetID")
print(merged_data)

# 使用函数 full_join() 按照 PetID 列全连接合并数据框
merged_data <- full_join(pet_info, pet_skills, by = "PetID")
print(merged_data)
```

在上述代码中，使用dplyr包中的函数left_join()、right_join()、inner_join()和full_join()按照PetID列合并宠物基本信息数据框和技能信息数据框，通过指定参数by为"PetID"指定合并的键。这些函数提供了不同类型的合并操作，如左连接、右连接、内连接和全连接。根据具体需求，选择适合的函数合并数据框。通过使用 dplyr 包的这些函数，用户可以轻松地合并和处理数据，更方便地获取完整的宠物信息。执行后会输出：

```
  PetID     Name  Age Species      Skill Level
1     1   Fluffy    3     Cat       Jump     2
2     2    Buddy    2     Dog      Fetch     3
3     3 Whiskers    4     Cat       <NA>    NA
4     4      Max    5     Dog  Roll Over     1

  PetID     Name  Age Species      Skill Level
1     1   Fluffy    3     Cat       Jump     2
2     2    Buddy    2     Dog      Fetch     3
3     4      Max    5     Dog  Roll Over     1

  PetID     Name  Age Species      Skill Level
1     1   Fluffy    3     Cat       Jump     2
2     2    Buddy    2     Dog      Fetch     3
3     4      Max    5     Dog  Roll Over     1

  PetID     Name  Age Species      Skill Level
1     1   Fluffy    3     Cat       Jump     2
2     2    Buddy    2     Dog      Fetch     3
3     3 Whiskers    4     Cat       <NA>    NA
4     4      Max    5     Dog  Roll Over     1
```

2.2.3 分组和汇总

在 R 语言中，可以使用内置函数实现数据的分组和汇总功能，其中主要函数如下。

（1）aggregate()：按照指定的因子变量对数据进行分组并执行指定的聚合函数，如求和、求平均值、求最大值等。

（2）tapply()：按照指定的因子变量对数据进行分组，并对每个组应用指定的函数。

（3）by()：按照指定的因子变量对数据进行分组，并对每个组应用指定的函数。该函数类似于函数tapply()，但返回结果以列表的形式呈现。

（4）split()：按照指定的因子变量对数据进行分组，并将每个组的数据拆分成一个列表。

如下演示代码（源码路径：codes\2\fen.R）就是使用上述函数对数据实现分组和汇总功能。

```r
# 创建示例数据框
df <- data.frame(
  Group = c("A", "B", "A", "B", "A"),
  Value = c(10, 15, 8, 12, 6)
)

# 使用函数 aggregate() 按照 Group 列分组，并计算每个组的平均值
agg_result <- aggregate(Value ~ Group, data = df, FUN = mean)
print(agg_result)

# 使用函数 tapply() 按照 Group 列分组，并计算每个组的和
tapply_result <- tapply(df$Value, df$Group, FUN = sum)
print(tapply_result)

# 使用函数 by() 按照 Group 列分组，并计算每个组的平均值
by_result <- by(df$Value, df$Group, FUN = mean)
print(by_result)

# 使用函数 split() 按照 Group 列分组，并将每个组的数据拆分成一个列表
split_result <- split(df$Value, df$Group)
print(split_result)
```

执行后会输出：

```
  Group Value
1     A   8.0
2     B  13.5


 A  B
24 27

df$Group: A
[1] 8
------------------------------------------------------------
df$Group: B
[1] 13.5

$A
[1] 10  8  6

$B
[1] 15 12
```

另外，还可以使用dplyr包中的函数group_by()、summarise()、mutate()、filter()等实现更灵活、更直观的数据分组和汇总操作。如下演示代码（源码路径：codes\2\baofen.R）的功能是使用dplyr包中的函数对数据实现分组和汇总功能。

```r
library(dplyr)

# 使用函数 group_by() 按照 Group 列分组
grouped_data <- group_by(df, Group)

# 使用函数 summarise() 计算每个组的平均值和总和
summary_data <- summarise(grouped_data, Avg = mean(Value), Sum = sum(Value))
print(summary_data)

# 使用函数 mutate() 计算每个组的相对于平均值的偏差
mutated_data <- mutate(df, Deviation = Value - mean(Value))
print(mutated_data)

# 使用函数 filter() 筛选出 Group 列为 "A" 的数据
filtered_data <- filter(df, Group == "A")
print(filtered_data)
```

执行后会输出：

```
#A tibble: 2 × 3
  Group   Avg   Sum
  <chr> <dbl> <dbl>
1 A         8    24
2 B      13.5    27

  Group Value Deviation
1     A    10      -0.2
2     B    15       4.8
3     A     8      -2.2
4     B    12       1.8
5     A     6      -2.1

  Group Value
1     A    10
2     A     8
3     A     6
```

2.2.4 排序

在R语言中，可以使用内置函数实现数据排序功能，其中常用的内置函数如下。

（1）sort()：对向量、数组或数据框的元素进行排序，默认按升序排序。
（2）order()：获取排序后的元素索引，可以用于对多个变量进行排序。
（3）rank()：为向量、数组或数据框的元素分配排名。

如下演示代码（源码路径：codes\2\pai.R）就是使用上述函数对数据进行排序。

```r
# 创建示例向量和数据框
x <- c(5, 2, 7, 1, 3)
df <- data.frame(
  Name = c("John", "Alice", "Bob", "Sarah", "David"),
  Age = c(25, 30, 22, 28, 35)
)

# 使用函数 sort() 对向量进行排序
sorted_x <- sort(x)
print(sorted_x)

# 使用函数 order() 获取排序后的向量索引
sorted_index <- order(x)
print(sorted_index)

# 使用函数 rank() 为向量分配排名
rank_x <- rank(x)
print(rank_x)

# 使用函数 arrange() 按照 Age 列对数据框进行排序
arranged_df <- arrange(df, Age)
print(arranged_df)

# 使用函数 reorder() 对 Name 列进行重新排序
reordered_name <- reorder(df$Name, df$Age)
print(reordered_name)
```

执行后会输出：

```
 [1] 1 2 3 5 7
 [1] 4 2 5 1 3

   Name Age
1   Bob  22
2  John  25
3 Sarah  28
4 Alice  30
5 David  35

[1] John  Alice Bob   Sarah David
```

```
Alice   Bob David  John Sarah
   30    22    35    25    28
Levels: Bob John Sarah Alice David
```

除此之外，还可以使用 dplyr 包中的函数 arrange() 按照指定的变量对数据框进行排序，这类似于 SQL（Structured Query Language，结构化查询语言）中的 ORDER BY 子句；也可以使用 base 包或 ggplot2 包中的函数 reorder() 对因子变量进行排序，并返回重新排序的因子变量。

2.2.5 转换

在 R 语言中，可以使用内置函数实现数据转换功能，其中常用的内置函数如下。

（1）reshape()：在宽格式（Wide Format）和长格式（Long Format）之间进行数据重塑。

（2）melt()（reshape2 包中的函数）：将宽格式数据框转换为长格式数据框。

（3）cast()（reshape2 包中的函数）：将长格式数据框转换为宽格式数据框。

（4）gather()（tidyr 包中的函数）：将宽格式数据框转换为长格式数据框。

（5）spread()（tidyr 包中的函数）：将长格式数据框转换为宽格式数据框。

（6）aggregate()：根据指定的因子变量对数据进行聚合。

（7）dplyr 包中的函数 select()、filter()、mutate()、arrange()：对数据进行选择、筛选、添加新变量和排序等操作。

在 R 语言中，数据重塑是一种常见的数据转换操作，用于在宽格式和长格式之间进行转换。数据重塑允许我们重新组织数据，以更适合分析和可视化的方式呈现。实例 2-13 演示了实现数据重塑的基本用法。

实例 2-13 修改销售数据的格式（源码路径：codes\2\xiu.R）

实例文件 xiu.R 的具体实现流程如下。

（1）创建数据框 sales_data，其中包含每个月的销售数据，代码如下：

```
sales_data <- data.frame(
  Month = c("January", "February", "March", "April"),
  Product_A = c(100, 120, 80, 150),
  Product_B = c(80, 90, 100, 110),
  Product_C = c(60, 70, 80, 90)
)
```

（2）使用函数 gather() 将该数据框从宽格式转换为长格式，并添加一个新的列来表示产品名称，代码如下：

```
library(tidyr)

# 将数据框从宽格式转换为长格式
```

```
long_sales_data <- gather(sales_data, key = "Product", value = "Sales",
    -Month)

# 添加新的列来表示产品名称
long_sales_data$Product_Name <- substr(long_sales_data$Product, 9,
    nchar(long_sales_data$Product))

# 删除原来的 Product 列
long_sales_data <- select(long_sales_data, -Product)

# 查看转换后的结果
print(long_sales_data)
```

在上述代码中，使用函数gather()将数据从宽格式转换为长格式，这样可以更方便地进行分析和可视化操作。另外，通过添加新的列Product_Name，将产品名称从原始的键中提取出来。执行上述代码，数据框sales_data将被转换为如下长格式数据框long_sales_data：

```
      Month Sales Product_Name
1   January   100            A
2  February   120            A
3     March    80            A
4     April   150            A
5   January    80            B
6  February    90            B
7     March   100            B
8     April   110            B
9   January    60            C
10 February    70            C
11    March    80            C
12    April    90            C
```

2.3 apply 函数族

在 R 语言中，apply 函数族提供了一组功能强大的内置函数，用于在矩阵、数组或数据框的行或列上应用指定的函数。

2.3.1 apply 函数族中的函数

R 语言的apply 函数族中包括以下几个常用函数。

（1）apply()：对矩阵、数组或数据框的行或列应用函数。
（2）lapply()：对列表的每个元素应用函数，并返回一个列表。

（3）sapply()：对列表的每个元素应用函数，并尝试简化结果为向量或矩阵。

（4）vapply()：对列表的每个元素应用函数，并指定返回值的类型。

（5）mapply()：对多个向量或列表的对应元素应用函数。

使用上述apply函数族函数能够简化数据处理和分析代码，提高开发效率。

2.3.2 函数 apply()

在 R 语言中，函数apply()用于在矩阵、数组或数据框的行或列上应用指定的函数。函数apply()是 apply 函数族中的一个成员，能够简化数据处理和分析过程。函数apply()的语法格式如下：

```
apply(X, MARGIN, FUN, …)
```

（1）X：要应用函数的矩阵、数组或数据框。

（2）MARGIN：一个整数或整数向量，指定应用函数的维度。MARGIN = 1 表示按行应用函数，MARGIN = 2 表示按列应用函数。

（3）FUN：要应用的函数。

（4）…：其他参数传递给函数 FUN()。

实例2-14分别对矩阵、数据框和数组进行统计和求和处理。

实例2-14 对矩阵、数据框和数组进行统计和求和处理（源码路径：codes\2\app.R）

实例文件app.R的具体实现代码如下：

```r
# 创建一个矩阵
mat <- matrix(1:9, nrow = 3, ncol = 3)

# 对矩阵的行求和
row_sums <- apply(mat, 1, sum)
print(row_sums)

# 对矩阵的列求和
col_sums <- apply(mat, 2, sum)
print(col_sums)

# 创建一个数据框
df <- data.frame(
  Name = c("Alice", "Bob", "Charlie"),
  Age = c(25, 30, 35),
  Height = c(160, 175, 170)
)

# 对数据框的数值列进行统计计算
column_stats <- apply(df[, c("Age", "Height")], 2, summary)
print(column_stats)
```

```
# 创建一个三维数组
arr <- array(1:24, dim = c(2, 3, 4))

# 对数组的第三维度应用函数
arr_sum <- apply(arr, 3, sum)
print(arr_sum)
```

在上述代码中，使用函数apply()对矩阵、数据框和数组的行、列或指定维度应用了不同的函数，如求和、统计计算等。可以根据具体需求传递不同的函数，并通过设置参数MARGIN指定应用的维度。执行后会输出：

```
[1] 12 15 18

[1]  6 15 24

           Age     Height
Min.      25.0   160.0000
1st Qu.   27.5   165.0000
Median    30.0   170.0000
Mean      30.0   162.3333
3rd Qu.   32.5   172.5000
Max.      35.0   175.0000

[1]  21  57  93 129
```

2.3.3 函数 lapply()

在 R 语言中，函数lapply()用于对列表（list）中的每个元素应用指定的函数，并返回一个结果列表。函数lapply()是 apply 函数族中的一员，能够简化对列表的元素进行迭代处理的操作。函数lapply()的语法格式如下：

```
lapply(X, FUN, …)
```

（1）X：要应用函数的列表。
（2）FUN：要应用的函数。
（3）…：其他参数传递给函数FUN()。
如下一段简单的代码（源码路径：codes\2\yan.R）演示了使用函数lapply()的过程。

```
# 创建一个列表
my_list <- list(a = 1:3, b = 4:6, c = 7:9)

# 对列表的每个元素应用函数，求平方
result <- lapply(my_list, function(x) x^2)
```

```
# 输出结果列表
print(result)
```

在上述代码中,首先创建一个名为 my_list 的列表,其中包含 3 个元素;然后,使用函数 lapply() 对列表中的每个元素应用一个匿名函数,该函数将每个元素的平方作为结果;最后,输出结果列表。函数 lapply() 返回一个与原始列表相同长度的新列表,其中每个元素都是应用了函数的结果。在上述代码中,列表 result 包含每个元素平方后的结果。执行后会输出:

```
$a
[1] 1 4 9

$b
[1] 16 25 36

$c
[1] 49 64 81
```

> **注意**
>
> 函数 lapply() 返回的结果列表中的元素可能具有不同的长度,这取决于应用函数的返回值。如果应用的函数返回的是标量值,则结果列表中的每个元素都是长度为 1 的向量;如果应用的函数返回的是向量或其他对象,则结果列表中的每个元素的长度可能会有所不同。函数 lapply() 在处理列表数据时非常有用,可以方便地对列表中的每个元素进行相同的操作,并将结果整理为一个新的列表。这在数据处理、数据转换和统计计算等场景中很常见。

2.3.4 函数 sapply()

在 R 语言中,函数 sapply() 是函数 lapply() 的一个变种,用于对列表中的每个元素应用指定的函数,并尝试简化结果为向量或矩阵。与函数 lapply() 不同的是,函数 sapply() 会尝试根据结果的性质自动简化结果,如将长度为 1 的列表元素转换为标量值,将长度相同的列表元素转换为向量或矩阵。

函数 sapply() 的语法格式如下:

```
sapply(X, FUN, …, simplify = TRUE)
```

(1) X:要应用函数的列表。
(2) FUN:要应用的函数。
(3) …:其他参数传递给函数 FUN()。
(4) simplify:一个逻辑值,用于指定是否尝试简化结果,默认为 TRUE。

函数 sapply() 在处理列表数据时非常有用,特别是在期望简化结果为向量或矩阵的情况下。函数 sapply() 可以方便地对列表中的每个元素应用相同的操作,并尝试将结果自动简化为适当的数据结构。

如下一段简单的代码（源码路径：codes\2\sapply.R）演示了使用函数sapply()的过程。

```
# 创建一个列表
my_list <- list(a = 1:3, b = 4:6, c = 7:9)

# 对列表的每个元素应用函数，求平方
result <- sapply(my_list, function(x) x^2)

# 输出结果向量
print(result)
```

在上述代码中，首先创建一个名为my_list的列表，其中包含3个元素；然后，使用函数sapply()对列表中的每个元素应用一个匿名函数，该函数将每个元素的平方作为结果；最后，输出结果列表。由于simplify参数默认为TRUE，函数sapply()会尝试简化结果为向量，因此返回一个包含每个元素平方值的向量。执行后会输出：

```
     a  b  c
[1,] 1 16 49
[2,] 4 25 64
[3,] 9 36 81
```

 注意

函数sapply()返回的结果可能会根据应用函数的返回值类型而有所不同。如果应用函数返回的是标量值，则结果向量的长度为列表的长度；如果应用函数返回的是向量或其他对象，则结果向量的长度可能会根据结果的性质而有所不同。

2.3.5 函数vapply()

在R语言中，函数vapply()是一种类型安全的函数sapply()的替代方法，用于对列表中的每个元素应用指定的函数，并且要求指定返回值的类型。与函数sapply()不同的是，函数vapply()要求明确指定返回值的类型，并在运行时检查结果是否符合要求。函数vapply()的语法格式如下：

```
vapply(X, FUN, FUN.VALUE, …, USE.NAMES = TRUE)
```

（1）X：要应用函数的列表。
（2）FUN：要应用的函数。
（3）FUN.VALUE：指定返回值类型的一个示例。
（4）…：其他参数传递给函数FUN()。
（5）USE.NAMES：一个逻辑值，用于指定是否保留结果中的命名，默认为TRUE。

假设有一个包含学生成绩信息的数据框，包括姓名、科目和成绩。在实例2-15中就是使用函数vapply()来处理数据，计算每个科目的平均成绩。

 实例2-15 计算平均成绩（源码路径：codes\2\ave.R）

实例文件ave.R的具体实现代码如下：

```r
# 创建一个包含学生成绩信息的数据框
scores_df <- data.frame(
  Name = c("Alice", "Bob", "Charlie", "David", "Emily"),
  Subject = c("Math", "English", "Math", "Science", "English"),
  Score = c(85, 92, 78, 88, 90)
)

# 定义一个函数，计算科目的平均成绩
calculate_mean <- function(scores) {
  return(mean(scores))
}

# 使用函数 vapply() 计算每个科目的平均成绩
mean_scores <- vapply(
  unique(scores_df$Subject),
  function(subject) {
    scores <- scores_df$Score[scores_df$Subject == subject]
    calculate_mean(scores)
  },
  numeric(1)
)

# 输出每个科目的平均成绩
print(mean_scores)
```

在上述代码中，首先创建了一个名为 scores_df 的数据框，其中包含学生的成绩信息。然后，定义函数 calculate_mean()，用于计算给定成绩向量的平均值。接下来，使用函数vapply()遍历列scores_df$Subject中的每个科目，并应用一个匿名函数。在匿名函数中，筛选出属于当前科目的成绩，并调用函数calculate_mean()计算平均成绩。这里使用numeric(1)指定返回值的类型为长度为1的数值型向量。最后，将每个科目的平均成绩输出。执行后会输出：

```
   Math English Science
   81.5    91.0    88.0
```

本实例展示了如何使用函数vapply()处理数据框中的数据。通过结合函数vapply()和自定义的处理函数，可以高效地对数据进行处理和计算，获取所需结果。在实际应用中，可以根据需要定义不同的处理函数，并利用函数vapply()在大规模的数据集上进行计算和分析工作。

2.3.6 函数 mapply()

在 R 语言中，函数 mapply() 用于同时对多个向量进行函数的映射操作，可以将一个函数应用于多个向量的对应元素上。函数 mapply() 的语法格式如下：

```
mapply(FUN, …, MoreArgs = NULL, SIMPLIFY = TRUE, USE.NAMES = TRUE)
```

（1）FUN：要应用的函数。
（2）…：要应用函数的多个向量，可以是两个或多个。
（3）MoreArgs：一个列表，用于传递额外的参数给函数 FUN。
（4）SIMPLIFY：一个逻辑值，用于指定是否尝试简化结果，默认为 TRUE。
（5）USE.NAMES：一个逻辑值，用于指定是否使用参数向量的名称作为结果的名称，默认为 TRUE。

假设有一个数据框，其中包含多个学生的成绩信息，每个学生的成绩信息包括姓名、科目和成绩。在实例2-16中，使用函数 mapply() 处理数据，计算每个学生的总成绩。

实例2-16 计算每个学生的总成绩（源码路径：codes\2\zong.R）

实例文件 zong.R 的具体实现代码如下：

```r
# 创建一个包含学生成绩信息的数据框
scores_df <- data.frame(
  Name = c("Alice", "Bob", "Charlie"),
  Math = c(85, 92, 78),
  English = c(90, 88, 95),
  Science = c(80, 85, 88)
)

# 定义一个函数，计算学生的总成绩
calculate_total_score <- function(math, english, science) {
  return(math + english + science)
}

# 使用函数 mapply() 计算每个学生的总成绩
total_scores <- mapply(
  calculate_total_score,
  scores_df$Math,
  scores_df$English,
  scores_df$Science
)

# 添加总成绩列到数据框中
scores_df$TotalScore <- total_scores
```

```
# 输出包含总成绩的数据框
print(scores_df)
```

在上述代码中,首先创建一个名为 scores_df 的数据框,其中包含学生的成绩信息,包括数学、英语和科学成绩;然后定义函数 calculate_total_score(),用于计算每个学生的总成绩,即将数学、英语和科学成绩相加;接下来,使用函数 mapply() 将函数 calculate_total_score() 应用于 scores_df$Math、scores_df$English 和 scores_df$Science 的对应元素上,计算每个学生的总成绩;最后,将计算得到的总成绩添加为一个新列 TotalScore 到数据框中,并将包含总成绩的数据框输出。执行后会输出:

```
    Name Math English Science TotalScore
1  Alice   85      90      80        255
2    Bob   92      88      85        265
3 Charlie   78      95      88        261
```

本实例展示了使用函数 mapply() 处理数据框数据的方法,并在多个向量之间进行逐元素操作。通过结合函数 mapply() 和自定义的处理函数,可以方便地对多个向量进行逐元素计算,从而获取所需结果。在实际应用中,可以根据需要定义不同的处理函数,并利用函数 mapply() 在大规模的数据集上进行处理和分析。

2.4 数据重塑与变形

在 R 语言中,数据重塑与变形是一个核心的数据处理步骤。在进行数据分析或建模之前,通常需要先对数据进行清洗和转换,使其满足分析需求。数据重塑主要包括长宽表转换、拆分或者合并列等操作。R 语言通常使用函数 gather() 和 spread()(在 tidyr 包中)进行长宽表转换。其中,函数 gather() 可以将多列数据转换为单列,而函数 spread() 可以将单列数据转换为多列。这两个函数在数据预处理,特别是在处理类似 CSV 文件的数据时非常有用。

实例 2-17 将两列的数值合并成一列(源码路径:codes\2\su.R)

实例文件 su.R 的具体实现流程如下。

(1)创建一个简单的数据框,该数据框有 4 列,其中 id 是标识符,key 是键,value1 和 value2 是值,具体实现代码如下:

```
# 创建数据框
df <- data.frame(
  id = c(1, 2, 3, 4),
  key = c("A", "B", "A", "B"),
  value1 = c(10, 20, 30, 40),
  value2 = c(100, 200, 300, 400)
)
```

（2）假设现在想要根据 key，将 value1 和 value2 合并成一列，此时可以使用函数 gather() 来实现，具体实现代码如下：

```r
# 使用函数 gather()
library(tidyr)
df_gathered <- gather(df, key, value, value1:value2)
# 查看 df_gathered
print(df_gathered)
```

此时执行后会输出：

```
  id    key value
1  1 value1    10
2  2 value1    20
3  3 value1    30
4  4 value1    40
5  1 value2   100
6  2 value2   200
7  3 value2   300
8  4 value2   400
```

（3）假设现在想要将这个新的数据框 df_gathered 转换回原始形式，可以使用函数 spread() 实现，具体实现代码如下：

```r
# 使用函数 spread()
df_spread <- spread(df_gathered, key, value)

# 查看 df_spread
print(df_spread)
```

这将创建一个新的数据框 df_spread，其中 id 是标识符，key 是键，value1 和 value2 是新的列，包含原始的 value 值。此时执行后会输出：

```
  id value1 value2
1  1     10    100
2  2     20    200
3  3     30    300
4  4     40    400
```

2.5 数据查询与过滤

R 语言是一种非常强大的统计分析语言，可以用于处理和分析各种类型的数据。在 R 语言中，可以使用许多不同的函数和包来查询和过滤数据。

2.5.1 使用 dplyr 包进行数据查询和过滤

在 R 语言中，dplyr 是一个非常流行的扩展包，用于进行数据查询和过滤。dplyr 包提供了一种简洁且易于使用的语法，用于操作数据框，并允许用户以更直观的方式对数据进行查询和筛选。在使用 dplyr 包之前需要先安装它，可以使用函数 install.packages() 进行安装：

```
install.packages("dplyr")
```

dplyr 包安装完成后，可以使用函数 library() 加载：

```
library(dplyr)
```

在 dplyr 包中包含如下常用的数据查询和过滤函数。

（1）select()：选择数据框中的列。例如，假设有一个名为 df 的数据框，现在想要选择其中的 col1 和 col2 两列，可以使用以下代码实现：

```
selected_data <- select(df, col1, col2)
```

（2）filter()：根据给定的条件过滤数据框中的行。例如，假设想要过滤出 col1 值大于 10 的行，可以使用以下代码实现：

```
filtered_data <- filter(df, col1 > 10)
```

（3）subset()：根据给定的条件选择数据框的一部分。该函数接收两个参数：第一个参数是要选择的数据框；第二个参数是一个逻辑表达式，用于指定要选择的行和列。例如，假设想要选择 col1 值大于 10 的行，可以使用以下代码实现：

```
subset_data <- subset(df, col1 > 10)
```

假设有一个包含学生信息的数据框 df，其中包括姓名、年龄、性别和成绩，实例 2-18 演示了使用函数 select()、filter() 和 subset() 实现数据过滤的过程。

实例 2-18 提取指定学生的信息（源码路径：codes\2\stu.R）

实例文件 stu.R 的具体实现代码如下：

```
# 安装 dplyr 包
install.packages("dplyr")

# 导入 dplyr 包中的函数 select()
library(dplyr)

# 假设 df 是一个包含学生信息的数据框，包括姓名、年龄、性别和成绩

df <- data.frame(name = c("Alice", "Bob", "Charlie", "David"),
                 age = c(20, 25, 30, 35),
```

```r
                    gender = c("F", "M", "F", "M"),
                    score = c(85, 90, 95, 100))
# 使用函数 select() 选择要显示的列
df_selected <- select(df, name, age, gender, score)

# 使用函数 filter() 根据条件筛选数据
df_filtered <- filter(df_selected, gender == "F", score >= 90)

# 使用函数 subset() 进一步筛选数据
df_subset <- subset(df_filtered, age >= 25)

# 查看结果
print(df_subset)
```

在上述代码中，首先使用函数select()选择要显示的列，即姓名、年龄、性别和成绩；其次，使用函数filter()筛选出所有成绩大于或等于90分且性别为女生的记录；然后，使用函数subset()进一步筛选出所有年龄大于或等于25岁的记录。最后，将筛选结果输出，执行后会输出：

```
     name age gender score
1 Charlie  30      F     95
```

2.5.2 使用 sqldf 包进行 SQL 风格的查询

在R语言中，sqldf是一个执行SQL查询的包，其允许用户使用SQL语句对数据进行查询操作。在使用sqldf包之前，首先需要安装并加载sqldf包。可以使用以下命令安装和加载sqldf包：

```r
install.packages("sqldf")
library(sqldf)
```

接下来，就可以使用函数sqldf()执行SQL查询。函数sqldf()接收两个参数：第一个参数是包含SQL查询语句的字符串；第二个参数是要查询的数据框。假设有一个名为data.csv的数据文件，其包含以下列：name（姓名）、age（年龄）、salary（工资）和department（部门）。文件data.csv的内容如下：

```
name,age,salary,department
Alice,25,5000,Sales
Bob,31,6000,Marketing
Charlie,35,7000,Sales
```

实例2-19演示了如何查询年龄大于30岁且工资大于5000元的员工，并按照部门进行分组。

实例2-19 查询CSV文件中指定员工的信息（源码路径：codes\2\sql.R）

实例文件sql.R的具体实现代码如下：

```
# 加载 sqldf 包
library(sqldf)

# 读取数据文件
data <- read.csv("data.csv")

# 构建 SQL 查询语句
query <- "SELECT department, COUNT(*) as count FROM data WHERE age > 30 AND
salary > 5000 GROUP BY department"

# 使用 sqldf 包执行查询
result <- sqldf(query)

# 输出查询结果
print(result)
```

在上述代码中,首先加载sqldf包;然后,使用函数read.csv()读取数据文件并将其存储在名为data的变量中;接下来,构建一个SQL查询语句,使用WHERE子句指定年龄和工资的条件,并使用GROUP BY子句按照部门进行分组;然后,使用函数sqldf()执行查询操作,并将结果存储在名为result的变量中;最后,输出查询结果。执行后会输出:

```
  department count
1  Marketing     1
2      Sales     1
```

第 3 章
数据获取和处理

数据获取（Data Acquisition）和数据处理（Data Processing）是数据科学和数据分析中的两个重要步骤，它们有助于从原始数据中提取有用的信息，进行分析和决策制定。数据获取和处理的目的是从原始数据中提取有用的信息，清洗和准备数据以支持进一步的分析和决策制定，这些步骤对于有效利用数据以支持业务和科学目标至关重要。本章将详细讲解R语言数据获取和处理的知识，并通过具体实例的实现过程来讲解各个知识点的用法。

3.1 数据获取和处理简介

R语言是一种用于数据分析和统计建模的编程语言，具有强大的数据获取和处理功能。下面是关于R语言数据获取和处理知识的简要介绍。

1. 数据获取

数据获取是指从各种来源获得数据的过程。这些数据既可以来自内部或外部源，也可以是结构化数据（如数据库表格、CSV文件）或非结构化数据（如文本、图像、音频等）。数据获取的关键知识点如下。

（1）数据来源：数据可以来自数据库、文件、传感器、Web API（Application Programming Interface，应用程序编程接口）、网络爬虫、社交媒体等。这些源可以是存储在本地或远程的。

（2）数据收集：数据可以通过不同的方式收集，如手动输入、自动化采集、传感器数据记录等。数据收集方法取决于数据的类型和来源。

（3）数据清洗：在数据获取过程中，数据可能包含缺失值、异常值、重复数据等问题，因此需要进行数据清洗，以确保数据的质量和一致性。

（4）数据存储：一旦数据获取并清洗，通常需要将其存储在适当的地方，如数据库、数据仓库、云存储等，以便日后访问和分析。

2. 数据处理

数据处理是指对已获取的数据进行转换、整理、分析和准备的过程，以使其适用于进一步的分析和决策制定。数据处理的关键任务如下。

（1）数据转换：包括对数据进行转换，以适应分析所需的格式，如将日期格式进行标准化、对文本数据进行标记化、进行特征工程等。

（2）数据整理：包括合并多个数据源、进行数据汇总、筛选数据以及对数据进行重塑，以便进行后续分析。

（3）数据分析：在数据处理过程中，数据科学家和分析师可以使用统计和机器学习技术进行数据分析，以从数据中提取有关趋势、模式和关系的洞察。

（4）数据可视化：将数据可视化为图表是数据处理的一部分，以更好地理解数据，并与其他人共享分析结果。

（5）数据准备：数据准备是确保数据能够有效地用于建模、报告、决策制定或其他数据驱动任务的关键步骤，包括数据分割、标签编码、归一化等。

3.2 使用键盘输入数据

在R语言中，可以使用函数scan()从键盘输入数据。函数scan()会提示用户输入数据，并将输入的数据按照指定格式读取到R中。函数scan()的语法格式如下：

```
scan(file = "", what = double(), n = -1, sep = "", quote = "\"'", dec = ".",
    skip = 0, nmax = -1, flush = FALSE, fill = FALSE, quiet = FALSE, encoding
    = "unknown")
```

对上述各个参数的具体说明如下。

（1）file：设置数据输入的文件路径，默认为空字符串，表示从键盘输入数据。

（2）what：设置数据类型，默认为double()，即读取数值型数据。可以使用其他类型，如integer()、character()等。

（3）n：设置读取的数据数量，默认为-1，表示读取全部数据。

（4）sep：设置数据的分隔符，默认为空字符串，表示使用任意空白字符作为分隔符。

（5）quote：设置字符型数据的引号，默认为"""和"\""，表示使用单引号和双引号作为引号符号。

（6）dec：设置浮点数的小数点符号，默认为"."。

（7）skip：设置跳过的行数，默认为0。

（8）nmax：设置最大读取的字符数，默认为-1，表示不限制。

（9）flush：逻辑值，表示是否清空输入缓冲区，默认为FALSE。

（10）fill：逻辑值，表示是否用NA值填充不足的数据，默认为FALSE。

（11）quiet：逻辑值，表示是否静默模式，默认为FALSE，即显示提示信息。

（12）encoding：设置数据的编码方式，默认为unknown，表示自动检测编码。

> **注意**
> 如果设置了参数file，则函数scan()将从文件中读取数据；如果未设置参数file，则从键盘输入数据。

实例3-1 简易计算器（源码路径：codes\3\calc.R）

实例文件calc.R的具体实现代码如下：

```
# 从键盘输入运算符号和数字
operator <- scan(what = character(), n = 1, quiet = TRUE)
numbers <- scan(what = double(), n = -1, quiet = TRUE)

# 根据运算符号执行相应的计算
result <- switch(operator,
```

```
    '+' = sum(numbers),
    '-' = numbers[1] - sum(numbers[-1]),
    '*' = prod(numbers),
    '/' = numbers[1] / prod(numbers[-1])
)

# 输出计算结果
cat("计算结果:", result, "\n")
```

执行上述代码后,程序会提示用户输入一个运算符号,并逐个输入数字。根据输入的运算符号,程序将执行相应的计算,并输出计算结果。例如,如果用户输入"+"并输入数字2 3 4,则程序将计算2+3+4的结果并输出。

本实例的运行过程如下。

(1)将代码保存到一个文本文件calc.R中。

(2)在R语言环境中使用以下命令加载和运行脚本文件:

```
source("calc.R")
```

运行脚本文件后,会提示用户输入运算符号和数字。按照以下步骤输入数据。

(1)看到一个提示符,提示输入运算符号,输入运算符号后按Enter键。

(2)看到一个提示符,提示输入数字。输入一个数字后按Enter键。继续输入下一个数字,输入每个数字后均按Enter键。如果输入完所有数字,则可以按Ctrl + D(Windows)或Ctrl + Z(mac)组合键,表示输入结束。

输入完数据后,程序将执行相应的计算,并输出计算结果。例如:

```
> source("calc.R")
1: +
1: 12
2: 13
3: 11
4: 12
5:
计算结果: 48
```

3.3 处理 CSV 数据

CSV是一种常见的文件格式,用于存储和传输表格数据。CSV是一种纯文本格式,其中每行表示一条记录,每个字段(数据列)由逗号进行分隔。字段包含文本、数字、日期等各种数据类型。CSV文件的第一行通常包含字段名,用于标识每个字段的含义。例如,下面是一个简单的CSV文件的内容:

```
Name,Age,Gender
John,25,Male
Alice,30,Female
Mark,35,Male
```

在 R 语言中，可以使用各种内置函数和包读取和处理 CSV 文件，如函数 read.csv() 和 data.table 包。这些工具提供了灵活的选项，以适应不同的 CSV 文件结构和数据处理需求。

3.3.1 读取 CSV 文件

在 R 语言中，可以使用函数 read.csv() 读取 CSV 文件，并将其加载到 R 语言环境中作为数据框对象。函数 read.csv() 的语法格式如下：

```
read.csv(file, header = TRUE, sep = ",", quote = "\"", dec = ".", fill =
  TRUE, comment.char = "")
```

对上述各个函数参数的具体说明如下。

（1）file：CSV 文件的路径或 URL（Uniform Resource Locator，统一资源定位符）。

（2）header：指定是否包含列名，默认为 TRUE，表示第一行包含列名；如果没有列名，则可以设置为 FALSE。

（3）sep：指定列之间的分隔符，默认为逗号（,），可以根据需要设置不同的分隔符。

（4）quote：指定引号字符，默认为双引号（"），用于包围包含特殊字符的列值。

（5）dec：指定小数点字符，默认为点号（.），用于解析数值类型的列。

（6）fill：指定是否填充空白字段，默认为 TRUE。如果某行的字段数少于其他行，则用空值填充。

（7）comment.char：指定注释字符，默认为空字符串。如果文件中包含注释行，则可以指定注释字符，以跳过这些行。

如下代码使用函数 read.csv() 读取 CSV 文件，将名为 data.csv 的 CSV 文件加载到名为 data 的数据框对象中，并使用函数 print() 输出数据框的内容。

```
# 读取 CSV 文件
data <- read.csv("data.csv")

# 输出数据框的内容
print(data)
```

注意，在上述代码中，需要根据具体情况提供正确的 CSV 文件路径或 URL，并根据需要调整其他参数来读取和解析 CSV 文件。例如，假设有一个名为 data.csv 的 CSV 文件，内容如下：

```
Name,Age,City
John,25,New York
Emily,30,Los Angeles
```

```
David,28,San Francisco
```

下面通过实例3-2来输出文件data.csv中的内容。

实例3-2 读取指定CSV文件中的内容(源码路径:codes\3\du.R)

实例文件du.R的具体实现代码如下:

```
# 读取 CSV 文件
data <- read.csv("data.csv")

# 输出数据框内容
print(data)
```

执行后会输出:

```
   Name Age         City
1  John  25     New York
2 Emily  30  Los Angeles
3 David  28 San Francisco
```

3.3.2 写入 CSV 文件

在R语言中,可以使用函数write.csv()将数据写入指定的CSV文件中。函数write.csv()的语法格式如下:

```
write.csv(X, file, row.names = TRUE, col.names = TRUE, sep = ",")
```

对上述各个参数的具体说明如下。

(1)X:要写入CSV文件的数据框对象。

(2)file:要写入的文件名或文件路径。

(3)row.names:逻辑值,指示是否将行名写入CSV文件,默认为TRUE,表示写入行名;若设置为FALSE,则不写入行名。

(4)col.names:逻辑值,指示是否将列名写入CSV文件,默认为TRUE,表示写入列名;若设置为FALSE,则不写入列名。

(5)sep:字符串,指定列之间的分隔符,默认为逗号(,)。

实例3-3 将数据写入指定的CSV文件中(源码路径:codes\3\xie.R)

实例文件xie.R的具体实现代码如下:

```
# 创建一个数据框
data <- data.frame(
  Name = c("John", "Emily", "David"),
  Age = c(25, 30, 28),
```

```
    City = c("New York", "Los Angeles", "San Francisco")
)

# 写入 CSV 文件
write.csv(data, file = "data.csv", row.names = FALSE)
```

在上述代码中，首先创建一个包含姓名、年龄和城市的数据框；然后，使用函数write.csv()将数据框写入名为data.csv的CSV文件中。file参数指定了要写入的文件名；row.names参数设置为FALSE，表示不包含行名。执行以上代码后，会生成一个名为data1.csv的CSV文件，并将数据框的内容写入其中，如图3-1所示。

图3-1　写入的内容

3.3.3 数据转换和处理

在R语言中，可以使用各种函数和包对CSV数据进行转换和处理操作，如使用dplyr包进行数据筛选、排序、汇总等操作。在接下来的内容中，将介绍几个常用的函数和包。

1. 筛选数据

（1）使用R语言内置函数：可以使用逻辑条件筛选数据，如使用函数subset()。

（2）使用dplyr包：dplyr包提供了一组功能强大的函数，用于数据的筛选和转换，如函数filter()。

（3）使用data.table包：data.table包提供了快速和高效的数据处理功能，如使用运算符"[ ]"进行数据筛选。

假设有一个名为students.csv的CSV文件，内容如下：

```
Name,Age,Grade
Alice,25,A
Bob,30,B
Charlie,28,B
David,35,C
```

现在要求使用R语言读取CSV文件students.csv，并对其进行筛选操作，要求筛选出年龄大于或等于30岁的学生记录。可以通过如下代码（源码路径：codes\3\sanshi.R）实现：

```
# 读取 CSV 文件
df <- read.csv("students.csv")

# 筛选年龄大于或等于 30 岁的学生记录
filtered_df <- subset(df, Age >= 30)

# 输出筛选结果
```

```
print(filtered_df)
```

在上述代码中，首先使用函数read.csv()读取students.csv文件，并将其存储在数据框df中；然后，使用函数subset()筛选出年龄大于或等于30岁的学生记录，并将结果存储在filtered_df中；最后，输出筛选结果。执行后会输出：

```
    Name Age Grade
2    Bob  30     B
4  David  35     C
```

2. 数据排序

（1）使用R语言内置函数：可以使用内置函数order()对数据进行排序。
（2）使用dplyr包：可以使用dplyr包中的函数arrange()对数据进行排序。

现在有一个名为employees.csv的CSV文件，其中保存了员工的薪资信息，内容如下：

```
Name,Age,Salary
Alice,30,5000
Bob,28,4000
Charlie,35,6000
David,32,5500
```

现在要求使用R语言读取文件employees.csv，要求按照薪资从高到低的顺序对员工信息进行排序。可以通过如下代码（源码路径：codes\3\pai.R）实现：

```r
# 读取 CSV 文件
df <- read.csv("employees.csv")

# 按照薪资从高到低排序
sorted_df <- df[order(-df$Salary), ]

# 输出排序结果
print(sorted_df)
```

在上述代码中，首先使用函数read.csv()读取文件employees.csv，并将其存储在数据框df中；然后，使用函数order()和表达式"-df$Salary"对数据框进行排序，其中"-"表示降序排序；最后，输出排序结果。执行后会输出：

```
     Name Age Salary
3 Charlie  35   6000
4   David  32   5500
1   Alice  30   5000
2     Bob  28   4000
```

3. 数据汇总

（1）使用R语言内置函数：可以使用函数aggregate()对数据进行汇总计算。

（2）使用dplyr包：dplyr包提供了多个函数实现数据汇总功能，如summarise()、group_by()和summarise_all()等。

现在有一个名为sales.csv的CSV文件，其中保存了某员工的销售数据，内容如下：

```
Product,Category,Quantity,Price
Apple,Fruit,10,2.5
Banana,Fruit,15,1.8
Carrot,Vegetable,20,0.8
Broccoli,Vegetable,12,1.2
Orange,Fruit,8,3.0
```

现在要求使用R语言读取文件sales.csv，并对其进行汇总操作。可以通过如下代码（源码路径：codes\3\xiao.R）计算出每个类别商品的总销售数量和总销售额：

```r
# 读取 CSV 文件
df <- read.csv("sales.csv")
# 计算每个商品的总销售额
df$TotalSales <- df$Quantity * df$Price
# 按照类别进行汇总
summary_df <- aggregate(cbind(Quantity, TotalSales) ~ Category, df, FUN = sum)
# 输出汇总结果
print(summary_df)
```

在上述代码中，首先使用函数read.csv()读取sales.csv文件，并将其存储在数据框df中；然后，使用函数aggregate()对数据框进行汇总操作，其中"cbind(Quantity, Price) ~ Category"表示希望对Quantity和Price字段按照Category进行汇总，而"FUN = sum"表示使用函数sum()对字段进行求和；最后，输出汇总结果。执行后会输出：

```
  Category Quantity TotalSales
1    Fruit       33       76.0
2 Vegetable       32       30.4
```

继续使用上面的CSV文件sales.csv，在实例3-4中使用dplyr包对文件sales.csv的内容进行筛选、排序和汇总操作。

👉 **实例3-4** 使用dplyr包筛选、排序、汇总CSV文件的内容（源码路径：codes\3\zonghe.R）

本实例是筛选出类别为Fruit的记录，按照销售数量从高到低排序，并计算总销售数量和总销售额。实例文件zonghe.R的具体实现代码如下：

```r
library(dplyr)
```

```
# 读取 CSV 文件
df <- read.csv("sales.csv")

# 使用 dplyr 包进行筛选、排序和汇总操作
summary_df <- df %>%
  filter(Category == "Fruit") %>%
  arrange(desc(Quantity)) %>%
  summarise(TotalQuantity = sum(Quantity), TotalSales = sum(Quantity * Price))

# 输出汇总结果
print(summary_df)
```

在上述代码中，首先筛选出类别为Fruit的记录，并按照销售数量从高到低进行排序；然后，计算该类别的总销售数量和总销售额，分别存储在汇总数据框summary_df的TotalQuantity和TotalSales列中；最后，输出汇总结果。执行后会输出：

```
  TotalQuantity TotalSales
1            33         76
```

3.4 处理 Excel 数据

Excel文件是一种电子表格文件格式，由Microsoft Excel软件创建和使用。Excel文件是广泛用于存储、组织和分析数据的常见文件类型。Excel文件可以包含多个工作表，每个工作表都由行和列组成，形成一个网格结构。

3.4.1 R 语言和 Excel 文件

R语言中提供了多个包和函数来操作Excel文件，分别实现Excel文件的读取、写入等操作功能，其中常用的包和函数如下。

（1）readxl包：提供了函数read_excel()，用于读取Excel文件中的数据。函数read_excel()可以读取单个工作表或多个工作表，并将数据导入R语言中的数据框中。

（2）openxlsx包：提供了一组函数，用于读取、写入和修改Excel文件。openxlsx包具有丰富的功能，如合并单元格、设置格式、创建图表等。

通过使用上述包和函数，可以在R语言中轻松读取和写入Excel文件，并进行各种数据操作和分析。用户可以根据需要选择合适的包和函数来处理Excel文件。

3.4.2 使用 readxl 包

在R语言中，可以使用readxl包来操作Excel文件。在使用readxl包之前，需要先安装该包。可

以使用以下命令安装readxl包：

```
install.packages("readxl")
```

在安装readxl包后，需要使用函数library()加载readxl包：

```
library(readxl)
```

接下来，可以使用函数read_excel()读取Excel文件的内容。函数read_excel()的语法格式如下：

```
read_excel(path, sheet = 1, range = NULL, col_names = TRUE, col_types =
  NULL, na = "", skip = 0, n_max = Inf, guess_max = min(1000, n_max),
  progress = interactive())
```

对上述参数的具体说明如下。

（1）path：Excel文件的路径。
（2）sheet：要读取的工作表索引或名称，默认为1，表示第一个工作表。
（3）range：要读取的单元格范围，默认为NULL，表示读取整个工作表。
（4）col_names：是否读取列名，默认为TRUE。
（5）col_types：列的数据类型，可以是向量或列表，用于指定每列的数据类型。其值默认为NULL，表示自动推断数据类型。
（6）na：缺失值的字符串，默认为空字符串。
（7）skip：要跳过的行数，默认为0。
（8）n_max：要读取的最大行数，默认为无限制。
（9）guess_max：用于自动推断列类型的最大行数，默认为1000。
（10）progress：是否显示进度条，默认为交互式（根据运行环境自动判断）。

假设有一个名为data.xlsx的Excel文件，其中包含以下内容：

```
    Name  Age   City
1    Tom   25  Tokyo
2   Jane   30   Oslo
3  Peter   28  Paris
4   Mary   32   Rome
```

在实例3-5中将使用readxl包读取Excel文件data.xlsx中的内容。

实例3-5 读取并显示指定Excel文件中的内容（源码路径：codes\3\duex.R）

实例文件duex.R的具体实现代码如下：

```
library(readxl)

# 读取Excel文件的内容
data <- read_excel("data.xlsx")
```

```
# 输出数据
print(data)
```

在上述代码中,首先加载readxl包;然后使用函数read_excel()读取文件data.xlsx的内容,并将结果存储在名为data的数据框中;最后,使用函数print()输出读取到的数据。执行后会输出:

```
#A tibble: 4 x 3
  Name  Age   City
  <chr> <dbl> <chr>
1 Tom   25    Tokyo
2 Jane  30    Oslo
3 Peter 28    Paris
4 Mary  32    Rome
```

3.4.3 使用 openxlsx 包

在R语言中,可以使用openxlsx包中的函数读取、写入和修改Excel文件。openxlsx包具有丰富的功能,如合并单元格、设置格式、创建图表等。openxlsx包中常用的函数如下。

(1) loadWorkbook():加载一个Excel文件,并返回一个工作簿对象。

(2) createWorkbook():创建一个新的工作簿对象。

(3) getSheetNames():获取工作簿中所有工作表的名称。

(4) addWorksheet():在工作簿中添加一个新的工作表。

(5) removeWorksheet():从工作簿中移除指定的工作表。

(6) readWorkbook():从工作簿中读取指定工作表的数据。

(7) writeData():将数据写入工作簿的指定工作表中。

(8) writeDataTable():将数据框写入工作簿的指定工作表中,并创建一个Excel表格。

(9) setColWidths():设置工作表的列宽。

(10) setStyle():设置单元格的样式。

(11) saveWorkbook():保存工作簿为Excel文件。

实例3-6 对指定Excel文件实现读取、写入、合并和修改操作(源码路径:codes\3\xieex.R)

实例文件xieex.R的具体实现代码如下:

```
library(openxlsx)

# 读取 Excel 文件
wb <- loadWorkbook("data.xlsx")        # 加载 Excel 文件
sheet_names <- getSheetNames(wb)       # 获取工作表名称
```

```r
# 读取指定工作表的数据
data <- readWorkbook(wb, sheet = sheet_names[1])   # 读取第一个工作表的数据

# 输出读取的数据
print(data)

# 在工作簿中添加新的工作表并写入数据
new_sheet <- "NewSheet"
addWorksheet(wb, sheetName = new_sheet)            # 添加新的工作表
writeData(wb, sheet = new_sheet, x = data)         # 将数据写入新的工作表

# 修改工作表数据
modified_data <- data * 2    # 将数据乘以2
# 将修改后的数据写入原工作表
writeData(wb, sheet = sheet_names[1], x = modified_data)

# 合并多个工作表
merged_data <- NULL                  # 初始化合并后的数据
for (sheet_name in sheet_names) {
  sheet_data <- readWorkbook(wb, sheet = sheet_name)   # 读取每个工作表的数据
  merged_data <- rbind(merged_data, sheet_data)        # 合并数据
}

# 创建新的工作簿并将合并后的数据写入
new_wb <- createWorkbook()
addWorksheet(new_wb, sheetName = "MergedData")
writeData(new_wb, sheet = "MergedData", x = merged_data)

# 保存工作簿为新的 Excel 文件
saveWorkbook(new_wb, file = "merged_data.xlsx")
```

上述代码的功能如下。

（1）读取 Excel 文件的数据并输出。

（2）Excel 文件中的第一个工作表的数据将被修改为原始数据乘以2。

（3）在同一工作簿中创建一个新的工作表，并将原始数据写入。

（4）多个工作表的数据被合并为一个数据框，并写入新的工作簿中的一个工作表。

（5）一个名为 merged_data.xlsx 的新 Excel 文件将被保存在指定的路径中，其中包含合并后的数据。

3.5 处理 XML 数据

XML（Extensible Markup Language，可扩展标记语言）的前身是标准通用标记语言，是 IBM 从

20世纪60年代就开始发展的通用标记语言。同HTML（HyperText Markup Language，超文本标记语言）一样，XML是标准通用标记语言的一个子集，是描述网络上的数据内容和结构的标准。在实际应用中，XML文件主要用来传输和存储数据。

3.5.1 使用 XML 包

在R语言中，可以使用XML包操作基于DOM（Document Object Model，文档对象模型）的XML文件。XML包提供了一系列函数来解析、创建和修改XML文档，其中常用的函数如下。

（1）xmlTreeParse()：解析XML文件并返回XML树对象。

（2）xmlParse()：解析XML文件、URL或字符串，并返回XML文档对象。与xmlTreeParse()类似，但更通用，适用于更多类型的输入。

（3）xmlRoot()：获取XML树的根节点。

（4）xmlChildren()：获取指定节点的子节点。

（5）xmlAttrs()：获取指定节点的属性。

（6）xmlValue()：获取指定节点的值。

（7）xmlName()：获取指定节点的名称。

（8）xmlFindAll()：按照指定条件查找匹配的节点。

（9）xmlNewNode()：创建一个新的XML节点。

（10）xmlAddChild()：向指定节点添加子节点。

（11）xmlRemoveNodes()：移除指定节点。

在使用XML包之前需要先通过如下命令安装XML包：

```
install.packages("XML", repos = "https://mirrors.ustc.edu.cn/CRAN/")
```

可以通过如下命令查看XML包是否安装成功（如果输出TRUE则表示安装成功）：

```
> any(grepl("XML",installed.packages()))
[1] TRUE
```

下面是一个使用XML包操作XML文件的实例，展示了读取、解析、修改和创建XML节点以及获取节点的属性和值的过程。

实例3-7 操作XML文件中的水果数据（源码路径：codes\3\xml01.R）

（1）创建一个名为data.xml的XML文件，内容如下：

```
<fruits>
  <fruit>
    <name>Apple</name>
    <color>Red</color>
    <price>1.99</price>
  </fruit>
```

```
    <fruit>
        <name>Banana</name>
        <color>Yellow</color>
        <price>0.99</price>
    </fruit>
</fruits>
```

（2）编写程序文件xml01.R，使用XML包操作该XML文件，具体实现代码如下：

```
# 加载 XML 包
library(XML)

# 读取 XML 文件
xml_file <- "data.xml"
doc <- xmlParse(xml_file)

# 获取根节点
root <- xmlRoot(doc)

# 获取所有水果节点
fruits <- xmlChildren(root)

# 输出每个水果的属性和值
for (fruit in fruits) {
  name <- xmlValue(xmlChildren(fruit)[[1]])
  color <- xmlValue(xmlChildren(fruit)[[2]])
  price <- xmlValue(xmlChildren(fruit)[[3]])

  cat("Fruit:", name, "\n")
  cat("Color:", color, "\n")
  cat("Price:", price, "\n\n")
}

# 修改第一个水果的价格
new_price <- 2.99
xmlValue(xmlChildren(fruits[[1]])[[3]]) <- new_price

# 添加一个新的水果节点
new_fruit <- xmlNode("fruit")
name <- xmlNode("name", "Orange")
color <- xmlNode("color", "Orange")
price <- xmlNode("price", "1.49")
addChildren(new_fruit, name, color, price)
addChildren(root, new_fruit)

# 保存修改后的 XML 文件
```

```
new_xml_file <- "modified_data.xml"
saveXML(doc, new_xml_file)
print(data)
```

在上述代码中，首先使用 xmlParse() 函数读取 XML 文件，并将其解析为一个 XML 文档对象 doc。然后，使用 xmlRoot() 函数获取 XML 文档的根节点 root，后续所有操作都基于这个根节点进行。接着，使用 xmlChildren() 函数获取根节点下的所有子节点，并通过循环遍历每个水果节点，使用 xmlValue() 函数获取水果的名称、颜色和价格。然后，修改第一个水果节点的价格，直接将新的价格赋值给相应的节点值。接着，使用 xmlNode() 函数创建一个新的水果节点 new_fruit，并为其添加名称、颜色和价格子节点，最后使用 addChildren() 函数将这个新水果节点添加到根节点下。最后，使用 saveXML() 函数将修改后的 XML 文档保存为一个新的文件 modified_data.xml。执行后会输出：

```
Fruit: Apple
Color: Red
Price: 1.99

Fruit: Banana
Color: Yellow
Price: 0.99

<fruit>
 <name>Orange</name>
 <color>Orange</color>
 <price>1.49</price>
</fruit>

<fruits><fruit><name>Apple</name><color>Red</color><price>2.99</price></
fruit><fruit><name>Banana</name><color>Yellow</color><price>0.99</price></
fruit>fruit</fruits>

[1] "modified_data.xml"
```

3.5.2 使用 xml2 包

在 R 语言中，可以使用 xml2 包操作 XML 文件。xml2 包提供了简洁的 API 来解析和操作 XML 文件，其中常用的函数如下。

（1）read_xml()：从文件或字符串中读取 XML 内容。

（2）xml_find_all()：按照指定条件查找匹配的节点。

（3）xml_children()：获取指定节点的子节点。

（4）xml_attrs()：获取指定节点的属性。

（5）xml_text()：获取指定节点的文本内容。

（6）xml_name()：获取指定节点的名称。

（7）xml_new_node()：创建一个新的 XML 节点。

（8）xml_add_child()：向指定节点添加子节点。

（9）xml_remove_nodes()：移除指定节点。

在使用 xml2 包之前，需要先通过如下命令安装 xml2 包：

```
install.packages("xml2", repos = "https://mirrors.ustc.edu.cn/CRAN/")
```

可以通过如下命令查看 xml2 包是否安装成功（如果输出 TRUE 则表示安装成功）：

```
> any(grepl("xml2",installed.packages()))
[1] TRUE
```

实例 3-8 使用 xml2 包操作 XML 文件（源码路径：codes\3\xml2.R）

本实例使用 xml2 包读取 XML 文件，并分别实现节点查找、获取节点属性、修改节点以及添加新节点等操作。实例文件 xml2.R 的具体实现代码如下：

```r
# 加载 xml2 包
library(xml2)

# 读取 XML 文件
xml_file <- "data.xml"
doc <- read_xml(xml_file)

# 查找所有的水果节点
fruits <- xml_find_all(doc, "//fruit")

# 遍历每个水果节点
for (fruit in fruits) {
  # 获取水果名称
  name <- xml_text(xml_find_first(fruit, "./name"))
  
  # 获取水果颜色
  color <- xml_text(xml_find_first(fruit, "./color"))
  
  # 获取水果价格节点
  price_node <- xml_find_first(fruit, "./price")
  
  # 获取水果价格
  price <- xml_text(price_node)
  
  # 输出水果信息
  cat("水果名称：", name, "\n")
  cat("水果颜色：", color, "\n")
```

```
        cat(" 水果价格 :", price, "\n\n")
    
    # 修改价格节点的文本内容
    xml_text(price_node) <- "2.99"
}

# 添加一个新的水果节点
new_fruit <- xml_add_child(xml_find_first(doc, "//fruits"), "fruit")
xml_add_child(new_fruit, "name", " 橙子 ")
xml_add_child(new_fruit, "color", " 橙色 ")
xml_add_child(new_fruit, "price", "1.49")

# 保存修改后的 XML 文件
new_xml_file <- "modified_data2.xml"
write_xml(doc, new_xml_file)
```

在上述代码中,通过 xml_text(price_node) <- "2.99" 来修改 <price> 元素的文本内容。执行后会输出修改前的水果信息:

```
水果名称：Apple
水果颜色：Red
水果价格：1.99

水果名称：Banana
水果颜色：Yellow
水果价格：0.99
```

修改后的内容被保存在文件modified_data2.xml中,如图3-2所示。

图3-2 文件modified_data2.xml的内容

3.6 处理 JSON 数据

JSON(JavaScript Object Notation, JS 对象简谱)是一种轻量级的数据交换格式,采用完全独立于编程语言的文本格式来存储和表示数据。简洁和清晰的层次结构使得 JSON 成为理想的数据交换语言,易于用户阅读和编写,有效地提升了网络传输效率。

3.6.1 JSON 包

在R语言中,可以使用如下几个常用的包操作JSON文件。

(1)jsonlite:一个流行的R包,用于解析、生成和操作JSON数据。jsonlite包提供了一组简单而强大的函数,如fromJSON()、toJSON()、prettify()等,用于解析JSON数据、将R对象转换为JSON格式、格式化JSON字符串等。

（2）RJSONIO：提供了一些用于解析和生成JSON数据的函数，包括函数fromJSON()和toJSON()，可以在R对象和JSON之间进行转换。RJSONIO包在处理大型JSON数据时比jsonlite包更快。

（3）tidyjson：提供了一套用于处理和分析JSON数据的函数，使用了dplyr和tidyr包的风格，提供了一种简洁而直观的方式来处理嵌套的JSON数据。

上述包提供了丰富的操作JSON数据的功能，可以帮助用户在R语言中有效地处理JSON数据。在使用这些包之前，需要先安装它们。可以使用以下命令安装这些包：

```
install.packages("jsonlite")
install.packages("RJSONIO")
install.packages("tidyjson")
```

安装完成后，使用函数library()加载需要使用的包。例如，通过如下命令加载jsonlite包。

```
library(jsonlite)
```

3.6.2 使用jsonlite包

在R语言中，可以使用jsonlite包操作JSON文件。以下是jsonlite包中的一些常用函数。

（1）fromJSON()：将JSON字符串或JSON文件解析为R对象。该函数可以将JSON数据转换为R语言中的列表或数据框形式，方便后续处理和访问。

（2）toJSON()：将R对象转换为JSON字符串。该函数接收R语言中的列表、数据框等对象，并将其转换为JSON格式的字符串，方便存储或传输JSON数据。

（3）prettify()：将JSON字符串进行格式化，使其更易读。该函数会对JSON字符串进行缩进和换行操作，增加可读性，方便查看和调试。

（4）validate()：验证JSON字符串的有效性。该函数可以检查JSON字符串是否符合JSON格式的语法规则，帮助发现潜在的错误或问题。

（5）flatten()：将嵌套的JSON数据扁平化为键值对形式。该函数可以将嵌套的JSON结构展开，将每个键值对作为一个独立的条目，方便进行数据分析和处理。

（6）stream_in()：逐行读取大型JSON文件并将其解析为R对象。该函数适用于处理大型JSON文件，因为其不会将整个文件加载到内存中，而是按需逐行读取。

（7）stream_out()：将R对象逐行写入JSON文件。类似于函数stream_in()，该函数适用于处理大型JSON数据，因为其可以将数据逐行写入文件，而不会一次性占用大量内存。

实例3-9 使用jsonlite包操作JSON文件中的员工信息（源码路径：codes\3\jsonlite.R）

本实例中将对一个准备好的JSON文件进行多种操作，包括解析JSON数据、访问数据字段、修改数据以及将修改后的数据重新写入JSON文件，具体实现流程如下。

（1）创建一个名为data.json的JSON文件，其内容如下：

```json
{
  "name": "John Doe",
  "age": 30,
  "email": "johndoe@example.com",
  "hobbies": ["reading", "gaming", "cooking"],
  "address": {
    "street": "123 Main St",
    "city": "New York",
    "country": "USA"
  }
}
```

(2)编写文件jsonlite.R,使用jsonlite包操作该JSON文件,具体实现代码如下:

```r
# 加载 jsonlite 包
library(jsonlite)

# 读取 JSON 文件
json_data <- fromJSON("data.json")

# 输出姓名和年龄
cat("姓名: ", json_data$name, "\n")
cat("年龄: ", json_data$age, "\n")

# 输出爱好
cat("爱好: ")
for (hobby in json_data$hobbies) {
  cat(hobby, " ")
}
cat("\n")

# 修改年龄为 35
json_data$age <- 35

# 添加新的爱好
json_data$hobbies <- c(json_data$hobbies, "swimming")

# 将修改后的数据写入 JSON 文件
toJSON(json_data, pretty = TRUE, auto_unbox = TRUE, digits = 2) %>%
  writeLines("data_updated.json")
```

在上述代码中,首先使用函数fromJSON()读取JSON文件,将其解析为R对象;然后,使用操作符"$"访问JSON数据的字段,输出姓名、年龄和爱好;接下来,修改年龄为35,并添加一个新的爱好swimming;最后,使用函数toJSON()将修改后的数据转换为JSON字符串,并使用函数writeLines()将其写入名为data_updated.json的文件中。

运行上述代码后,会输出姓名、年龄和爱好信息:

```
姓名: John Doe
年龄: 30
reading gaming cooking
```

同时，在当前目录下生成名为data_updated.json的JSON文件，其中包含更新后的数据。

3.6.3 使用RJSONIO包

在R语言中，可以使用RJSONIO包操作JSON文件。下面列出了RJSONIO包中的常用函数。

（1）fromJSON()：将JSON字符串或JSON文件解析为R对象。该函数可以将JSON数据转换为R语言中的列表或数据框形式，方便后续处理和访问。

（2）toJSON()：将R对象转换为JSON字符串。该函数接收R语言中的列表、数据框等对象，并将其转换为JSON格式的字符串，方便存储或传输JSON数据。

（3）fromJSONFile()：从JSON文件中读取JSON数据并解析为R对象。与函数fromJSON()类似，但该函数直接从文件读取JSON数据而不是从字符串中解析。

（4）toJSONFile()：将R对象转换为JSON字符串，并将其写入JSON文件中。与函数toJSON()类似，但该函数直接将JSON数据写入文件而不是返回字符串。

实例3-10演示了使用RJSONIO包操作JSON数据的工程，包括解析JSON数据、访问数据字段、修改数据并将修改后的数据转换为JSON字符串等操作。

实例3-10 使用RJSONIO包操作JSON数据（源码路径：codes\3\RJSONIO.R）

实例文件RJSONIO.R的具体实现代码如下：

```
# 加载RJSONIO包
library(RJSONIO)

# 示例JSON字符串
json_string <- '{
  "name": "John Doe",
  "age": 30,
  "email": "johndoe@example.com",
  "hobbies": ["reading", "gaming", "cooking"],
  "address": {
    "street": "123 Main St",
    "city": "New York",
    "country": "USA"
  }
}'

# 解析JSON字符串为R对象
json_data <- fromJSON(json_string)

# 输出姓名和年龄
```

```
cat("姓名: ", json_data$name, "\n")
cat("年龄: ", json_data$age, "\n")

# 输出爱好
cat(" 爱好：")
for (hobby in json_data$hobbies) {
  cat(hobby, " ")
}
cat("\n")

# 修改年龄为 35
json_data$age <- 35

# 添加新的爱好
json_data$hobbies <- c(json_data$hobbies, "swimming")

# 将修改后的数据转换为 JSON 字符串
updated_json_string <- toJSON(json_data)

# 输出修改后的 JSON 字符串
cat(" 修改后的 JSON 字符串：\n", updated_json_string, "\n")
```

在上述代码中，首先定义一个 JSON 字符串；然后使用函数 fromJSON() 将其解析为 R 对象；接着，通过访问 R 对象的字段，输出姓名、年龄和爱好信息；然后，修改年龄为 35，并添加一个新的爱好 swimming；最后，使用函数 toJSON() 将修改后的数据转换为 JSON 字符串，并输出该字符串。执行后会输出：

```
修改后的 JSON 字符串：
 {
 "name": "John Doe",
 "age":       35,
 "email": "johndoe@example.com",
 "hobbies": [ "reading", "gaming", "cooking", "swimming" ],
 "address": {
 "street": "123 Main St",
 "city": "New York",
 "country": "USA"
 }
 }
```

3.6.4 使用 tidyjson 包

在 R 语言中，可以使用 tidyjson 包操作 JSON 文件。下面列出了 tidyjson 包中的一些常用函数。

（1）as.tbl_json()：将 JSON 文件或 JSON 字符串转换为 tibble 对象。该函数可以将 JSON 数据解

析为数据框形式，方便进行后续的数据处理和分析。

（2）gather_array()：将嵌套的JSON数组展开为多个行。当在JSON数据中存在嵌套的数组时，可以使用该函数将数组展开为多个行，便于进一步处理。

（3）spread_values()：将嵌套的JSON对象展开为多个列。当在JSON数据中存在嵌套的对象时，可以使用该函数将对象展开为多个列，便于查看和分析。

（4）enter_object()：进入嵌套的JSON对象。该函数用于导航到JSON数据中的嵌套对象，以便访问和处理嵌套的字段。

（5）enter_array()：进入嵌套的JSON数组。该函数用于导航到JSON数据中的嵌套数组，以便访问和处理数组中的元素。

（6）spread_all()：将所有的嵌套JSON对象展开为多个列。当JSON数据中存在多层嵌套的对象时，可以使用该函数将所有对象展开为多个列，便于分析和处理。

实例3-11　使用tidyjson包操作JSON数据（源码路径：codes\3\tidyjson.R）

实例文件tidyjson.R的具体实现代码如下：

```r
# 加载 tidyjson 包
library(tidyjson)
library(dplyr)

# 示例 JSON 字符串
json_string <- '{
  "employees": [
    {
      "name": "John Doe",
      "age": 30,
      "position": "Manager"
    },
    {
      "name": "Jane Smith",
      "age": 25,
      "position": "Engineer"
    }
  ],
  "company": "ABC Inc",
  "location": "New York"
}'

# 将 JSON 字符串转换为 tbl_json 对象
json_data <- as.tbl_json(json_string)

# 使用函数 gather_array() 展开嵌套的数组
json_data %>%
  enter_object("employees") %>%
```

```
gather_array() %>%
  spread_values(name = jstring("name"), age = jnumber("age"), position =
    jstring("position")) %>%
  select(name, position)
```

在上述代码中，首先定义一个 JSON 字符串，并使用函数 as.tbl_json() 将其转换为 tbl_json 对象；然后，使用函数 spread_values() 展开嵌套的数组，并选择 name 和 position 这两个键。执行后会输出：

```
  ..JSON                    name         position
  <chr>                     <chr>        <chr>
1 "{\"name\":\"John D..."   John Doe     Manager
2 "{\"name\":\"Jane S..."   Jane Smith   Engineer
```

3.7 处理 MySQL 数据

MySQL 是一个开源的关系型数据库管理系统，常用于 Web 应用程序的后端数据存储。MySQL 支持多种操作系统和编程语言，具有高性能、可靠性和可扩展性等特点。

3.7.1 和 MySQL 相关的包

在 R 语言中，可以操作 MySQL 数据库中的数据的常用包如下。

（1）RMySQL：使用纯 R 语言代码实现的 MySQL 数据库接口包，提供了连接到 MySQL 数据库、执行 SQL 查询、插入和提取数据等功能。

（2）RMariaDB：连接和操作 MariaDB 和 MySQL 数据库的包，提供了与 RMySQL 类似的功能，但与 MariaDB 数据库更兼容。

（3）DBI：通用的数据库接口包，用于连接和操作各种数据库，包括 MySQL。DBI 包提供了一组通用的函数和方法来执行数据库操作，使得在不同数据库之间进行切换更加方便。

（4）dplyr 和 dbplyr：这两个包提供了一种直观且灵活的方法来操作数据库。其中，dplyr 包提供了数据操作的高级函数；而 dbplyr 包则是对 dplyr 包的扩展，支持使用 SQL 查询操作数据库。

（5）RJDBC：通用的 JDBC（Java Database Connectivity，Java 数据库连接）接口包，允许 R 语言与多个关系型数据库进行交互，包括 MySQL。RJDBC 包通过 Java 连接到数据库，并提供了许多功能和选项。

可以使用这些包中的函数和方法来连接到 MySQL 数据库，执行相关 SQL 查询，实现数据的导入和导出等操作。

3.7.2 使用 RMySQL 包

在 R 语言中，可以使用 RMySQL 包中的内置函数实现对 MySQL 数据的操作，包括连接到 MySQL 数据库、执行 SQL 查询、读取和写入数据等操作。RMySQL 包中的常用内置函数如下。

（1）dbConnect()：建立与 MySQL 数据库的连接。

（2）dbDisconnect()：关闭与 MySQL 数据库的连接。

（3）dbSendQuery()：向 MySQL 数据库发送查询语句。

（4）dbGetQuery()：执行查询语句并从数据库中获取结果。

（5）dbWriteTable()：将数据框或数据表写入 MySQL 数据库中的表。

（6）dbReadTable()：从 MySQL 数据库中读取数据表。

（7）dbListTables()：列出 MySQL 数据库中的所有表。

（8）dbRemoveTable()：从 MySQL 数据库中删除指定的表。

（9）dbExistsTable()：检查 MySQL 数据库中是否存在指定的表。

（10）dbListFields()：列出 MySQL 数据库表中的所有字段。

（11）dbColumnInfo()：获取 MySQL 数据库表中特定字段的信息。

（12）dbGetQuery()：执行查询语句并从数据库中获取结果。

在使用RMySQL包之前，需要先使用如下命令安装RMySQL包，并且确保已经正确配置了与MySQL数据库的连接信息。

```
install.packages("RMySQL")
```

在实例3-12中，使用RMySQL包加载一个预先准备好的SQL文件，并在MySQL数据库中生成对应的数据。

实例3-12 生成MySQL数据库数据（源码路径：codes\3\RMySQL.R）

实例文件RMySQL.R的具体实现代码如下：

```
# 安装和加载 RMySQL 包
install.packages("RMySQL")
library(RMySQL)

# 建立与 MySQL 数据库的连接
con <- dbConnect(MySQL(), user = "your_username", password = "your_password", dbname = "your_database")

# 读取 SQL 文件内容
sql_file <- "data.sql"
sql_content <- readLines(sql_file, warn = FALSE)

# 将 SQL 文件内容作为单个字符串
sql_string <- paste(sql_content, collapse = "\n")

# 执行 SQL 语句来生成数据
dbSendQuery(con, sql_string)
```

```
# 关闭数据库连接
dbDisconnect(con)
```

在上述代码中,应确保已将your_username、your_password和your_database替换为实际数据库用户名、密码和数据库名称;同时,将data.sql替换为要执行的SQL文件路径。上述代码将建立与MySQL数据库的连接,并执行SQL文件中的语句来生成数据。可以对SQL文件中的操作根据需求进行修改,以便生成适合自己的数据。

3.7.3 使用 RMariaDB 包

在R语言中,也可以使用RMariaDB包操作MySQL数据。RMariaDB包提供了与RMySQL包类似的功能,但其与MariaDB数据库更兼容。RMariaDB包中常用的内置函数如下。

(1) dbConnect():建立与MySQL数据库的连接。
(2) dbDisconnect():关闭与MySQL数据库的连接。
(3) dbSendQuery():向MySQL数据库发送查询语句。
(4) dbGetQuery():执行查询语句并从数据库中获取结果。
(5) dbExecute():执行SQL语句,并返回受影响的行数。
(6) dbWriteTable():将数据框或数据表写入MySQL数据库中的表。
(7) dbReadTable():从MySQL数据库中读取数据表。
(8) dbListTables():列出MySQL数据库中的所有表。
(9) dbRemoveTable():从MySQL数据库中删除指定的表。
(10) dbExistsTable():检查MySQL数据库中是否存在指定的表。
(11) dbListFields():列出MySQL数据库表中的所有字段。
(12) dbColumnInfo():获取MySQL数据库表中特定字段的信息。

在使用RMariaDB包之前,需要先使用如下命令安装RMariaDB包,并且确保已经正确配置了与MySQL数据库的连接信息。

```
install.packages("RMariaDB")
```

 实例3-13 查询数据库中的指定信息(源码路径:codes\3\RMariaDB.R)

实例文件RMariaDB.R的具体实现代码如下:

```
# 安装和加载 RMariaDB 包
install.packages("RMariaDB")
library(RMariaDB)

# 建立与 MySQL 数据库的连接
con <- dbConnect(
  MariaDB(),
```

```
    user = "your_username",
    password = "your_password",
    dbname = "your_database",
    host = "your_host",
    port = 3306
)

# 执行查询并获取结果
result <- dbGetQuery(con, "SELECT * FROM your_table")

# 输出结果
print(result)

# 关闭数据库连接
dbDisconnect(con)
```

在上述代码中，应确保将 your_username、your_password、your_database、your_host 和 your_table 替换为实际数据库的用户名、密码、数据库名称、主机和表名。上述代码将建立与 MySQL 数据库的连接，执行 SELECT 查询语句，并获取查询结果。读者可以根据自己的需求修改 SQL 查询语句，以获取数据库中特定的数据。

3.7.4 使用 DBI 包

在 R 语言中，可以使用 DBI 包操作 MySQL 数据库中的数据。DBI 包中的常用函数如下。

（1）dbConnect()：建立与 MySQL 数据库的连接。

（2）dbDisconnect()：关闭与 MySQL 数据库的连接。

（3）dbGetQuery()：执行查询语句并从数据库中获取结果。

（4）dbSendQuery()：向 MySQL 数据库发送查询语句。

（5）dbFetch()：从结果集中获取下一行数据。

（6）dbClearResult()：清除查询结果。

（7）dbListTables()：列出 MySQL 数据库中的所有表。

（8）dbWriteTable()：将数据框或数据表写入 MySQL 数据库中的表。

（9）dbRemoveTable()：从 MySQL 数据库中删除指定的表。

（10）dbExistsTable()：检查 MySQL 数据库中是否存在指定的表。

（11）dbListFields()：列出 MySQL 数据库表中的所有字段。

（12）dbColumnInfo()：获取 MySQL 数据库表中特定字段的信息。

在使用 DBI 包之前，需要先使用如下命令安装 DBI 包，并且确保已经正确配置了与 MySQL 数据库的连接信息。

```
install.packages("DBI")
```

> **实例3-14** 使用DBI包操作MySQL数据库表中的数据（源码路径：codes\3\DBI.R）

实例文件DBI.R的具体实现代码如下：

```r
# 安装和加载 DBI 包
install.packages("DBI")
library(DBI)

# 建立与 MySQL 数据库的连接
con <- dbConnect(
  drv = RMySQL::MySQL(),
  dbname = "your_database",
  host = "your_host",
  port = 3306,
  user = "your_username",
  password = "your_password"
)

# 执行查询并获取结果
result <- dbGetQuery(con, "SELECT * FROM your_table")

# 输出结果
print(result)

# 关闭数据库连接
dbDisconnect(con)
```

在上述代码中，建立与MySQL数据库的连接，执行SELECT查询语句，并获取结果。读者可以根据自己的需求修改SQL查询语句，以获取特定的数据。应确保将your_database、your_host、your_username 和 your_password 替换为实际数据库名称、主机、用户名和密码；另外，将your_table 替换为要查询的表名。

3.7.5 dplyr 包和 dbplyr 包

在R语言中，dplyr包和dbplyr包提供了一种直观且灵活的方法来操作数据库，其中dbplyr包是对dplyr包的扩展。尽管dplyr包和dbplyr包提供了一套方便且一致的函数来进行数据操作和处理，但dbplyr包针对外部数据库提供了额外的功能和优势，可以利用数据库的性能和扩展性。如果数据存储在外部数据库中，并且需要对其进行操作和分析，使用dbplyr包可能更为适合；如果数据较小或完全存储在内存中，则可以直接使用dplyr包进行数据处理。

dbplyr包中的常用函数如下。

（1）select()：选择指定的列。

（2）filter()：根据条件筛选行。

（3）arrange()：按指定列的值排序。
（4）mutate()：创建新的列或修改现有列。
（5）group_by()：按指定列进行分组。
（6）summarize()：按组计算汇总统计。
（7）join()：连接两个或多个表。
（8）distinct()：去除重复的行。
（9）rename()：重命名列名。
（10）slice()：选择指定的行。
（11）sample_n()：随机抽样指定数量的行。
（12）sample_frac()：随机抽样指定比例的行。
（13）transmute()：创建新的列，删除或保留指定的列。

dplyr包中的常用函数如下。
（1）tbl()：创建一个对数据库中表的引用，返回一个可以用dplyr和dbplyr函数操作的表对象。
（2）in_schema()：指定数据库模式。
（3）db_create_table()：创建数据库表。
（4）db_insert_into()：向数据库表插入数据。
（5）db_update()：更新数据库表中的数据。
（6）db_delete_from()：从数据库表中删除数据。
（7）db_drop_table()：删除数据库表。
（8）db_schema()：查看数据库模式信息。
（9）db_table_exists()：检查数据库表是否存在。

例如，如下代码（源码路径：codes\3\lia.R）将建立与MySQL数据库的连接，并使用dplyr包和dbplyr包操作数据。

```r
# 安装和加载所需包
install.packages(c("dplyr", "dbplyr"))
library(dplyr)
library(dbplyr)

# 建立与 MySQL 数据库的连接
con <- DBI::dbConnect(RMySQL::MySQL(),
                      dbname = "your_database",
                      host = "your_host",
                      port = 3306,
                      user = "your_username",
                      password = "your_password")

# 创建 dbplyr 包 连接
db <- tbl(con, "your_table")
```

```
# 使用 dplyr 包操作 MySQL 数据
result <- db %>%
  select(name, age, major) %>%
  filter(age > 25) %>%
  arrange(desc(age)) %>%
  head(10) %>%
  collect()

# 输出结果
print(result)

# 关闭数据库连接
DBI::dbDisconnect(con)
```

上述代码中使用了常见的 dplyr 包操作，如选择字段、筛选、排序和限制结果行数，并最终使用函数 collect() 将结果从数据库中提取到 R 语言中。

3.8 从网页抓取数据

网络爬虫又名"网络蜘蛛"，可以通过网页的链接地址来寻找网页，从网站某一个页面开始，读取网页的内容，找到在网页中的其他链接地址，然后通过这些链接地址寻找下一个网页，这样一直循环下去，直到按照某种策略把互联网上所有的网页都抓取完为止。

3.8.1 使用 rvest 包抓取数据

在 R 语言中，可以使用 rvest 包抓取网页中的数据。rvest 包常用的函数如下。

（1）read_html()：从网页 URL 或本地 HTML 文件中读取 HTML 内容，并返回一个解析后的 HTML 文档对象。

（2）html_nodes()：根据 CSS（Cascading Style Sheet，层叠样式表）选择器选择网页中的节点，并返回一个包含选定节点的列表。

（3）html_text()：提取节点中的文本内容，并返回一个包含文本内容的字符向量。

（4）html_attr()：提取节点中的指定属性值，并返回一个包含属性值的字符向量。

（5）html_table()：抓取网页中的表格数据，并返回一个数据框。

组合使用上述函数，可以实现从网页中抓取所需数据的操作。需要注意的是，在使用这些函数之前，需要先使用函数 read_html() 读取网页内容，并将其存储为一个 HTML 文档对象；然后，使用其他函数对该 HTML 文档对象进行节点选择、数据提取等操作。

实例 3-15 使用 rvest 包抓取网页中的数据（源码路径：codes\3\zhua.R）

实例文件 zhua.R 的具体实现代码如下：

```
library(rvest)

# 指定目标网页的 URL
url <- "https://www.example.com"

# 发送 HTTP 请求并读取网页内容
page <- read_html(url)

# 抓取网页中的标题
title <- page %>% html_nodes("title") %>% html_text()

# 抓取网页中的所有链接
links <- page %>% html_nodes("a") %>% html_attr("href")

# 输出结果
cat(" 网页标题:", title, "\n")
cat(" 网页链接:", links, "\n")
```

在上述代码中，首先使用函数 read_html() 读取指定网页中的内容，然后使用函数 html_nodes() 和 CSS 选择器选择网页中的元素。本实例中选择了 <title> 元素作为网页标题，并选择了所有 <a> 元素的超链接。接着使用函数 html_text() 和函数 html_attr() 提取元素的文本内容和属性值。最后，输出抓取结果。执行后会输出：

```
网页标题: Example Domain
网页链接: https://www.iana.org/domains/example
```

3.8.2 使用 httr 包抓取数据

在 R 语言中，可以使用 httr 包抓取网页中的数据。httr 包中常用的函数如下。

（1）GET()：发送 HTTP GET 请求并获取网页内容。
（2）POST()：发送 HTTP POST 请求并获取网页内容。
（3）content()：解析 HTTP 响应内容，并返回相应的数据对象。
（4）html_content()：解析 HTML 内容，并返回一个 HTML 文档对象。
（5）jsonlite::fromJSON()：将 JSON 字符串解析为 R 语言中的数据对象。

通过组合使用上述函数，可以从网页中抓取所需数据。需要注意的是，在使用这些函数之前，需要先发送 HTTP 请求获取网页内容，然后对响应内容进行解析和处理。

实例 3-16　抓取电影排行榜信息（源码路径：codes\3\bbs.R）

实例文件bbs.R的具体实现代码如下：

```r
library(httr)
library(rvest)

# 发送 HTTP GET 请求并获取网页内容
url <- "https://www.imdb.com/chart/top"
response <- GET(url)

# 解析 HTML 内容
page <- read_html(content(response, as = "text"))

# 抓取电影排名和标题
rank <- page %>%
  html_nodes(".lister-list tr") %>%
  html_node(".posterColumn span[name='ir']") %>%
  html_text() %>%
  as.integer()

title <- page %>%
  html_nodes(".lister-list tr") %>%
  html_node(".titleColumn a") %>%
  html_text()

# 创建数据框
data <- data.frame(Rank = rank, Title = title)

# 输出前几行数据
head(data)
```

对上述代码的具体说明如下。

（1）library(httr) 和 library(rvest)：加载 httr 包和 rvest 包，以便在后续代码中使用相关函数。

（2）url <- "https://www.imdb.com/chart/top"：将目标网页的 URL 保存在变量 url 中，这里使用的是 IMDb 电影排行榜的网址。

（3）response <- GET(url)：发送 HTTP GET 请求，访问指定的 URL，并将返回的 HTTP 响应保存在变量 response 中。

（4）page <- read_html(content(response, as = "text"))：将 HTTP 响应的内容解析为 HTML 文档对象，使用函数 content() 将响应内容提取出来，并使用函数 read_html() 将内容解析为 HTML 文档对象，保存在变量 page 中。

（5）rank <- page %>% html_nodes(".lister-list tr") %>% html_node(".posterColumn span[name='ir']") %>% html_text() %>% as.integer()：使用管道操作符"%>%"和 rvest 包提供的函数，依次进

行数据抓取和处理。首先使用函数html_nodes()选取目标元素的父节点，然后使用函数html_node()选取目标元素，再使用函数html_text()提取元素的文本内容，最后使用函数as.integer()将文本内容转换为整数类型。这段代码用于抓取电影排名。

（6）title <- page %>% html_nodes(".lister-list tr") %>% html_node(".titleColumn a") %>% html_text()：类似于前一行，用于抓取电影标题。

（7）data <- data.frame(Rank = rank, Title = title)：将抓取到的电影排名和标题创建为一个数据框，使用函数data.frame()将两个向量合并。

（8）head(data)：输出数据框的前几行数据，默认情况下是前6行。

执行后会输出：

```
  Rank                    Title
1   NA The Shawshank Redemption
2   NA            The Godfather
3   NA          The Dark Knight
4   NA    The Godfather Part II
5   NA            12 Angry Men
6   NA         Schindler's List
```

3.8.3 使用 XML 包抓取数据

3.5.1节已经讲解过XML包的基本知识和具体用法。在R语言中，也可以使用XML包解析和提取HTML或XML文档的内容。

如下代码（源码路径：codes\3\xmlzhua.R）演示了如何使用XML包抓取网页数据。

```
library(XML)

# 定义目标网页的 URL
url <- "xxxx"

# 发送 HTTP GET 请求并获取网页内容
doc <- htmlParse(url)

# 抓取网页标题
title <- xpathSApply(doc, "//title", xmlValue)[1]

# 抓取链接列表
links <- xpathSApply(doc, "//a/@href", xmlValue)

# 输出结果
cat("网页标题：", title, "\n")
cat("链接列表：\n")
cat(links, sep = "\n")
```

在上述代码中，应将url变量替换为要抓取的实际网页URL。首先，使用函数htmlParse()将网页内容解析为XML文档对象；然后，使用函数xpathSApply()和XPath表达式从XML文档中提取特定的数据，如网页标题和链接列表；最后，使用函数cat()输出结果。

3.8.4 使用jsonlite包抓取数据

3.6.2节已经讲解过jsonlite包的基本知识和具体用法。在R语言中，也可以使用jsonlite包解析和提取网页中的内容。在实例3-17中，使用第三方网站（OMDb）提供的API来获取电影数据，并使用jsonlite包解析返回的JSON数据。

实例3-17 抓取某部电影的信息（源码路径：codes\3\film.R）

实例文件film.R的具体实现代码如下：

```r
library(jsonlite)

# 发送HTTP GET请求并获取电影数据
api_key <- "YOUR_API_KEY"   # 替换为自己的API密钥
movie_title <- "The Shawshank Redemption"
url <- paste0("http://www.omdbapi.com/?apikey=", api_key, "&t=", movie_title)
response <- jsonlite::fromJSON(url)

# 提取电影信息
title <- response$Title
year <- response$Year
director <- response$Director
actors <- response$Actors

# 输出电影信息
cat("Title:", title, "\n")
cat("Year:", year, "\n")
cat("Director:", director, "\n")
cat("Actors:", actors, "\n")
```

在上述代码中，首先使用OMDb API获取电影 *The Shawshank Redemption* 的信息。这里需要替换YOUR_API_KEY为用户自己在OMDb网站注册的API密钥。然后，构造请求API访问的URL，并使用函数fromJSON()从返回的JSON数据中提取所需的电影信息。

3.9 数据准备与清洗

在R语言中，数据准备和清洗是数据分析的关键步骤，它们旨在确保原始数据的质量、一致性

3.9.1 缺失数据处理

在R语言中，处理缺失数据是数据清洗的一个关键任务。缺失数据可能会对分析和建模产生不良影响，因此需要采取适当的措施来处理缺失值。下面是处理缺失数据的常见方法。

（1）删除缺失值：如果数据集中的缺失值数量较少，则可以选择删除包含缺失值的行或列。这可以使用函数na.omit()来实现。例如：

```
cleaned_data <- na.omit(original_data)
```

上述代码会删除包含任何缺失值的行。如果要删除列而不是行，则可以使用函数subset()实现。

（2）填充缺失值：删除缺失值可能会导致信息损失，此时可以选择填充缺失值。在R语言中，可以使用函数na.fill()或dplyr包的函数mutate()来替代缺失值为特定的值，如均值、中位数、众数或任何其他适合的值。例如：

```
cleaned_data$column_name <- ifelse(is.na(cleaned_data$column_name),
mean(cleaned_data$column_name, na.rm = TRUE), cleaned_data$column_name)
```

（3）插值：对于时间序列数据或有序数据，插值可以是一种更复杂但更精确的缺失值填充方法。R语言提供了多种插值方法，如线性插值、多项式插值等。可以使用函数approx()实现插值操作。

（4）使用其他模型预测：对于较为复杂的数据集，可以使用其他列的信息来预测缺失值，如使用回归、决策树、随机森林等模型来估计缺失值。

（5）多重填充：有时不同列的缺失值可能是相关的，在这种情况下，可以使用多重填充方法，如多重插补（Multiple Imputation）来估算缺失值。

（6）标记缺失值：有时保留缺失值信息也是很有意义的，可以使用特殊的标记值（如NA、–9999等）来表示缺失值。

> **注意**
> 在实际应用中，无论采用哪种方法，处理缺失数据都需要谨慎，因为不当的处理可能会对分析结果产生重大影响。在处理缺失数据时，应根据数据类型、数据分布和分析目标来选择合适的方法。

假设在文件simulated_data.csv中包含一些学生的姓名、年龄和数学成绩信息，其中一些学生的数学成绩是缺失的。文件simulated_data.csv的内容如下：

```
Name,Age,Math_Score
Alice,20,90
Bob,22,75
Charlie,21,
David,23,85
Eve,24,
```

```
Frank,22,78
Grace,20,92
```

实例3-18　处理CSV文件中的缺失信息（源码路径：codes\3\que.R）

实例文件que.R的具体实现代码如下：

```r
# 导入CSV文件
data <- read.csv("simulated_data.csv")

# 显示原始数据
print("原始数据：")
print(data)

# 使用均值填充缺失的数学成绩
mean_math_score <- mean(data$Math_Score, na.rm = TRUE) # 计算均值
data$Math_Score[is.na(data$Math_Score)] <- mean_math_score

# 输出填充后的数据
print("填充后的数据：")
print(data)
```

在上述代码中，首先导入CSV文件，然后计算数学成绩的均值，接着使用均值填充缺失的数学成绩列，最后输出填充后的数据。执行后会输出：

```
[1] "原始数据："
> print(data)
    Name Age Math_Score
1   Alice  20         90
2     Bob  22         75
3 Charlie  21         NA
4   David  23         85
5     Eve  24         NA
6   Frank  22         78
7   Grace  20         92
[1] "填充后的数据："
> print(data)
    Name Age Math_Score
1   Alice  20         90
2     Bob  22         75
3 Charlie  21         84
4   David  23         85
5     Eve  24         84
6   Frank  22         78
7   Grace  20         92
```

3.9.2 异常值检测和处理

在 R 语言中,异常值检测和处理是数据分析的关键步骤之一,因为异常值可能会对分析和建模产生不良影响。异常值检测的常见方法如下。

(1)基于可视化的方法:使用数据可视化来直观地检测异常值,如箱线图、散点图和直方图。R 语言中的函数 boxplot()、plot() 和 hist() 可用于创建这些图表。

(2)统计方法:统计方法可以帮助检测异常值,如 Z-分数、IQR(Interquartile Range,四分位距)等。可以使用 R 语言中的函数 outlierTest() 执行统计异常值检测。

(3)机器学习方法:一些机器学习方法,如聚类和异常检测算法(Isolation Forest、One-Class SVM),可以帮助检测异常值。R 语言中的 dbscan、IsolationForest 包等提供了这些方法的实现。

异常值处理的常见方法如下。

(1)删除异常值:如果异常值是极端的或者不合理的,则可以选择删除这些值。使用 R 语言中的函数 subset() 可以删除包含异常值的行。

(2)替代异常值:可以用合理的值替代异常值,如中位数、平均数等。使用 R 语言中的条件语句或函数 ifelse() 可以实现这一功能。

(3)转换数据:对数据进行转换(如对数转换)可以使异常值更接近其他数据点,从而减少其影响。

(4)异常值标记:选择将异常值标记为特殊的值,以便在后续分析中进行区分。

以下是一个异常值检测和处理的实例。该实例将使用一个模拟的 CSV 文件,其包含某城市一周内每天的温度数据,实例的目的是检测和处理温度数据中的异常值。

实例 3-19　检测 CSV 文件中的异常温度值(源码路径:codes\3\yi.R)

(1)创建一个名为 temperature_data.csv 的 CSV 文件,其中包含某城市一周内每天的温度数据,内容如下:

```
Day,Temp_Celsius
Monday,25
Tuesday,24
Wednesday,22
Thursday,23
Friday,25
Saturday,120
Sunday,26
```

(2)编写实例文件 yi.R,用于检测文件 temperature_data.csv 中的异常温度值,具体实现代码如下:

```
data <- read.csv("temperature_data.csv")    # 导入 CSV 文件
print("原始数据: ")
print(data)                                 # 输出原始数据
```

```r
# 使用可视化方法检测异常值
boxplot(data$Temp_Celsius, main = "Temperature Data")

# 使用统计方法检测异常值
Q1 <- quantile(data$Temp_Celsius, 0.25)
Q3 <- quantile(data$Temp_Celsius, 0.75)
IQR <- Q3 - Q1
lower_bound <- Q1 - 1.5 * IQR
upper_bound <- Q3 + 1.5 * IQR

# 标记异常值
outliers <- data$Temp_Celsius[data$Temp_Celsius < lower_bound | data$Temp_Celsius > upper_bound]

# 处理异常值，将其替换为合理的值（如中位数）
data$Temp_Celsius[data$Temp_Celsius %in% outliers] <- median(data$Temp_Celsius, na.rm = TRUE)

# 输出处理后的数据
print("处理后的数据：")
print(data)
```

在上述代码中，首先导入CSV文件；然后使用箱线图和IQR方法检测异常值；接着，将异常值（Saturday的温度）替换为中位数，以得到处理后的数据。执行后会输出：

```
[1] "原始数据："
        Day Temp_Celsius
1    Monday           25
2   Tuesday           24
3 Wednesday           22
4  Thursday           23
5    Friday           25
6  Saturday          120
7    Sunday           26

[1] "处理后的数据："
        Day Temp_Celsius
1    Monday           25
2   Tuesday           24
3 Wednesday           22
4  Thursday           23
5    Friday           25
6  Saturday           25
7    Sunday           26
```

在本实例中，代码boxplot(data$Temp_Celsius, main = "Temperature Data")用于创建箱线图，主要用于可视化温度数据的分布情况，并帮助检测异常值。本实例创建的可视化箱线图如图3-3所示。

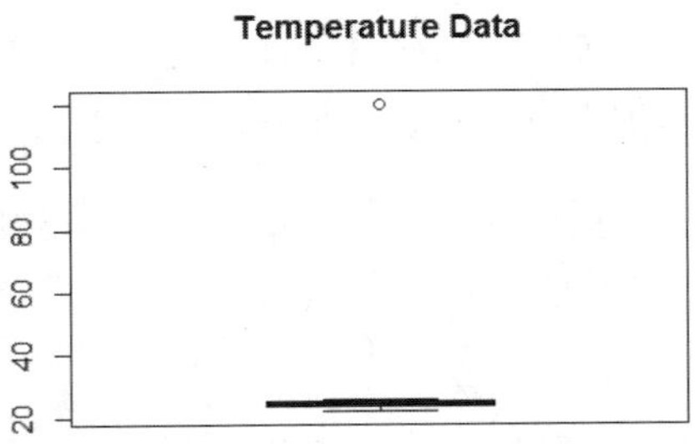

箱线图是一种用于可视化数据分布的图形，可以展示数据的中位数、四分位数（Q1和Q3）、离群值（异常值）等统计信息。箱线图的主要元素如下。

图3-3 本实例创建的可视化箱线图

（1）箱体（Box）：数据的中间50%范围，即从Q1到Q3的数据。箱体的顶部是Q3，底部是Q1。箱体的宽度表示数据分布。

（2）中位数线（Median Line）：位于箱体中央的线表示数据的中位数。

（3）须（Whiskers）：两条线延伸自箱体，表示数据的范围。通常，它们延伸到非离群值的最小和最大观测值。

（4）离群值（Outliers）：超出须的范围的数据点被认为是异常值，并以离群值的形式显示在箱线图之外。

另外，在本实例中还用如下代码进行了异常值检测。这段代码段使用统计方法（基于四分位距）检测异常值，首先计算数据的第一四分位数（Q1）和第三四分位数（Q3），以及四分位距（IQR）；然后，使用下限（lower_bound）和上限（upper_bound）定义一个范围，超出该范围的数据点被视为异常值。

```
Q1 <- quantile(data$Temp_Celsius, 0.25)
Q3 <- quantile(data$Temp_Celsius, 0.75)
IQR <- Q3 - Q1
lower_bound <- Q1 - 1.5 * IQR
upper_bound <- Q3 + 1.5 * IQR
```

具体来说，上面这段代码的步骤如下。

（1）计算数据的第一四分位数和第三四分位数。

（2）计算四分位距，它是Q3 - Q1的差异。

（3）根据IQR，计算下限和上限，通常使用1.5倍IQR的规则，尽管该倍数可以根据具体情况进行调整。

一旦这些统计度量和阈值计算完毕，就可以使用它们判断数据点是否在上限和下限之间，以确定是否将其标记为异常值。数据点超出这些范围的部分通常被视为异常值，需要进一步进行处理或分析。

3.9.3 异常值检测方法小结

在R语言中可以使用多种方法来检测异常值，其中常用的异常值检测方法如下。

1. 基于 Z- 分数的异常值检测

使用 Z- 分数，可以计算数据点与数据的均值之间的标准差差异。通常，超过 2 或 3 个标准差的数据点可能被认为是异常值。下面是一个基于 Z- 分数的异常值检测示例：

```r
# 创建一个包含数据的向量（示例数据）
data <- c(10, 15, 20, 25, 100)
# 计算 Z- 分数
z_scores <- (data - mean(data)) / sd(data)
# 定义阈值，以判断异常值
threshold <- 2   # 通常情况下，2 或 3 是常见的阈值
# 找到异常值
outliers <- data[abs(z_scores) > threshold]

# 输出异常值
print("异常值：")
print(outliers)
```

2. 基于箱线图的异常值检测

箱线图可以可视化数据的分布，帮助检测异常值。通常，位于箱体之外的数据点被认为是异常值。如下代码演示了使用 R 语言中的函数 boxplot() 创建箱线图，并找到异常值的过程。

```r
# 创建一个包含数据的向量（示例数据）
data <- c(10, 15, 20, 25, 100)
# 创建箱线图
boxplot(data, main = "Boxplot")
# 找到异常值
outliers <- boxplot(data)$out
# 输出异常值
print("异常值：")
print(outliers)
```

3. 基于 IQR 的异常值检测

通过使用 IQR 方法，可以计算数据的 Q1 和 Q3，然后检测在箱体之外的数据点。下面是一个基于 IQR 的异常值检测的 R 语言示例。

```r
# 创建一个包含数据的向量（示例数据）
data <- c(10, 15, 20, 25, 100)
# 计算 IQR
Q1 <- quantile(data, 0.25)
Q3 <- quantile(data, 0.75)
IQR <- Q3 - Q1
# 定义阈值，以判断异常值
threshold <- 1.5
# 找到异常值
```

```
outliers <- data[data < (Q1 - threshold * IQR) | data > (Q3 + threshold * IQR)]
# 输出异常值
print("异常值: ")
print(outliers)
```

上述代码展示了如何使用不同方法检测异常值，并根据阈值来标识它们的用法。在实际应用中，读者可以根据具体情况和数据特性选择适当的方法来检测异常值。

第4章

绘制可视化统计图

可视化统计图是一种用图形方式呈现数据的方法，旨在帮助人们更好地理解数据的分布、趋势、关系和模式。这些图形通常用于数据分析、数据探索、传达数据见解以及支持决策制定。可视化统计图可以采用各种形式，根据数据的性质和分析目标，选择适当的图形类型。本章将详细讲解使用R语言绘制可视化统计图的知识。

4.1 R 语言绘图系统简介

R语言是一种用于数据分析和统计建模的开源编程语言，具有强大的绘图系统，可以用于创建各种类型的数据可视化。R语言提供了众多绘图包和库，以满足不同类型的数据可视化需求。

4.1.1 常用的绘图包

R语言常用的绘图包如下。

（1）graphics：基础绘图包，提供了基本的绘图功能，如散点图、折线图、柱状图、箱线图等。

（2）ggplot2：功能强大且广泛使用的绘图包，基于图形语法理念。ggplot2可以创建高度定制的图形，支持多种图形类型，如散点图、折线图、柱状图、箱线图等。

（3）plotly：交互式绘图包，支持创建交互式图形，包括散点图、折线图、柱状图、热力图等。plotly可以在网页上显示并允许用户进行交互操作。

（4）lattice：绘制多变量数据可视化的包，提供了一套基于网格布局的绘图函数，可以绘制散点图矩阵、平行坐标图、等高线图等。

（5）ggvis：基于图形语法的绘图包，专注于数据驱动的可视化。ggvis提供了灵活的函数和管道操作符，支持交互式操作和动态视图。

（6）gganimate：创建动态和过渡效果的图形，可以为ggplot2图形添加动画效果。

（7）gridExtra：提供了一些函数，用于在R语言绘图系统中创建复杂的图形布局，包括网格布局和多面板布局。

> **注意**
> 上面列出的只是R语言中比较常用的绘图包，另外还有其他绘制图形的包，如tidyverse中的包ggpubr、cowplot、grid等。每个绘图包都有其独特的特点和功能，用户可以根据具体的数据和绘图需求选择合适的包进行数据可视化。

4.1.2 基本绘图函数 plot()

graphics是R语言的基础绘图包，其中plot()是graphics包中的一个重要绘图函数，用于绘制各种类型的图形，包括散点图、折线图、柱状图、箱线图等。函数plot()具有广泛的功能和灵活的参数设置，可以满足绘制不同数据类型和样式的图形需求。函数plot()的基本功能如下。

（1）绘制散点图：通过传递x轴和y轴的数据，可以绘制散点图，以展示两个变量之间的关系。

（2）绘制折线图：通过传递x轴和y轴的数据，并设置type参数为l，可以绘制折线图，以展示随着x轴变化，y轴的变化趋势。

（3）绘制柱状图：通过传递x轴和y轴的数据，并设置type参数为b或h，可以绘制柱状图，以展示不同类别或组之间的数值比较。

（4）绘制箱线图：通过传递数据向量或数据框，并设置type参数为boxplot，可以绘制箱线图，以展示数据的分布情况和异常值。

（5）添加标题和标签：通过设置main参数指定标题，xlab和ylab参数指定x轴和y轴的标签，可以为图形添加标题和标签，提供更多信息。

（6）自定义图形样式：通过设置各种可选参数，如col（颜色）、pch（点的形状）、lty（线条类型）等，可以自定义图形的样式，使图形更加美观和易读。

除了上述功能，函数plot()还有其他参数和选项，可以用于进一步定制绘图，如设置坐标轴范围、添加网格线、调整图形尺寸等。函数plot()是R语言中常用和基础的绘图函数之一，为数据可视化提供了强大的工具和灵活性。

函数plot()的语法格式如下：

```
plot(x, y, type = "p", …)
```

（1）x：x轴上的数据。其可以是一个数值向量或一个数据框，如果是数据框，则会使用数据框中的列绘制多个曲线或散点图。

（2）y：y轴上的数据。其可以是一个数值向量，或者如果x是数据框，则y可以是数据框中的列名。

（3）type：绘图类型。其可以是p（散点图，默认值）、l（折线图）、b（折线图和散点图）、o（折线图和散点图、但是折线不连接最后一个点和第一个点）、h（阶梯线图）、s（阶梯线图）、n（不绘制）。

（4）…：其他可选参数，用于控制图形的样式、标题、坐标轴等。

 实例4-1 绘制简易散点图（源码路径：Codes\4\san.R）

实例文件san.R的具体实现代码如下：

```
# 生成数据
x <- 1:10
y <- x^2

# 绘制散点图
plot(x, y, type = "p", main = "散点图", xlab = "x轴", ylab = "y轴")
```

在上述代码中，首先生成一组数据，x取值为1~10，y为x的平方。然后，使用函数plot()绘制散点图，通过设置参数type为p，表示绘制散点图；通过设置参数main指定标题，参数xlab和参数 ylab 分别用于设置 x 轴和 y 轴的标签。执行效果如图 4-1 所示。

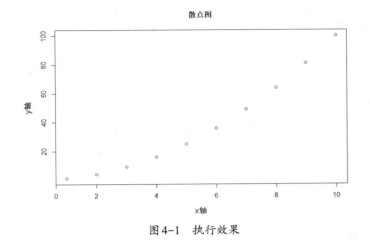

图 4-1　执行效果

> **注意**
> 在实际应用中，不仅可以根据具体的需求调整函数 plot() 的参数，以绘制不同类型的图形，还可以通过其他可选参数控制图形的样式和布局。

4.2　单变量绘图

单变量绘图（Univariate Plotting）是一种数据可视化技术，用于探索和呈现单个变量的分布、统计特征和模式。单变量绘图将数据在单个维度上进行可视化，帮助用户理解变量的分布、中心趋势、离散程度和异常值等信息。常见的单变量绘图方法包括直方图、密度图、箱线图、条形图、饼形图等。

4.2.1　绘制直方图

在 R 语言中，可以通过如下 3 种方法绘制直方图。

1. 函数 hist()

可以使用 R 语言基础绘图 graphics 包中的函数 hist() 绘制直方图，显示数值型变量的分布情况，并将数据划分为多个等宽的区间，统计每个区间内数据的频数或频率，并绘制柱状图。函数 hist() 的语法格式如下：

```
hist(x, breaks = "Sturges", freq = TRUE, main = "", xlab = "", ylab = "")
```

（1）x：要绘制直方图的数值型向量或数据框中的数值型列。

（2）breaks：指定直方图的区间个数或区间的分割方式，默认值为 Sturges，表示使用斯特吉斯公式确定区间个数。用户也可以通过指定一个整数值来指定区间个数，或者提供自定义的区间分割点。

（3）freq：逻辑值，指定是否绘制频数（默认为 TRUE）或频率（占总数的比例，设为 FALSE）。

（4）main：图形的主标题。

（5）xlab：x轴的标签。
（6）ylab：y轴的标签。

如下代码（源码路径：Codes\4\zhi.R）使用函数hist()绘制了一个简单的直方图。

```
# 创建一个随机数向量
x <- rnorm(1000)

#绘制直方图
hist(x, breaks = "Sturges", freq = TRUE, main = "Histogram", xlab =
  "Values", ylab = "Frequency")
```

上述代码将生成一个包含1000个随机数的向量，并使用函数hist()绘制直方图。直方图将以频数形式显示数据的分布情况，并显示主标题、x轴标签和y轴标签。执行效果如图4-2所示。

2. 函数 barplot()

R语言基础绘图graphics包中的函数barplot()不仅可以绘制直方图，还可以展示直方图。函数barplot()适用于离散型数据的可视化，以显示不同类别的计数或频率。函数barplot()的语法格式如下：

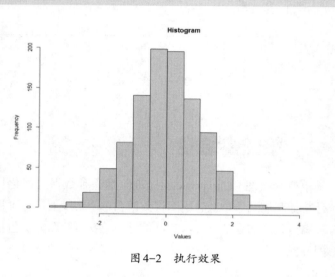

图4-2 执行效果

```
barplot(H,xlab,ylab,main, names.arg,col,beside)
```

（1）H：向量或矩阵，包含图形用的数字值，每个数值表示矩形条的高度。
（2）xlab：x轴标签。
（3）ylab：y轴标签。
（4）main：图形标题。
（5）names.arg：每个矩形条的名称。
（6）col：每个矩形条的颜色。
（7）beside：用于控制图形的布局。它是一个逻辑值，接受TRUE或FALSE。当设置为TRUE时，多个条形会并排显示，适用于矩阵形式的数据，能够直观地比较不同类别之间的数值。当设置为FALSE时，多个条形会堆叠在一起，适用于需要展示各类别在总体中的组成部分的情况。

如下代码（源码路径：Codes\4\zhi2.R）使用函数barplot()绘制了2020年7月1日中国、美国和印度的新冠病毒感染确诊人数统计图。为了更好地表达信息，我们可以在图形上添加标题、颜色及每个矩形条的名称。

```
cvd19 = c(83534,2640626,585493)

barplot(cvd19,
        main=" 新冠病毒感染条形图 ",
        col=c("#ED1C24","#22B14C","#FFC90E"),
        names.arg=c(" 中国 "," 美国 "," 印度 "),
        family = 'Arial'    # 中文字体
)
```

执行效果如图 4-3 所示。

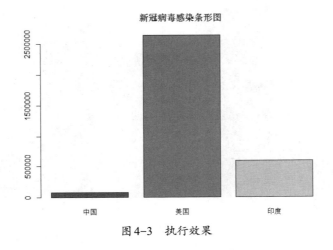

图 4-3　执行效果

3. ggplot2 包

在 R 语言中，也可以使用 ggplot2 包绘制直方图。ggplot2 包提供了一套灵活而强大的绘图语法，用于创建高质量的图形。如下代码（源码路径：Codes\4\zhi3.R）使用 ggplot2 包绘制了一个简单的直方图，展示了某个班级学生的考试成绩分布情况。

```
# 创建一个学生考试成绩向量
scores <- c(85, 92, 78, 80, 95, 88, 75, 82, 90, 87, 93, 79, 84, 88, 91)

# 加载 ggplot2 包
library(ggplot2)

# 创建 ggplot 对象，并指定数据和 x 变量
p <- ggplot(data.frame(scores = scores), aes(x = scores))

# 添加直方图图层，并设置 binwidth、填充颜色和边框颜色
p + geom_histogram(binwidth = 5, fill = "steelblue", color = "white") +
  labs(title = " 考试成绩分布直方图 ", x = " 成绩 ", y = " 频数 ") +
  theme(text = element_text(family = "SimHei"))    # 设置字体为中文宋体
```

在上述代码中，首先创建一个包含学生考试成绩的向量 scores，并加载 ggplot2 包；接下来，使

用函数ggplot()创建一个ggplot对象,并使用函数aes()指定数据和变量x;然后,使用函数geom_histogram()添加直方图图层,并通过参数binwidth设置分组的宽度,使用fill设置填充颜色,使用color设置边框颜色;最后,使用函数labs()设置图形的标题和轴标签,并通过函数theme()设置字体为中文宋体(SimHei)。执行效果如图4-4所示。

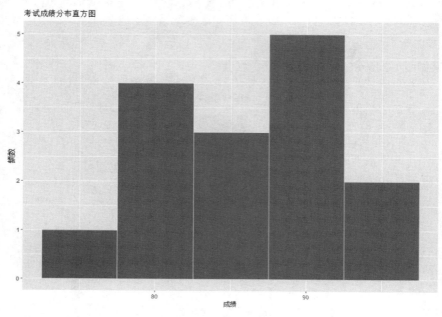

图4-4 执行效果

4.2.2 绘制条形图

当条形图用于单变量绘图时,其可以展示一个分类变量的频数或比例分布。每个分类变量对应一个条形,条形的高度表示该分类变量的频数或比例。这样的条形图被称为频数条形图或比例条形图,用于显示单个变量的分布情况。在R语言中有多种绘制条形图的方法,其中常用的方法如下。

1. 基本绘图函数

可以使用基础绘图graphics包中的基本绘图函数(如前面介绍的barplot())绘制简单的条形图,通过指定数据向量或矩阵作为输入,函数会自动计算条形图的高度和宽度。例如,下面的演示代码(源码路径:Codes\4\tiao.R):

```
# 创建一个随机数据向量
data <- c(10, 15, 20, 25, 30)

# 绘制条形图
barplot(data, main = "条形图", xlab = "类别", ylab = "值")
```

执行效果如图4-5所示。

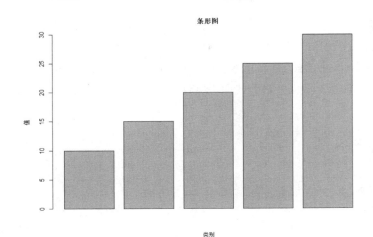

图 4-5 执行效果

2. ggplot2 包

可以使用ggplot2包中的函数geom_bar()创建更灵活和美观的条形图，通过设置参数调整条形的颜色、填充等。函数geom_bar()的语法格式如下：

```
geom_bar(
  mapping = NULL,
  data = NULL,
  stat = "count",
  position = "stack",
  ...,
  width = NULL,
  fill = NA,
  color = NA,
  alpha = NA,
  ...
)
```

（1）mapping：指定变量与图形属性之间的映射关系，通常使用函数aes()进行设置。

（2）data：指定要使用的数据集。

（3）stat：指定用于计算条形高度的统计方法，默认为count，表示计数。其他可选的统计方法有identity、bin等。

（4）position：指定条形的位置摆放方式，默认为stack，表示堆叠。其他可选的摆放方式有dodge、fill等。

（5）width：指定条形的宽度，可以是固定值或一个比例值。

（6）fill：指定条形的填充颜色。

（7）color：指定条形的边框颜色。

（8）alpha：指定条形的透明度。

（9）…：其他参数，用于设置条形图的其他属性，如标题、轴标签等。

除了上述参数，函数geom_bar()还可以接收其他常用的参数，如位置调整参数、标签设置参数等，用于进一步定制条形图的样式和属性。

在使用函数geom_bar()前，需要先创建一个ggplot对象，并使用函数aes()设置变量与图形属性之间的映射关系。例如，下面的演示代码（源码路径：Codes\4\tiao2.R）使用ggplot2包绘制了条形图。

```r
# 加载ggplot2包
library(ggplot2)

# 创建一个数据框
df <- data.frame(category = c("A", "B", "C", "D", "E"),
                 value = c(10, 15, 20, 25, 30))

# 使用ggplot2包绘制条形图
ggplot(df, aes(x = category, y = value)) +
  geom_bar(stat = "identity", fill = "steelblue") +
  labs(title = "条形图", x = "类别", y = "值")
```

执行效果如图4-6所示。

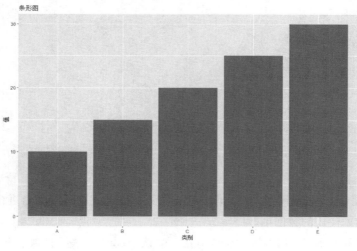

图4-6　执行效果

3. lattice 包

用户也可以使用lattice包中的函数barchart()绘制条形图。函数barchart()的语法格式如下：

```r
barchart(
  formula,
  data = NULL,
  groups = NULL,
  horizontal = FALSE,
```

```
    stack = FALSE,
    auto.key = FALSE,
    ...
)
```

（1）formula：指定绘图公式，格式为 y ~ x | group，其中 y 表示数值变量，x 表示分类变量，group 表示分组变量。既可以使用"|"符号指定分组变量，也可以省略分组变量。

（2）data：指定要使用的数据集。

（3）groups：指定用于分组的变量，可选参数。

（4）horizontal：是否绘制水平条形图，默认为 FALSE，即垂直条形图。

（5）stack：是否堆叠条形图，默认为 FALSE，即并排显示条形图。

（6）auto.key：是否自动添加图例，默认为 FALSE，即不添加图例。

（7）…：其他参数，用于设置条形图的其他属性，如标题、轴标签等。

需要注意的是，在函数 barchart() 的参数中，可以使用符号"|"指定分组变量，这使得绘制分组的条形图变得简单，如使用 barchart(y ~ x | group) 可以根据分组变量 group 绘制不同的条形图。例如，下面的演示代码（源码路径：Codes\4\tiao3.R）使用 lattice 包绘制了条形图。

```
# 加载 lattice 包
library(lattice)

# 创建一个数据框
df <- data.frame(category = c("A", "B", "C", "D", "E"),
                 value = c(10, 15, 20, 25, 30))

# 绘制条形图
barchart(value ~ category, data = df, main = "条形图", xlab = "类别",
        ylab = "值")
```

以上是几种常用的绘制条形图的方法。读者可以根据具体的需求选择适合的方法，并根据需要添加其他设置，如标题、轴标签、颜色等。执行效果如图 4-7 所示。

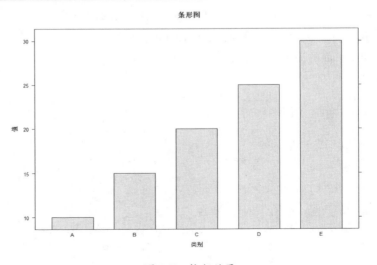

图 4-7　执行效果

4.2.3 绘制饼形图

在 R 语言中，有如下两种绘制饼形图的方法。

1. graphics 包

使用 R 语言基础绘图 graphics 包中的函数 pie() 可以绘制饼形图。函数 pie() 的语法格式如下：

```
pie(x, labels = NULL, main = NULL, col = NULL, …)
```

（1）x：一个包含数值的向量，表示各个扇区的大小。
（2）labels：可选参数，一个包含标签的向量，用于给每个扇区添加标签。
（3）main：可选参数，饼图的标题。
（4）col：可选参数，指定扇区的颜色。
（5）…：其他参数，用于设置饼图的其他属性，如边界线宽度、透明度等。

例如，下面的演示代码（源码路径：Codes\4\bing.R）：

```
# 创建一个数据向量
values <- c(30, 20, 15, 10, 25)

# 创建标签向量
labels <- c("A", "B", "C", "D", "E")

# 绘制饼图
pie(values, labels = labels, main = "饼图")
```

执行效果如图 4-8 所示。

2. ggplot2 包

在 R 语言中，可以使用 ggplot2 包创建更加灵活和个性化的饼形图，此时可以使用函数 ggplot() 创建绘图对象，并结合函数 geom_bar() 和函数 coord_polar() 绘制饼形图。例如，下面的演示代码（源码路径：Codes\4\bing2.R）：

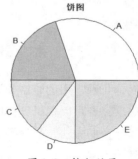

图 4-8 执行效果

```
library(ggplot2)

# 创建一个数据框
df <- data.frame(category = c("A", "B", "C"),
                 value = c(30, 20, 50))

# 使用 ggplot2 包创建饼图
ggplot(data = df, aes(x = "", y = value, fill = category)) +
  geom_bar(stat = "identity", width = 1) +
  coord_polar("y") +
```

```
labs(title = "饼图")
```

执行效果如图4-9所示。

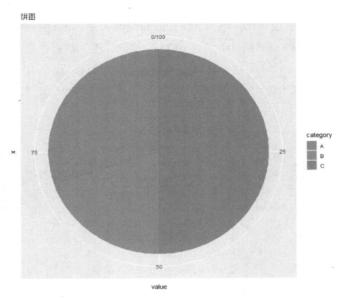

图4-9　执行效果

4.2.4 绘制箱线图

R语言中有多种绘制箱线图的方法，其中常用的方法如下。

1. 基础绘图函数 boxplot()

在R语言中，可以使用基础绘图graphics包中的函数boxplot()绘制箱线图。函数boxplot()的语法格式如下：

```
boxplot(x, data = NULL, …)
```

（1）x：一个向量或数据框，包含要绘制箱线图的数值变量。

（2）data：数据框，包含要使用的变量。如果设置了data参数，则可以使用变量名引用数据框中的变量，而不再需要使用"$"符号。

（3）…：其他可选参数，用于设置图形的标题、标签、颜色等。

例如，下面的演示代码（源码路径：Codes\4\xiang.R）：

```
# 创建一个包含多个组的数据框
df <- data.frame(group = rep(c("A", "B", "C"), each = 100),
                 value = rnorm(300))

# 绘制箱线图
```

```
boxplot(value ~ group, data = df,
        main = "箱线图", xlab = "组", ylab = "值")
```

在上述代码中,首先创建一个包含多个组的数据框df,其中每个组有100个观测值;然后使用函数boxplot()绘制箱线图,通过value ~ group设置值和组的关系,通过参数data设置数据框,通过参数main设置标题,通过参数xlab和ylab设置x轴和y轴的标签。执行效果如图4-10所示。

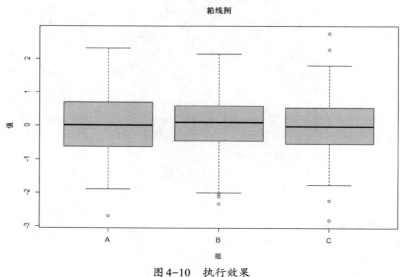

图4-10 执行效果

2. ggplot2 包和 lattice 包

用户也可以使用其他绘图包绘制箱线图,如ggplot2包和lattice包,它们提供了更加灵活和定制化的绘图功能,可以绘制更复杂的箱线图。例如,在ggplot2包中,可以使用函数geom_boxplot()绘制箱线图,如下面的演示代码(源码路径:Codes\4\xiang2.R):

```
library(ggplot2)

# 创建一个包含多个组的数据框
df <- data.frame(group = rep(c("A", "B", "C"), each = 100),
                 value = rnorm(300))

# 使用ggplot2绘制箱线图
ggplot(df, aes(x = group, y = value)) +
  geom_boxplot() +
  labs(title = "箱线图", x = "组", y = "值")
```

在上述代码中,使用函数ggplot()创建绘图对象,通过函数aes()设置x轴和y轴的变量,并使用函数geom_boxplot()添加箱线图的几何对象,通过函数labs()设置标题和坐标轴的标签。执行效果如图4-11所示。

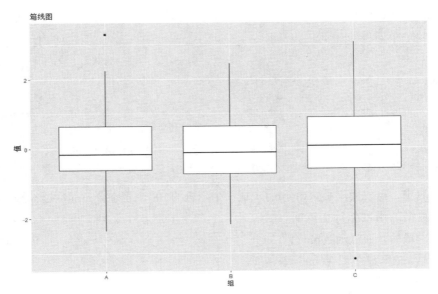

图 4-11 执行效果

4.2.5 绘制密度图

在 R 语言中，可以使用 graphics 包或 ggplot2 包绘制密度图。

1. graphics 包

可以使用 graphics 包中的函数 density() 和函数 plot() 绘制密度图。其中，函数 density() 用于估计数据的概率密度，其语法格式如下：

```
density(x, bw = "nrd0", adjust = 1, kernel = c("gaussian", "epanechnikov",
  "rectangular", "triangular", "biweight", "cosine"), n = 512, from =
  min(x), to = max(x), …)
```

（1）x：估计概率密度函数的数值向量。

（2）bw：控制平滑程度的带宽参数，默认值为 nrd0，表示使用基于样本标准差的带宽估计。

（3）adjust：带宽调整参数，默认值为 1。

（4）kernel：估计概率密度函数的核函数类型。可以选择的核函数有 gaussian（默认）、epanechnikov、rectangular、triangular、biweight 和 cosine。

（5）n：估计概率密度函数的点的数量。

（6）from：指定密度估计的起始点。

（7）to：指定密度估计的结束点。

（8）…：其他可选参数。

如下代码（源码路径：Codes\4\mi.R）演示了使用函数 density() 和函数 plot() 绘制密度图的过程。

```
# 创建一个随机数据集
set.seed(123)
data <- rnorm(100)

# 使用函数 density() 计算密度估计
density_data <- density(data)

# 绘制核密度图
plot(density_data, main = "数据密度图", xlab = "数据值", ylab = "密度",
     col = "darkblue", lwd = 2, las = 1)
```

在上述代码中,首先使用函数rnorm()生成一个随机的100个正态分布的数据;然后,使用函数density()计算数据的密度估计,返回一个密度对象;最后,通过函数plot()绘制核密度图。这里设置参数main为"数据密度图",表示标题;参数xlab为"数据值",参数ylab为"密度",表示坐标轴的标签;参数col为darkblue,表示线条的颜色;参数lwd为2,表示线条宽度;参数las为1,表示坐标轴方向。执行效果如图4-12所示。

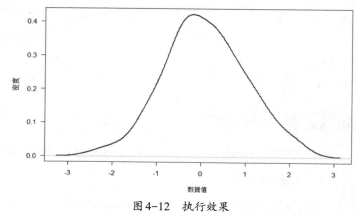

图4-12 执行效果

2. ggplot2 包

在R语言中,也可以使用ggplot2包以更加灵活的方式绘制密度图,此时需要通过函数geom_density()来实现。函数geom_density()的语法格式如下:

```
geom_density(
  mapping = NULL,
  data = NULL,
  stat = "density",
  position = "identity",
  ...,
  na.rm = FALSE,
  show.legend = NA,
  inherit.aes = TRUE
)
```

(1)mapping:定义映射关系的参数,包括x、y、color、fill、linetype等。
(2)data:数据框,指定绘图使用的数据。
(3)stat:指定使用的统计方法,常用的是density。
(4)position:指定条形的摆放位置,默认为identity,即不进行调整。

（5）…：其他图形属性参数，如颜色、线型、大小等。
（6）na.rm：逻辑值，表示是否忽略缺失值，默认为FALSE。
（7）show.legend：逻辑值，表示是否显示图例，默认为NA，表示自动判断。
（8）inherit.aes：逻辑值，表示是否继承父级绘图对象的aes参数，默认为TRUE。

函数geom_density()用于绘制一条或多条密度曲线，通过对数据进行核密度估计来展示数据的分布情况。在使用函数geom_density()时，通常需要先使用函数ggplot()创建一个基础图形对象，并通过函数aes()设置x轴对应的变量；然后，通过函数geom_density()添加密度曲线层，并进一步设置其他图形属性参数来调整密度曲线的外观。

实例 4-2　　获取完整的宠物信息（源码路径：codes\4\mi2.R）

实例文件mi2.R的具体实现代码如下：

```r
library(ggplot2)

# 创建一个随机数据集
set.seed(123)
data <- rnorm(100)

# 创建数据框
df <- data.frame(Value = data)

# 绘制密度图
ggplot(df, aes(x = Value)) +
  geom_density(fill = "lightblue", color = "darkblue") +
  labs(title = "数据密度图", x = "数据值", y = "密度")
```

在上述代码中，首先加载ggplot2包。然后，生成一个随机的100个正态分布的数据，并将其放入一个数据框中。接下来，使用函数ggplot()创建一个基础图形对象，并设置参数x为数据框中的变量名。然后，通过函数geom_density()添加密度图层，其中设置参数fill为lightblue，表示填充颜色；设置参数color为darkblue，表示边界线的颜色。最后，使用函数labs()设置标题和坐标轴标签。执行效果如图4-13所示。

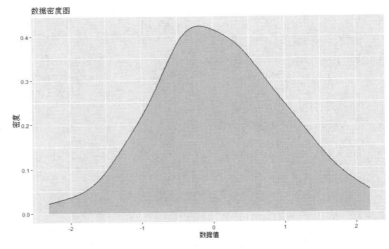

图4-13　执行效果

4.3 双变量绘图

双变量绘图（Bivariate Plotting）是一种数据可视化技术，用于研究和揭示两个变量之间的关系、相关性和模式。双变量绘图通常用于探索两个变量之间的线性关系、散点分布、类别间差异等信息。常见的双变量绘图方法包括散点图、折线图、条形图（双变量）、箱线图（双变量）等。

4.3.1 绘制双变量条形图

当条形图用于双变量绘图时，其同时表示两个变量之间的关系，其中一个变量作为条形图的分类变量，另一个变量用于确定条形图的高度。这样的条形图被称为分组条形图或堆叠条形图，用于比较不同分类变量下的不同数值变量之间的差异或关系。

在 R 语言中，可以通过如下 3 种方法绘制双变量条形图。

1. 函数 barplot()

函数 barplot() 是 R 语言基础绘图 graphics 包中的函数，可以用于绘制简单的条形图。在使用函数 barplot() 绘制双变量条形图时，将两个变量的值传递给函数 barplot() 的参数 height，并使用参数 beside = TRUE 实现两个变量的并排条形图。

实例 4-3　使用函数 barplot() 绘制双变量条形图（源码路径：codes\4\shuang.R）

实例文件 shuang.R 的具体实现代码如下：

```
# 创建示例数据集
data <- data.frame(
  Category = c("A", "B", "C", "D", "E"),
  Variable1 = c(10, 15, 8, 12, 9),
  Variable2 = c(7, 11, 13, 6, 10)
)

# 绘制双变量条形图
barplot(
  height = t(data[, c("Variable1", "Variable2")]),
  beside = TRUE,
  names.arg = data$Category,
  xlab = "Category",
  ylab = "Value",
  col = c("blue", "red"),
  legend.text = c("Variable1", "Variable2"),
  args.legend = list(x = "topright")
)
```

在上述代码中，首先创建一个示例数据集，包含一个类别变量和两个数值变量。然后，使用函数 barplot() 绘制双变量条形图。通过将两个变量的值传递给 height 参数，并使用参数 beside = TRUE

实现两个变量的并排条形图。使用参数names.arg指定类别标签，使用参数xlab和参数ylab设置轴标签，使用参数col设置条形图颜色，使用参数legend.text设置图例标签，使用参数args.legend设置图例的位置。

执行代码后获得一个双变量条形图，其中每个类别下有两个并排的条形，分别表示两个变量的值；图例位于图的右上方。执行效果如图4-14所示。

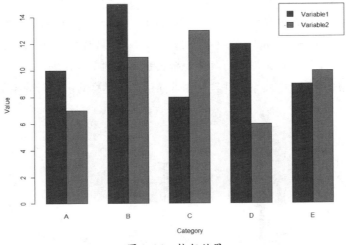

图4-14　执行效果

2. ggplot2包

可以使用ggplot2包中的函数geom_bar()，并结合参数position = "dodge"实现两个变量的并排条形图绘制。如下代码（源码路径：Codes\4\shuang2.R）演示了使用ggplot2包中的函数geom_bar()绘制双变量条形图的过程。

```
library(ggplot2)

# 创建示例数据集
data <- data.frame(
  Category = c("A", "B", "C", "D", "E"),
  Variable1 = c(10, 15, 8, 12, 9),
  Variable2 = c(7, 11, 13, 6, 10)
)

# 将数据转换为长格式
data_long <- tidyr::pivot_longer(data, cols = c(Variable1, Variable2),
  names_to = "Variable", values_to = "Value")

# 绘制双变量条形图
ggplot(data_long, aes(x = Category, y = Value, fill = Variable)) +
  geom_bar(stat = "identity", position = "dodge") +
  xlab("Category") +
```

```
ylab("Value") +
labs(fill = "Variable") +
theme_minimal()
```

在上述代码中,首先创建一个示例数据集,包含一个类别变量和两个数值变量。然后,使用函数 tidyr::pivot_longer()将数据转换为长格式,以便使用 ggplot2 包绘图。接下来,使用函数 ggplot()创建一个基础图形对象,并使用函数 aes()设置 x 轴为 Category,y 轴为 Value,填充颜色为 Variable。然后,使用函数 geom_bar()绘制条形图,通过设置 stat = "identity"和 position = "dodge"来确保每个类别下的两个变量条形图并排显示。最后,使用其他函数和参数设置轴标签、图例和主题样式。执行以上代码,将获得一个双变量条形图,其中每个类别下有两个并排的条形,分别表示两个变量的值;图例显示了变量的颜色对应关系,并且使用了简洁的主题样式。执行效果如图 4-15 所示。

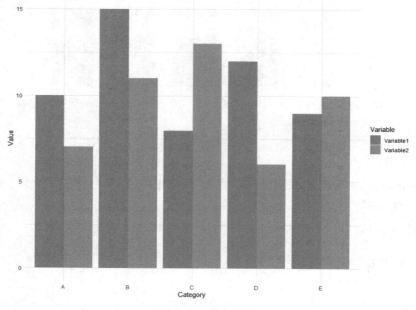

图 4-15 执行效果

3. plotly 包

plotly 是一个交互式可视化包,可以生成交互式图形。在 R 语言中,可以使用 plotly 包中的函数 plot_ly()创建一个基础图形对象,并使用函数 add_trace()添加两个变量的条形图,通过设置参数 barmode = "group"实现并排显示。函数 plot_ly()的语法格式如下:

```
plot_ly(data = NULL, x = NULL, y = NULL, type = "scatter",
        mode = "markers", marker = list(), line = list(), color = NULL,
        colors = NULL, opacity = NULL, size = NULL, text = NULL,
        hoverinfo = "text", …)
```

(1)data:数据框或数据集,包含绘图所需的数据。

（2）x：x轴变量，可以是数值、日期、因子等类型。

（3）y：y轴变量，可以是数值、日期、因子等类型。

（4）type：图形类型，可选值包括scatter（散点图）、bar（条形图）、box（箱线图）等。

（5）mode：绘图模式，用于控制数据点的显示方式，常用的取值有markers（散点）和lines（线条）。

（6）marker：控制数据点的样式，如颜色、大小等。

（7）line：控制线条的样式，如颜色、宽度等。

（8）color：用于指定颜色变量，根据该变量为数据点或线条着色。

（9）colors：用于指定自定义颜色序列，可以是一个颜色向量或一个颜色函数。

（10）opacity：设置数据点或线条的透明度。

（11）size：设置数据点的大小。

（12）text：用于指定数据点或线条的文本标签。

（13）hoverinfo：控制鼠标指针悬停时显示的信息。

（14）…：其他参数，用于设置图形的布局、坐标轴标签、图例等。

使用函数plot_ly()可以创建各种类型的交互式图形，用户可以根据需要传递不同的参数和选项，根据具体的数据和绘图需求进行相应的调整和定制。如下代码（源码路径：Codes\4\shuang3.R）演示了使用函数plot_ly()绘制双变量条形图的过程。

```r
library(plotly)

# 创建示例数据框
data <- data.frame(
  category = c("A", "B", "C", "D"),
  value1 = c(10, 15, 8, 12),
  value2 = c(5, 9, 6, 10)
)

# 使用函数plot_ly()绘制双变量条形图
plot <- plot_ly(data, x = ~category) %>%
  add_trace(y = ~value1, name = "Value 1", type = "bar") %>%
  add_trace(y = ~value2, name = "Value 2", type = "bar") %>%
  layout(title = " 双变量条形图示例 ")

# 输出图形
plot
```

上述代码首先加载plotly包，然后创建一个包含一个类别变量和两个数值变量的示例数据框。接下来，使用函数plot_ly()创建一个基本的绘图对象，并使用函数add_trace()添加两个条形图的数据系列。每个条形图都通过参数y指定了相应的变量，通过参数name指定了数据系列的名称，通过type = "bar"指定了条形图类型。最后，使用函数layout()设置图形的标题。通过运行plot对象，可以输出交互式的双变量条形图。执行效果如图4-16所示。

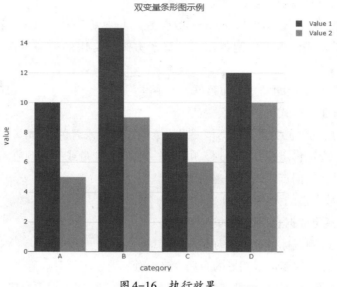

图4-16 执行效果

4.3.2 绘制散点图

在R语言中可以使用多种方法绘制散点图，其中常用的方法有如下3种。

1. 函数plot()

plot()是R语言基础绘图graphics包中的函数，可用于绘制散点图。在使用函数plot()绘制时，传递两个数值向量作为参数，分别表示散点的x轴和y轴坐标，如下面的演示代码（源码路径：Codes\4\san1.R）：

```
x <- c(1, 2, 3, 4, 5)
y <- c(2, 4, 6, 8, 10)
plot(x, y, pch = 16, col =
"blue", main = "Scatter Plot")
```

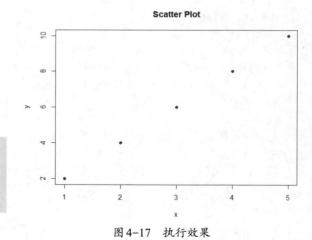

执行效果如图4-17所示。

图4-17 执行效果

2. ggplot2包

可以使用ggplot2包中的函数geom_point()绘制散点图。函数geom_point()的语法格式如下：

```
geom_point(mapping = NULL, data = NULL, …, na.rm = FALSE, show.legend =
  NA, inherit.aes = TRUE)
```

（1）mapping：指定数据变量与图形属性的映射，包括x、y、color、size等。
（2）data：要绘制的数据框。
（3）…：其他可选的参数，用于修改散点图的外观属性，如颜色、大小等。
（4）na.rm：逻辑值，表示是否在绘制过程中忽略缺失值。
（5）show.legend：指定是否显示图例，可选值为TRUE、FALSE或NA。
（6）inherit.aes：逻辑值，表示是否继承父图层的美学属性。

在使用函数geom_point()绘制散点图时，首先使用ggplot2包的语法创建一个绘图对象，然后使用函数geom_point()添加散点图层，如下面的演示代码（源码路径：Codes\4\san2.R）：

```
library(ggplot2)
df <- data.frame(x = c(1, 2, 3, 4, 5), y = c(2, 4, 6, 8, 10))
ggplot(df, aes(x, y)) + geom_point(color = "blue") + ggtitle("Scatter
  Plot")
```

执行效果如图4-18所示。

3. lattice 包

在R语言中，既可以使用lattice包中的函数xyplot()绘制散点图。函数xyplot()能够绘制散点图、折线图和其他类型的二维图形，也可以使用函数xyplot()传递两个数值向量作为参数，并指定type = "p"来创建散点图。函数xyplot()的语法格式如下：

```
xyplot(formula, data, …)
```

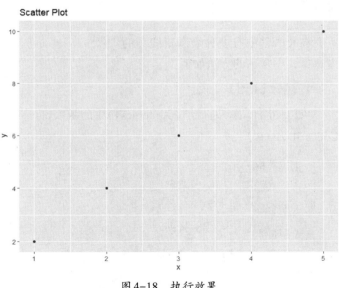

图4-18 执行效果

（1）formula：指定绘图公式，通常由响应变量和预测变量组成，使用类似于公式的语法。例如，y ~ x 表示 y作为响应变量，x作为预测变量。
（2）data：指定用于绘图的数据框或数据集。
（3）…：其他可选的参数，用于自定义绘图的外观和属性。

例如，下面的演示代码（源码路径：Codes\4\san3.R）：

```
library(lattice)

# 创建数据框
df <- data.frame(x = c(1, 2, 3, 4, 5),
                 y = c(2, 4, 6, 8, 10))
```

```
# 绘制散点图
xyplot(y ~ x, data = df, type = "p", col = "blue", main = "Scatter Plot")
```

在上面的代码中，首先创建了一个数据框df，其中包含x和y的值。然后，使用函数xyplot()绘制散点图。其中，y ~ x指定y作为响应变量，x作为预测变量；type = "p"表示绘制散点图；col = "blue"指定散点的颜色为蓝色；main = "Scatter Plot"设置图形的标题为Scatter Plot。执行效果如图4-19所示。

4.3.3 绘制折线图

在R语言中有多种绘制折线图的方法，其中常用的方法如下。

1. 函数 plot()

可以使用R语言基础绘图graphics包中的函数plot()绘制折线图，如下面的演示代码（源码路径：Codes\4\zhe.R）：

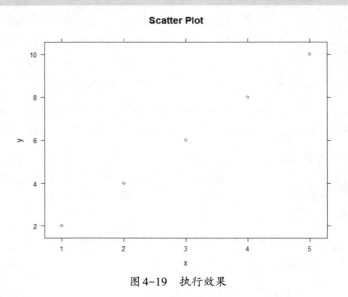

图4-19 执行效果

```
# 创建数据
x <- c(1, 2, 3, 4, 5)
y <- c(2, 4, 6, 8, 10)

# 绘制折线图
plot(x, y, type = "l",
     lwd = 2,
     col = "blue",
     xlab = "X",
     ylab = "Y",
     main = "Line Plot")
```

执行效果如图4-20所示。

2. ggplot2 包

图4-20 执行效果

可以使用ggplot2包中的函数geom_line()绘制折线图。函数geom_line()的语法格式如下：

```
geom_line(
  mapping = NULL,
  data = NULL,
  stat = "identity",
```

```
    position = "identity",
    ...
)
```

（1）mapping：设置图形属性的映射，包括x轴和y轴变量、颜色、线型等。
（2）data：指定要使用的数据框。
（3）stat：统计转换方法，默认为identity，表示不进行统计转换。
（4）position：确定图形元素的位置，默认为identity，表示不进行位置调整。
（5）…：其他可选参数，用于设置线条的颜色、线型、宽度等。
例如，下面的演示代码（源码路径：Codes\4\zhe2.R）：

```
library(ggplot2)

# 创建数据框
df <- data.frame(x = c(1, 2, 3, 4, 5),
                 y = c(2, 4, 6, 8, 10))

# 绘制折线图
ggplot(df, aes(x, y)) +
  geom_line(color = "blue") +
  labs(x = "x", y = "y", title = "Line Plot")
```

上面的代码中使用了数据框df，将x作为x轴变量，y作为y轴变量。通过函数geom_line()绘制折线图，并设置线条的颜色为蓝色；函数labs()用于设置图形的标题和轴标签。执行效果如图4-21所示。

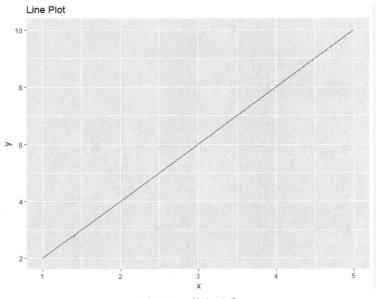

图4-21　执行效果

3. lattice 包

在 R 语言中,可以使用 lattice 包中的函数 xyplot() 绘制折线图,如下面的演示代码(源码路径:Codes\4\zhi3.R):

```
library(lattice)
# 创建数据框
df <- data.frame(x = c(1, 2, 3, 4, 5), y = c(2, 4, 6, 8, 10))
# 绘制折线图
xyplot(y ~ x, data = df, type = "l", col = "blue", xlab = "x", ylab = "y",
    main = "Line Plot")
```

执行效果如图 4-22 所示。

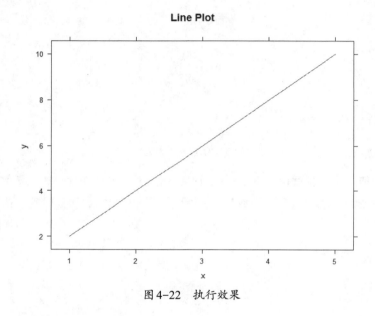

图 4-22 执行效果

4.3.4 绘制箱线图(双变量)

在 R 语言中,可以使用多种方法绘制双变量箱线图,其中常用方法有如下 3 种。

(1)使用 ggplot2 包绘制双变量箱线图,如下面的演示代码(源码路径:Codes\4\shuangx.R):

```
library(ggplot2)

# 创建数据框
df <- data.frame(category = rep(c("A", "B"), each = 100),
                 value = c(rnorm(100), rnorm(100, mean = 2)))

# 绘制双变量箱线图
ggplot(df, aes(x = category, y = value)) +
```

```
    geom_boxplot() +
    xlab("Category") +
    ylab("Value") +
    ggtitle("Double Variable Boxplot with ggplot2")
```

在上述代码中，首先创建了一个数据框df，其中包含一个分类变量category和一个数值变量value；然后，使用函数ggplot()设置绘图的数据和映射关系，使用函数geom_boxplot()绘制箱线图，使用函数xlab()和函数ylab()分别设置x轴和y轴的标签，使用函数ggtitle()设置图形的标题。执行效果如图4-23所示。

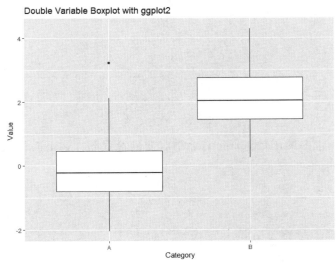

图4-23　执行效果

（2）使用lattice包绘制双变量箱线图，如下面的演示代码（源码路径：Codes\4\shuangx2.R）：

```
library(lattice)

# 创建数据框
df <- data.frame(category = rep(c("A", "B"), each = 100),
                 value = c(rnorm(100), rnorm(100, mean = 2)))

# 绘制双变量箱线图
bwplot(value ~ category, data = df,
       xlab = "Category", ylab = "Value",
       main = "Double Variable Boxplot with lattice")
```

在上述代码中，使用lattice包绘制双变量箱线图。首先，创建了一个数据框df，其中包含一个分类变量category和一个数值变量value；然后，使用函数bwplot()设置绘图的数据和映射关系，其中使用公式表示变量关系，在~左侧是数值变量，在~右侧是分类变量；最后，分别使用函数xlab()和函数ylab()设置x轴和y轴的标签，使用参数main设置图形的标题。执行效果如图4-24所示。

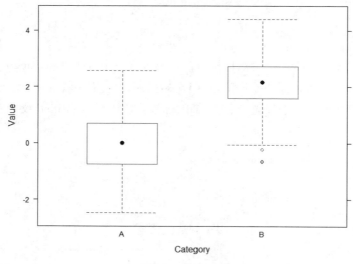

图 4-24 执行效果

（3）使用graphics包中的函数boxplot()绘制双变量箱线图，如下面的演示代码（源码路径：Codes\4\shuangx3.R）：

```
# 创建数据框
df <- data.frame(category = rep(c("A", "B"), each = 100),
                 value = c(rnorm(100), rnorm(100, mean = 2)))

# 绘制双变量箱线图
boxplot(value ~ category, data = df,
        xlab = "Category", ylab = "Value",
        main = "Double Variable Boxplot with base R")
```

在上述代码中，使用函数boxplot()绘制双变量箱线图。首先，创建了一个数据框df，其中包含一个分类变量category和一个数值变量value；然后，使用函数boxplot()设置绘图的数据和映射关系，其中使用公式表示变量关系，在 ~ 左侧是数值变量。执行效果如图4-25所示。

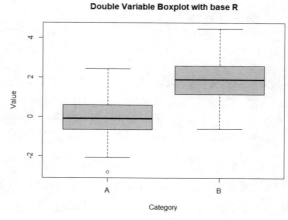

图 4-25 执行效果

4.4 绘制多变量图

多变量图是用于可视化和比较多个变

量之间关系的图形。多变量图能够同时展示多个变量之间的关联、分布、趋势和差异等信息，帮助用户更全面地理解数据。常见的多变量图有气泡图（Bubble Plot）、平行坐标图（Parallel Coordinate Plot）、热力图（Heatmap）和散点矩阵图（Scatterplot Matrix）。

4.4.1 绘制气泡图

在R语言中有多种绘制气泡图的方法，其中常用的方法如下。

1. 函数 plot() 和函数 symbols()

可以使用R语言基础绘图graphics包中的函数plot()和symbols()绘制气泡图。其中，函数symbols()的语法格式如下：

```
symbols(x, y, circles = NULL, squares = NULL, rectangles = NULL,
        add = FALSE, inches = TRUE, bg = NULL, fg = par("fg"), xlim = NULL,
        ylim = NULL)
```

（1）x：数值向量，表示符号的x坐标。
（2）y：数值向量，表示符号的y坐标。
（3）circles：数值向量，表示圆形符号的直径。
（4）squares：数值向量，表示正方形符号的边长。
（5）rectangles：数值向量，表示矩形符号的宽度和高度，格式为c(width, height)。
（6）add：逻辑值，表示是否将符号添加到已有的图形中。
（7）inches：逻辑值，表示圆形和正方形的尺寸是否以英寸为单位。如果inches为FALSE，则以用户单位（默认为用户单位）为准。
（8）bg：符号的背景颜色，可以是颜色名称或十六进制颜色代码。
（9）fg：符号的前景颜色，即边框颜色，可以是颜色名称或十六进制颜色代码。
（10）xlim：x轴的范围限制。
（11）ylim：y轴的范围限制。

例如，下面的演示代码（源码路径：Codes\4\pao.R）：

```
# 创建示例数据
x <- 1:10
y <- 1:10
size <- 1:10

# 绘制气泡图
plot(x, y, type = "n")   # 创建空白画布
symbols(x, y, circles = size, inches = 0.2, add = TRUE)   # 添加气泡
```

执行效果如图4-26所示。

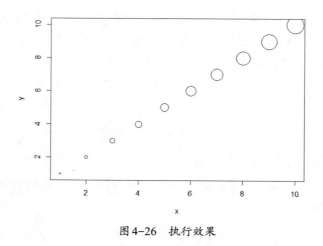

图 4-26 执行效果

2. ggplot2 包

可以使用 ggplot2 包中的函数 geom_point() 绘制气泡图，通过参数 size 控制气泡的大小，如下面的演示代码（源码路径：Codes\4\pao2.R）：

```
library(ggplot2)

# 创建示例数据
df <- data.frame(x = 1:10, y = 1:10, size = 1:10)

# 绘制气泡图
ggplot(df, aes(x, y, size = size)) + geom_point()
```

执行效果如图 4-27 所示。

3. plotly 包

可以使用 plotly 包中的函数 plot_ly() 绘制气泡图，通过参数 marker 设置气泡的属性，如大小、颜色等。下面是一个使用函数 plot_ly() 绘制气泡图的实例，展示了汽车品牌、平均马力和平均价格之间的关系。

👉 **实例 4-4** 展示汽车品牌、平均马力和平均价格之间的关系（源码路径：codes\4\pao3.R）

实例文件 pao3.R 的具体实现代码如下：

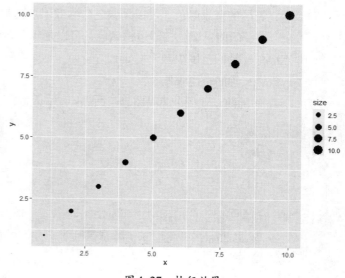

图 4-27 执行效果

```r
# 安装并加载所需的包
install.packages("plotly")
library(plotly)

# 创建示例数据框
car_brands <- c("Toyota", "Honda", "Ford", "Chevrolet", "BMW")
average_horsepower <- c(150, 170, 180, 200, 250)
average_price <- c(25000, 28000, 30000, 32000, 45000)
data <- data.frame(car_brands, average_horsepower, average_price)

# 使用函数 plot_ly() 创建气泡图
plot_ly(data, x = ~average_horsepower, y = ~average_price,
        text = ~car_brands, type = "scatter", mode = "markers",
        marker = list(size = sqrt(average_horsepower),
        sizemode = "diameter")) %>%
  layout(title = "汽车品牌：平均马力 vs. 平均价格",
         xaxis = list(title = "平均马力"),
         yaxis = list(title = "平均价格"))
```

在上述代码中，气泡的大小是根据平均马力的平方根确定的。通过将参数 sizemode 设置为 diameter 来控制气泡的大小，用户可以根据需要自定义数据、标签和样式选项。执行效果如图 4-28 所示。

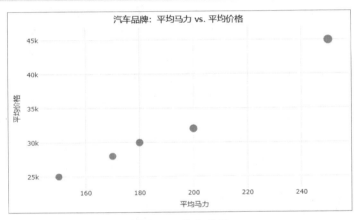

图 4-28　执行效果

4.4.2 绘制热力图

在 R 语言中，可以通过如下方法绘制热力图。

1. 函数 heatmap()

通过使用 R 语言基础绘图 graphics 包中的函数 heatmap()，根据输入的数据矩阵绘制热力图。热力图能够将矩阵中的每个值映射到颜色渐变，并通过颜色的变化展示数据的差异。函数 heatmap() 的语法格式如下：

```r
heatmap(x,
        Rowv = NULL,
```

```
                Colv = if (symm) "Rowv" else NULL,
                distfun = dist,
                hclustfun = hclust,
                reorderfun = function(d, w) reorder(d, w),
                add.expr,
                symm = FALSE,
                revC = identical(Colv, "Rowv"),
                scale = c("row", "column", "none"),
                na.rm = TRUE,
                …)
```

(1) x：要绘制热力图的数据矩阵。

(2) Rowv 和 Colv：用于控制行和列的聚类方式，可以传入行或列的聚类结果对象，或使用默认值 NULL。

(3) distfun 和 hclustfun：用于计算距离和进行聚类的函数，默认为 dist 和 hclust。

(4) reorderfun：用于重新排序行和列的函数，默认为 reorder。

(5) add.expr：可以传入要添加到热力图的表达式。

(6) symm：表示数据矩阵是否对称，默认为 FALSE。

(7) 参数 revC：用于控制热力图列的顺序，尤其在列的聚类时。参数 revC 的默认值设置为 identical(Colv, "Rowv")，在默认情况下，revC 的值会根据 Colv 和 "Rowv" 的比较结果进行设置。如果 Colv 是 "Rowv"，那么 revC 的值为 TRUE，表示列的顺序会被反转，以便更好地匹配行的顺序。

(8) scale：表示是否要对数据进行缩放，默认为 none。

(9) na.rm：表示是否移除含有缺失值的行或列，默认为 TRUE。

(10) …：用于设置热力图的标题、标签、边距等。

例如，下面的演示代码（源码路径：Codes\4\re.R）：

```
# 创建一个随机的数据矩阵
set.seed(123)
data <- matrix(rnorm(100), nrow = 10)

# 绘制热力图
heatmap(data,
        col = colorRampPalette(c("#0000ff", "#FF0000", "#39ff14"))(100),
        main = "Heatmap Example",
        xlab = "Columns",
        ylab = "Rows")
```

在上述代码中，首先创建一个随机的数据矩阵 data，其包含 10 行和 10 列的随机数；然后，使用函数 heatmap() 绘制热力图，其中参数 data 指定要绘制热力图的数据矩阵，参数 col 使用一个颜色渐变函数 colorRampPalette() 定义热力图的颜色，参数 main 指定热力图的标题，参数 xlab 和参数 ylab 分别指定 x 轴和 y 轴的标签。执行效果如图 4-29 所示。

2. ggplot2 包

可以使用ggplot2包中的函数geom_tile()绘制热力图,其将数据矩阵的每个单元格作为一个矩形块进行可视化处理。函数geom_tile()的语法格式如下:

```
geom_tile(mapping = NULL, data = NULL,
          stat = "identity",
          position = "identity", …,
          width = NULL, height = NULL)
```

(1) mapping:指定图形属性映射,如x轴和y轴的变量、颜色、大小等。

(2) data:数据框,包含绘图所需的变量。

(3) stat:统计变换,默认为identity,表示使用原始数据。

(4) position:位置调整方法,默认为identity,表示不进行位置调整。

(5) width:矩形块的宽度。

(6) height:矩形块的高度。

除了上述参数,函数geom_tile()还可以接收其他函数ggplot2()的参数,如颜色、填充、标签等,如下面的演示代码(源码路径:Codes\4\re2.R):

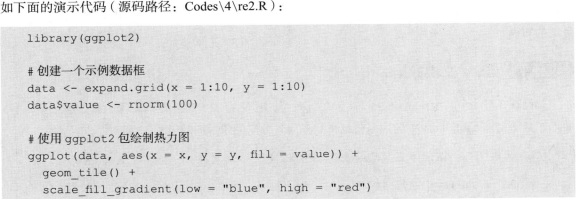

图4-29 执行效果

```
library(ggplot2)

# 创建一个示例数据框
data <- expand.grid(x = 1:10, y = 1:10)
data$value <- rnorm(100)

# 使用ggplot2包绘制热力图
ggplot(data, aes(x = x, y = y, fill = value)) +
  geom_tile() +
  scale_fill_gradient(low = "blue", high = "red")
```

执行效果如图4-30所示。

3. gplots 包

可以使用gplots包中的函数heatmap.2()绘制热力图。函数heatmap.2()是gplots包中的一个扩展函数,其提供了更多的定制选项和功能,如调整行列标签、颜色映射等。例如,下面的演示代码(源码路径:Codes\4\re3.R):

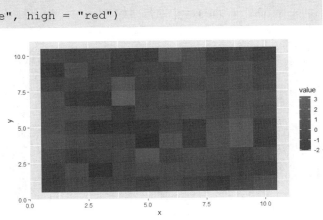

图4-30 执行效果

```
library(gplots)

# 创建数据矩阵
data <- matrix(c(1, 2, 3, 4, 5, 6, 7, 8, 9), nrow = 3, ncol = 3)

# 绘制热力图
heatmap.2(data, trace = "none", dendrogram = "none",
          col = heat.colors(256), main = "Heatmap Example")
```

在上述代码中，首先使用函数matrix()创建了一个简单的数据矩阵，然后使用函数heatmap.2()绘制热力图。注意，参数col用于设置颜色映射；参数trace设置为none，表示不显示边框线；参数dendrogram设置为none，表示不显示树状图。用户通过修改数据矩阵和其他参数，可以根据实际需求自定义热力图。执行效果如图4-31所示。

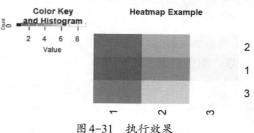

图4-31　执行效果

4.5 文件数据的可视化

在数据分析和可视化应用中，经常需要将处理的数据保存在文本文件中，如CSV文件、Excel文件、XML文件、JSON文件、MySQL数据库文件等。本节将详细讲解可视化处理上述文本文件数据的知识。

4.5.1 CSV文件数据的可视化

假设现在有一个名为rainfall.csv的CSV文件，其中保存了某个城市的每月降雨量数据。实例4-5展示了基于文件rainfall.csv中的数据绘制每月降雨量数据的条形图的过程。

实例4-5　某城市每月降雨量数据的条形图（源码路径：codes\4\csvtiao.R）

（1）文件rainfall.csv中的数据如下：

```
Month,Amount
January,50
February,45
March,60
April,70
May,80
June,90
July,100
August,85
September,75
October,65
```

```
November,55
December,50
```

（2）编写文件csvtiao.R，读取文件rainfall.csv中的数据，并根据数据绘制条形图，具体实现代码如下：

```r
# 导入ggplot2 包
library(ggplot2)

# 从 CSV 文件中读取数据
data <- read.csv("rainfall.csv")

# 使用函数 ggplot() 创建基础图形对象，并设置 x 轴和 y 轴变量
p <- ggplot(data, aes(x = Month, y = Amount))

# 添加条形图层，并设置颜色和填充
p + geom_bar(stat = "identity", fill = "steelblue") +
  # 设置图形标题和轴标签
  labs(title = "Monthly Rainfall", x = "Month", y = "Amount (mm)")
```

对上述代码的具体说明如下。

①加载ggplot2包，使用函数read.csv()从文件rainfall.csv中读取数据并存储在变量data中。

②使用函数ggplot()创建一个基础图形对象，并通过函数aes()设置x轴和y轴变量。

③使用函数geom_bar()添加条形图层，并使用参数stat = "identity"确保条形图按照数据的实际值绘制，使用参数fill设置条形的颜色和填充样式。

④使用函数labs()设置图形的标题和轴标签。

执行上述代码，将生成一个以月份为x轴，降雨量为y轴的条形图，图形标题为Monthly Rainfall，x轴标签为Month，y轴标签为Amount (mm)。执行效果如图4-32所示。

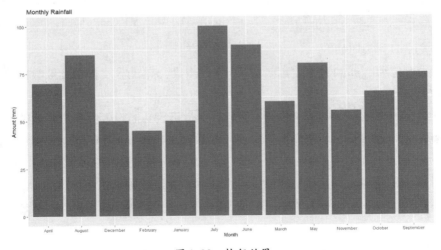

图4-32　执行效果

4.5.2 Excel 文件数据的可视化

假设现在有一个名为data.xlsx的Excel文件,其中保存了某上市公司员工的考评成绩。实例4-6展示了基于文件data.xlsx中的数据绘制员工考核成绩统计饼形图的过程。

  实例 4-6   员工考核成绩统计饼形图(源码路径:codes\4\Excebing.R)

(1)文件data.xlsx中的数据如图4-33所示,其中"Category"列表示成绩等级的名称,"Amount"列表示符合这一等级的员工人数。

图 4-33   文件 data.xlsx 中的数据

(2)编写文件Excebing.R,读取文件data.xlsx中的数据,并根据数据绘制饼形图,具体实现代码如下:

```r
# 导入 readxl 包和 ggplot2 包
library(readxl)
library(ggplot2)

# 从 Excel 文件中读取数据
data <- read_excel("data.xlsx")

# 使用函数 ggplot() 创建基础图形对象,并设置饼图数据和标签
p <- ggplot(data, aes(x = "", y = Amount, fill = Category))

# 添加饼图层,并设置标签和配色方案
p + geom_bar(stat = "identity") +
  coord_polar(theta = "y") +
  scale_fill_brewer(palette = "Set3") +
  labs(title = "Category Distribution", fill = "Category")
```

对上述代码的具体说明如下。

①加载readxl包和ggplot2包,使用函数read_excel()从data.xlsx文件中读取数据并存储在变量data中。

②使用函数ggplot()创建一个基础图形对象,并通过函数aes()设置饼图的数据和标签。

③使用函数geom_bar()添加饼图层,并使用参数stat = "identity"确保饼图按照数据的实际值绘制。

④使用函数coord_polar()将图形转换为极坐标形式,以绘制饼图。

⑤通过函数scale_fill_brewer()设置饼图的配色方案,使用参数palette = "Set3"选择预定义的配色方案。

⑥使用函数labs()设置图形的标题和填充标签。

执行效果如图4-34所示。

4.5.3 XML 文件数据的可视化

假设现在有一个名为sales_data.xml的XML文件，其中保存了某公司的商品销售数据。实例4-7展示了基于文件sales_data.xml中的数据绘制商品销售数据散点图的过程。

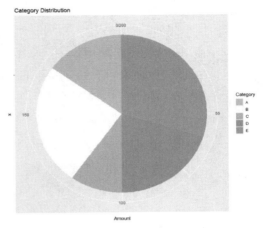

图4-34 执行效果

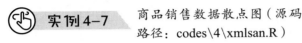

商品销售数据散点图（源码路径：codes\4\xmlsan.R）

（1）文件sales_data.xml中保存了商品销售数据，具体内容如下：

```
<sales>
  <product>
    <name>商品 A</name>
    <price>10</price>
    <quantity>50</quantity>
  </product>
  <product>
    <name>商品 B</name>
    <price>40</price>
    <quantity>24</quantity>
  </product>
  <product>
    <name>商品 C</name>
    <price>35</price>
    <quantity>70</quantity>
  </product>
</sales>
```

（2）编写文件xmlsan.R，读取文件sales_data.xml中的数据，并根据数据绘制散点图，具体实现代码如下：

```
# 加载 XML 包
library(XML)

# 读取 XML 文件
sales_data <- xmlParse("sales_data.xml")

# 提取商品名称、价格和销售数量
product_names <- xpathSApply(sales_data, "//name", xmlValue)
product_prices <- as.numeric(xpathSApply(sales_data, "//price", xmlValue))
```

```
product_quantities <- as.numeric(xpathSApply(sales_data, "//quantity",
    xmlValue))

# 创建散点图
plot(product_prices, product_quantities,
     main = "商品销售数据散点图",
     xlab = "价格",
     ylab = "销售数量",
     pch = 16,
     xlim = c(0, 50),
     ylim = c(0, 100),
     col = "blue")

# 添加商品名称标签
text(product_prices, product_quantities, product_names, pos = 4)
```

对上述代码的具体说明如下。

①使用函数library()加载XML包，以便在R中处理XML数据。

②使用函数xmlParse()读取sales_data.xml文件，并将其存储在sales_data变量中。

③使用XPath表达式"//name"、"//price"和"//quantity"提取XML中商品的名称、价格和销售数量。函数xpathSApply()用于在XML文档中应用XPath表达式，并使用函数xmlValue()提取节点的值。

④使用函数plot()创建散点图，传入商品价格和销售数量作为x和y轴数据。分别设置图形的标题、x轴和y轴标签，使用蓝色的点表示散点，并使用参数pch设置点的形状为16（实心圆）。通过参数xlim设置x轴的最小值和最大值，通过参数ylim设置y轴的最小值和最大值。在这里，将x轴的范围设置为0～50，y轴的范围设置为0～100。

⑤使用函数text()在散点图上添加商品名称标签，将商品名称显示在对应的点上，并使用参数pos设置标签的位置为4（右上方）。

执行效果如图4-35所示。

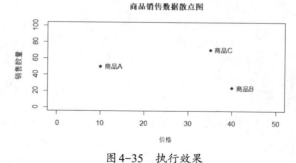

图4-35　执行效果

4.5.4　JSON文件数据的可视化

假设现在有一个名为stock_data.json的JSON文件，其中保存了某股票近60天的收盘价。实例4-8展示了基于文件stock_data.json中的数据绘制这支股票日线走势折线图的过程。

实例4-8　某股票日线走势折线图（源码路径：codes\4\jsonzhe.R）

（1）在文件stock_data.json中保存了某股票近60天的收盘价，具体内容如下：

```
{
  "close": [50.2, 51.5, 52.7, 53.1, 54.6, 53.9, 55.2, 56.8, 57.3, 58.1,
54.6, 58.9, 60.2, 61.7, 62.5, 63.2, 64.8, 65.3, 66.1, 67.5, 68.3, 64.1,
70.4, 71.8, 72.5, 73.2, 74.6, 75.1, 76.3, 77.6, 78.9, 74.7, 80.2, 81.5,
82.9, 83.6, 84.2, 85.7, 86.4, 87.9, 88.7, 84.3, 90.6, 91.8, 92.5, 93.2,
94.6, 95.3, 96.1, 97.4, 98.8, 94.5, 100.3, 101.7, 102.9, 103.6, 104.2,
105.7]
}
```

（2）编写文件jsonzhe.R，读取文件stock_data.json中的数据，并根据数据绘制折线图，具体实现代码如下：

```
library(jsonlite)
library(ggplot2)

# 读取 JSON 文件
data <- fromJSON("stock_data.json")

# 提取收盘价数据
close_prices <- data$close

# 创建日期序列
dates <- seq(as.Date("2023-01-01"), by = "day", length.out = length(close_
  prices))

# 创建数据框
df <- data.frame(Date = dates, Close = close_prices)

# 绘制日线走势折线图
ggplot(df, aes(x = Date, y = Close)) +
  geom_line() +
  labs(title = "Stock Daily Closing Prices",
       x = "Date",
       y = "Closing Price")
```

对上述代码的具体说明如下。

①使用jsonlite包中的函数fromJSON()读取保存某股票收盘价的JSON文件，并将数据存储在变量data中。

②从data中提取收盘价数据，并使用函数seq()创建与收盘价数据相对应的日期序列。

③将日期序列和收盘价数据组合成一个数据框df，其中Date列表示日期，Close列表示收盘价。

④使用ggplot2包绘制日线走势折线图，其中函数aes()用于设置Date为x轴变量，Close为y轴变量。用函数geom_line()绘制折线图，用函数labs()设置标题和坐标轴标签。

执行效果如图4-36所示。

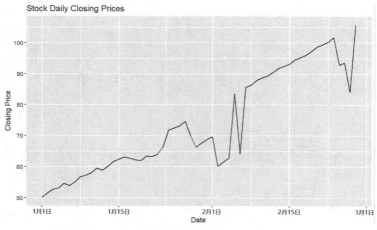

图 4-36 执行效果

4.5.5 MySQL 数据库数据的可视化

假设在 MySQL 数据库中有一个名为 rshop 的数据库,其中有一个名为 sales 的表,在里面保存了某商品在最近 12 个月的销量数据。实例 4-9 展示了基于 MySQL 数据库中的数据绘制商品的销量统计图的过程。

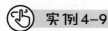 实例 4-9   某商品销量走势图(源码路径:codes\4\sqltiao.R)

(1) MySQL 数据库中保存了某商品在最近 12 个月的销量数据,如图 4-37 所示。

(2) 编写文件 sqltiao.R,读取 MySQL 数据库中的数据,并根据数据绘制条形图,具体实现代码如下:

图 4-37 MySQL 数据库中的数据

```
# 安装所需的包
install.packages("RMySQL")
install.packages("ggplot2")

# 加载所需的包
library(RMySQL)
library(ggplot2)

# 建立与MySQL数据库的连接
con <- dbConnect(MySQL(), user = "your_username", password = "your_
   password", dbname = "your_database_name", host = "your_host",port=3306)

# 提取销量数据
query <- "SELECT month, quantity FROM sales"
```

```
sales_data <- dbGetQuery(con, query)

# 关闭与MySQL数据库的连接
dbDisconnect(con)

# 绘制条形图
ggplot(sales_data, aes(x = month, y = quantity)) +
  geom_bar(stat = "identity", fill = "steelblue") +
  labs(title = "Monthly Sales", x = "Month", y = "Quantity")
```

在上述代码中，需要将your_username、your_password、your_database_name、your_host替换为用户自己的实际数据库连接信息。执行效果如图4-38所示。

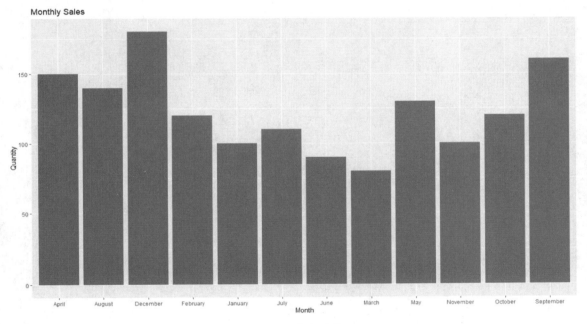

图4-38 执行效果

第 5 章 描述性统计分析

描述性统计分析是一种统计方法，用于总结和描述数据的主要特征。描述性统计分析主要关注数据的集中趋势、分散程度和数据分布的形状。本章将详细讲解使用R语言实现描述性统计分析的知识，并通过具体实例的实现过程讲解各个知识点的用法。

5.1 描述性统计分析简介

描述性统计分析是一种用于总结、分析和解释数据集主要特征的统计方法，它不涉及对数据背后的总体进行推断或做出预测，而是专注于描述数据的内部结构。描述性统计分析的目标是提供有关数据集的概括，使研究者、分析师或决策者能够更好地理解数据的基本性质。下面列出了常用的描述性统计分析的指标和方法。

（1）中心趋势（Measures of Central Tendency）。
①均值（Mean）：也称为中位数，是数据的平均值，通过将所有数据相加后除以观测次数得到。
②中位数（Median）：数据排序后的中间值，将数据分为两半。
③众数（Mode）：数据中出现频率最高的值。
（2）分散程度（Measures of Dispersion）。
①范围（Range）：最大值与最小值之间的差异。
②方差（Variance）：观测值与平均值之差的平方的平均值。
③标准差（Standard Deviation）：方差的平方根，提供了观测值与平均值之间的平均距离。
（3）数据分布的形状。
①偏度（Skewness）：衡量数据分布的偏斜程度，正偏表示分布向右倾斜，负偏表示分布向左倾斜。
②峰度（Kurtosis）：描述数据分布的尖峰程度，高峰度表示分布尖锐，低峰度表示分布平缓。
（4）频数分布（Frequency Distribution）：将数据分成不同的组，记录每个组中数据的频数，并绘制直方图或频数表。
（5）百分位数（Percentiles）：在一组数据中有百分之多少的观测值小于或等于该值。中位数是50%百分位数的特例。

通过上述指标和方法，描述性统计分析可以揭示数据的基本特征，识别异常值，为进一步的分析提供基础。描述性统计分析通常是数据分析的第一步，为研究者提供对数据的直观了解，有助于指导后续的探索性数据分析和统计建模工作。

5.2 平均数、中位数和众数

平均数、中位数和众数都是描述数据中心位置或集中趋势的统计量，它们各有特点，适用于不同的数据分析场景。

5.2.1 计算平均数

在R语言中有多种计算平均数的方式,读者可以根据自己的数据类型和分析需求选择合适的方法。下面列出了一些常用的计算平均数的方法。

1. 计算向量的平均数

对于一个向量,可以使用函数mean()计算其平均数,如下面的演示代码:

```
# 创建一个向量
data <- c(1, 2, 3, 4, 5)

# 计算平均数
average <- mean(data)
print(average)
```

执行后会输出data的中位数:

```
[1] 3
```

2. 计算数据框的列平均数

如果有一个带有数据的数据框,则可以使用函数colMeans()计算每列的平均数,如下面的演示代码:

```
# 创建一个数据框
df <- data.frame(
  A = c(1, 2, 3),
  B = c(4, 5, 6)
)
# 计算每列的平均数
col_averages <- colMeans(df)
print(col_averages)
```

执行后会分别输出A和B的中位数:

```
A B
2 5
```

3. 计算行或列的加权平均数

如果需要计算行或列的加权平均数,可以使用函数weighted.mean()实现,如下面的演示代码:

```
# 创建一个向量和相应的权重
values <- c(1, 2, 3)
weights <- c(0.2, 0.3, 0.5)
# 计算加权平均数
weighted_average <- weighted.mean(values, weights)
```

```
print(weighted_average)
```

执行后会输出计算的加权平均数：

```
[1] 2.3
```

4. 排除缺失值

如果在数据中包含缺失值，可以使用 na.rm 参数排除缺失值，如下面的演示代码：

```
data_with_na <- c(1, 2, NA, 4, 5)
# 计算平均数，排除缺失值
average_without_na <- mean(data_with_na, na.rm = TRUE)
print(average_without_na)
```

执行后会输出：

```
[1] 3
```

> **注意**
> 上面列出的只是一些基本的演示代码，其实R语言还提供了其他一些用于计算平均数的函数和方法，具体的选择取决于用户自己的数据结构和分析需求。在实际使用中，可以根据数据类型和具体情况选择合适的方法。

假设现在有一个包含病人基本信息的 CSV 文件，名为 patient_info.csv，其中包括病人的 ID、年龄、体温和血压，具体内容如下：

```
ID,年龄,体温,血压
1,35,36.8,120/80
2,42,37.2,130/85
3,28,36.5,115/75
4,55,37.8,140/90
5,32,38.1,125/82
6,45,36.9,122/78
7,38,37.0,128/84
8,50,37.5,135/88
9,29,36.7,118/76
10,60,38.0,145/92
```

实例 5-1 演示了使用 R 语言计算文件 patient_info.csv 中不同变量的均值的过程。

实例 5-1 计算病人不同身体指标数据的均值（源码路径：codes\5\jun.R）

实例文件 jun.R 的具体实现代码如下：

```
patient_info <- read.csv("patient_info.csv")  # 读取 CSV 文件
```

```
print(patient_info) # 查看数据集
# 年龄的均值
mean_age <- mean(patient_info$年龄)
print(paste("年龄的均值: ", mean_age))

# 体温的每列平均数
col_means_temp <- colMeans(patient_info[, "体温", drop = FALSE])
print(paste("体温的每列平均数: ", col_means_temp))

# 体温的加权平均数（假设权重为年龄）
weighted_temp <- weighted.mean(patient_info$体温, patient_info$年龄)
print(paste("体温的加权平均数: ", weighted_temp))
```

在上述代码中，使用函数mean()计算年龄的均值，使用函数colMeans()计算体温的每列平均数，使用函数weighted.mean()计算体温的加权平均数，其中假设权重为年龄。执行后会输出：

```
[1] "年龄的均值: 41.4"
[1] "体温的每列平均数: 37.25"
[1] "体温的加权平均数: 37.3343"
```

> **注意**
>
> 函数colMeans()要求输入的是一个矩阵或数据框，而不是一个单独的向量。所以，在本实例中使用drop=FALSE，以防止patient_info[,"体温"]被自动转为向量，从而确保结果仍然是数据框。

5.2.2 计算中位数

中位数是一组数据中间位置的值，将数据从小到大排列后，中间的那个值就是中位数。如果数据集的观测次数是奇数，则中位数是排序后的正中间值；如果是偶数，则中位数是中间两个值的平均值。在R语言中，可以使用内置函数median()计算中位数。下面是使用函数median()计算中位数的示例：

```
# 创建一个向量
data <- c(10, 8, 5, 2, 7, 6, 1, 4, 3, 9)
# 计算中位数
median_value <- median(data)
# 输出结果
print(paste("数据的中位数: ", median_value))
```

在上述代码中，data 是一个包含10个值的向量，通过调用 median(data) 计算得到中位数。注意，函数median()会自动对数据进行排序，因此不需要手动排序。执行后会输出：

```
[1] "数据的中位数: 5.5"
```

如果数据包含在一个数据框的列中，也可以通过指定列名计算该列的中位数：

```r
# 创建一个数据框
df <- data.frame(
  Name = c("Alice", "Bob", "Charlie", "David", "Eva"),
  Score = c(80, 92, 75, 88, 95)
)
# 计算 Score 列的中位数
median_score <- median(df$Score)
# 输出结果
print(paste("分数的中位数: ", median_score))
```

在上述代码中,df$Score 表示数据框 df 中的 Score 列,通过函数 median() 计算该列的中位数。执行后会输出:

```
[1] "分数的中位数: 88"
```

实例5-2将继续使用文件patient_info.csv中的数据,假设想要了解病人的年龄中位数,并根据中位数判断每位病人是否属于"年轻"或"年长"组。

实例5-2 根据中位数判断每位病人的所属年龄段(源码路径:codes\5\center.R)

实例文件center.R的具体实现代码如下:

```r
# 读取 CSV 文件
patient_info <- read.csv("patient_info.csv")

# 查看数据集
print(patient_info)

# 计算年龄的中位数
median_age <- median(patient_info$年龄)
print(paste("年龄的中位数: ", median_age))

# 判断每位病人是否年轻或年长
patient_info$年龄组 <- ifelse(patient_info$年龄 < median_age, "年轻", "年长")

# 输出带有年龄组信息的数据集
print(patient_info)
```

在上述代码中,首先计算年龄的中位数;然后使用函数ifelse()根据中位数判断每位病人是否属于"年轻"或"年长"组。最后,在数据框中添加一个新的列"年龄组",并输出包含该信息的数据集。执行后输出:

```
[1] "年龄的中位数: 40"

  ID 年龄 体温   血压   年龄组
1  1   35 36.8 120/80   年轻
```

```
2    2    42  37.2  130/85   年长
3    3    28  36.5  115/75   年轻
4    4    55  37.8  140/90   年长
5    5    32  38.1  125/82   年轻
6    6    45  36.9  122/78   年长
7    7    38  37.0  128/84   年轻
8    8    50  37.5  135/88   年长
9    9    29  36.7  118/76   年轻
10   10   60  38.0  145/92   年长
```

5.2.3 计算众数

在R语言中，虽然计算众数并不像均值和中位数那样直接使用内置函数，但其依然可以通过一些操作来获得。如下代码是一种使用R语言计算众数的简单方法，利用函数table()和一些条件判断来实现。

```r
# 创建一个向量
data <- c(1, 2, 3, 3, 4, 4, 5, 6, 6, 6)
# 使用函数table()获取频数
frequency_table <- table(data)
# 找到最大频数对应的值（众数可能有多个）
modes <- as.numeric(names(frequency_table)[frequency_table ==
  max(frequency_table)])
# 输出结果
print(paste("数据的众数: ", modes))
```

在上述代码中，首先使用函数table()创建一个频数表，然后找到频数表中最大频数对应的值，即为众数。需要注意的是，众数可能有多个，因此结果是一个向量。如果所有值的频数都相同，那么结果将是所有不同的数值。执行后会输出：

```
[1] "数据的众数:  6"
```

实例5-3将继续使用文件patient_info.csv中的病人数据，分别计算病人年龄的均值、中位数和众数，体温的加权平均数，以及提取血压中的收缩压并计算其众数。

实例5-3 分别计算病人年龄的均值、中位数和众数，体温的加权平均数，收缩压的众数（源码路径：codes\5\ave.R）

实例文件ave.R的具体实现代码如下：

```r
# 读取 CSV 文件
patient_info <- read.csv("patient_info.csv")

# 查看数据集
print(patient_info)
```

```r
# 年龄的均值和中位数
mean_age <- mean(patient_info$年龄)
median_age <- median(patient_info$年龄)

# 计算年龄的众数
age_table <- table(patient_info$年龄)
if (max(age_table) == 1) {
  mode_age <- NA   # 没有众数
} else {
  mode_age <- as.numeric(names(age_table)[which.max(age_table)])
}

# 体温的加权平均数（假设权重为年龄）
weighted_temp <- weighted.mean(patient_info$体温, patient_info$年龄)

# 血压的众数（假设血压以 mmHg 为单位，提取收缩压）
systolic_blood_pressure <- as.numeric(substr(patient_info$血压, 1, 3))
pressure_table <- table(systolic_blood_pressure)
if (max(pressure_table) == 1) {
  mode_pressure <- NA   # 没有众数
} else {
  mode_pressure <- as.numeric(names(pressure_table)[which.max(pressure_table)])
}

# 输出结果
cat("年龄的均值: ", mean_age, "\n")
cat("年龄的中位数: ", median_age, "\n")
cat("年龄的众数: ", ifelse(is.na(mode_age), "没有众数", mode_age), "\n")
cat("体温的加权平均数: ", weighted_temp, "\n")
cat("收缩压的众数: ", ifelse(is.na(mode_pressure), "没有众数", mode_pressure), "\n")
```

执行后会输出：

```
年龄的均值： 41.4
年龄的中位数： 40
年龄的众数： 没有众数
体温的加权平均数： 37.3343
收缩压的众数： 没有众数
```

5.3 方差和标准差

方差和标准差是用来度量数据分布的离散程度或波动程度的统计量，它们提供了对数据集中值的分散情况的定量评估。

5.3.1 计算方差

方差是各个数据点与数据集均值之间差异的平方的平均值,其计算公式如下:

$$\mathrm{var}(X) = \frac{1}{N} \sum_{i=1}^{N} (X_i - \bar{X})^2$$

式中,var(X)为方差;N为观测次数;X_i为每个观测值;$\bar{X}$为平均值。

方差值越大,表示数据点相对于均值的分散程度越高。

在R语言中,函数var()可用于计算数据集的样本方差或总体方差,具体计算目标取决于所选择的参数。

1. 计算样本方差

在如下代码中,data 是一个包含5个值的向量,函数var(data)用于计算该向量的样本方差。

```
# 创建一个向量
data <- c(1, 2, 3, 4, 5)
# 计算样本方差
sample_variance <- var(data)
# 输出结果
print(paste("样本方差: ", sample_variance))
```

执行后会输出:

```
[1] "样本方差: 2.5"
```

2. 计算总体方差

在如下代码中,函数var()中的参数na.rm被设置为 TRUE,表示忽略向量中的缺失值,这样可以计算总体方差。

```
# 创建一个向量
data <- c(1, 2, 3, 4, 5)
# 计算总体方差
population_variance <- var(data, na.rm = TRUE)   #na.rm参数用于忽略缺失值
# 输出结果
print(paste("总体方差: ", population_variance))
```

执行后会输出:

```
[1] "总体方差: 2.5"
```

在默认情况下,函数var()计算的是样本方差。如果明确想要计算总体方差,需要将1/n作为分母,如下面的演示代码:

```
# 创建一个向量
data <- c(1, 2, 3, 4, 5)
```

```
# 计算样本方差
sample_variance <- var(data, na.rm = TRUE)
# 计算总体方差
population_variance <- sample_variance * (length(data) - 1) / length(data)
# 输出结果
print(paste("总体方差: ", population_variance))
```

在实际应用中，可以根据具体情况选择计算样本方差还是总体方差，执行后会输出：

```
[1] "总体方差:  2"
```

实例5-4将继续使用文件patient_info.csv中的病人数据，功能是分别计算病人年龄的样本方差和总体方差。

实例 5-4 分别计算病人年龄的样本方差和总体方差（源码路径：codes\5\fang.R）

实例文件fang.R的具体实现代码如下：

```
patient_info <- read.csv("patient_info.csv")    # 读取 CSV 文件
print(patient_info)                             # 查看数据集
# 计算年龄的样本方差
sample_age_variance <- var(patient_info$年龄, na.rm = TRUE)

# 计算年龄的总体方差
n <- length(patient_info$年龄)
population_age_variance <- sample_age_variance * (n-1)/n

# 输出结果
print(paste("年龄的样本方差: ", sample_age_variance))
print(paste("年龄的总体方差: ", population_age_variance))
```

在上述代码中，使用函数var()分别计算年龄的样本方差和总体方差，其中参数na.rm = TRUE，表示忽略缺失值。执行后会输出：

```
[1] "年龄的样本方差:  121.377777777778"
[1] "年龄的总体方差:  109.24"
```

5.3.2 计算标准差

标准差是方差的平方根，用于度量数据的离散程度。标准差的计算公式如下：

$$SD(X) = \sqrt{\mathrm{var}(X)}$$

标准差具有与原始数据相同的单位，因此更容易与数据进行比较。标准差的值越大，表示数据的波动或分散程度越高。在R语言中，主要使用内置函数sd()计算标准差。下面是一个简单的示例：

```
# 创建一个向量
data <- c(1, 2, 3, 4, 5)
# 计算标准差
standard_deviation_value <- sd(data)
# 输出结果
print(paste("数据的标准差: ", standard_deviation_value))
```

在上述代码中，data 是一个包含 5 个值的向量，通过函数 sd(data) 计算该向量的标准差。执行后会输出：

```
[1] "数据的标准差:  1.58113883008419"
```

与计算方差的函数 var() 一样，函数 sd() 也有一个 na.rm 参数，用于忽略向量中的缺失值，如下面的演示代码：

```
# 创建一个带有缺失值的向量
data_with_na <- c(1, 2, NA, 4, 5)
# 计算带有缺失值的标准差
sd_with_na <- sd(data_with_na, na.rm = TRUE)
# 输出结果
print(paste("带缺失值的标准差: ", sd_with_na))
```

在上述代码中，通过 na.rm = TRUE 参数，可以计算带有缺失值的向量的标准差。执行后会输出：

```
[1] "带缺失值的标准差:  1.82574185835055"
```

标准差是描述数据分散程度的重要统计量，通常与均值和方差一同使用，用于深入了解数据的分布情况。实例 5-5 将继续使用文件 patient_info.csv 中的数据，功能是计算病人年龄的标准差，并检查是否有超过标准差两倍的异常值。

实例 5-5　使用标准差检查病人的年龄数据是否异常（源码路径：codes\5\biao.R）

实例文件 biao.R 的具体实现代码如下：

```
# 读取 CSV 文件
patient_info <- read.csv("patient_info.csv")

# 查看数据集
print(patient_info)

# 计算年龄的标准差
age_standard_deviation <- sd(patient_info$年龄, na.rm = TRUE)

# 输出结果
print(paste("年龄的标准差: ", age_standard_deviation))

# 检查是否有超过标准差两倍的异常值
```

```
outliers <- patient_info$年龄[abs(patient_info$年龄 - mean(patient_info$年龄,
na.rm = TRUE)) > 2 * age_standard_deviation]

# 输出异常值
if (length(outliers) > 0) {
  print("存在异常值: ")
  print(outliers)
} else {
  print("没有异常值。")
}
```

在上述代码中,首先计算年龄的标准差,然后检查是否有超过标准差两倍的异常值。如果存在异常值,则将其输出。执行后会输出:

```
   ID 年龄 体温   血压
1   1  35 36.8 120/80
2   2  42 37.2 130/85
3   3  28 36.5 115/75
4   4  55 37.8 140/90
5   5  32 38.1 125/82
6   6  45 36.9 122/78
7   7  38 37.0 128/84
8   8  50 37.5 135/88
9   9  29 36.7 118/76
10 10  60 38.0 145/92

[1] "没有异常值。"
```

5.4 百分位数

百分位数是统计学中一种用于度量数据集中某个特定百分比位置的指标。通常,百分位数用来刻画数据分布的位置和离散程度,表示一组数据中有百分之多少的数据小于或等于该值。

5.4.1 常见的百分位数

最常用的百分位数是中位数,其表示将数据集按大小排序后,正好有一半的数据小于或等于中位数,一半的数据大于或等于中位数。中位数对数据集中的极值不敏感,因此在描述数据的中心位置时很有用。除了中位数,其他常见的百分位数如下。

(1)四分位数(Quartiles):数据集被分成四等份,分别是第一四分位数(25th百分位数,Q1)、中位数(50th百分位数,Q2)、第三四分位数(75th百分位数,Q3)。

(2)百分位数:数据集被分成1%的部分,其中第p百分位数表示有p%的数据小于或等于它。

在实际应用中，百分位数的计算方式如下。

（1）排序数据集：将数据按升序排列。

（2）计算位置：根据百分位数的定义，计算其在排序后数据集中的位置。

（3）插值计算：如果位置是整数，则直接取相应位置的数据值；如果位置是小数，则使用插值法估算。

百分位数在统计学和数据分析中广泛使用，它们提供了更详细的数据分布信息，可以帮助理解数据的位置和离散度。

5.4.2 计算百分位数

在R语言中，可以使用函数quantile()计算百分位数。函数quantile()非常灵活，可以用于计算任何百分位数。下面这个简单的实例（源码路径：codes\5\bai.R）演示了使用R语言计算中位数（50th百分位数）和四分位数（25th和75th百分位数）的过程。

```
# 创建一个向量
data <- c(12, 34, 56, 23, 45, 67, 89, 43, 21, 78)
# 计算中位数（50th 百分位数）
median_value <- median(data)
print(paste(" 中位数: ", median_value))
# 计算四分位数（25th 和 75th 百分位数）
quartiles <- quantile(data, c(0.25, 0.75))
print(paste(" 第一四分位数（25th 百分位数）: ", quartiles[1]))
print(paste(" 第三四分位数（75th 百分位数）: ", quartiles[2]))
```

在上述代码中，函数quantile()的第一个参数data是数据；第二个参数c是百分位数数组，可以包含一个或多个百分位数的值。另外，函数median()也可以用于计算中位数。执行后会输出：

```
[1] " 中位数： 44"
[1] " 第一四分位数（25th 百分位数）： 25.75"
[1] " 第三四分位数（75th 百分位数）： 64.25"
```

如果想计算任意其他百分位数，只需在函数quantile()的第二个参数c中指定相应的百分位数值即可。例如，想要计算95th百分位数，可以通过如下代码（源码路径：codes\5\jw.R）实现：

```
# 创建一个向量
data <- c(12, 34, 56, 23, 45, 67, 89, 43, 21, 78)
# 计算 95th 百分位数
percentile_95 <- quantile(data, 0.95)
print(paste("95th 百分位数: ", percentile_95))
```

在上述代码中，函数quantile(data, 0.95)用于计算95th百分位数。执行后会输出：

```
[1] "95th 百分位数： 84.05"
```

在一个实用和较大规模的数据集上计算百分位数是一项常见的任务。在实例5-6中，假设有一个包含许多观测值的数据框，功能是计算一系列不同的百分位数。

实例5-6　计算不同百分位数的值（源码路径：codes\5\da.R）

实例文件da.R的具体实现代码如下：

```
# 生成一个大型数据集，包含10000个随机观测值
set.seed(123)
large_data <- data.frame(value = rnorm(10000))

# 计算多个百分位数
percentiles <- c(10, 25, 50, 75, 90)
percentile_values <- quantile(large_data$value, probs = percentiles / 100)

# 输出结果
cat(" 数据集的多个百分位数: \n")
print(data.frame(Percentile = percentiles, Value = percentile_values))
```

在上述代码中，首先生成一个包含10000个随机观测值的数据框 large_data；然后，使用函数quantile()计算百分位数，并将结果输出。执行后会输出：

```
数据集的多个百分位数：
10%        10 -1.27943893
25%        25 -0.66796903
50%        50 -0.01108922
75%        75  0.67334733
90%        90  1.26280398
```

本实例演示了如何在R语言中处理包含许多数据点的情况，从而计算不同百分位数的值。这种操作对于了解数据的分布和进行描述性统计分析非常有用。

第6章

探索性数据分析

探索性数据分析（Exploratory Data Analysis，EDA）是一种数据分析方法，其主要目的是通过可视化和统计手段探索数据集的特征、模式、异常和潜在关系，以便更好地理解数据的结构和特性。本章将详细讲解R语言中的EDA的相关知识，并通过具体实例的实现过程讲解各个知识点的用法。

6.1 EDA 简介

EDA的目标是帮助分析人员在深入研究数据之前对数据有一个初步的认识，发现数据中的模式、趋势和异常，为后续的分析和建模工作提供有价值的线索。EDA通常包括以下几个方面的工作。

（1）数据摘要：对数据进行基本的统计描述，包括平均值、中位数、标准差、最大值、最小值等，以了解数据的分布和基本统计特征。

（2）数据清洗：检测和处理数据中的缺失值、异常值和重复值，确保数据的质量和可靠性。

（3）数据可视化：利用图形展现数据的分布和关系，如直方图、散点图、箱线图等。数据可视化有助于直观地理解数据的结构，发现规律和异常。

（4）特征工程：探索数据集中的特征，可能进行特征变换、创建新的特征，以提取更有信息量的特征，有助于后续建模和分析。

（5）关联分析：研究不同特征之间的关系，通过相关性分析等方法发现特征之间的相互影响。

EDA是数据分析过程中非常重要的一步，能够帮助分析人员深入了解数据，指导后续分析的方向，并为建模和预测任务提供基础。在实际应用中，EDA通常是数据科学和机器学习项目的起点。

6.2 检测重复值

前面已经讲解了异常值检测和缺失数据处理的基本知识。本节将只讲解检测重复值的知识，这样EDA中的数据清洗知识便全部讲解完毕。

6.2.1 检测重复值简介

检测重复值是指在数据集中查找并识别那些在某些或所有变量上具有相同值的记录，这些重复值可能是由于数据采集或输入错误、数据合并操作、系统错误或其他原因而产生的。在数据统计分析和处理过程中，检测重复值是一项重要的任务，因为重复值可能会影响分析的准确性，导致对数据的不准确或误导性的解释。下面是一些需要检测重复值的常见领域。

（1）数据质量：重复值可能是数据录入或收集阶段的错误导致的，因此在进行进一步的分析之前，需要对其进行识别和处理。

（2）模型训练：在训练机器学习模型之前，通常需要处理数据集中的重复值，以确保模型的稳健性和性能。

（3）统计分析：重复值可能导致对统计指标的计算产生偏差，因此在进行统计分析之前，需要检测并处理这些值。

常见的检测重复值的方法如下。

（1）使用软件或编程语言提供的内置函数，如R语言中的函数duplicated()，查找数据集中的重复行。

（2）基于一组变量的数值或文本属性创建哈希值，并检查这些哈希值的唯一性。

（3）使用统计工具和可视化手段，如绘制散点图或使用直方图检测数值变量上的模式。

处理重复值的方法通常包括删除重复记录、保留第一次出现的记录、合并相同值的记录等，至于具体使用哪一种处理方式，则取决于数据特点和分析目标。

6.2.2　R语言检测重复值的方法

在R语言中，可以使用一些常用的函数和方法检测和处理数据框中的重复值，下面是一些常用的方法。

1. 检测重复行

在R语言中，可以使用函数duplicated()检测重复行。在下面的代码中，首先函数duplicated(data)返回一个逻辑向量，表示数据框中是否有重复行；然后，通过data[duplicated(data),]获取重复的行。

```
# 创建一个数据框
data <- data.frame(
  ID = c(1, 2, 3, 4, 2, 6),
  Name = c("Alice", "Bob", "Charlie", "David", "Bob", "Eve")
)

# 检测重复行
duplicated_rows <- data[duplicated(data), ]

# 输出结果
print(duplicated_rows)
```

执行后会输出：

```
  ID Name
5  2  Bob
```

在R语言中，也可以使用函数table()检测重复行。例如，在下面的代码（源码路径：codes\6\hang.R）中，dup_table 是一个包含数据框每行频数的表，使用函数duplicated()创建一个逻辑向量，表示是否有重复行，并使用该向量提取重复行。

```
# 创建一个包含重复行的数据框
```

```
data <- data.frame(
  ID = c(1, 2, 3, 4, 2, 6),
  Name = c("Alice", "Bob", "Charlie", "David", "Bob", "Eve")
)
# 使用函数 table() 检测重复行
dup_table <- table(data)
# 输出结果
print(dup_table)

# 使用函数 duplicated() 检测重复行
dup_rows <- data[duplicated(data) | duplicated(data, fromLast = TRUE), ]

# 输出结果
print(dup_rows)
```

在上述代码中，duplicated(data) | duplicated(data, fromLast = TRUE) 返回一个逻辑向量，表示数据框中是否有重复行。通过将该逻辑向量作为索引，可以提取具有重复值的行。执行后会输出：

```
    Name
ID  Alice Bob Charlie David Eve
 1      1   0       0     0   0
 2      0   2       0     0   0
 3      0   0       1     0   0
 4      0   0       0     1   0
 6      0   0       0     0   1

  ID Name
2  2  Bob
5  2  Bob
```

2. 删除重复行

在 R 语言中，可以使用函数 distinct() 删除重复行。如下代码使用函数 distinct() 删除了数据框中的重复行，并保留了第一个出现的行。

```
unique_data <- distinct(data)
print(unique_data)         # 输出结果
```

在 R 语言中，也可以使用函数 duplicated() 和函数 subset() 删除重复行。如下代码结合了函数 duplicated() 和 subset()，通过逻辑条件删除了重复行。

```
unique_data <- subset(data, !duplicated(data))
# 输出结果
print(unique_data)
```

实例 6-1 展示了使用函数 distinct()、duplicated() 和 subset() 删除重复的行的过程。

实例 6-1 删除学生资料的重复信息（源码路径：codes\6\chong.R）

实例文件 chong.R 的具体实现代码如下：

```r
# 创建包含重复行的数据框
data <- data.frame(
  Name = c("John", "Alice", "Bob", "John", "Alice"),
  Age = c(25, 30, 22, 25, 30),
  Score = c(85, 92, 78, 85, 92)
)

# 输出包含重复行的原始数据
print("原始数据:")
print(data)

# 使用函数 distinct() 删除重复行
distinct_data <- distinct(data, Name, Age, Score, .keep_all = TRUE)

# 输出去重后的数据
print("去重后的数据:")
print(distinct_data)

# 使用函数 duplicated() 和 subset() 删除重复行
filtered_data <- subset(data, !duplicated(data) & !duplicated(data, fromLast = TRUE))

# 输出删除重复行后的数据
print("删除重复行后的数据:")
print(filtered_data)
```

在上述代码中，首先创建一个包含重复行的数据框 data，其中保存了多条学生的成绩信息；然后，使用函数 distinct() 进行去重处理，以及使用函数 duplicated() 和 subset() 删除重复行；最后，输出去重后和删除重复行后的数据。执行后会输出：

```
[1] "原始数据:"
   Name Age Score
1  John  25    85
2 Alice  30    92
3   Bob  22    78
4  John  25    85
5 Alice  30    92

[1] "去重后的数据:"
   Name Age Score
```

```
1  John   25    85
2  Alice  30    92
3  Bob    22    78

[1] " 删除重复行后的数据 "
   Name Age Score
1  John   25    85
2  Alice  30    92
3  Bob    22    78
```

6.3 数据可视化方法

利用图形展现数据的分布和关系，如直方图、散点图、箱线图等。可视化有助于直观地理解数据的结构，发现规律和异常。第 4 章已经讲解了可视化图形的相关知识，本节将讲解通过可视化图形展示数据规律和异常的知识。

当使用 R 语言进行数据可视化操作时，通常会面临展示数据规律的需求，其中常见的应用领域如下。

1. 趋势分析

通过折线图或面积图可以展示随时间变化的数据趋势，如股票价格的变化趋势。假设现在有一个包含贵州茅台股票数据的 CSV 文件，名为 maotai_stock_data.csv，其中保存了从 2020 年 1 月到 2023 年 9 月的股票数据，内容格式如下：

```
ts_code,Date,open,high,low,close,pre_close,change,pct_chg,vol,amount
600519.SH,20230901,1852.83,1865.47,1846.03,1851.05,1847.0,4.05,0.2193,
    13145.19,2438622.738
600519.SH,20230831,1860.0,1860.0,1841.01,1847.0,1856.0,-9.0,-0.4849,
    14820.22,2738445.519
600519.SH,20230830,1867.9,1868.0,1843.66,1856.0,1851.33,4.67,0.2523,
    19811.81,3672570.26
600519.SH,20230829,1828.0,1869.08,1828.0,1851.33,1834.97,16.36,0.8916,
    28950.28,5371260.173
600519.SH,20230828,1898.58,1898.58,1831.88,1834.97,1824.98,9.99,0.5474,
    41052.13,7633221.012
600519.SH,20230825,1808.79,1837.77,1806.01,1824.98,1816.3,8.68,0.4779,
    18830.86,3433296.756
600519.SH,20230824,1779.62,1828.0,1775.0,1816.3,1774.0,42.3,2.3844,
    26055.09,4703417.6
600519.SH,20230823,1797.0,1800.0,1770.08,1774.0,1788.0,-14.0,-0.783,
    19912.22,3556178.584
```

....

实例6-2演示了使用R语言绘制贵州茅台股票收盘价趋势图的过程。

实例6-2 绘制贵州茅台股票收盘价趋势图（源码路径：codes\6\maoqu.R）

实例文件maoqu.R的具体实现代码如下：

```r
# 安装和加载 ggplot2 包
install.packages("ggplot2")
library(ggplot2)

# 读取数据
stock_data <- read.csv("maotai_stock_data.csv")

# 将 Date 列转换为日期类型
stock_data$Date <- as.Date(as.character(stock_data$Date), format="%Y%m%d")

# 使用 ggplot2 包绘制趋势图
ggplot(stock_data, aes(x = Date, y = close)) +
  geom_line(color = "blue", linewidth = 1) +
  geom_point(color = "red", size = 2) +
  labs(title = "贵州茅台股票收盘价趋势图", x = "日期", y = "收盘价") +
  theme_minimal()
```

对上述代码的具体说明如下。

（1）通过install.packages("ggplot2")安装ggplot2包，该包用于创建数据可视化图形。

（2）通过library(ggplot2)加载已安装的ggplot2包，以便使用其中的函数和功能。

（3）使用read.csv("maotai_stock_data.csv")从CSV文件中读取贵州茅台股票的数据，将其存储在stock_data变量中。

（4）通过函数as.Date()将stock_data中的Date列数据从字符型转换为日期型，以确保日期数据的正确处理。

（5）使用函数ggplot()创建图形对象，指定数据来源为stock_data，并使用函数aes()定义x轴为Date，y轴为close。

（6）通过函数geom_line()添加折线，表示股票收盘价的变化趋势，设置线的颜色为蓝色，线宽为1。

（7）通过函数geom_point()添加散点，以突显具体的数据点，设置散点的颜色为红色，大小为2。

（8）使用函数labs()为图形添加标题和坐标轴标签，提高图形的可读性。

（9）通过函数theme_minimal()设置一个简洁的主题，以确保图形整体风格简约。

整体而言，上述代码通过ggplot2包创建了一个图形，直观地展示了贵州茅台股票的收盘价随时间的变化趋势。执行代码后会绘制出贵州茅台股票收盘价趋势图，如图6-1所示。

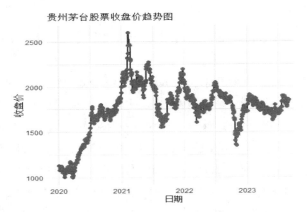

图6-1　贵州茅台股票收盘价趋势图（从2020年1月到2023年9月）

2. 分布分析

在数据统计分析应用中，使用直方图或箱线图展示数据的分布情况，可以帮助用户了解数据的集中趋势和离散程度。实例6-3是使用直方图或箱线图展示贵州茅台股票收盘价的分布情况。

实例6-3　使用直方图或箱线图展示贵州茅台股票收盘价的分布情况（源码路径：codes\6\maofen.R）

实例文件maofen.R的具体实现代码如下：

```r
# 安装和加载ggplot2包
install.packages("ggplot2")
library(ggplot2)

# 读取数据
stock_data <- read.csv("maotai_stock_data.csv")

# 将Date列数据转换为日期类型
stock_data$Date <- as.Date(as.character(stock_data$Date), format="%Y%m%d")

# 使用ggplot2包绘制直方图
ggplot(stock_data, aes(x = close)) +
  geom_histogram(binwidth = 10, fill = "skyblue", color = "black", alpha = 0.7) +
  labs(title = "Maotai Stock Closing Price Distribution", x = "Closing
    Price", y = "Frequency") +
  theme_minimal()

# 使用ggplot2包绘制箱线图
ggplot(stock_data, aes(y = close)) +
  geom_boxplot(fill = "lightgreen", color = "black") +
  labs(title = "Maotai Stock Closing Price Distribution", y = "Closing
Price") +
  theme_minimal()
```

对上述代码的具体说明如下。

（1）通过read.csv("maotai_stock_data.csv")读取贵州茅台股票数据，将其存储在stock_data数据框中。

（2）执行stock_data$Date <- as.Date(as.character(stock_data$Date), format="%Y%m%d")，将stock_data数据框中的Date列数据从字符型转换为日期型，确保正确处理日期数据。

（3）使用函数ggplot()创建一个直方图。在aes(x = close)中，指定x轴使用数据框中的close列。通过函数geom_histogram()，设置直方图的参数，包括binwidth、fill、color和alpha，以展示股票收盘价的分布情况。使用函数labs()和theme_minimal()分别设置图形的标题和主题。

（4）使用函数ggplot()创建一个箱线图。在aes(y = close)中，指定y轴使用数据框中的close列。通过函数geom_boxplot()，设置箱线图的参数，包括fill和color，以显示收盘价的分布范围。同样，使用函数labs()和theme_minimal()分别设置箱线图的标题和主题。

这样，通过上述步骤，即可成功绘制直方图和箱线图，用以展示贵州茅台股票的收盘价分布情况。直方图效果如图6-2所示，箱线图效果如图6-3所示。

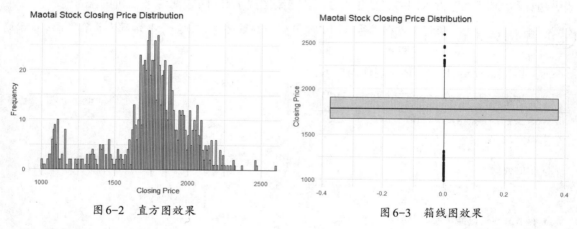

图6-2　直方图效果　　　　　　图6-3　箱线图效果

3. 关系分析

在数据统计分析应用中，通常使用散点图或热力图展示两个或多个变量之间的关系，以发现它们之间的相关性。实例6-4使用散点图和热力图展示了股票收盘价随时间变化的趋势，以及不同变量之间的相关性。

实例6-4　展示股票收盘价随时间变化的趋势，以及不同变量之间的相关性（源码路径：codes\6\sanre.R）

实例文件sanre.R的具体实现代码如下：

```
# 安装和加载 ggplot2 包
install.packages("ggplot2")
library(ggplot2)

# 安装和加载 heatmaply 包
```

```r
install.packages("heatmaply")
library(heatmaply)

# 读取数据
stock_data <- read.csv("maotai_stock_data.csv")

# 将 Date 列数据转换为日期类型
stock_data$Date <- as.Date(as.character(stock_data$Date), format="%Y%m%d")

# 使用 ggplot2 包绘制散点图
ggplot(stock_data, aes(x = Date, y = close)) +
  geom_point(color = "blue") +
  labs(title = "Scatter Plot of Maotai Stock Closing Price Over Time", x =
    "Date", y = "Closing Price") +
  theme_minimal()

# 检查是否已经安装 ggplot2 包和 heatmaply 包
if (!requireNamespace("ggplot2", quietly = TRUE)) {
  install.packages("ggplot2")
}

if (!requireNamespace("heatmaply", quietly = TRUE)) {
  install.packages("heatmaply")
}

# 提取数值列
numeric_data <- stock_data[, c("open", "high", "low", "close")]

# 计算相关系数矩阵
cor_matrix <- cor(numeric_data)

# 使用 heatmaply 绘制热力图（不设置维度名字）
heatmaply(cor_matrix,
          main = "Heatmap of Correlation Matrix",
          col = heat.colors(10),
          fontsize_col = 8, fontsize_row = 8)
```

对上述代码的具体说明如下。

（1）使用 read.csv("maotai_stock_data.csv") 读取名为 maotai_stock_data.csv 的股票数据文件，将其存储在 stock_data 变量中。

（2）使用 as.Date(as.character(stock_data$Date), format="%Y%m%d") 将 stock_data 数据框中的 Date 列数据转换为日期类型。

（3）使用 ggplot2 包绘制散点图。

① 使用函数 ggplot() 创建一个基础图层。

②使用函数 aes() 定义绘图的数据映射关系，其中 x = Date 表示 x 轴使用 Date 列，y = close 表示 y 轴使用 close 列。

③使用 geom_point(color = "blue") 添加散点图层，其中散点的颜色为蓝色。

④使用函数 labs() 定义图形标题和轴标签。

⑤使用函数 theme_minimal() 设置图形主题为最小化风格。

（4）提取数值列和计算相关系数矩阵。

①使用 stock_data[, c("open", "high", "low", "close")] 提取 stock_data 中的数值列。

②使用 cor(numeric_data) 计算数值列的相关系数矩阵，将结果存储在 cor_matrix 变量中。

（5）使用 heatmaply 绘制热力图。

①使用函数 heatmaply() 绘制相关系数矩阵的热力图。

②设置图形的主标题为 Heatmap of Correlation Matrix，颜色映射为 heat.colors(10)，列和行标签的字体大小为 8。

上述代码的主要目的是通过散点图和热力图分别展示股票收盘价随时间变化的趋势，以及不同变量之间的相关性。散点图效果如图 6-4 所示，热力图效果如图 6-5 所示。

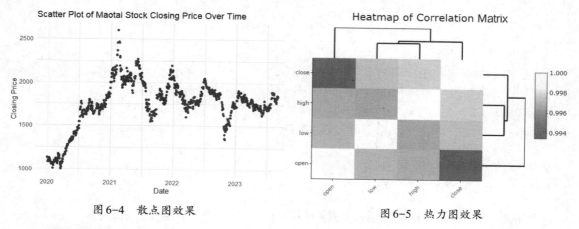

图 6-4　散点图效果　　　　　　　　图 6-5　热力图效果

4. 地理空间分析

在数据统计分析应用中，通常使用地图展示数据在地理空间上的分布，揭示地理位置对数据的影响。例如，文件 2014_us_cities.csv 中保存了美国各州的人口数据和地理空间信息。

```
name,pop,lat,lon
New York ,8287238,40.7305991,-73.9865812
Los Angeles ,3826423,34.053717,-118.2427266
Chicago ,2705627,41.8755546,-87.6244212
Houston ,2129784,29.7589382,-95.3676974
Philadelphia ,1539313,39.952335,-75.163789
Phoenix ,1465114,33.4467681,-112.0756724
San Antonio ,1359174,29.4246002,-98.4951405
```

```
San Diego ,1321016,32.7174209,-117.1627714
...
```

实例6-5是绘制美国各州的人口分布地图，展示美国各州人口在地理空间上的分布情况。

实例6-5 绘制美国各州的人口分布地图（源码路径：codes\6\dili.R）

实例文件dili.R的具体实现代码如下：

```
install.packages("ggplot2")
install.packages("sf")

# 安装和加载必要的包
if (!requireNamespace("ggplot2", quietly = TRUE)) {
  install.packages("ggplot2")
}

if (!requireNamespace("sf", quietly = TRUE)) {
  install.packages("sf")
}

library(ggplot2)
library(sf)

# 读取美国各州的地理空间信息
us_states_sf <- st_read(system.file("shape/nc.shp", package="sf"), quiet =
  TRUE)

# 读取美国城市的人口数据
us_cities <- read.csv("2014_us_cities.csv")

# 查看数据结构
str(us_cities)

# 将城市数据的坐标参考系转换为与州数据相同
us_cities_sf <- st_transform(us_cities_sf, crs = st_crs(us_states_sf))

# 将 lon 和 lat 列合并到一个新的数据框中
us_cities_combined <- data.frame(lon = us_cities$lon, lat = us_cities$lat,
  pop = us_cities$pop)

# 使用ggplot2包绘制地图
ggplot() +
  geom_sf(data = us_states_sf, fill = "white", color = "black") +
  geom_point(data = us_cities_combined, aes(x = lon, y = lat, fill = pop),
    size = 2, shape = 21, color = "black") +
  scale_fill_gradient(low = "lightblue", high = "darkblue") +
```

```
    labs(title = " 美国城市人口分布 ") +
    theme_minimal()
```

对上述代码的具体说明如下。

（1）通过install.packages安装了两个关键的R包——ggplot2和sf，这两个包分别用于绘图和地理空间数据处理。

（2）通过if语句检查是否已经安装这两个包，如果没有安装，就使用install.packages安装它们。这确保了在后续代码中可以加载并使用这两个包。

（3）通过函数library()加载ggplot2包和sf包，使得这两个包的函数和功能可用。

（4）通过函数st_read()读取包含美国各州地理空间信息的shapefile文件。函数system.file()用于获取nc.shp文件的路径，函数st_read()读取该shapefile文件，并将地理空间信息存储在us_states_sf对象中。

（5）通过函数read.csv()读取包含美国城市人口数据的CSV文件，并使用函数str()查看数据的结构。

（6）使用函数st_transform()将美国城市的地理坐标系转换为与州数据相同的坐标系，确保它们在相同的地理空间框架内。

（7）创建一个新的数据框us_cities_combined，其中包含城市的经度（lon）、纬度（lat）和人口（pop）信息。

（8）使用函数ggplot()绘制美国地图；函数geom_sf()用于绘制各州的地理空间形状；函数geom_point()用于在地图上叠加城市的位置，并使用颜色表示人口密度。其他函数和参数用于美化图形，如函数scale_fill_gradient()设置填充颜色渐变，函数labs()设置图形的标题，函数theme_minimal()设置图形的主题。

6.4 相关性分析

相关性分析是一种统计方法，用于评估两个或多个变量之间的关系强度和方向。相关性分析衡量一个变量的变化如何与另一个变量的变化相关联。相关性分析的结果通常用相关系数表示，其中最常见的是皮尔逊相关系数。

6.4.1 相关性分析的基本信息

相关性分析在经济学、生物学、社会科学等领域得到了广泛的应用，可以帮助研究者和分析师了解变量之间的关系，从而更好地理解数据和做出推断。下面列出了相关性分析的基本信息和相关概念。

（1）相关性系数：度量两个变量之间线性关系的强度和方向。常见的相关性系数包括皮尔逊相关系数（Pearson Correlation Coefficient）、斯皮尔曼相关系数和肯德尔相关系数（Kendall's Tau）。

（2）皮尔逊相关系数：衡量两个变量之间线性关系的强度和方向。其取值范围为 −1 ~ +1，其中 1 表示完全正相关，−1 表示完全负相关，0 表示没有线性关系。

（3）斯皮尔曼相关系数：衡量两个变量之间的单调关系，即是否存在随着一个变量的增加而增加或减少的趋势，不要求呈线性关系。

（4）肯德尔相关系数：类似于斯皮尔曼相关系数，但其衡量的是两个变量之间的等级关系。

（5）散点图：通过绘制变量对的散点图，可以直观地观察它们之间的关系。

（6）相关性不等于因果关系：尽管两个变量可能存在相关性，但不能因此推断其中一个变量的变化是由另一个变量的变化引起的。相关性只能描述变量之间的关联，而不能确定因果关系。

6.4.2 皮尔逊相关系数

皮尔逊相关系数是衡量两个变量之间线性关系强度和方向的统计指标。它度量了两个变量之间的线性关系的紧密程度，取值范围在 −1 ~ +1。具体而言，皮尔逊相关系数通过以下公式计算：

$$r = \frac{\sum_{i=1}^{n}(x_i - \bar{x})(y_i - \bar{y})}{\sqrt{\sum_{i=1}^{n}(x_i - \bar{x})^2 \sum_{i=1}^{n}(y_i - \bar{y})^2}}$$

式中，n 为样本大小；x_i 和 y_i 为两个变量在第 i 个观察值上的取值；$\bar{x}$ 和 $\bar{y}$ 为两个变量的均值。

皮尔逊相关系数的取值范围为 −1 ~ +1，具体说明如下。

（1）$r = 1$：完全正相关，即两个变量的变化完全同步，一个变量增加时另一个变量也增加。

（2）$r = -1$：完全负相关，即一个变量的增加伴随着另一个变量的减少。

（3）$r = 0$：没有线性关系，即两个变量之间没有线性趋势。

> **注意**
> 皮尔逊相关系数仅测量线性关系，不适用于非线性关系。如果两个变量之间存在非线性关系，则可能需要考虑采用其他相关系数，如斯皮尔曼相关系数或肯德尔相关系数。

在实例 6-6 中，生成一个虚拟的学习时间和考试分数的数据集，计算它们之间的皮尔逊相关系数，并使用 ggplot2 包绘制散点图来可视化这两个变量之间的关系。

实例6-6 计算学习时间和考试分数之间的皮尔逊相关系数（源码路径：codes\6\pi.R）

实例文件 pi.R 的具体实现代码如下：

```r
# 设置随机数种子，以保证结果的可重复性
set.seed(123)
# 生成虚拟数据集
study_hours <- rnorm(100, mean = 20, sd = 5)
exam_scores <- 0.7 * study_hours + rnorm(100, mean = 0, sd = 5)
```

```r
# 创建数据框
student_data <- data.frame(study_hours, exam_scores)

# 计算皮尔逊相关系数
correlation_coefficient <- cor(student_data$study_hours,
                               student_data$exam_scores)
# 输出结果
print(paste("皮尔逊相关系数：", round(correlation_coefficient, 3)))

# 使用 ggplot2 包绘制散点图
library(ggplot2)

ggplot(student_data, aes(x = study_hours, y = exam_scores)) +
  geom_point() + geom_smooth(method = "lm", se = FALSE, color = "blue") +
  labs(title = "学习时间与考试分数之间的关系",
       x = "学习时间（小时）", y = "考试分数") +
  theme_minimal() +
  geom_text(x = 10, y = 90, label = paste("皮尔逊相关系数：",
    round(correlation_coefficient, 3)), color = "red")
```

对上述代码的具体说明如下。

（1）设置随机数种子：使用set.seed(123)设置随机数种子，以确保每次运行生成的随机数相同，保证结果的可重复性。

（2）生成虚拟数据集：利用函数rnorm()生成具有正态分布特性的虚拟学习时间和考试分数数据，study_hours表示学习时间，exam_scores表示考试分数。其中，考试分数受到学习时间的影响，但还包含一些随机噪声。

（3）创建数据框：将生成的学习时间和考试分数的数据整合成一个数据框，方便后续分析和可视化。

（4）计算皮尔逊相关系数：利用函数cor()计算学习时间和考试分数之间的皮尔逊相关系数，用于衡量两个变量之间的线性关系强度和方向。

（5）输出结果：使用函数print()输出计算得到的皮尔逊相关系数。

（6）使用ggplot2包绘制散点图：利用ggplot2包中的函数ggplot()和函数geom_point()绘制学习时间与考试分数的散点图；通过函数geom_smooth()添加一条线性回归线，以更直观地表示两者之间的趋势；函数labs()用于设置图形的标题和轴标签；函数theme_minimal()用于设置图形的主题风格。

（7）添加相关系数标签：使用函数geom_text()在图形中添加一个标签，显示计算得到的皮尔逊相关系数，以提供更直观的信息。

执行代码后，将绘制学习时间与考试分数之间的皮尔逊相关系数关系图，如图6-6所示。

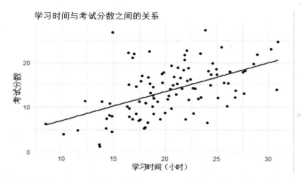

图 6-6 学习时间与考试分数之间的皮尔逊相关系数关系图

6.4.3 斯皮尔曼相关系数

斯皮尔曼相关系数是一种衡量两个变量之间的单调关系（无论是正向还是负向）的非参数统计方法。与皮尔逊相关系数不同，斯皮尔曼相关系数不要求变量呈线性关系，而是关注它们的等级关系。

在 R 语言中，可以使用内置函数 cor.test() 计算斯皮尔曼相关系数，其中参数 method 设置为 spearman，表示使用斯皮尔曼相关系数方法。具体实现代码如下：

```
# 计算斯皮尔曼相关系数
spearman_corr <- cor.test(x = data$variable1, y = data$variable2, method = "spearman")
# 输出结果
print(spearman_corr)
```

> **注意**
> 斯皮尔曼相关系数对异常值不敏感，适用于任何类型的单调关系。由于斯皮尔曼是一种非参数方法，因此当样本较小时其可能不够敏感。

在实例 6-7 中，生成一个虚拟的学习时间和考试分数的数据集，计算它们之间的斯皮尔曼相关系数，并使用 ggplot2 包绘制散点图来可视化这两个变量之间的关系。

实例 6-7　计算学习时间和考试分数之间的斯皮尔曼相关系数（源码路径：codes\6\si.R）

实例文件 si.R 的具体实现代码如下：

```
# 设置随机数种子，以保证结果的可重复性
set.seed(123)
# 生成虚拟数据集
study_hours <- rnorm(100, mean = 20, sd = 5)
exam_scores <- 0.7 * study_hours + rnorm(100, mean = 0, sd = 5)
```

```r
# 创建数据框
student_data <- data.frame(study_hours, exam_scores)
# 计算斯皮尔曼相关系数
spearman_corr <- cor.test(x = student_data$study_hours, y = student_data$exam_scores, method = "spearman")
# 输出结果
print(spearman_corr)
# 使用 ggplot2 包绘制散点图
library(ggplot2)

ggplot(student_data, aes(x = study_hours, y = exam_scores)) +
  geom_point() +
  geom_smooth(method = "lm", se = FALSE, color = "blue") +
  labs(title = "学习时间与考试分数之间的关系",
       x = "学习时间（小时）",
       y = "考试分数") +
  theme_minimal() +
  geom_text(x = 10, y = 90, label = paste("斯皮尔曼相关系数：",
    round(spearman_corr$estimate, 3)), color = "red")
```

在上述代码中，首先生成虚拟的学习时间和考试分数数据；然后计算这两个变量的斯皮尔曼相关系数；最后，利用ggplot2包绘制散点图，并在图中标注斯皮尔曼相关系数，如图6-7所示。这样的分析可以帮助了解学习时间和考试分数之间是否存在线性关系。

6.4.4 肯德尔相关系数

肯德尔相关系数是衡量两个变量之间非线性关系的统计指标，它衡量的是两个变量的等级之间的一致性程度，而不是具体的数值大小。具体来说，肯德尔相关系数通过比较两个变量中元素的相对大小关系，来判断它们的相关性。对于一对变量，如果它们在两个变量中的排列顺序一致（一个变量中的较大值在另一个变量中也是较大的），则它们被视为是"一致"的。

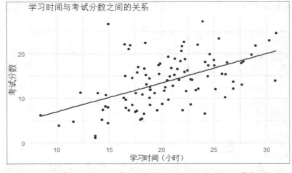

图6-7 学习时间与考试分数之间的斯皮尔曼相关系数关系图

肯德尔相关系数的取值范围在 -1 ~ +1，具体说明如下。

（1）1：完全一致的正相关关系，即在一个变量中的较大值对应另一个变量中的较大值，较小值对应较小值。

（2）-1：完全一致的负相关关系，即在一个变量中的较大值对应另一个变量中的较小值，较小值对应较大值。

（3）0：无相关关系，即变量之间的排列顺序无明显一致性。

肯德尔相关系数通常用符号τ表示，计算方法涉及对数据的排列和比较等操作。在统计分析中，肯德尔相关系数常被用于衡量两个分类变量之间的关联性。假设现在有一个数据集，其中包含两个变量 A 和 B，它们都是有序分类变量，表示学生在两个不同的测试中的表现等级。实例6-8是使用R语言计算这两个变量之间的肯德尔相关系数。

实例6-8 计算两个变量之间的肯德尔相关系数（源码路径：codes\6\ken.R）

实例文件ken.R的具体实现代码如下：

```
# 设置随机数种子，以保证结果的可重复性
set.seed(123)

# 生成虚拟数据集
data <- data.frame(
  A = sample(1:5, 100, replace = TRUE),   # 变量 A 表示第一个测试的等级
  B = sample(1:5, 100, replace = TRUE)    # 变量 B 表示第二个测试的等级
)

# 计算肯德尔相关系数
kendall_corr <- cor(data, method = "kendall")

# 输出结果
print("肯德尔相关系数矩阵：")
print(kendall_corr)
```

上述代码首先生成两个变量 A 和 B，它们都是 1~5 的有序分类变量；然后，使用函数 cor() 并设置 method = "kendall"，以计算肯德尔相关系数。执行后会输出：

```
[1] "肯德尔相关系数矩阵："
           A          B
A 1.00000000 0.06795076
B 0.06795076 1.00000000
```

> **注意**
> 肯德尔相关系数的计算可能涉及排列和比较等操作，这与斯皮尔曼相关系数类似。在实际的数据统计分析应用中，肯德尔相关系数通常用于评估有序分类变量之间的关联性。

第 7 章

推论统计

推论统计是统计学中的一个重要分支，主要涉及从样本数据推断总体特征或总体参数的过程。推论统计的主要目标是基于样本数据对总体进行一般性的、普遍性的推断。本章将详细讲解使用R语言实现推论统计的知识，并通过具体实例的实现过程讲解各个知识点的用法。

7.1 抽样和抽样分布

抽样（Sampling）是从总体中选择一部分元素（样本）以便对总体进行观察和推断的过程。抽样是为了能够从一个庞大或难以观察的总体中获取一部分数据，从而进行统计分析，而不必研究整个总体。合理的抽样可以使得样本具有代表性，从而对总体的推断更可靠。

抽样分布（Sampling Distribution）则是一个统计量在多次抽样中可能取得的所有可能值的分布。简而言之，抽样分布是对某个统计量的概率分布进行建模，通过模拟从总体中抽取多个样本来得到。抽样分布提供了关于估计量或检验统计量性能的信息。常见的抽样分布如下。

（1）样本均值的抽样分布：当从总体中抽取多个样本并计算每个样本的均值时，这些样本均值的分布即为样本均值的抽样分布。根据中心极限定理，当样本容量足够大时，该分布会趋向于正态分布。

（2）样本比例的抽样分布：当从二项分布中抽取多个样本并计算每个样本的比例时，这些样本比例的分布即为样本比例的抽样分布。

（3）样本方差的抽样分布：当从正态总体中抽取多个样本并计算每个样本的方差时，这些样本方差的分布即为样本方差的抽样分布。

抽样分布的性质对于统计推断非常重要，如在建立置信区间或进行假设检验时，通常需要考虑抽样分布的性质以做出推断。抽样分布的形状和性质取决于总体的分布以及样本容量的大小。

7.2 置信区间

置信区间是一个范围，用来估计总体参数的真实值。置信区间提供了一个区间，使得我们可以以一定的置信水平（通常为95%或99%）认为总体参数在该区间内。

7.2.1 置信区间的概念

置信区间是统计学中用于估计总体参数范围的一种方法，通过样本数据提供了一个包含真实总体参数值的区间。置信区间的构建有助于对估计值的不确定性进行量化。

在建立置信区间时，首先选择一个置信水平（Confidence Level），通常选择95%或99%。置信水平表示在许多次重复抽样中，我们期望有多大的概率包含真实的总体参数值。一般而言，95%的置信水平是常用的，这意味着在95%的情况下可以相信估计的总体参数值在构建的置信区间内。

构建置信区间的基本思路是利用样本数据的分布特性计算一个区间，使得在理论上的多次抽样中，该区间包含真实的总体参数的概率达到选定的置信水平。

计算置信区间的具体方法取决于所估计的总体参数和问题的特定情况。下面是一些常见的置信区间的计算方法。

（1）总体均值的置信区间：当总体分布近似正态分布时，可以使用标准正态分布或 t 分布。如果总体标准差已知，则使用标准正态分布；如果总体标准差未知，则使用 t 分布。

（2）总体比例的置信区间：使用二项分布的近似或正态分布的近似，具体取决于样本容量。

（3）总体方差的置信区间：当总体近似正态分布时，可以使用卡方分布。

7.2.2 总体均值的置信区间

总体均值的置信区间用来估计总体均值的一个区间范围，使得我们可以以一定的置信水平相信总体均值在该区间内。该区间的构建依赖于样本统计量的分布以及总体标准差是否已知。下面将简要介绍总体均值置信区间的一些关键知识。

（1）总体均值的估计：假设从总体中抽取一个样本，并计算样本均值（记为 $\bar{x}$）。该样本均值通常被用来估计总体均值（μ）。

（2）标准误差（SE）：标准误差是样本均值的标准差，用来衡量样本均值与真实总体均值之间的差异。标准误差的计算公式如下：

$$SE = \frac{\sigma}{\sqrt{n}}$$

式中，σ 为总体标准差；n 为样本容量。

（3）样本容量：对置信区间的宽度有影响，较大的样本容量通常会导致置信区间变窄，因为样本均值的估计更加准确。

（4）标准正态分布的置信区间：当总体分布近似正态，且总体标准差已知时，可以使用标准正态分布的临界值构建置信区间。95%置信水平的置信区间计算公式如下：

$$\bar{x} \pm Z \frac{\sigma}{\sqrt{n}}$$

式中，$\bar{x}$ 为样本均值；Z 为标准正态分布的临界值（通常为1.96，对应95%的置信水平）；σ 为总体标准差；n 为样本容量。

（5）t 分布的置信区间：当总体分布近似正态，但总体标准差未知时，可以使用 t 分布构建置信区间。95%置信水平的置信区间计算公式如下：

$$\bar{x} \pm t \frac{s}{\sqrt{n}}$$

式中，$\bar{x}$ 为样本均值；t 为 t 分布的临界值；s 为样本标准差；n 为样本容量。

t 的选择依赖于所选的置信水平和自由度（样本容量减1）。

由此可见，总体均值的置信区间提供了一个范围，用于估计真实总体均值，并且量化了该估计的不确定性。在实际应用中，正确选择计算方法和置信水平，以及对总体分布有所了解，是构建合理置信区间的关键。

在R语言中，可以使用不同的函数计算总体均值的置信区间，具体的方法取决于总体标准差是否已知，以及是选择使用正态分布还是t分布。下面是在R语言中计算总体均值置信区间的演示示例。

（1）总体标准差已知。如果总体标准差已知，则可以使用标准正态分布的理论计算置信区间。R语言使用函数qnorm()计算标准正态分布的临界值。具体实现代码如下：

```
# 假设样本均值为 x_bar，总体标准差为 sigma，样本容量为 n
x_bar <- #your sample mean
sigma <- #known population standard deviation
n <- #sample size
# 设置置信水平，如95%
confidence_level <- 0.95
# 计算标准误差
standard_error <- sigma / sqrt(n)
# 计算置信区间
margin_of_error <- qnorm((1 + confidence_level) / 2) * standard_error
confidence_interval <- c(x_bar - margin_of_error, x_bar + margin_of_error)
# 输出结果
cat("置信区间:", confidence_interval, "\n")
```

（2）总体标准差未知。如果总体标准差未知，则可以使用t分布的理论计算置信区间。R语言使用函数qt()计算t分布的临界值。具体实现代码如下：

```
# 假设样本均值为 x_bar，样本标准差为 s，样本容量为 n
x_bar <- #your sample mean
s <- #sample standard deviation
n <- #sample size
# 设置置信水平，如95%
confidence_level <- 0.95
# 计算标准误差
standard_error <- s / sqrt(n)
# 计算自由度
df <- n - 1
# 计算置信区间
margin_of_error <- qt((1 + confidence_level) / 2, df) * standard_error
confidence_interval <- c(x_bar - margin_of_error, x_bar + margin_of_error)
# 输出结果
cat("置信区间:", confidence_interval, "\n")
```

以上两个示例需要根据实际情况提供样本均值、样本标准差（如果未知，则为总体标准差）、样本容量以及所选择的置信水平。这些代码示例可以在已有数据的情况下进行修改，以符合具体需求。

为了便于演示总体均值的置信区间的用法，这里使用R语言内置的mtcars数据集，其中包含20世纪70年代末期和20世纪80年代初期汽车的性能指标。该数据集包含32种不同品牌的汽车，每种汽车都有11个变量，包括燃油效率（mpg）、气缸数（cyl）、马力（hp）等。这些变量提供了有关每种汽车性能的信息。以下是mtcars数据集的一些变量。

（1）mpg（Miles Per Gallon）：每加仑的行驶英里数，即燃油效率。

（2）cyl（Number of Cylinders）：汽车的气缸数。

（3）hp（Horsepower）：发动机的马力。

（4）drat（Rear Axle Ratio）：后桥比率。

（5）wt（Weight）：汽车的质量。

（6）qsec（Quarter Mile Time）：1/4英里加速所用的时间。

（7）vs（V/S, V-shape/Straight Engine）：发动机形状。

（8）am（Transmission Type）：变速器类型（0代表自动，1代表手动）。

（9）gear（Number of Forward Gears）：前进挡数。

（10）carb（Number of Carburetors）：化油器数量。

可以使用以下代码查看mtcars数据集的结构，这可以显示数据集的结构，包括每个变量的名称、类型和前几行的值。

```
str(mtcars)
```

实例7-1是计算汽车燃油效率的总体均值的95%置信区间。

实例7-1 计算汽车燃油效率的总体均值的95%置信区间（源码路径：codes\7\you.R）

实例文件you.R的具体实现代码如下：

```
# 读取mtcars数据集
data(mtcars)

# 提取燃油效率数据（mpg列）
mpg_data <- mtcars$mpg

# 计算样本均值和样本标准差
sample_mean <- mean(mpg_data)
sample_sd <- sd(mpg_data)

# 设置置信水平为95%
confidence_level <- 0.95

# 计算标准误差
standard_error <- sample_sd / sqrt(length(mpg_data))

# 计算自由度
```

```
df <- length(mpg_data) - 1

# 计算置信区间
margin_of_error <- qt((1 + confidence_level) / 2, df) * standard_error
confidence_interval <- c(sample_mean - margin_of_error, sample_mean +
  margin_of_error)

# 输出结果
cat(" 总体均值的 95% 置信区间 :", confidence_interval, "\n")
```

对上述代码的具体说明如下。

（1）读取 mtcars 数据集：使用 data(mtcars) 从 R 语言的内置数据集中加载 mtcars 数据集。

（2）提取燃油效率数据：使用 mpg_data <- mtcars$mpg 提取数据集中的燃油效率（mpg）列，并将其存储在名为 mpg_data 的变量中。

（3）计算样本均值和样本标准差：使用函数 mean() 和 sd() 分别计算燃油效率的样本均值（sample_mean）和样本标准差（sample_sd）。

（4）设置置信水平为 95%：使用 confidence_level <- 0.95 设置置信水平为 95%。

（5）计算标准误差：使用 standard_error <- sample_sd / sqrt(length(mpg_data)) 计算标准误差。

（6）计算自由度：使用 df <- length(mpg_data) - 1 计算 t 分布的自由度，这在计算置信区间时需要用到。

（7）计算置信区间：使用 qt((1 + confidence_level) / 2, df) * standard_error 计算 t 分布的临界值，并计算置信区间的上下限。

（8）输出结果：使用函数 cat() 输出总体均值的 95% 置信区间。

执行后会输出：

```
总体均值的 95% 置信区间 : 17.91768 22.26357
```

上述输出结果表示对于 mtcars 数据集中燃油效率（mpg）的总体均值，95% 的置信区间为 17.91768 ~ 22.26357，这意味着可以以 95% 的置信水平相信真实的总体均值在该区间内。

> **注意**
> 上述代码的目的是通过对燃油效率数据的统计分析，得出对总体均值的估计，并以 95% 的置信水平给出一个置信区间，使我们可以在一定程度上了解总体均值的不确定性范围。这种方法是统计推断的一部分，允许基于样本数据对总体进行估计和推断。

7.2.3 总体比例的置信区间

总体比例的置信区间用于估计总体中某一类别的比例，并提供了对该估计的不确定性的度量。比例通常表示某一特定特征在总体中的占比，如产品的合格率、人口的某个特定特征的比例等。构建总体比例的置信区间的方法通常涉及正态分布的近似或二项分布的使用。下面是有关总体比例置信区间的相关知识。

（1）总体比例的估计：假设从总体中抽取一个样本，观察某一类别的事件发生的比例。样本比例（$\hat{p}$）通常用来估计总体比例（p）。

（2）二项分布的适用条件：如果满足二项分布的适用条件，即每次试验只有两种可能的结果（成功或失败），且试验之间相互独立，那么可以使用二项分布进行总体比例的估计。

（3）总体比例的置信区间。

①正态分布的适用条件：当样本容量足够大时（通常认为大于30），根据中心极限定理，样本比例的分布可以近似为正态分布。这时可以使用正态分布的方法构建置信区间。

②二项分布的适用条件：当样本容量较小或者总体比例接近0或1时，建议使用二项分布构建置信区间。

（4）正态分布的置信区间：当总体比例的估计（p）和标准误差（SE）已知时，可以使用正态分布的逼近构建置信区间。95%置信水平的置信区间计算公式如下：

$$p \pm Z \times SE$$

式中，Z为标准正态分布的临界值。

（5）二项分布的置信区间：当总体比例的估计（p）已知时，可以使用二项分布构建置信区间。95%置信水平的置信区间计算公式如下：

$$p \pm Z \times \sqrt{\frac{p(1-p)}{n}}$$

式中，Z为正态分布的临界值；n为样本容量。

总体比例的置信区间提供了一个范围，我们可以在一定程度上相信真实的总体比例在该区间内。选择使用正态分布还是二项分布的方法取决于样本容量和总体比例的特性。在实际应用中，了解数据的特点并选择适当的方法是构建可靠置信区间的关键。

在R语言中，可以使用不同的函数计算总体比例的置信区间，具体的方法取决于样本的特性和置信区间的计算方式。下面是两种常见的情况。

（1）当样本容量较大时使用正态分布逼近。当样本容量足够大时，可以使用正态分布逼近总体比例的置信区间，这时使用函数prop.test()可以直接进行计算。例如：

```
# 假设样本中有成功的观测数 success 和总体样本数 total
success <-  # 实际成功的观测数
total <-    # 总体样本数
# 使用函数 prop.test() 计算总体比例的 95% 置信区间
result <- prop.test(success, total, conf.level = 0.95)
# 输出结果
result
```

result 包含有关总体比例置信区间的信息，可以通过 result$conf.int 查看置信区间的上下限。

（2）当样本容量较小时使用二项分布。当样本容量较小或总体比例接近 0 或 1 时，建议使用二项分布计算总体比例的置信区间，这时使用函数 binom.test()。例如：

```
# 假设样本中有成功的观测数 success 和总体样本数 total
success <-    # 实际成功的观测数
total <-      # 总体样本数
# 使用函数 binom.test() 计算总体比例的 95% 置信区间
result <- binom.test(success, total, conf.level = 0.95)
# 输出结果
result
```

同样，result 包含有关总体比例置信区间的信息，可以通过 result$conf.int 查看置信区间的上下限。

实例 7-2 是使用 R 语言的内置数据集 mtcars 估计汽车变速器类型（am，0 表示自动，1 表示手动）的总体比例。

实例 7-2 估计汽车变速器类型（自动挡/手动挡）的总体比例（源码路径：codes\7\zong.R）

实例文件 zong.R 的具体实现代码如下：

```r
# 读取 mtcars 数据集
data(mtcars)

# 提取变速器类型数据（am 列）
transmission_data <- mtcars$am

# 计算样本比例
sample_proportion <- mean(transmission_data)

# 设置置信水平为 95%
confidence_level <- 0.95

# 计算标准误差
standard_error <- sqrt((sample_proportion * (1 - sample_proportion)) /
  length(transmission_data))

# 使用正态分布逼近，计算总体比例的 95% 置信区间
margin_of_error <- qnorm((1 + confidence_level) / 2) * standard_error
confidence_interval <- c(sample_proportion - margin_of_error, sample_proportion + margin_of_error)

# 输出结果
cat("总体比例的 95% 置信区间:", confidence_interval, "\n")
```

对上述代码的具体说明如下。

（1）提取数据：通过提取 mtcars 数据集中的变速器类型数据，创建一个包含每辆汽车变速器类型的样本。

（2）计算样本比例：计算样本中手动变速器的比例。这是通过计算手动变速器（1）的样本均值来实现的。

（3）计算置信区间：使用正态分布逼近的方法计算总体比例的95%置信区间。这一步通过计算标准误差，使用样本比例的估计和样本容量，并利用正态分布的临界值得到置信区间的上下限。

（4）输出结果：输出计算得到的总体比例的95%置信区间。该置信区间提供了对总体比例估计的不确定性范围，使我们可以以一定的置信水平对总体比例进行推断。

执行后会输出：

总体比例的 95% 置信区间： 0.2360845 0.5764155

7.2.4 总体方差的置信区间

总体方差的置信区间是用来估计总体方差的一个区间范围，提供了对该估计的不确定性的度量。构建总体方差的置信区间通常涉及卡方分布的使用。下面是有关总体方差置信区间的相关知识。

（1）总体方差的估计：假设从总体中抽取一个样本，可以使用样本方差（s^2）估计总体方差（σ^2）。

（2）卡方分布的适用条件：卡方分布通常用于估计总体方差的置信区间，其适用条件包括总体近似正态分布和样本的独立性。

（3）总体方差的置信区间：使用卡方分布，可以构建总体方差的置信区间。95%置信水平的置信区间计算公式如下：

$$\left(\frac{(n-1)s^2}{x^2_{(\alpha/2)}}, \frac{(n-1)s^2}{x^2_{(1-\alpha/2)}} \right)$$

式中，n 为样本容量；s^2 为样本方差；α 为显著性水平；$x^2_{(\alpha/2)}$ 和 $x^2_{(1-\alpha/2)}$ 为卡方分布的临界值。

（4）卡方分布的自由度：自由度通常等于样本容量减去1，即 $df = n - 1$。

（5）解释置信区间：95%置信区间意味着在一系列可能的抽样中，95%的情况下，该区间将包含真实的总体方差，这提供了对估计不确定性的度量。

> **注意**
> 在实际应用中，建议先检查样本的正态性和独立性，以确保卡方分布的适用条件得到满足。总体方差的置信区间通常用于对总体方差的估计进行推断，特别是在对方差的不确定性感兴趣时。

在R语言中，需要手动使用卡方分布的方法计算总体方差的置信区间。实例7-3是手动使用卡方分布方法计算汽车燃油效率（mpg）的总体方差的95%置信区间。

实例 7-3　计算汽车燃油效率（mpg）的总体方差的95%置信区间（源码路径：codes\7\cha.R）

实例文件cha.R的具体实现代码如下：

```r
# 提取 mpg 列作为样本数据
sample_data <- mtcars$mpg

# 计算样本方差
sample_variance <- var(sample_data)

# 设置置信水平
confidence_level <- 0.95

# 计算置信区间
confidence_interval <- c(
  (df * sample_variance) / qchisq(1 - (1 - confidence_level) / 2, df),
  (df * sample_variance) / qchisq((1 - confidence_level) / 2, df)
)

# 输出结果
cat("总体方差的95%置信区间:", confidence_interval, "\n")
```

对上述代码的具体说明如下。

（1）提取mpg列作为样本数据：从mtcars数据集中选择汽车燃油效率（mpg）列，作为要分析的样本数据。

（2）计算样本方差：使用函数var()计算提取的mpg列的样本方差，该值表示样本数据的离散程度。

（3）设置置信水平：将置信水平设置为95%，这表示希望构建一个95%的置信区间。

（4）计算置信区间：使用卡方分布的临界值，结合样本方差和样本容量，计算总体方差的95%置信区间的上下限。

（5）输出结果：将计算得到的总体方差的95%置信区间输出。

执行后会输出：

```
总体方差的95%置信区间: 23.34653 64.20343
```

7.3　假设检验

假设检验是统计学中判断总体参数的陈述是否在样本数据中得到支持的一种方法，其基本思想是通过收集样本数据评估在零假设成立的情况下，观察到的结果出现的概率。如果该概率（通常称为p值)很小,就提供了拒绝零假设的证据,从而支持备择假设;反之,如果p值较大,就没有足够的证据拒绝零假设。

7.3.1 假设检验的基本步骤

通常来说,假设检验包括以下两个互补的假设。

(1)零假设(H_0):表述没有效应或差异,通常是研究者想要反驳的假设。

(2)备择假设(H_1或H_a):表述存在效应或差异,是研究者希望得到支持的假设。

具体来说,实现假设检验的基本步骤如下。

(1)制定假设:明确零假设(H_0)和备择假设(H_1)。零假设通常陈述没有效应或差异,而备择假设则表明存在效应或差异。

(2)选择显著性水平:确定显著性水平(通常设定为0.05),这代表在研究中愿意接受假阳性错误(拒绝一个实际上为真的零假设)的程度。

(3)选择统计检验方法:选择适当的统计检验方法取决于研究问题、数据类型和假设检验的类型。例如,t检验适用于均值比较,卡方检验适用于分类数据等。

(4)收集数据:从总体中抽取样本,并收集相应的数据。

(5)计算统计量:使用采集到的样本数据计算相应的统计量。这可以是t值、z值、卡方值等,具体取决于选择的检验方法。

(6)计算p值:根据计算的统计量,确定在零假设成立的情况下,观察到当前统计量或更极端情况的概率。

(7)做出决策:比较计算得到的p值与显著性水平,如果p值小于显著性水平,则拒绝零假设;否则,不拒绝零假设。

(8)做出解释:根据决策提供关于总体的统计推断,并解释结果的实际含义。这可能包括描述效应的大小、方向以及对研究问题的影响。

上述步骤提供了系统的方法,帮助研究者从样本数据中得出关于总体的推断,并评估观察到的差异是否足够大,以便可以拒绝零假设。

> **注意**
>
> 假设检验并不提供证据支持备择假设的真实性,而只是提供了拒绝零假设的证据。此外,显著性水平的选择和解释也需要谨慎,以避免过度解读结果。

假设想要检验某款新药是否显著地提高患者的治疗反应时间。这里进行了一项实验,对一组患者使用新药,并测量他们的治疗反应时间。我们希望使用假设检验来确定该新药是否在治疗反应时间上表现出显著的效果。我们提取一些模拟数据并进行t检验。请注意,这只是一个演示性的实例,实际数据应该是根据具体研究的科学原则收集的。

实例 7-4 检验某款新药是否显著地提高患者的治疗反应时间（源码路径：codes\7\yao.R）

实例文件yao.R的具体实现代码如下：

```r
# 模拟数据：假设两组患者，一组接受新药，一组接受安慰剂
set.seed(123)
treatment_group <- c(28, 31, 32, 35, 29)
placebo_group <- c(38, 36, 37, 40, 34)

# 进行 t 检验
result <- t.test(treatment_group, placebo_group)

# 输出结果
cat("t 检验结果：\n")
cat("p 值：", result$p.value, "\n")
cat("95% 置信区间：", result$conf.int, "\n")

# 判断是否拒绝零假设
alpha <- 0.05
if (result$p.value < alpha) {
  cat(" 在显著性水平 0.05 下，拒绝零假设，即新药在治疗反应时间上表现出显著效果。\n")
} else {
  cat(" 在显著性水平 0.05 下，不拒绝零假设，即没有足够证据表明新药在治疗反应时间上有显著
     效果。\n")
}
```

在上述代码中，使用模拟的治疗组和安慰剂组数据进行 t 检验，结果包括 p 值和95%置信区间。通过比较 p 值和显著性水平，可以得出关于新药是否显著地影响治疗反应时间的结论。执行后会输出：

```
在显著性水平 0.05 下，拒绝零假设，即新药在治疗反应时间上表现出显著效果。
```

通过比较 p 值和显著性水平，可以决定是否拒绝零假设。在本实例中，p 值小于0.05，因此拒绝了零假设。这表明有足够的证据支持备择假设，即新药在治疗反应时间上有显著效果。

7.3.2 假设检验中的错误类型

在假设检验中有两种主要类型的错误，分别是假阳性（Type I Error）和假阴性（Type II Error）。

1. 假阳性

定义：当实际上零假设为真，但在统计检验中拒绝了零假设时，即发生了假阳性。

描述：也称为显著性水平错误，表示错误地得出了拒绝零假设的结论，而实际上零假设是正确的。

概率表示：通常用显著性水平（α）表示。

2. 假阴性

定义：当实际上备择假设为真，但在统计检验中未能拒绝零假设时，即发生了假阴性。

描述：也称为 β 错误，表示未能检测到实际存在的效应或差异。

概率表示：通常用统计功效（Power）表示，即 $1-\beta$。

这两种错误类型是相互对立的，降低一个错误类型的概率通常会增加另一个错误类型的概率。在假设检验中，研究者通常需要在两种错误之间找到平衡，以制定合适的实验设计和显著性水平。具体可用的方法如下。

（1）显著性水平（α）：控制假阳性的概率，通常设置在 0.05 或 0.01 的水平。

（2）统计功效（Power）：$1-\beta$，表示正确拒绝零假设的概率，同时控制假阴性的概率。

在理想情况下，研究者希望降低两种错误的概率，但在实际应用中需要根据研究问题和实验条件进行权衡。

假设正在测试某种新药对患者血压的影响，现设置了如下假设。

（1）零假设（H_0）：新药对患者血压没有显著影响。

（2）备择假设（H_1）：新药对患者血压有显著影响。

实例7-5进行了 t 检验，设置显著性水平（α）为0.05。

实例7-5 测试某种新药对患者血压的影响（源码路径：codes\7\cuo.R）

实例文件cuo.R的具体实现代码如下：

```r
# 模拟数据
set.seed(123)
before_treatment <- c(120, 122, 118, 125, 124, 121, 123, 119, 120)
after_treatment <- c(118, 120, 115, 122, 121, 117, 119, 116, 118)

# 进行 t 检验
result <- t.test(after_treatment, before_treatment)

# 输出结果
cat("t 检验结果 :\n")
cat("p 值:", result$p.value, "\n")
cat("95% 置信区间:", result$conf.int, "\n")

# 判断是否拒绝零假设
alpha <- 0.05
if (result$p.value < alpha) {
  cat(" 在显著性水平 0.05 下, 拒绝零假设, 即新药对患者血压有显著影响。\n")
} else {
  cat(" 在显著性水平 0.05下,不拒绝零假设,即没有足够证据表明新药对患者血压有显著影响。\n")
}
```

在上述代码中，设定了零假设为新药对患者血压没有显著影响。如果在显著性水平0.05下，拒绝了零假设，即 p 值小于0.05，那么将犯假阳性错误，认为新药对患者血压有显著影响，而实际上没有。执行后会输出：

在显著性水平0.05下，拒绝零假设，即新药对患者血压有显著影响。

上述输出结果表明在显著性水平0.05下拒绝了零假设，即有足够的统计证据来支持新药对患者血压有显著影响。这意味着可能犯了假阳性错误，因为得出了一个显著的结论，而实际上新药对患者血压没有显著影响。

7.4 抽样方法

抽样方法是从总体中选择样本的过程，用于对总体进行统计推断。抽样是一种常见的研究方法，因为我们往往难以对总体进行研究，所以通过对一小部分样本的研究，可以得出对总体的推断。

7.4.1 随机抽样

随机抽样是一种从总体中随机选择样本的方法，确保每个个体被选中的概率相等且相互独立。在随机抽样中，每个个体都有机会被包括在样本中，因此样本具有代表性，有助于进行更准确的统计推断。随机抽样的主要特征和原则如下。

（1）无偏性：每个个体被选中的概率相等，不受研究者主观偏好的影响。这样可以避免引入抽样偏差，确保样本对总体的代表性。

（2）随机性：抽样过程是随机的，没有固定的模式或规律，以确保样本是随机选择的。

（3）相互独立性：一个个体被选中的概率不受其他个体是否被选中的影响，每个抽样单元都是相互独立的。

（4）抽样框（Sampling Frame）：需要定义一个包含总体中每个个体的抽样框，以便从中随机选择样本。抽样框应该完整、准确且不重叠。

（5）随机数生成：随机抽样通常涉及使用随机数生成器，确保每个个体被选中的概率是相等的。

随机抽样是确保样本能够代表总体的一种有效方法，在统计学中被广泛使用，因为其提供了一种有效的方式来减小样本选择引入的偏差，使得从样本到总体的推断更具有可信度。

在R语言中，可以使用不同的函数实现随机抽样。下面是一些常见的用于随机抽样的函数。

（1）函数sample()：从给定的向量或集合中随机抽取指定数量的元素。这是一个非常灵活的随机抽样函数，可以用于简单随机抽样、分层抽样等。例如：

```
# 简单随机抽样，从1~100中抽取5个数
random_sample <- sample(1:100, 5)
```

（2）函数set.seed()：设置随机数生成器的种子，以确保在不同的运行中生成的随机数相同。这

对于保持可复现性很重要。例如：

```
# 设置种子
set.seed(123)
# 进行随机抽样
random_sample <- sample(1:100, 5)
```

（3）dplyr包中的函数sample_n()：dplyr包是一个用于数据处理的流行包，其中的函数sample_n()用于从数据框中随机抽取指定数量的行。例如：

```
library(dplyr)
# 从数据框中随机抽取5行
random_sample <- mtcars %>% sample_n(5)
```

（4）dply包中的函数sample_frac()：从数据框中随机抽取指定比例的行。例如：

```
library(dplyr)
# 从数据框中随机抽取20%的行
random_sample <- mtcars %>% sample_frac(0.2)
```

上述函数提供了在R语言中进行随机抽样的灵活性和便利性，可以根据具体的需求选择适当的函数。

假设有一个代表某个班级学生的数据框，每个学生有唯一的学号（ID）和他们的考试成绩。实例7-6是从该数据框中随机抽取一部分学生进行进一步的分析。

实例7-6　随机抽取一部分学生的信息（源码路径：codes\7\sui.R）

实例文件sui.R的具体实现代码如下：

```
# 创建一个包含学号和成绩的数据框
set.seed(123)    # 设置种子，以确保可重复性
students <- data.frame(
  ID = 1:30,
  Score = round(runif(30, 60, 100), 2)    # 随机生成成绩
)
# 输出前几行数据
head(students)

library(dplyr)
# 从学生数据框中随机抽取10个学生
random_sample <- students %>% sample_n(10)
# 输出随机抽取的学生
print(random_sample)
```

在上述代码中，使用函数sample_n()从学生数据框中随机抽取了10个学生，表示对这10个学生的成绩进行进一步的分析。执行代码后的输出结果是随机的：

```
   ID Score
1   9 82.06
2  19 73.12
3   4 95.32
4  14 82.91
5  17 69.84
6  11 98.27
7   7 81.12
8  21 95.58
9  12 78.13
10 15 64.12
```

7.4.2 系统抽样

系统抽样是一种抽样方法，其中个体按照一定的系统性规律被选择为样本。系统抽样涉及将总体划分为若干相等的部分，然后从这些部分中选择一个或几个部分，最终从选定的部分中抽取样本。实现系统抽样的步骤如下。

（1）确定抽样框：确定总体的抽样框，即总体中的个体是否按照某种顺序排列。

（2）确定抽样间隔：确定抽样的间隔，即隔几个个体抽取一个样本。例如，每隔5个个体进行抽样。

（3）随机起始点：随机选择一个起始点，以确保从总体中的不同位置开始抽样。

（4）进行抽样：从随机起始点开始，按照抽样间隔选取个体作为样本。

如下代码（源码路径：codes\7\xi.R）演示了在R语言中使用上述步骤实现系统抽样的过程。

```
# 创建一个包含学号和成绩的数据框
set.seed(123)    # 设置种子，以确保可重复性
students <- data.frame(
  ID = 1:30,
  Score = round(runif(30, 60, 100), 2)    # 随机生成成绩
)

# 确定抽样间隔
sampling_interval <- 5

# 随机选择一个起始点
random_start <- sample(1:sampling_interval, 1)

# 进行系统抽样
systematic_sample <- students[random_start:(nrow(students)), ][seq(1,
nrow(students), by = sampling_interval), ]

# 输出系统抽样结果
print(systematic_sample)
```

在上述代码中，首先确定抽样间隔为5；然后随机选择一个起始点；最后，使用系统抽样方法从起始点开始，每隔5个学生进行一次抽样，得到系统抽样的样本。执行后会输出：

```
   ID Score
1   1 71.50
6   6 61.82
11 11 98.27
16 16 95.99
21 21 95.58
26 26 88.34
```

7.4.3 分层抽样

分层抽样是一种抽样方法，其中总体根据某些特征被划分为若干层，并从每一层中独立地进行随机抽样。这样可以确保每个层都在样本中有适当的代表，从而提高样本的代表性。如下代码（源码路径：codes\7\fen.R）演示了用R语言实现分层抽样的过程。

```
# 创建一个包含学号、年级和成绩的数据框
set.seed(123)   # 设置种子，以确保可重复性
students <- data.frame(
  ID = 1:30,
  Grade = rep(c("A", "B", "C"), each = 10),   # 假设有3个年级
  Score = round(runif(30, 60, 100), 2)   # 随机生成成绩
)

# 分层抽样
stratified_sample <- students %>%
  group_by(Grade) %>%
  sample_n(2)   # 从每个年级中抽取2个样本

# 输出分层抽样结果
print(stratified_sample)
```

在上述代码中，假设学生数据框中有3个年级（A、B、C），使用dplyr包中的函数group_by()和包sample_n()进行分层抽样，从每个年级中抽取2个学生作为样本。执行后会输出：

```
    ID Grade Score
  <int> <chr> <dbl>
1     9 A     82.1
2     3 A     76.4
3    14 B     82.9
4    11 B     98.3
5    27 C     81.8
6    25 C     86.2
```

7.4.4 多阶段抽样

多阶段抽样是一种抽样方法,将抽样过程分为多个阶段,每个阶段可以采用不同的抽样方法。通常,多阶段抽样应用于大规模研究,以便更有效地管理和执行抽样过程。如下代码(源码路径:codes\7\duo.R)演示了用R语言实现多阶段抽样的过程。

```r
# 创建一个包含学号、年级和成绩的数据框
set.seed(123)    # 设置种子,以确保可重复性
students <- data.frame(
  ID = 1:30,
  Grade = rep(c("A", "B", "C"), each = 10),    # 假设有三个年级
  Score = round(runif(30, 60, 100), 2)         # 随机生成成绩
)

# 多阶段抽样
stage1_sample <- students %>% sample_n(10)         # 第一阶段随机抽取 10 个样本
stage2_sample <- stage1_sample %>% sample_n(5)     # 第二阶段从第一阶段的样本中再随
                                                    # 机抽取 5 个样本
# 输出多阶段抽样结果
print(stage2_sample)
```

在上述代码中进行了两个阶段的抽样:首先,从总体中随机抽取10个样本作为第一阶段的样本;然后,从第一阶段的样本中再随机抽取5个样本作为第二阶段的最终样本。执行后会输出:

```
  ID Grade Score
1 15     B 64.12
2  7     A 81.12
3  9     A 82.06
4 21     C 95.58
5 19     B 73.12
```

7.5 推论统计的方向小结

推论统计分为两个主要方向:参数推断(Parametric Inference)和非参数推断(Nonparametric Inference),本节将详细讲解这两个方向的实现过程。

7.5.1 参数推断

参数推断是统计学中的一个重要概念,涉及对总体参数进行估计和推断的过程。总体参数是描述总体特征的数值,如总体均值、总体标准差等。通过从总体中抽取样本,我们可以利用样本统计量估计总体参数,并进行一些推断性的统计分析。下面是一些与参数推断相关的关键概念和方法。

（1）点估计（Point Estimation）：使用样本数据估计总体参数的具体数值。例如，样本均值可以用作总体均值的点估计，样本标准差可以用作总体标准差的点估计。

（2）置信区间（Confidence Interval）：一个范围，用来估计总体参数的真实值。置信区间提供了一个区间，使得我们可以以一定的置信水平（通常为95%或99%）认为总体参数在该区间内。

（3）假设检验（Hypothesis Testing）：在参数推断中，假设检验用于判断关于总体参数的某种陈述是否成立。这通常设置一个零假设和一个备择假设，通过样本数据来判断是否有足够的证据拒绝零假设。

（4）p值（p-value）：假设检验中的一个度量，表示观察到的数据或更极端情况发生的概率。p值小于显著性水平（通常设定为0.05）时，通常会拒绝零假设。

（5）中心极限定理（Central Limit Theorem）：当样本容量足够大时，样本均值的分布将近似于正态分布，即使总体分布不是正态的。这一性质在参数推断中应用非常广泛。

（6）最大似然估计（Maximum Likelihood Estimation，MLE）：一种估计参数的方法，通过寻找使观察到的数据出现的概率最大的参数值来进行估计。MLE的估计具有一致性和渐近正态性等性质。

（7）贝叶斯推断（Bayesian Inference）：一种通过贝叶斯定理更新先验概率，从而得到后验概率分布的推断方法。与频率派统计方法不同，贝叶斯推断将参数视为概率分布而不是固定但未知的值。

上述概念和方法构成了参数推断的核心内容。在实际应用中，根据问题的性质和数据的特点选择合适的参数估计方法和推断方法是非常重要的。

7.5.2 非参数推断

非参数推断是一种不对总体分布做出具体假设的推断方法，通常使用排序和秩次进行推断，而不涉及具体的参数。非参数推断是统计学中的一个分支，与参数推断相对。在非参数推断中，不对总体的分布形式做出明确的假设，而是依赖数据本身的性质进行统计推断。这使得非参数方法在处理各种类型的数据和问题时更为灵活。下面是一些与非参数推断相关的关键概念和方法。

（1）秩和检验（Rank-Sum Test）：也称Mann-Whitney U检验，用于比较两个独立样本的分布中位数是否相同。其基于样本数据的秩次而不依赖具体数值。

（2）秩相关系数：衡量两个变量之间相关性的一种方法。与皮尔逊相关系数不同，秩相关系数不要求变量呈线性关系。

（3）秩和检验框架：包括Wilcoxon符号秩检验、Kruskal-Wallis检验等，适用于比较多个独立样本的分布。

（4）符号检验（Sign Test）：比较两个相关样本的中位数是否相同，基于样本中正负符号的比较。

（5）分布自由度（Distribution-Free）：非参数方法因其分布自由度的特性而受到青睐，因为它们不要求总体分布具有特定的形式。

（6）密度估计：估计未知总体分布的密度函数，如核密度估计方法。

（7）生存分析（Survival Analysis）：研究从某个特定起点到某个事件发生的过程的统计方法，

如生存曲线和生存函数。

（8）重抽样方法：如自助法（Bootstrap）和交叉验证等，可用于估计统计量的分布和评估模型的性能。

（9）无参数贝叶斯方法：如利用Dirichlet过程对分布进行建模，从而更灵活地处理未知的总体分布。

非参数推断的优势在于对总体分布的假设较少，更适用于复杂的数据结构和分布不明确的情况。然而，由于不依赖特定的总体分布，因此非参数推断通常需要更多的样本来保持统计推断的准确性。在选择统计方法时，研究者需要根据具体问题的特点和数据的性质权衡参数推断和非参数推断的优缺点。

第8章

回归分析

回归分析是一种统计方法,用于研究变量之间的关系。回归分析的主要目的是了解一个或多个自变量(独立变量)如何影响因变量(依赖变量)。本章将详细讲解使用R语言实现回归分析的知识,并通过具体实例的实现过程讲解各个知识点。

8.1 回归分析简介

回归分析可以帮助理解变量之间的关联关系,预测未来的趋势,并识别重要的影响因素。在简单线性回归中,只有一个自变量影响一个因变量;而在多元线性回归中,可能有多个自变量同时影响因变量。回归分析的核心思想是建立一个数学模型,该模型描述了自变量与因变量之间的关系。该模型通常表示为一个方程,其中包含一些系数,这些系数表示每个自变量对因变量的影响程度。

在实际应用中,回归分析的主要步骤如下。

(1)收集数据:收集包括自变量和因变量的相关数据。

(2)建立模型:选择适当的回归模型,如线性、多项式、对数等形式,以描述变量之间的关系。

(3)参数估计:利用收集到的数据估计模型中的参数,通常使用最小二乘法找到最优参数。

(4)模型检验:检验模型的拟合程度,评估模型的准确性和可靠性。

(5)预测和推断:利用建立的模型预测未来观测值或进行相关的统计推断。

目前,回归分析在许多领域得到了广泛应用,如经济学、社会科学、生物学、医学等。回归分析为研究者提供了一种分析和理解变量之间关系的有力工具。

8.2 简单线性回归和多元线性回归

简单线性回归和多元线性回归都是回归分析的类型,它们之间的主要区别在于自变量的数量。简单来说,简单线性回归处理只有一个自变量的情况,而多元线性回归处理有两个或更多自变量的情况。多元线性回归允许更全面地考虑多个因素对因变量的影响,因此在实际应用中更常见。回归系数表示每个自变量对因变量的影响程度,而误差项则表示模型无法解释的部分。

8.2.1 简单线性回归

线性回归是一种用于建模和分析自变量与因变量之间关系的统计方法,其假设这种关系可以用线性方程表示,即因变量是自变量的线性组合。简单线性回归是回归分析的一种特殊形式,适用于探索和建模两个变量之间的关联性。

简单线性回归模型的基本形式如下:

$$Y = \beta_0 + \beta_1 X + \varepsilon$$

式中:Y为因变量(响应变量);X为自变量(解释变量);β_0为截距项,表示当X等于零时Y的值;β_1为回归系数,表示X的变化对Y的影响程度;ε为误差项,表示模型无法解释的随机误差。

简单线性回归的目标是找到最佳拟合直线,使预测值与实际观测值之间的差异最小。这通常通过最小二乘法实现。

1. 预测和建模

在现实应用中,线性回归主要用于预测和建模工作。在R语言中,可以使用内置函数lm()实现线性回归建模工作。例如,文件maotai_stock_data.csv中保存了贵州茅台从2020年1月到2023年9月的股票数据,内容如下:

```
ts_code,Date,open,high,low,close,pre_close,change,pct_chg,vol,amount
600519.SH,20230901,1852.83,1865.47,1846.03,1851.05,1847.0,4.05,0.2193,
13145.19,2438622.738
600519.SH,20230831,1860.0,1860.0,1841.01,1847.0,1856.0,-9.0,-0.4849,14820.22,2738445.519
600519.SH,20230830,1867.9,1868.0,1843.66,1856.0,1851.33,4.67,0.2523,
19811.81,3672570.26
600519.SH,20230829,1828.0,1869.08,1828.0,1851.33,1834.97,16.36,0.8916,
28950.28,5371260.173
600519.SH,20230828,1898.58,1898.58,1831.88,1834.97,1824.98,9.99,0.5474,
41052.13,7633221.012
600519.SH,20230825,1808.79,1837.77,1806.01,1824.98,1816.3,8.68,0.4779,
18830.86,3433296.756
600519.SH,20230824,1779.62,1828.0,1775.0,1816.3,1774.0,42.3,2.3844,
26055.09,4703417.6
...
```

实例8-1是使用文件maotai_stock_data.csv中实际的股票数据创建一个简单的线性回归模型,以预测收盘价(close)与交易量(vol)之间的关系。

实例8-1 预测收盘价与交易量之间的关系(源码路径:codes\8\gu.R)

实例文件gu.R的具体实现代码如下:

```r
# 读取 CSV 文件
maotai_data <- read.csv("maotai_stock_data.csv")

# 查看数据结构和摘要
str(maotai_data)
summary(maotai_data)

# 进行线性回归,以交易量(vol)作为自变量,收盘价(close)作为因变量
model <- lm(close ~ vol, data = maotai_data)

# 查看回归结果摘要
summary(model)
```

```r
# 预测新的交易量对应的股票收盘价
new_data <- data.frame(vol = c(14000, 16000, 18000))
predictions <- predict(model, newdata = new_data)

# 输出预测值
print(predictions)

# 可视化
plot(maotai_data$vol, maotai_data$close,
     main = "Maotai Stock Price vs. Volume",
     xlab = "Volume", ylab = "Closing Price", pch = 16)
abline(model, col = "red", lwd = 2)   # 添加回归线
points(new_data$vol, predictions, col = "blue", pch = 17, cex = 2)
legend("topright", legend = c("Observations", "Regression Line", "Predictions"),
   col = c("black", "red", "blue"), pch = c(16, NA, 17), lty = c(NA, 1, NA))
```

对上述代码的具体说明如下。

（1）使用函数read.csv()读取名为maotai_stock_data.csv的股票数据文件。该文件包含贵州茅台从2020年1月到2023年9月期间的多个变量数据，包括日期、开盘价、最高价、最低价、收盘价、前收盘价、涨跌、涨跌幅、交易量、交易金额等。

（2）使用函数str()查看数据的结构，以确保数据被正确加载。通过函数summary()查看数据的摘要统计信息，以了解各变量的分布和统计指标。

（3）数据准备好后，使用函数lm()进行线性回归建模。在该实例中，以交易量（vol）作为自变量，以股票收盘价（close）作为因变量。建立的模型将帮助我们理解这两个变量之间的线性关系。

（4）使用函数summary()查看线性回归模型的摘要统计信息，包括回归系数、拟合优度、残差分析等。这些信息可以帮助我们评估模型的质量和适应性。

（5）使用函数predict()基于建立的模型对新的交易量值进行股票收盘价的预测。该过程允许使用模型对未来的观测值进行预测。

（6）通过函数plot()将观测值和建立的回归线进行可视化。这使我们能够直观地观察模型如何拟合数据，并通过添加新数据点的预测值来扩展我们的理解，如图8-1所示。

2. 变量之间关系的定量信息

在实际应用中，线性回归还可以提供关于变量之间关系的定量信息。实例8-2使用前面提到的贵州茅台的股票数据，通过简单线性回归给出了股票收盘价与交易量之间的关系。

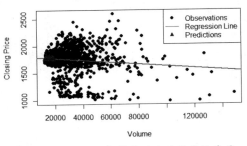

图8-1 预测新的交易量对应的股票收盘价

实例 8-2 通过简单线性回归了解股票收盘价与交易量之间的关系（源码路径：codes\8\ding.R）

实例文件 ding.R 的具体实现代码如下：

```r
# 读取 CSV 文件
maotai_data <- read.csv("maotai_stock_data.csv")

# 查看数据结构和摘要
str(maotai_data)
summary(maotai_data)
# 进行线性回归，以交易量（vol）作为自变量，股票收盘价（close）作为因变量
model <- lm(close ~ vol, data = maotai_data)

# 查看回归结果摘要
summary(model)
```

在上述代码中，使用了贵州茅台的真实股票数据，以交易量（vol）作为自变量，股票收盘价（close）作为因变量。简单线性回归模型将帮助我们了解每单位交易量变化对应的股票收盘价的平均变化，并提供关于模型拟合的统计信息，如拟合优度、回归系数等。执行后会输出：

```
Call:
lm(formula = close ~ vol, data = maotai_data)

Residuals:
    Min      1Q   Median      3Q     Max
-708.51  -78.62    19.32   146.20  896.36

Coefficients:
              Estimate Std. Error t value Pr(>|t|)
(Intercept)  1.813e+03  2.011e+01  90.168  < 2e-16 ***
vol         -1.773e-03  5.193e-04  -3.414 0.000668 ***
---
Signif. codes:  0 '***' 0.001 '**' 0.01 '*' 0.05 '.' 0.1 ' ' 1

Residual standard error: 268.9 on 889 degrees of freedom
Multiple R-squared:  0.01294,   Adjusted R-squared:  0.01183
F-statistic: 11.66 on 1 and 889 DF,  p-value: 0.0006683
```

上述输出结果是简单线性回归模型的摘要统计信息，具体说明如下。

（1）Coefficients（系数）。

①Intercept（截距）：估计的截距为 1.813×10^3，表示当交易量（vol）为零时，股票收盘价（close）的估计值。

②vol（交易量）：估计的回归系数为 -1.773×10^{-3}，表示每增加一个单位的交易量，股票收盘价平均下降 -1.773×10^{-3}。

（2）Residual standard error（残差标准差）：268.9，表示模型对于实际股票收盘价的预测误差的标准差。

（3）Multiple R-squared（多重 R 平方）：0.01294，表示模型解释的方差比例，即模型可以解释股票收盘价方差的比例（约1.29%）。

（4）Adjusted R-squared（调整后 R 平方）：0.01183，与多重 R 平方类似，但考虑了模型中自变量的数量，更适用于多变量情况。

（5）F-statistic（F 统计量）：11.66，用于检验整个模型的显著性。

（6）p-value（p 值）：0.0006683，用于检验自变量（vol）的系数是否显著不同于零。在这里，p 值小于通常的显著性水平，如0.05，表明可以拒绝系数为零的假设。

3. 推断处理

线性回归的结果可以用于推断，如评估回归系数是否显著不同于零。实例8-3是使用R语言进行简单线性回归，并对回归系数进行假设检验。在该实例中，假设贵州茅台的交易量（vol）对股票收盘价（close）有显著的影响。

实例8-3 对回归系数进行假设检验（源码路径：codes\8\tui.R）

实例文件tui.R的具体实现流程如下。

（1）执行线性回归，对应代码如下：

```r
# 读取 CSV 文件
maotai_data <- read.csv("maotai_stock_data.csv")
# 进行线性回归，以交易量（vol）作为自变量，股票收盘价（close）作为因变量
model <- lm(close ~ vol, data = maotai_data)
# 查看回归结果摘要
summary(model)
```

（2）关注 vol 系数的 p 值。在该实例中，p 值是在 summary(model) 输出结果的表格中找到的。其对应代码如下：

```r
# 查看vol系数的p值
coef(summary(model))["vol", "Pr(>|t|)"]
```

接下来进行假设检验。

① 零假设（H_0）：vol 系数为零，即交易量与股票收盘价没有显著相关性。

② 备择假设（H_1）：vol 系数不为零，即交易量与股票收盘价存在显著相关性。

如果 vol 系数的 p 值小于显著性水平（通常为0.05），则拒绝零假设，认为有足够的证据表明交易量与股票收盘价之间存在显著相关性；如果 p 值大于0.05，则不能拒绝零假设。

执行后会输出：

```
Call:
lm(formula = close ~ vol, data = maotai_data)
```

```
Residuals:
    Min      1Q  Median      3Q     Max
-708.51  -78.62   19.32  146.20  896.36

Coefficients:
              Estimate Std. Error t value Pr(>|t|)
(Intercept)  1.813e+03  2.011e+01  90.168  < 2e-16 ***
vol         -1.773e-03  5.193e-04  -3.414 0.000668 ***
---
Signif. codes:  0 '***' 0.001 '**' 0.01 '*' 0.05 '.' 0.1 ' ' 1

Residual standard error: 268.9 on 889 degrees of freedom
Multiple R-squared:  0.01294,   Adjusted R-squared:  0.01183
F-statistic: 11.66 on 1 and 889 DF,  p-value: 0.0006683

[1] 0.0006683285
```

根据上述输出结果，可以进行如下解释和假设检验。

（1）回归系数。

①Intercept：估计的截距为 $1.813×10^3$，表示当交易量为零时，股票收盘价的估计值。

②vol：估计的回归系数为 $-1.773×10^{-3}$，表示每增加一个单位的交易量，股票收盘价平均下降 $-1.773×10^{-3}$。

（2）p 值：vol 系数的 p 值为 0.0006683，小于显著性水平 0.05。

接下来进行假设检验。

①零假设（H_0）：vol 系数为零，即交易量与股票收盘价没有显著相关性。

②备择假设（H_1）：vol 系数不为零，即交易量与股票收盘价存在显著相关性。

由于 vol 系数的 p 值小于显著性水平 0.05，因此拒绝零假设，认为交易量与股票收盘价之间存在显著相关性。这意味着在该模型下，股票收盘价可能随着交易量的增加而下降。总体而言，尽管 p 值显著，但是 R^2 值很低（0.01294），这表明模型的解释力较弱。这也强调了在实际应用中，需要考虑更多的因素来更好地解释股票价格的变化。

> **注意**
>
> 在使用线性回归时需要满足一些假设，包括线性关系、独立性、同方差性和正态性等。如果这些假设不成立，则可能需要采用其他方法或对数据进行变换。

8.2.2 多元线性回归

多元线性回归是简单线性回归的扩展形式，允许考虑多个自变量对因变量的影响。在多元线性回归中，模型假设因变量是各个自变量的线性组合，这为更复杂的数据集提供了更灵活的建模能力。

多元线性回归的基本形式如下：

$$Y = \beta_0 + \beta_1 X_1 + \beta_2 X_2 + \cdots + \beta_p X_p + \varepsilon$$

式中，Y 为因变量（响应变量）；X_1、X_2、$\cdots$、X_p 为自变量；β_1、β_2、$\cdots$、β_p 为模型参数；ε 为误差项，表示不能由模型解释的随机误差。

在多元线性回归中，通过最小化残差平方和来估计模型参数。这意味着应找到一组参数，使得模型的预测值与观测值之间的差异最小。

假设想探究贵州茅台股票收盘价（close）与交易量（vol）以及开盘价（open）之间的关系，可以使用多元线性回归进行分析，实例8-4即演示了这一实现过程。

实例8-4 分析贵州茅台股票数据中交易量、开盘价对收盘价的影响（源码路径：codes\8\duo.R）

实例文件 duo.R 的具体实现代码如下：

```r
# 安装并加载 ggplot2 包
install.packages("ggplot2")
library(ggplot2)

# 读取 CSV 文件
maotai_data <- read.csv("maotai_stock_data.csv")

# 多元线性回归，以交易量（vol）和开盘价（open）作为自变量，股票收盘价（close）作为因变量
model <- lm(close ~ vol + open, data = maotai_data)

# 查看回归结果摘要
summary(model)

# 可视化回归模型
ggplot(maotai_data, aes(x = vol, y = close, color = open)) +
  geom_point() +
  geom_smooth(method = "lm", formula = y ~ x, se = FALSE, color = "blue") +
  labs(title = "Multiple Linear Regression",
       x = "Volume (vol)",
       y = "Close Price (close)",
       color = "Open Price (open)")
```

本实例结合数据的读取、多元线性回归建模、查看模型摘要以及创建可视化图形等步骤，深入分析贵州茅台股票数据中交易量、开盘价对收盘价的影响。上述代码的具体说明如下。

（1）通过 install.packages("ggplot2") 和 library(ggplot2) 安装并加载 ggplot2 包，ggplot2 包是一个用于绘制数据可视化图形的强大工具。

（2）将 CSV 文件中的贵州茅台股票数据读取到名为 maotai_data 的数据框中。

（3）使用函数 lm() 进行多元线性回归建模，其中因变量是 close，自变量包括 vol 和 open。模型

结果保存在名为model的对象中。

（4）通过summary(model)查看回归模型的摘要统计信息，包括模型参数的估计值、标准误差、t值、p值等。

执行后会输出：

```
Call:
lm(formula = close ~ vol + open, data = maotai_data)

Residuals:
     Min       1Q   Median       3Q      Max
-162.684  -16.166   -1.515   15.587  132.021

Coefficients:
              Estimate Std. Error t value Pr(>|t|)
(Intercept)  1.872e+01  7.358e+00   2.544   0.0111 *
vol          5.300e-05  6.027e-05   0.879   0.3794
open         9.889e-01  3.848e-03 256.994   <2e-16 ***
---
Signif. codes:  0 '***' 0.001 '**' 0.01 '*' 0.05 '.' 0.1 ' ' 1

Residual standard error: 30.99 on 888 degrees of freedom
Multiple R-squared:  0.9869,    Adjusted R-squared:  0.9869
F-statistic: 3.346e+04 on 2 and 888 DF,  p-value: < 2.2e-16
```

（5）使用函数ggplot()创建散点图，如图8-2所示。其中，x轴表示交易量（vol），y轴表示股票收盘价（close），并通过颜色区分不同开盘价（open）的水平。函数geom_smooth()用于添加回归线，通过指定method = "lm"使用线性回归模型，se = FALSE关闭置信区间的显示；函数labs()用于添加图形的标题和轴标签。

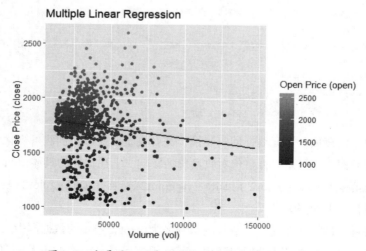

图8-2　交易量、开盘价对股票收盘价影响的散点图

8.3 逻辑回归

逻辑回归是一种解决分类问题的算法。尽管其名字中包含"回归"一词，但实际上逻辑回归被用于处理分类任务而不是回归问题。逻辑回归是一种广泛应用于机器学习和统计学领域的算法。

8.3.1 逻辑回归简介

逻辑回归的基本思想是通过一个逻辑函数（Sigmoid函数）将线性组合的输入映射到0～1的输出。这使得逻辑回归适用于二元分类问题，其中目标变量只有两个可能的取值。逻辑回归模型的基本表达式如下：

$$P(Y=1) = \frac{1}{1+e^{-(\beta_0+\beta_1 X_1+\beta_2 X_2+\cdots+\beta_p X_p)}}$$

式中，$P(Y=1)$为事件发生的概率；e为自然对数的底；β_0、β_1、$\cdots$、β_p为模型的参数；X_1、X_2、$\cdots$、X_p为特征变量。

逻辑回归通过学习参数β_0、β_1、$\cdots$、β_p拟合数据，并通过逻辑函数将线性组合映射到概率空间。在预测时，如果$P(Y=1)$大于某个阈值（通常为0.5），则将样本分为类别1；否则，将其分为类别0。

逻辑回归简单、易于解释，在处理线性可分问题时具有不错的性能。逻辑回归经常用于二元分类问题，如垃圾邮件识别、疾病诊断等。对于多类别分类问题，可以通过一对多（One-vs-Rest）的方法扩展逻辑回归。

8.3.2 逻辑回归的应用领域

逻辑回归在很多领域都有广泛的应用，尤其是在二元分类问题上表现出色。下面列出了逻辑回归常见的应用领域。

（1）医学领域：逻辑回归可用于疾病诊断，如肿瘤是良性还是恶性、患者是否患有某种疾病等。

（2）金融领域：逻辑回归不仅可以用于信用评分模型，判断借款人是否有违约风险，还可以用于欺诈检测，如信用卡交易是否为欺诈行为。

（3）市场营销：逻辑回归可用于预测客户是否购买某个产品或服务，从而帮助企业优化市场策略。

（4）人力资源管理：逻辑回归可用于预测员工是否离职，帮助企业采取适当的人才留存措施。

（5）医疗保险：逻辑回归可用于预测被保险人是否会提出索赔，从而帮助保险公司进行风险评估。

（6）社会科学研究：在社会学、心理学等领域，逻辑回归可以用于研究人类行为、社会趋势等。

（7）自然语言处理：在文本分类问题中，逻辑回归可以用于判断文本属于哪个类别，如垃圾邮件过滤、情感分析等。

（8）生态学：逻辑回归可用于分析生态学数据，如预测某个物种是否存在于特定环境条件下。

（9）政治学：逻辑回归可用于预测选民的选举倾向、分析选民行为等。

总体而言，逻辑回归是一种强大的工具，特别适用于处理二元分类问题。在实践中，逻辑回归被广泛应用于预测和决策支持系统。

8.3.3 使用逻辑回归模型

在R语言中，通常使用其内置函数glm()构建逻辑回归模型。实例8-5是通过逻辑回归模型分析贵州茅台股票数据，预测股票涨跌概率，并使用混淆矩阵评估模型性能，最后可视化展示预测结果和混淆矩阵。

实例8-5 通过逻辑回归模型预测贵州茅台股票涨跌概率，并使用混淆矩阵评估模型性能，最后可视化展示预测结果和混淆矩阵（源码路径：codes\8\luo.R）

实例文件luo.R的具体实现代码如下：

```r
# 读取 CSV 文件
maotai_data <- read.csv("maotai_stock_data.csv")

# 计算股票收益率
maotai_data$returns <- c(NA, diff(maotai_data$close)/maotai_data$close[-
  nrow(maotai_data)])

# 创建二元分类变量：1 表示涨，0 表示跌
maotai_data$direction <- ifelse(maotai_data$returns > 0, 1, 0)

# 构建逻辑回归模型
model <- glm(direction ~ vol + open + high + low, data = maotai_data,
  family = "binomial")

# 查看模型摘要
summary(model)

# 预测概率
maotai_data$predicted_prob <- predict(model, type = "response", newdata =
  maotai_data)

# 绘制股票涨跌概率变化图
library(ggplot2)
ggplot(maotai_data, aes(x = Date, y = predicted_prob, color =
  factor(direction))) +
  geom_line() +
  labs(title = "Probability of Stock Price Increase",
       x = "Date",
       y = "Predicted Probability",
```

```
        color = "Direction") +
  theme_minimal()

# 将预测概率转换为类别
predicted_class <- ifelse(maotai_data$predicted_prob > 0.5, 1, 0)

# 构建混淆矩阵
conf_matrix <- confusionMatrix(table(predicted_class, maotai_data$direction))
print(conf_matrix)

# 可视化混淆矩阵
library(caret)
library(ggplot2)

conf_matrix_df <- as.data.frame(conf_matrix$byClass)
str(conf_matrix_df)

# 可视化混淆矩阵
ggplot(conf_matrix_df, aes(x = rownames(conf_matrix_df), y = conf_
  matrix$byClass)) +
  geom_point(size = 3, color = "blue") +
  geom_text(aes(label = sprintf("%.2f", conf_matrix$byClass)), vjust =
    -0.5, color = "red") +
  labs(title = "Confusion Matrix Visualization",
       x = "Positive Rate",
       y = "Sensitivity",
       caption = "Specificity values in red") +
  theme_minimal()
```

对上述代码的具体说明如下。

（1）读取CSV文件：通过函数read.csv()读取名为maotai_stock_data.csv 的CSV文件，将数据加载到 maotai_data 数据框中。

（2）计算股票收益率：计算每天的股票收益率，将结果存储在 maotai_data$returns 列中。这里使用函数diff()计算相邻两天收盘价的差值。

（3）创建二元分类变量：利用收益率信息，创建一个名为 maotai_data$direction 的二元分类变量，其中1表示涨，0表示跌。

（4）构建逻辑回归模型：使用函数glm()构建二元逻辑回归模型，将 direction 作为响应变量，vol、open、high 和 low 作为自变量，使用二项分布（family = "binomial"）。

（5）查看模型摘要：使用函数summary()查看构建的逻辑回归模型的摘要信息，包括模型系数的估计、标准误差、z值、p值等。

执行后会输出：

```
Call:
```

```
glm(formula = direction ~ vol + open + high + low, family = "binomial",
    data = maotai_data)

Deviance Residuals:
    Min       1Q    Median       3Q      Max
-1.34392  -1.17594  -0.04199  1.17557  1.32285

Coefficients:
             Estimate Std. Error z value Pr(>|z|)
(Intercept) -8.782e-01  5.593e-01  -1.570   0.116
vol          2.097e-06  5.962e-06   0.352   0.725
open        -2.316e-03  3.732e-03  -0.621   0.535
high         1.452e-03  4.896e-03   0.297   0.767
low          1.321e-03  5.149e-03   0.257   0.798

(Dispersion parameter for binomial family taken to be 1)
```

（6）预测概率：使用构建的逻辑回归模型，通过函数predict()获取股票涨跌的预测概率，并将结果存储在 maotai_data$predicted_prob 列中。

（7）绘制股票涨跌概率变化图：利用 ggplot2 包绘制股票涨跌概率随时间变化的折线图，用不同颜色表示涨跌方向，如图8-3所示。

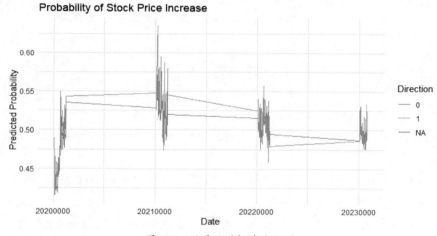

图8-3　股票涨跌概率变化图

（8）将预测概率转换为类别：将预测概率大于0.5的样本分类为1，否则分类为0，结果存储在 predicted_class 中。

（9）构建混淆矩阵：使用函数confusionMatrix()，根据实际涨跌情况和模型预测结果构建混淆矩阵。

（10）可视化混淆矩阵：使用ggplot2包绘制混淆矩阵的可视化图，如图8-4所示。其中，x轴表示正类别比例，y轴表示灵敏度，点的颜色表示具体的值，红色表示特定性（Specificity）的值。

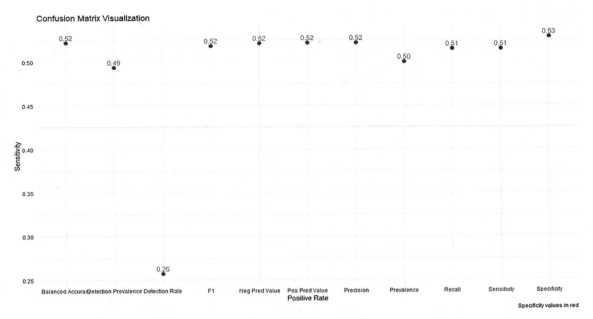

图 8-4 混淆矩阵的可视化图

8.4 非线性回归

非线性回归是一种回归分析方法,用于建立因变量(目标)与一个或多个自变量(特征)之间的关系。与线性回归不同,非线性回归允许因变量和自变量之间的关系是非线性的。在非线性回归中,模型的关系可以是曲线、曲面或其他非线性形状。

8.4.1 非线性回归简介

与线性回归不同的是,在非线性回归中,因变量和自变量之间的关系不是线性的,可以是指数、对数等非线性形式。非线性回归模型可以表示如下:

$$y = f(x, \beta) + \varepsilon$$

式中,y 为因变量;x 为自变量;β 为模型参数;$f(\cdot)$ 为一个非线性函数;ε 为误差项。

非线性回归的目标是通过调整参数 β,使模型的预测值与实际观测值之间的误差最小化。通常,这涉及使用最小二乘法或其他优化方法来拟合模型。

非线性回归被广泛应用于实际问题中,因为现实世界的很多关系往往不是简单的线性关系。生物学、经济学和工程学中的许多现象都可以通过非线性回归来更准确地描述。

8.4.2 使用非线性回归模型

实例8-6将使用文件maotai_stock_data.csv中的股票数据进行非线性回归分析。为了使该实例更有趣，将使用一个简单的非线性函数来拟合股价数据。

实例8-6 对股票数据进行非线性回归分析（源码路径：codes\8\fei.R）

实例文件fei.R的具体实现代码如下：

```r
# 安装和加载所需的包
install.packages("ggplot2")
library(ggplot2)

# 读取股票数据
stock_data <- read.csv("maotai_stock_data.csv")
names(stock_data)

# 创建散点图
ggplot(stock_data, aes(x = Date, y = close)) +
  geom_point() +
  labs(title = "茅台股票价格散点图")

any(is.na(stock_data))

# 定义并拟合非线性模型（指数函数）
model <- lm(close ~ poly(Date, degree = 2), data = stock_data)

# 添加拟合曲线到图上
ggplot(stock_data, aes(x = Date, y = close)) +
  geom_point() +
  geom_smooth(method = "lm", formula = y ~ poly(x, degree = 2), se = FALSE,
              color = "blue") +
  labs(title = "茅台股票价格与多项式拟合")
```

对上述代码的具体说明如下。

（1）安装并加载ggplot2包。读取包含茅台股票数据的CSV文件，并使用函数names()查看数据集的列名。

（2）通过函数ggplot()创建一个散点图，如图8-5所示。使用函数aes()指定x轴和y轴的变量，即时间（Date）和股票收盘价（close）。通过添加函数geom_point()，在图上添加了散点，展示了股票价格随时间的变化。函数labs()用于添加图形标题。

（3）使用any(is.na(stock_data))检查数据中是否存在缺失值。这是为了确保数据完整性，如果存在缺失值，则可能需要进一步处理。

（4）使用函数lm()定义一个非线性模型，通过拟合一个二次多项式来适应股票价格的变化。该模型以收盘价（close）作为响应变量，以时间（Date）的二次多项式作为解释变量。这是一种尝试捕捉非线性关系的方法。

（5）再次使用函数ggplot()创建一个散点图，并通过函数geom_smooth()添加一个拟合的曲线到图上，如图8-6所示。这次使用的是多项式拟合，通过 method = "lm" 指定。图8-6展示了拟合曲线如何适应股票价格的变化趋势。

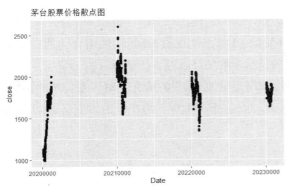

图8-5　股票价格随时间变化的散点图

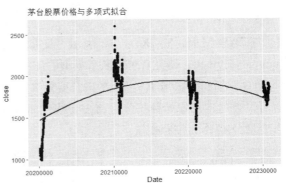

图8-6　添加拟合曲线的散点图

8.5　条件回归

条件回归是统计学和经济学中的一个概念，涉及在给定一个或多个控制变量的条件下，对因变量和自变量之间关系的分析。在条件回归中，可以了解在某些条件下自变量对因变量的影响如何变化。具体来说，条件回归的目标是通过固定其他变量（控制变量）的取值，来研究自变量和因变量之间的关系。这有助于排除其他可能影响因变量的因素，从而更准确地估计自变量对因变量的影响。

8.5.1　条件回归简介

条件回归常常在多元回归分析中使用，在多元回归中，可以同时考虑多个自变量对因变量的影响。通过进行条件回归，可以检验在保持其他自变量不变的情况下，每个自变量对因变量的独立影响。这种方法有助于控制混杂因素，即可能对因变量产生影响的其他变量。通过条件回归，我们能够更细致地理解不同变量之间的关系，提高模型的准确性和解释力。

在R语言中，条件回归通常是通过多元线性回归模型实现的。下面将提供一个简单的示例（源码路径：codes\8\tiao.R），演示使用R语言实现条件回归的过程。

（1）考虑以下数据集，其中包含一个因变量（Y）、一个自变量（X1）和一个控制变量（X2）。

```
# 创建一个示例数据集
set.seed(123)
data <- data.frame(
  Y = rnorm(100),          # 因变量
  X1 = rnorm(100),         # 自变量
```

```
    X2 = rnorm(100)                # 控制变量
)
```

（2）使用函数lm()拟合多元线性回归模型。

```
# 多元线性回归模型
model <- lm(Y ~ X1 + X2, data = data)
```

在该模型中，Y ~ X1 + X2 表示因变量Y是自变量X1和控制变量X2的线性组合。通过观察summary(model)，研究者可以获得模型的详细信息，包括参数估计、拟合优度等。

（3）进行条件回归，可以考虑自变量X1在保持控制变量X2不变的情况下对因变量Y的影响。这可以通过使用原始数据集进行多元线性回归来实现。在这个模型中，将Y作为因变量，X1作为自变量，X2作为控制变量：

```
# 多元线性回归模型
model <- lm(Y ~ X1 + X2, data = data)

# 查看模型摘要，获取参数估计和模型信息
summary(model)
```

R语言实现条件回归的基本步骤如下。

（1）使用函数lm()拟合整体模型，包括所有自变量和控制变量。
（2）根据需要创建子集数据，包含自变量和控制变量。
（3）使用函数lm()在子集数据上进行回归，获得条件回归模型。

> **注意**
> 上面只是一个简单的演示示例，在实际应用中，可能会涉及更复杂的模型和数据，这需要确保理解数据的背景和模型的合理性。

8.5.2 使用条件回归模型

实例8-7使用文件maotai_stock_data.csv中的茅台股票数据进行条件回归，探讨股票收益率（Return）在不同市场情况下的表现。在实例中将使用两个自变量：大盘指数（如上证指数，作为市场情况的代表）和交易量（Volume）。

实例8-7 分析股票收益率在不同市场情况下的表现（源码路径：codes\8\da.R）

实例文件da.R的具体实现代码如下：

```
# 安装和加载所需的包
install.packages("ggplot2")
install.packages("quantmod")
library(ggplot2)
```

```r
library(quantmod)

# 读取股票数据
maotai_data <- read.csv("maotai_stock_data.csv")

# 获取大盘指数（上证指数）数据
getSymbols("^SSEC", from = "2021-01-01", to = Sys.Date(), src = "yahoo",
  auto.assign = TRUE)

# 合并茅台和大盘数据
merged_data <- merge(maotai_data, Cl(SSEC), by = "Date", all.x = TRUE)

# 计算茅台股票和大盘指数的日收益率
merged_data$Maotai_Return <- dailyReturn(Ad(merged_data), type =
  "arithmetic")
merged_data$Market_Return <- dailyReturn(merged_data$SSEC, type =
  "arithmetic")

# 创建散点图
ggplot(merged_data, aes(x = Market_Return, y = Maotai_Return, color =
  Volume)) +
  geom_point() +
  labs(title = "茅台股票收益率与大盘指数、交易量的关系") +
  theme_minimal()

# 进行条件回归
condition_model <- lm(Maotai_Return ~ Market_Return + Volume, data =
  merged_data)

# 查看回归模型的摘要
summary(condition_model)
```

在上述代码中，首先获取大盘指数的数据；然后将茅台股票数据和大盘数据合并；接着，计算茅台股票和大盘指数的日收益率，并使用ggplot2包创建一个散点图，展示茅台股票的收益率与大盘指数和交易量的关系；最后，使用函数lm()进行条件回归，将大盘指数和交易量作为自变量，股票收益率作为因变量。通过查看回归模型的摘要，可以了解不同市场情况下茅台股票收益率的表现，以及每个自变量的影响。

第 9 章

方差分析

方差分析（Analysis of Variance，ANOVA）是一种统计方法，用于比较两个或两个以上组之间的平均值是否存在显著差异。本章将详细讲解使用R语言实现方差分析的知识，并通过具体实例的实现过程讲解各个知识点的用法。

9.1 方差分析简介

方差分析最初是由统计学家Ronald A. Fisher在20世纪20年代开发的，其被广泛用于实验设计和数据分析，以及实验研究中。方差分析的基本思想是通过分解总变异（观测值与总平均值之间的差异）为不同来源的变异部分，从而判断组间的平均值是否存在显著差异。方差分析假设总体数据是正态分布的，并且各个组的方差相等。

在方差分析中，有单因素方差分析（One-way ANOVA）和两因素方差分析（Two-way ANOVA）。单因素方差分析适用于一个因素（自变量）的情况；而两因素方差分析适用于两个因素的情况，可以分析这两个因素对因变量的影响以及它们之间的交互作用。

方差分析产生的结果通常包括F统计量和p值。如果p值小于设定的显著性水平（通常是0.05），就可以拒绝原假设，认为组间平均值存在显著差异；如果p值大于设定的显著性水平，则没有足够的证据拒绝原假设，即组间平均值没有显著差异。

在R语言中，进行方差分析可以使用内置的函数aov()。下面是R语言实现方差分析的基本步骤。

（1）数据准备：确保数据按照实验设计的要求进行整理，包括一个因变量和一个或多个自变量。

（2）使用函数aov()：该函数的基本语法是aov(formula, data)，其中formula是一个公式，描述了因变量和自变量之间的关系；data是包含数据的数据框。具体实现代码如下：

```
my_anova <- aov(response_variable ~ factor_variable, data = my_data)
```

在上述代码中，使用"~"表示因变量和自变量之间的关系。如果有多个自变量，则可以使用"*"表示它们之间的交互作用。

（3）查看方差分析的结果：使用函数summary()查看方差分析的摘要信息。具体实现代码如下：

```
summary(my_anova)
```

上述代码将输出表ANOVA的信息，其中包含F统计量、p值等信息，以帮助判断组间平均值是否存在显著差异。

（4）多重比较：如果表ANOVA显示组间平均值存在显著差异，此时可能想进一步进行多重比较（post hoc tests），以确定具体是哪些组之间存在差异。在R语言中有多种进行多重比较的方法，如函数TukeyHSD()。例如，下面的代码将提供每两组之间的比较结果，包括调整后的p值。

```
posthoc <- TukeyHSD(my_anova)
print(posthoc)
```

注意，在进行方差分析时，要确保数据满足方差分析的一些假设，如正态性和方差齐性，此时需要使用一些图形和统计检验来验证这些假设。

> **注意**
> 除了上面介绍的内置函数，在R语言中还有许多其他用于方差分析的函数和包，具体使用取决于数据和分析需求。

9.2 单因素方差分析

单因素方差分析是一种统计方法，用于比较三个或更多组之间的平均值是否存在显著差异。单因素方差分析主要适用于一个因素（自变量）的情况，该因素有两个或多个水平（组别）。单因素方差分析的目标是确定组别之间的平均值是否存在显著差异，而不是指明具体哪些组之间存在差异。

9.2.1 单因素方差分析的步骤

单因素方差分析适用于需要比较三个或更多组之间平均值差异的场景。通过这种方法，研究人员能够识别对观察到的变化有显著影响的因素，以便为决策和进一步的研究提供有力的统计支持。单因素方差分析的基本实现步骤如下。

（1）设定假设：设定原假设和备择假设。原假设通常是所有组的平均值相等，备择假设是至少有一组的平均值不同。

①原假设（H_0）：$\mu_1 = \mu_2 = \mu_3 = \cdots = \mu_k$（所有组的总体平均值相等）。

②备择假设（H_a）：至少有一组的总体平均值不同。

（2）数据收集：收集每个组的数据，并确保数据满足方差分析的假设，如正态性和方差齐性。

（3）方差分析：使用统计软件或编程语言，如R或Python，进行方差分析。在R语言中，这可以使用函数aov()实现。例如下面的代码：

```
my_anova <- aov(response_variable ~ factor_variable, data = my_data)
```

其中，response_variable是因变量，factor_variable是单一因素的水平，my_data是包含数据的数据框。

（4）解释结果：查看方差分析的结果，包括ANOVA表，包含F统计量、p值等信息。如果p值小于显著性水平（通常为0.05），则可以拒绝原假设，认为至少有一组的平均值存在显著差异。

（5）多重比较（可选）：如果ANOVA表显示组间存在显著差异，则可能需要进行多重比较来确定具体哪些组之间存在差异。

> **注意**
> 单因素方差分析是比较多个组平均值的有力工具，常用于实验设计和调查研究，以确定不同水平的因素是否对观测值产生显著影响。

9.2.2 单因素方差分析的应用

单因素方差分析在各种领域中被广泛应用，特别是在实验设计和数据分析中。单因素方差分析的常见应用场景如下。

（1）医学研究：在医学研究中，可以使用单因素方差分析比较不同药物治疗组的效果、不同治疗方案的疗效，或者不同病人群体之间的生物标志物水平。

（2）教育研究：在教育研究中，可以使用单因素方差分析比较不同教学方法、教育干预或学科的学生表现。

（3）工业质量控制：在工业领域，单因素方差分析可用于比较不同工艺条件下产品的质量，以确定哪些条件对产品性能产生显著影响。

（4）社会科学研究：在社会科学研究中，单因素方差分析可用于比较不同社会群体之间的行为、态度或其他测量指标。

（5）农业研究：在农业领域，可以使用单因素方差分析研究不同处理对作物产量的影响，如不同施肥水平或种植密度。

（6）市场研究：在市场研究中，单因素方差分析可用于比较不同广告策略、产品设计或定价策略对消费者反应的影响。

（7）运动科学：在运动科学中，可以使用单因素方差分析比较不同训练方法对运动员表现的影响。

（8）环境科学：在环境科学中，可以使用单因素方差分析研究不同环境因素对生态系统的影响。

假设有一个包含50名病人医疗数据的CSV文件bing.csv，其中包括患者ID、年龄、性别、血压和胆固醇等信息，具体内容如下：

```
PatientID,Age,Gender,BloodPressure,Cholesterol
1,35,Female,120/80,200
2,45,Male,130/85,220
3,40,Male,140/90,180
4,55,Female,125/78,240
5,30,Female,110/75,190
6,50,Male,135/88,210
7,28,Male,130/82,195
8,38,Female,118/76,230
9,42,Male,142/91,200
10,48,Female,128/84,220
11,33,Male,137/89,190
12,41,Female,125/80,215
13,29,Female,112/74,180
14,46,Male,134/86,240
15,39,Male,145/92,185
16,32,Female,122/79,210
17,51,Female,118/77,200
```

```
18,43,Male,130/85,230
19,31,Female,115/78,195
20,36,Female,126/81,215
...
```

实例9-1将使用文件bing.csv中的医疗数据，探索并比较医疗数据中不同性别患者的年龄特征。

👆 **实例9-1** 探索并比较医疗数据中不同性别患者的年龄特征（源码路径：codes\9\dan.R）

实例文件dan.R的具体实现代码如下：

```r
# 读取 CSV 文件
medical_data <- read.csv("bing.csv")

# 查看数据结构
str(medical_data)

# 绘制箱线图和点图，观察年龄分布
library(ggplot2)
library(ggrepel)    # 用于在点图上添加标签

# 创建箱线图
boxplot_plot <- ggplot(medical_data, aes(x = Gender, y = Age)) +
  geom_boxplot() +
  labs(title = "患者年龄分布",
       x = "性别",
       y = "年龄") +
  theme_minimal()

# 创建点图
point_plot <- ggplot(medical_data, aes(x = Gender, y = Age)) +
  geom_point(position = position_jitter(width = 0.3, height = 0)) +
    # 使用 jitter 添加点，避免重叠
  geom_text_repel(aes(label = PatientID), box.padding = 0.5) +
    # 添加患者 ID 标签
  labs(title = "患者年龄分布",
       x = "性别",
       y = "年龄") +
  theme_minimal()

# 将箱线图和点图组合在一起
gridExtra::grid.arrange(boxplot_plot, point_plot, ncol = 2)

# 进行单因素方差分析
anova_result <- aov(Age ~ Gender, data = medical_data)
summary(anova_result)
```

```
# 进行事后多重比较
posthoc_result <- TukeyHSD(anova_result)
print(posthoc_result)
```

对上述代码的具体说明如下。

（1）数据导入：通过函数read.csv()将医疗数据从CSV文件bing.csv导入R中，存储在名为medical_data 的数据框中。

（2）查看数据结构：使用函数str(medical_data)查看数据框的结构，包括变量类型和前几行的值，以便初步了解数据。

执行后会输出：

```
'data.frame':    50 obs. of  5 variables:
 $ PatientID    : int  1 2 3 4 5 6 7 8 9 10 …
 $ Age          : int  35 45 40 55 30 50 28 38 42 48 …
 $ Gender       : chr  "Female" "Male" "Male" "Female" …
 $ BloodPressure: chr  "120/80" "130/85" "140/90" "125/78" …
 $ Cholesterol  : int  200 220 180 240 190 210 195 230 200 220 …
```

（3）数据可视化：利用ggplot2包和ggrepel包创建两个图形。首先，生成一个箱线图，展示不同性别患者的年龄分布；其次，创建一个点图，将每个患者的年龄以点的形式显示，并在图上标记患者ID。

（4）图形组合：使用函数grid.arrange()将箱线图和点图组合在一起，方便比较不同性别患者的年龄分布，如图9-1所示。

（5）开始统计分析工作。首先进行单因素方差分析，使用函数aov()比较不同性别患者年龄之间的差异。执行后会输出：

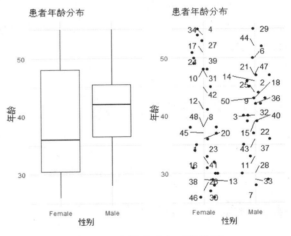

图9-1 绘制的两个可视化图

```
            Df Sum Sq Mean Sq F value Pr(>F)
Gender       1     85   85.46   1.178  0.283
Residuals   48   3481   72.52
```

上述输出结果提供了ANOVA表格，用于检验不同性别患者的年龄是否存在显著差异，此处主要关注的是F统计量和其对应的p-value，具体说明如下。

①F value 为 1.178，对应的 p-value 为 0.283。

②p-value 大于通常选择的显著性水平（通常为 0.05），表明不能拒绝原假设，即年龄在不同性别之间没有显著差异。

在统计学上，p-value 大于显著性水平通常被解释为无法拒绝原假设。在这里，原假设是不同性别患者的年龄均值相等。如果p-value小于显著性水平，则可能会得出结论，即有足够的证据表明不同性别患者的年龄存在显著差异。

（6）通过函数TukeyHSD()进行事后多重比较，以确定哪些性别之间存在显著差异。

执行后会输出：

```
    Tukey multiple comparisons of means
      95% family-wise confidence level

Fit: aov(formula = Age ~ Gender, data = medical_data)

$Gender
                diff       lwr      upr     p adj
Male-Female 2.623188 -2.235299 7.481676 0.2830872
```

上述输出结果提供了不同性别患者年龄之间差异的估计值（diff），以及其95%置信区间（lwr和upr）。最重要的是，p adj 列给出了经过调整后的p-value，用于确定这些差异是否显著。在该实例中，主要关注的是 Male 和 Female 之间的比较。结果表明，在95%的置信水平下，两者之间的年龄差异的置信区间为 [-2.235, 7.481]；并且经过调整的p-value 为 0.283，大于通常选择的显著性水平（通常为 0.05）。因此，根据该结果，不能拒绝两者年龄均值相等的原假设，即两个性别之间的年龄差异不显著。

9.3 多因素方差分析

多因素方差分析是一种用于分析多个自变量对因变量的影响的统计方法。其扩展了单因素方差分析，允许同时考虑多个因素对因变量的影响，并检验它们是否显著。

9.3.1 多因素方差分析简介

多因素方差分析适用于实验设计中包含两个或更多因素的情况。本节将详细讲解多因素方差分析的关键概念和实现流程。

1. 关键概念

（1）因素（Factors）：影响因变量的独立变量，也称为处理变量。每个因素可以有两个或更多的水平。例如，在医学研究中，药物类型和剂量可以是两个不同的因素。

（2）水平（Levels）：每个因素的不同取值。例如，药物类型这个因素可能有两个水平：治疗组和对照组。

（3）交互作用（Interaction）：表示一个因素的效果是否依赖于另一个因素。如果两个因素之间存在交互作用，则说明它们的联合影响不仅仅是简单相加的结果。

（4）主效应（Main Effects）：表示每个因素对因变量的独立影响，不考虑其他因素的影响。

2. 实现流程

（1）建立假设：设定各个因素对因变量的影响，并建立相关假设，主要包括各因素主效应的假设和交互作用的假设。

（2）收集数据：进行实验或观察，收集包含各个因素水平的数据。

（3）方差分解：将总体方差分解为各因素主效应、交互作用和误差项。

（4）计算统计量：使用计算得到的方差分量计算统计量（F 值）。

（5）假设检验：判断统计量的显著性，检验各因素主效应和交互作用是否显著。

（6）解释结果：如果存在显著差异，则进行事后多重比较，以确定具体哪些水平或组有显著差异；同时，解释主效应和交互作用的意义。

9.3.2 两因素方差分析

两因素方差分析是一种统计方法，用于分析两个因素对因变量的影响。这种方法扩展了单因素方差分析，允许同时考虑两个因素的主效应以及它们之间的交互作用。两因素方差分析适用于实验设计中包含两个分类自变量的情况，试考虑一个药物研究的场景：研究药物类型（A、B）和剂量（低、中、高）对患者血压的影响，这就是一个两因素多水平的实验设计，可以使用多因素方差分析检验药物类型、剂量以及它们之间的交互作用对血压的影响是否显著。

实例 9-2 展示了两因素方差分析在实际数据分析中的应用过程。该实例构建了一个虚构的场景，将考虑 Diet（饮食类型，A、B）和 Exercise（锻炼频率，Low、Medium、High），以及它们对人体的 WeightLoss（体重减轻）的影响。

实例 9-2 饮食类型和锻炼频率对体重减轻的影响（源码路径：codes\9\two.R）

实例文件 two.R 的具体实现代码如下：

```r
# 创建模拟数据
set.seed(123)
n <- 60    # 每组的样本数
diet <- rep(rep(c("A", "B"), each = n/2), times = 3)
exercise <- rep(rep(c("Low", "Medium", "High"), each = n/2), times = 2)
weight_loss <- c(rnorm(n, mean = 2, sd = 1),
                 rnorm(n, mean = 3, sd = 1.5),
                 rnorm(n, mean = 4, sd = 2))

# 创建数据框
weight_data <- data.frame(Diet = factor(diet), Exercise = factor(exercise),
  WeightLoss = weight_loss)

# 查看数据结构
str(weight_data)
```

```
# 绘制交互作用图
interaction.plot(x.factor = weight_data$Exercise, trace.factor = weight_
   data$Diet, response = weight_data$WeightLoss, col = c("red", "blue"))

# 进行两因素方差分析
anova_result <- aov(WeightLoss ~ Diet * Exercise, data = weight_data)
summary(anova_result)

# 进行事后多重比较
posthoc_result <- TukeyHSD(anova_result)
print(posthoc_result)
```

对上述代码的具体说明如下。

（1）创建模拟数据：使用set.seed(123)设置随机数生成的种子，并生成一个模拟数据集，包括饮食类型（Diet）、锻炼频率（Exercise）和体重减轻（WeightLoss）。

（2）创建数据框：使用生成的数据创建一个数据框（weight_data），其中包含饮食类型、锻炼频率和体重减轻的信息。

（3）查看数据结构：使用函数str()查看数据框的结构，包括各列的数据类型和前几行的数据，以确保数据的正确性和完整性。执行后会输出：

```
'data.frame':    50 obs. of  5 variables:
 $ PatientID     : int  1 2 3 4 5 6 7 8 9 10 …
 $ Age           : int  35 45 40 55 30 50 28 38 42 48 …
 $ Gender        : chr  "Female" "Male" "Male" "Female" …
 $ BloodPressure : chr  "120/80" "130/85" "140/90" "125/78" …
 $ Cholesterol   : int  200 220 180 240 190 210 195 230 200 220 …
```

（4）绘制交互作用图：使用函数interaction.plot()绘制两个因素之间的交互作用图，通过颜色区分了不同的饮食类型，如图9-2所示。

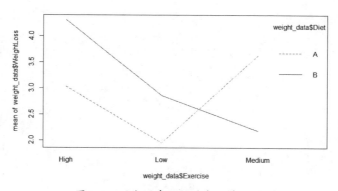

图9-2　两个因素之间的交互作用图

（5）进行两因素方差分析：使用函数aov()进行两因素方差分析，分析饮食类型、锻炼频率以及它们的交互作用对体重减轻的影响。

（6）显示方差分析结果：使用函数summary()显示方差分析的结果，包括各因素和交互作用的统计信息。执行后会输出：

```
                Df Sum Sq Mean Sq F value  Pr(>F)
Diet             1    2.6    2.61   1.116   0.292
Exercise         2   48.8   24.40  10.430 5.27e-05 ***
Diet:Exercise    2   65.7   32.83  14.036 2.23e-06 ***
Residuals      174  407.0    2.34
---
Signif. codes:  0 '***' 0.001 '**' 0.01 '*' 0.05 '.' 0.1 ' ' 1
```

（7）进行事后多重比较：使用函数TukeyHSD()进行事后多重比较，以了解具体哪些因素水平之间存在显著差异。执行后会输出：

```
  Tukey multiple comparisons of means
    95% family-wise confidence level

Fit: aov(formula = WeightLoss ~ Diet * Exercise, data = weight_data)

$Diet
         diff        lwr       upr     p adj
B-A 0.2408574 -0.2091326 0.6908474 0.2922412

$Exercise
                  diff        lwr        upr     p adj
Low-High    -1.2660005 -1.9260954 -0.6059056 0.0000319
Medium-High -0.7664432 -1.4265380 -0.1063483 0.0182729
Medium-Low   0.4995573 -0.1605375  1.1596522 0.1762589

$'Diet:Exercise'
                       diff        lwr        upr     p adj
B:High-A:High      1.2708027  0.1328099  2.4087955 0.0189133
A:Low-A:High      -1.0837343 -2.2217272  0.0542585 0.0718362
B:Low-A:High      -0.1774640 -1.3154568  0.9605289 0.9976618
A:Medium-A:High    0.5962086 -0.5417842  1.7342015 0.6584677
B:Medium-A:High   -0.8582923 -1.9962851  0.2797006 0.2555580
A:Low-B:High      -2.3545370 -3.4925299 -1.2165442 0.0000002
B:Low-B:High      -1.4482667 -2.5862595 -0.3102738 0.0043337
A:Medium-B:High   -0.6745941 -1.8125869  0.4633988 0.5282035
B:Medium-B:High   -2.1290949 -3.2670878 -0.9911021 0.0000033
B:Low-A:Low        0.9062704 -0.2317225  2.0442632 0.2017195
A:Medium-A:Low     1.6799430  0.5419501  2.8179358 0.0004844
B:Medium-A:Low     0.2254421 -0.9125508  1.3634349 0.9927826
A:Medium-B:Low     0.7736726 -0.3643203  1.9116654 0.3701621
B:Medium-B:Low    -0.6808283 -1.8188211  0.4571646 0.5178260
B:Medium-A:Medium -1.4545009 -2.5924937 -0.3165080 0.0041012
```

对上述事后多重比较输出结果的具体说明如下。

（1）对于因素Diet（饮食类型）：B组和A组之间的平均差异为0.2408574，95%置信区间为[-0.2091326, 0.6908474]，p值为0.2922412。p值大于通常的显著性水平（如0.05），表明两组之间的差异不显著。

（2）对于因素Exercise（锻炼频率）：

①Low组和High组之间的平均差异为-1.2660005，95%置信区间为[-1.9260954, -0.6059056]，p值为0.0000319。p值显著小于0.05，表明这两组之间的差异是显著的。

②Medium组和High组之间的平均差异为-0.7664432，95%置信区间为[-1.4265380, -0.1063483]，p值为0.0182729。同样，p值小于0.05，表明这两组之间的差异是显著的。

③Medium组和Low组之间的平均差异为0.4995573，95%置信区间为[-0.1605375, 1.1596522]，p值为0.1762589。p值大于0.05，表明这两组之间的差异不显著。

（3）对于交互作用"Diet:Exercise"：

①在不同锻炼频率下，B组和A组之间的差异在不同水平上都是显著的，p值均小于0.05。

②在相同饮食类型下，Medium组和Low组之间的差异是显著的，p值为0.0004844。

上述信息有助于理解两个因素及其交互对体重减轻的影响。

9.3.3 多因素方差分析

多因素方差分析广泛应用于实验设计和统计分析中，其中多个因素（变量）同时考虑，以确定它们对因变量的影响是否显著。下面列出了多因素方差分析的主要应用领域。

（1）医学研究：在医学领域，可以使用多因素方差分析研究不同治疗方法、药物、疾病类型等对患者健康状况的影响。考虑多个因素可以更全面地评估治疗效果。

（2）农业实验：农业研究中可能涉及多个因素，如不同肥料类型、水平和季节。多因素方差分析可以帮助确定哪些因素对作物产量有显著影响。

（3）教育研究：在教育研究中，可以考虑多个因素，如不同教学方法、学科、学生背景等，以评估它们对学生成绩的影响。

（4）工业生产：在工业实验中，多因素方差分析可以用于优化生产过程，考虑不同工艺参数、原材料特性等因素。

（5）社会科学研究：在社会科学领域，如心理学或社会学，可以通过多因素方差分析探讨多个因素对人类行为、心理状态或社会现象的影响。

（6）产品质量控制：在制造业中，多因素方差分析可以用于评估不同生产线、操作员或材料对产品质量的影响，从而改进生产过程。

（7）环境研究：在环境科学中，考虑多个因素，如温度、湿度、污染源等，可以帮助了解它们对生态系统或空气水质的综合影响。

实例9-3演示了使用多因素方差分析来分析农业实验数据的过程。在该实例中考虑了不同的肥料类型（Fertilizer）和施肥水平（Level of Fertilization），并测量了作物产量（Crop Yield）。假设这是一个田间试验，不同的农田分别使用不同类型和水平的肥料。

 实例9-3 分析肥料类型和施肥水平及其交互对农作物产量的影响（源码路径：codes\9\nong.R）

实例文件nong.R的具体实现代码如下：

```r
# 创建模拟数据
set.seed(123)
n <- 60  # 每组的样本数
fertilizer <- rep(rep(c("A", "B"), each = n/2), times = 2)
fertilization <- rep(rep(c("Low", "High"), each = n/2), times = 2)
crop_yield <- c(rnorm(n, mean = 50, sd = 10),
                rnorm(n, mean = 55, sd = 8),
                rnorm(n, mean = 45, sd = 12),
                rnorm(n, mean = 60, sd = 9))

# 创建数据框
agriculture_data <- data.frame(Fertilizer = factor(fertilizer),
                               Fertilization = factor(fertilization),
                               CropYield = crop_yield)

# 查看数据结构
str(agriculture_data)

# 绘制交互作用图
interaction.plot(x.factor = agriculture_data$Fertilizer,
                 trace.factor = agriculture_data$Fertilization,
                 response = agriculture_data$CropYield, col = c("red", "blue"))

# 进行两因素方差分析
anova_result <- aov(CropYield ~ Fertilizer * Fertilization, data = agriculture_data)
summary(anova_result)

# 进行事后多重比较
posthoc_result <- TukeyHSD(anova_result)
print(posthoc_result)
```

在上述代码中，首先生成一个模拟数据集，包括两个因素（肥料类型和施肥水平）及其交互作用对作物产量的影响；然后，使用两因素方差分析评估这些因素对作物产量的影响，并通过事后多重比较了解各水平之间的显著差异；最后，使用交互作用图可视化两个因素之间的相互作用。

9.4 协方差分析

协方差分析（ANCOVA）是一种统计分析方法，结合了方差分析和回归分析，被用于比较两个或更多组之间的均值，同时控制一个或多个协变量的影响。协变量是一些可能影响因变量的其他变量，通过控制它们的影响，可以更准确地评估组间均值的差异。

9.4.1 协方差分析方法简介

在协方差分析中，模型的一般形式如下：

$$Y = \beta_0 + \beta_1 X + \beta_2 C + \varepsilon$$

式中，Y 为因变量（通常为连续变量）；X 为主要预测因子（通常为分类变量）；C 为协变量（通常为连续变量），其作用为控制变量；β_0、β_1、β_2 为模型的参数；ε 为随机误差项。

协方差分析的目标是检验主要预测因子对因变量的影响是否显著，同时考虑协变量的影响。协方差分析适用于实验设计，研究者希望控制协变量的变异，以更精确地估计组间均值的差异。

协方差分析的主要应用场景如下。

（1）实验设计控制：当研究者在进行组间比较的实验设计时，需要考虑一个或多个协变量，以减少不相关的变异，确保结果的有效性。

（2）分析共变性：研究者希望分析因变量与一个或多个协变量之间的关系，同时考虑不同组之间的差异。

（3）增加统计敏感性：当协变量与因变量相关时，使用协方差分析能够提高统计敏感性，减少误差项的方差，从而使结果更具显著性。

9.4.2 协方差分析的应用

在 R 语言中，可以使用函数 aov() 实现协方差分析功能。函数 aov() 用于分析方差，而协方差分析是它的一种扩展形式，通过在模型中添加协变量，实现对组间均值的调整。在 R 语言中实现协方差分析的基本步骤如下。

（1）数据准备：确保数据集中包含因变量、主要预测因子和协变量。

（2）建立模型：使用函数 aov() 建立模型。在模型中，通过使用"+"操作符将因变量、主要预测因子和协变量添加到模型中。

（3）模型拟合：使用函数 summary() 查看拟合模型的摘要统计信息，包括组间的主要效应和协变量的效应。

（4）事后多重比较（可选）：如果主要效应显著，可以使用 TukeyHSD() 等函数进行事后多重比较，以确定哪些组之间存在显著差异。

实例 9-4 是基于协方差分析和多项式逻辑回归实现人体活动识别数据集的探索性数据分析。

实例 9-4 人体活动识别数据集的探索性数据分析（源码路径：codes\9\anova-logistic-regression.Rmd）

本实例的人体活动识别数据集中包含从嵌入式加速度计和陀螺仪收集的信息，用于执行步行、上楼梯、下楼梯、坐姿、站立和躺姿等任务。实验是在一个由30名志愿者组成的年龄段为19～48岁的群体中进行的，并通过视频证据进行观察标记，测量结果生成一个包含561个特征向量的数据集。

1. 实例目标

本实例的目标是使用多项式逻辑回归作为预测算法，有效地预测基于给定测量值的活动。多项式逻辑回归是一种分类算法，其将逻辑回归方法推广到给定独立变量情况下预测两个以上的类别。该方法在因变量（试图预测的类别）是名义性质的情况下非常有用，这意味着类别之间没有相关的排名。例如，一个学生在给定其偏好情况下会选择哪门选修课？

2. 加载、处理数据

（1）使用函数read.csv()从文件train.csv中读取 CSV 格式的数据，并将其存储在 data_raw 变量中，具体实现代码如下：

```
libraries_needed <- c('tidyr','dplyr','ggplot2','caret','purrr','rlang',
                      'hrbrthemes','GGally','caret')
lapply(libraries_needed,require,character.only=TRUE)
data_raw<- read.csv('train.csv')
```

（2）使用函数dim()获取数据框的维度，即行数和列数。通过如下代码查看从train.csv文件中读取的数据框的维度。

```
dim(data_raw)
```

执行后会输出：

```
[1] 3609  563
```

这意味着当前数据框有3609行（observations）和563列（features）数据。

（3）可以使用管道操作符"%>%"和dplyr包中的函数，对数据框data_raw进行分组和汇总，计算每个活动类别的频率。

```
data_raw %>%
  group_by(activity) %>%
  summarise(Frequency=n())
```

执行后会输出：

```
activity              Frequency
<chr>                     <int>
```

```
1  LAYING              681
2  SITTING             623
3  STANDING            668
4  WALKING             603
5  WALKING_DOWNSTAIRS  493
6  WALKING_UPSTAIRS    541
```

3. 单因素方差分析检验

究竟每个变量如何影响描述活动的因变量呢？考虑到在数据集中有561个特征向量，需要减少所需的特征向量以简化模型。其中一种方法是使用单因素方差分析检验，即通过观察组间和组内变异性的比值来确定组间均值差异是否显著。该检验的零假设表明在各组之间均值没有显著差异，而备择假设表明至少有一组均值与其他组显著不相似。

（1）为了进行单因素方差分析检验，使用每个特征作为数值向量，将其与类别（组）进行测试，那些 p 值小于 0.05 的特征将被用于模型。在下面的代码中，使用循环遍历数据框中的每个变量，进行单因素方差分析，并计算每个变量的 p 值。如果 p 值小于0.05，则将变量名称和对应的 p 值添加到结果数据框 p_values_variables 中。

```r
# 选择除行号（rn）和活动类别（activity）之外的所有变量，并提取变量名称
list_of_variables <- data_raw %>% select(-rn, -activity) %>% names()

# 创建一个空的数据框，用于存储变量名称和对应的 p 值
p_values_variables <- data.frame(variable_names = as.character(), p_values = as.numeric())

# 循环遍历每个变量
for (variable_names in list_of_variables) {

  # 计算总平均值
  mean_grand <- data_raw %>%
    select_(variable_names) %>%
    mutate_all(funs(mean(., na.rm = TRUE))) %>%
    unique() %>%
    pull()

  # 创建包含每个活动类别中观测值数量和观测值平均数的数据框
  mean_groups <- data_raw %>%
    select_(variable_names, 'activity') %>%
    group_by(activity) %>%
    summarise_all(funs(mean(., na.rm = TRUE))) %>%
    inner_join(data_raw %>% select_(variable_names, 'activity') %>% group_by(activity) %>%
      summarise(n = n())) %>% ungroup() %>% as.data.frame()
```

```r
# 将变量名称列重命名为 num_var，这是组内均值
mean_groups$num_var <- mean_groups[, variable_names]
mean_groups <- mean_groups %>%
  select(activity, num_var, n)

# 计算均方和（Mean Sum of Squares）的两个组件：Between Variability 和
Within Variability
mean_sum_of_squares_between <- mean_groups %>%
  mutate(between_components = n * ((num_var - mean_grand) ^ 2)) %>%
  mutate(mean_squared_between =
    sum(between_components) / (length(unique(
      mean_groups$activity
    )) - 1)) %>%
  select(mean_squared_between) %>%
  unique() %>%
  pull()

# 计算组内变异性
mean_sum_of_squares_within <- data_raw %>%
  select_(variable_names, 'activity') %>%
  inner_join(mean_groups) %>%
  mutate(within_components = (num_var - UQ(rlang::sym(variable_
    names)))^2) %>%
  mutate(mean_sum_of_squares = sum(within_components) / (nrow(data_raw) -
    length(unique(mean_groups$activity)))) %>%
  select(mean_sum_of_squares) %>%
  unique() %>%
  pull()

# 计算 F 统计量，即 Between Variability 与 Within Variability 的比值
f_stat <- mean_sum_of_squares_between / mean_sum_of_squares_within

# 使用 F 统计量和相应的自由度计算 p 值
p_value <- pf(f_stat, (length(unique(mean_groups$activity)) - 1),
              (nrow(data_raw) - length(unique(mean_groups$activity))),
              lower.tail = FALSE)

if (p_value < 0.05) {
  # 如果 p 值小于 0.05，则将变量名称和 p 值添加到结果数据框中
  p_value_df <- data.frame(variable_names = variable_names, p_values = p_
    value)
  p_values_variables <- rbind(p_value_df, p_values_variables)
}
}

# 输出结果数据框的维度
```

```
print(dim(p_values_variables))
```

上述代码的具体说明如下。

①使用 list_of_variables <- data_raw %>% select(-rn,-activity) %>% names() 创建一个包含所有变量名称的字符向量，排除行号和活动类别列。
②使用 for 循环遍历每个变量，计算 Grand Mean（总平均值）。
③创建包含每个活动类别中观测值数量和观测值平均数的数据框。
④计算均方和（Mean Sum of Squares）的两个组件：Between Variability 和 Within Variability。
⑤计算 F 统计量，即 Between Variability 与 Within Variability 的比值。
⑥使用 F 统计量和相应的自由度计算 p 值。
⑦如果 p 值小于 0.05，则将变量名称和 p 值添加到 p_values_variables 中。
⑧print(dim(p_values_variables)) 用于输出结果数据框 p_values_variables 的维度。

执行后会输出：

```
[1] 555   2
```

上述输出结果表明，在 561 个特征向量中有 555 个特征向量对类别变量产生了显著影响，其 p 值小于 0.05。这意味着这些特征在不同的活动类别之间存在统计上显著的差异。该信息对于在建模过程中选择使用的特征非常重要，以简化模型并提高预测性能。

（2）在将这些特征输入逻辑模型之前，需要确保这些特征之间不存在共线性，下面将查看每个特征向量与其他变量的相关性。通过如下代码确定哪些特征之间存在高度相关性，并选择不与其他特征高度相关的特征进行建模。

```
# 从 p_values_variables 数据框中选择列名，这些列名表示具有显著影响的特征
columns_to_select <- p_values_variables %>%
  tidyr::spread(variable_names, p_values)
columns_to_select <- names(columns_to_select)

# 从原始数据中选择具有显著影响的特征，用于计算特征之间的相关性
correlation_df <- data_raw %>%
  select_(.dots = columns_to_select)

# 计算特征之间的相关性
correlation_df <- correlation_df %>%
  cor() %>%
  as.data.frame()

# 添加列名，以便后续处理
correlation_df$row_names <- names(correlation_df)

# 创建一个数据框，用于存储每个特征与其他变量相关的数量
number_of_variables <- data.frame(variable_name = as.character(), number_
```

```r
    of_variables = as.numeric())

# 遍历每个特征，检查其与其他变量的相关性
for (col in names(correlation_df)[!grepl('row_names', names(correlation_
  df))]) {
  col <- as.character(col)
  
  # 选择与当前特征相关性大于 0.5 的其他变量
  row_to_check <- correlation_df %>%
    select(UQ(rlang::sym(col)), row_names) %>%
    filter(abs(UQ(sym(col))) > 0.5) %>% select(row_names) %>% filter(row_
      names != col) %>% pull()
  
  # 将结果添加到数据框中
  number_of_variables <- rbind(number_of_variables, data.frame(variable_
    name = col, number_of_variables = length(row_to_check)))
}

# 选择不与其他变量高度相关的特征，用于建模
variables_needed_for_modeling <- number_of_variables %>%
  filter(number_of_variables == 0) %>% select(variable_name) %>% pull()

# 输出需要用于建模的特征
print(variables_needed_for_modeling)
```

执行后会输出：

```
 [1] fBodyBodyGyroJerkMag.maxInds     fBodyBodyGyroMag.maxInds
 [3] fBodyBodyAccJerkMag.maxInds      fBodyGyro.maxInds.Z
 [5] fBodyGyro.maxInds.Y              fBodyGyro.maxInds.X
 [7] fBodyAcc.maxInds.Z               fBodyAcc.maxInds.X
 [9] tBodyGyroJerk.correlation.X.Z    tBodyGyroJerk.correlation.X.Y
[11] tBodyGyroJerk.arCoeff.Z.4        tBodyGyroJerk.arCoeff.Y.4
[13] tBodyGyroJerk.arCoeff.X.4        tBodyGyro.correlation.X.Z
[15] tBodyGyro.correlation.X.Y        tBodyGyro.mean.Z
[17] tBodyAccJerk.correlation.X.Z     tBodyAccJerk.correlation.X.Y
[19] tBodyAccJerk.arCoeff.Z.4         tBodyAccJerk.arCoeff.Y.4
[21] tGravityAcc.correlation.X.Z      tGravityAcc.correlation.X.Y
[23] tGravityAcc.entropy.Z            tGravityAcc.entropy.Y
[25] tBodyAcc.correlation.X.Z         tBodyAcc.correlation.X.Y
[27] tBodyAcc.mean.Z                  tBodyAcc.mean.Y
555 Levels: angle.Z.gravityMean angle.Y.gravityMean ... tBodyAcc.mean.X
```

上述输出结果表明，在555个特征向量中，有28个特征向量与数据集中的任何其他变量都没有高度相关性。这些特征向量被认为是相对独立的，可能对模型的性能有积极影响。

（3）可视化相关矩阵，使用相关图确认变量之间的低相关性，具体实现代码如下：

```
modeling_data <- data_raw %>%
  select_(.dots=dput(as.character(variables_needed_for_modeling)),'activity')
```

对上述代码的具体说明如下。

①variables_needed_for_modeling：包含不与其他变量高度相关的特征名称。

②dput(as.character(variables_needed_for_modeling))：将这些特征名称转换为字符向量，并生成可嵌入在代码中的R语言表达式。

③函数select_()：从原始数据框data_raw中选择特定的列，在这里选取了不与其他变量高度相关的特征列，以及目标列activity。

由此可见，modeling_data是一个包含选定特征和目标列的数据框，用于后续建模分析。这有助于简化模型并提高建模效率，因为其仅包含相对独立且对目标变量有影响的特征。

执行后会绘制一个相关矩阵图，如图9-3所示。

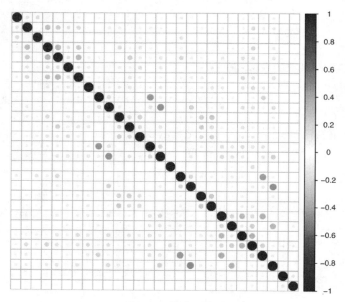

图9-3 相关矩阵图

（4）建立多类别逻辑回归模型。将变量输入多项式逻辑回归函数，以预测不同的活动类别。编写如下代码，建立一个多类别逻辑回归模型，对模型进行汇总统计，并使用混淆矩阵评估模型的性能。

```
library(nnet)
modeling_data$activity <- relevel(modeling_data$activity,ref='SITTING')

model_logistic <- multinom(activity~.,data=modeling_data)
broom::tidy(model_logistic)

test <- predict(model_logistic,data=modeling_data %>% select(-activity))
```

```
real_pred <- data.frame(real=modeling_data$activity,test=as.
  character(test))
caret::confusionMatrix(real_pred$real,real_pred$test)
```

在进行测试后，该模型的准确率为67%。尽管该模型的准确率为67%，但其只能正确预测56%被标记为 SITTING 的条目。上述模型是在整个数据集上进行训练的，这样做的一个缺点是无法评估模型在新数据上的表现。为了解决这个问题，这里采用 K 折交叉验证程序。

（5）交叉验证

通过如下代码将数据集分成10个相等的部分，在每次迭代中，其中一个部分被用作测试数据，而其余数据被用作训练数据集。

```
set.seed(42)
scaleFUN <- function(x) sprintf("%.f", x)
random_data <- dplyr::slice(modeling_data,sample(1:n()))
test_idx <- round(seq(1,nrow(modeling_data),by=nrow(modeling_data)/11))
accuracy_df <- data.frame(iteration= as.numeric(),accruacy_score=
  as.numeric())
for(i in 1:10){
  test_data <- slice(random_data,test_idx[i]:test_idx[i+1])
  train_data <- slice(random_data,-test_idx[i]:-test_idx[i+1])
  model_cv <- multinom(activity~.,data=train_data)
  predict_cv <- as.character(predict(model_cv,newdata=test_data %>%
    select(-activity)))
  accuracy_score <- sum(as.character(predict_cv)==as.character(test_
    data$activity))/nrow(test_data)
  accuracy_df <- rbind(accuracy_df,data.frame(iteration=i,accuracy_
    score=accuracy_score))
}

accuracy_df %>%
  ggplot(aes(x=iteration,y=accuracy_score))+
  geom_line()+labs(x='Iteration Number',y='Accuracy Score',title='Accuracy
    Scores for each Iteration')+
  scale_x_continuous(labels = scaleFUN)+
  theme(plot.title = element_text(hjust=0.5))+
  geom_point()
```

在上述代码中，首先，设置随机种子，确保结果可重现性；然后，定义了一个名为 scaleFUN() 的函数，用于将数字转换为整数字符串；接着，通过对 modeling_data 进行随机抽样，创建 random_data 数据集；随后，根据抽样生成的索引，将数据集分为训练集和测试集；接下来，使用函数 multinom() 在训练集上构建多类别逻辑回归模型，并在测试集上进行预测；最后，计算并记录每次迭代的模型准确率，将结果存储在 accuracy_df 数据框中，并使用 ggplot2 包绘制准确率随迭代次数变化的折线图。执行后会输出：

```
###weights:  180 (145 variable)
##initial   value 5876.971059
##iter   10 value 4083.459019
##iter   20 value 3398.974428
##iter   30 value 3135.504723
##iter   40 value 3080.665825
##iter   50 value 3069.892636
##iter   60 value 3067.665882
##iter   70 value 3067.068524
##iter   80 value 3066.983665
##iter   90 value 3066.966476
##final   value 3066.966322
##converged
…
###weights:  180 (145 variable)
##initial   value 5876.971059
##iter   10 value 4010.962358
##iter   20 value 3455.439461
##iter   30 value 3116.418372
##iter   40 value 3074.325763
##iter   50 value 3064.547428
##iter   60 value 3063.028891
##iter   70 value 3062.566686
##iter   80 value 3062.355885
##iter   90 value 3062.331823
##final   value 3062.331181
##converged
…
```

（6）使用ggplot2包创建一个折线图，其中x轴表示迭代次数，y轴表示准确率分数，具体实现代码如下：

```
accuracy_df %>%
  ggplot(aes(x=iteration,y=accuracy_score))+
  geom_line()+labs(x='Iteration Number',y='Accuracy Score',title='Accuracy Scores for each Iteration')+
  scale_x_continuous(labels = scaleFUN)+
  theme(plot.title = element_text(hjust=0.5))+
  geom_point()
```

在上述代码中，通过函数geom_line()添加折线，通过函数labs()设置图的标题和轴标签，函数scale_x_continuous(labels = scaleFUN)则对x轴标签进行自定义格式化，最后通过函数geom_point()添加点标记。该折线图用于展示模型在不同迭代次数下的准确率变化趋势，效果如图9-4所示。

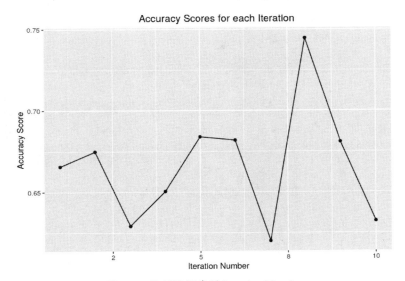

图 9-4　绘制的折线图 Iteration Number

4. 解释模型

（1）使用broom包中的函数tidy()提取multinom模型的系数摘要信息。具体而言，其提取了summary(model_logistic)$coefficients 中的系数信息，并使用函数tidy()将其整理成数据框形式，以便更容易阅读和处理。

```
coeff_data <- broom::tidy(summary(model_logistic)$coefficients)
```

（2）将系数数据从宽格式转换为长格式，并使用ggplot2包创建一个分面条形图，用于可视化不同变量对增加或减少事件相对概率的影响。每个子图表示一个类别（rownames），横轴表示变量，纵轴表示增加的对数概率。

```
coeff_data_long <- coeff_data %>%
  gather(variable,increase_in_log_odds,3:ncol(coeff_data))

coeff_data_long %>%
  select(.rownames,variable,increase_in_log_odds) %>%
  mutate(pos = ifelse(increase_in_log_odds>0,'Positive','Negative')) %>%
  ggplot(aes(x=variable,y=increase_in_log_odds,fill=pos))+
  geom_bar(stat='identity',width=0.4,position = position_dodge(width=0.5))+
  facet_wrap(~.rownames,nrow=5)+
  theme(axis.text.x=element_text(size=7,angle = 90),axis.text.y = element_
    blank(),panel.background = element_blank(),axis.ticks.y = element_
    blank(),legend.title = element_blank())+
  labs(x='Variable',y='Increase in Log Odds')
```

绘制的条形图效果如图9-5所示，条形图的颜色表示对数概率的正负方向，这有助于解释模型中各个变量对于不同活动类别的预测作用。

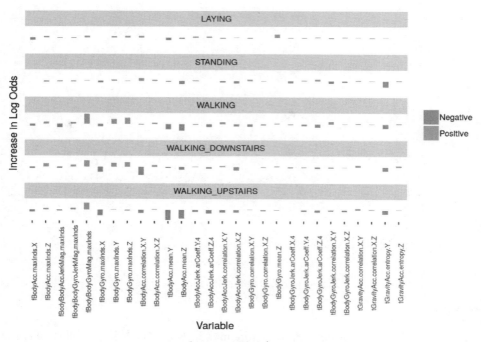

图 9-5 绘制的条形图

（3）图 9-5 所示的条形图展示了模型中正负系数的可视化结果，接下来分别查看正系数和负系数。如下代码创建了一个可视化图形，用于展示正系数对模型的影响。

```
coeff_data_long %>%
  filter(increase_in_log_odds>0) %>%
  select(.rownames,variable,increase_in_log_odds) %>%
  ggplot(aes(x=variable,y=increase_in_log_odds))+
  geom_bar(stat='identity',width=0.4,position = position_dodge(width=0.5),fi
    ll='#cdcdb4')+
  facet_wrap(~.rownames,nrow=5)+
  theme(axis.text.x=element_text(size=7,angle = 90),axis.text.y = element_
    blank(),panel.background = element_blank(),axis.ticks.y = element_
    blank())+
  labs(x='Variable',y='Increase in Log Odds')
```

对上述代码的具体说明如下。

① 变量 coeff_data_long 将模型系数的数据结构转换为长格式，以便更容易绘制。

② 通过筛选正系数的值，创建一个图形，展示这些正系数对模型的影响。该图形使用 ggplot2 包生成垂直条形图，并使用函数 facet_wrap() 将图形分为多个面板，每个面板对应模型的一个系数。

③ 添加一些主题设置和标签，以美化和说明图形，包括 x 轴和 y 轴的标签，以及每个面板的标题。

执行代码后绘制的可视化图，如图 9-6 所示，展示了正系数对模型的影响。

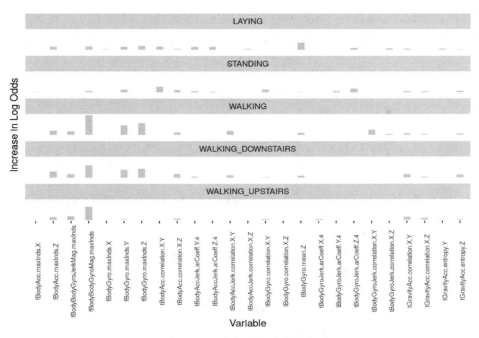

图 9-6 正系数对模型的影响

> **注意**
> ①变量 fBodyBodyGyroMag.maxInds 在描述行走特征时至关重要。该测量值上的单位增加，会显著增强在行走与坐着（基线）之间的区分度，具体表现为对数概率显著增加。
> ②变量 tBodyAcc.correlation.X.Y 的正值表明没有运动。这个变量上的单位增加与躺下和站立状态的概率提升相关联。
> ③变量 tBodyGyroJerk.arCoeff.Z.4 的正值通常与非运动相对应。
> ④变量 fBodyBodyGyroJerkMag.maxInds 表明与运动相关的活动，如上楼梯、下楼梯和行走，其正值明确指示了这些活动的发生。

（4）如下代码创建一个可视化图形，用于展示负系数对模型的影响。

```
coeff_data_long %>%
  filter(increase_in_log_odds<0) %>%
  select(.rownames,variable,increase_in_log_odds) %>%
  ggplot(aes(x=variable,y=increase_in_log_odds))+
  geom_bar(stat='identity',width=0.4,position = position_dodge(width=0.5),fi
    ll='#b0585b')+
  facet_wrap(~.rownames,nrow=5)+
  theme(axis.text.x=element_text(size=7,angle = 90),axis.text.y = element_
    blank(),panel.background = element_blank(),axis.ticks.y = element_
    blank())+
  labs(x='Variable',y='Increase in Log Odds')
```

执行代码后绘制的可视化图，如图9-7所示，展示了模型的负系数，用于了解这些变量对不同活动类别的贡献。图形分别按照每个活动类别进行分组，显示不同变量的负系数对每个活动类别的影响。

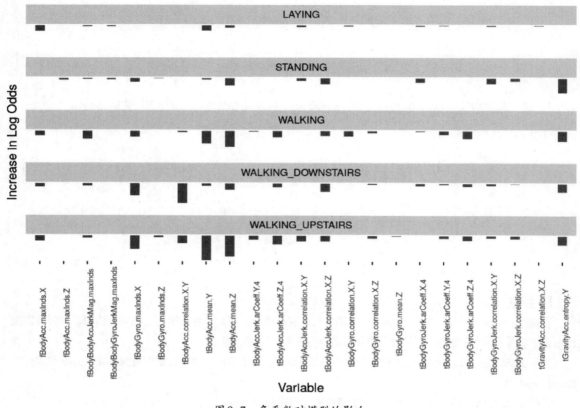

图9-7 负系数对模型的影响

5. 结论

经过深入分析，我们确定了 fBodyBodyGyroJerkMag.maxInds 作为与运动状态紧密相关的变量，通过对静止活动的负值，进一步验证了这一假设。变量 tBodyAcc.correlation.X.Y 在运动相关活动期间的负值表示相对于坐姿的对数概率下降，再次验证了 tBodyAcc.correlation.X.Y 与静止相关的变量的假设。

tBodyGyroJerk.arCoeff.Z.4 的负值也反映了相对于坐姿状态的对数概率下降，这意味着该变量的单位增加很可能对应于非运动。

最终结果表明：fBodyBodyGyroJerkMag.maxInds、tBodyAcc.correlation.X.Y、tBodyGyroJerk.arCoeff.Z.4 和 fBodyBodyGyroMag.maxInds 可用于区分行走和保持静止。为了更加直观地展示这些变量在多分类逻辑回归模型中的影响，编写如下代码，来可视化这些变量在多分类 logistic 回归模型中的系数增加情况。在可视化图中以不同颜色表示对数概率增加是正还是负，帮助理解这些变量在预测不同活动时的影响。

```r
coeff_data_long %>%
  select(.rownames,variable,increase_in_log_odds) %>%
  filter(variable %in% c('fBodyBodyGyroJerkMag.maxInds','tBodyAcc.
    correlation.X.Y','tBodyGyroJerk.arCoeff.Z.4','fBodyBodyGyroMag.maxInds'))
    %>%
  mutate(pos = ifelse(increase_in_log_odds>=0,'Positive','Negative')) %>%
  ggplot(aes(x=variable,y=increase_in_log_odds,fill=pos))+
  geom_bar(stat='identity',width=0.4,position = position_dodge(width=0.5))+
  facet_wrap(~.rownames,nrow=5)+
  theme(axis.text.x=element_text(size=7,angle = 90),axis.text.y = element_
    blank(),panel.background = element_blank(),axis.ticks.y = element_
    blank())+
  labs(x='Variable',y='Increase in Log Odds')
```

在上述代码中，首先，从 coeff_data_long 中选择相关变量；然后，筛选感兴趣的几个变量：'fBodyBodyGyroJerkMag.maxInds'、'tBodyAcc.correlation.X.Y'、'tBodyGyroJerk.arCoeff.Z.4' 和 'fBodyBodyGyroMag.maxInds'；接着，根据增加的对数概率是正还是负，将它们分成两组：Positive 和 Negative；最后，使用 ggplot 包绘制一个堆叠条形图，展示这些变量的对数概率的增加情况。堆叠条形图如图 9-8 所示。

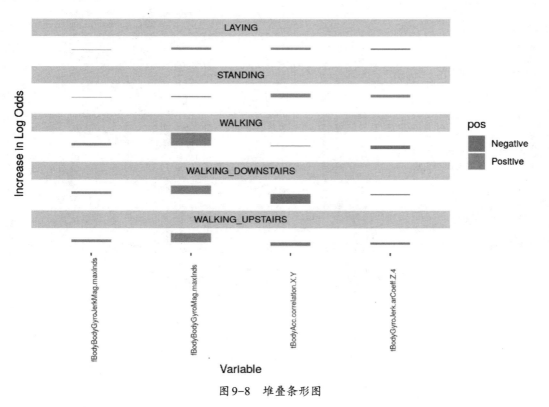

图 9-8　堆叠条形图

第10章

非参数统计分析

非参数统计分析是一种在数据分析中不依赖于总体分布假设的方法。相比之下，参数统计方法通常要求对总体分布做出某些假设，如正态分布。非参数统计方法更加灵活，适用于各种类型的数据分布。

10.1 非参数统计的方法

非参数统计方法是统计学中用于分析不依赖于总体分布假设的一类方法，这些方法通常适用于数据分布未知或偏离正态分布的情况。常见的非参数统计方法如下。

（1）秩和检验：比较两组独立样本的中位数是否相等。该方法基于将所有观察值合并且赋予秩，并比较秩和。

（2）秩相关系数：测量两个变量之间的相关性，而不需要对数据的分布进行假设。斯皮尔曼秩相关系数是其中的一个实例。

（3）Wilcoxon符号秩检验：比较两个相关样本的中位数是否相等，是对配对样本的非参数比较方法。

（4）Kruskal-Wallis检验：比较三个或更多独立样本的中位数是否相等，是一个对方差分析的非参数替代方法。

（5）Friedman检验：比较三个或更多相关样本的中位数是否相等。其类似于Kruskal-Wallis检验，但适用于相关样本。

（6）卡方检验：比较观察频数与期望频数之间的差异，通常用于分析分类数据。皮尔逊卡方检验和Fisher的确切卡方检验是两种常见的卡方检验方法。

（7）符号检验：比较两个相关样本的中位数是否相等，适用于小样本情况。该方法基于正负符号的差异。

这些方法的选择通常取决于数据的性质、研究设计和分析目的。非参数统计分析方法的一个优势是对数据分布的假设较少，但它们通常需要更多的数据来达到相同的统计功效。

10.2 秩和检验

秩和检验是一种非参数统计方法，用于比较两组独立样本的中位数是否相等。秩和检验适用于数据不满足正态分布的情况，或者对数据分布没有先验假设的情况。

10.2.1 秩和检验简介

秩和检验是一种常用的非参数方法，特别适用于小样本或者对数据分布没有先验假设的情况。在实际应用中，实现秩和检验的基本步骤如下。

（1）合并数据：将两组独立样本的数据合并成一个总体。

（2）为每个观察值分配秩：对合并的数据按大小进行排序，并为每个观察值分配一个秩，即排名。如果有重复值，则取平均秩。

（3）计算秩和：计算每一组的秩和，分别记作 U_1 和 U_2。

（4）比较 U 值：比较 U_1 和 U_2 的大小，较小的 U 值对应的样本总体的中位数较小。如果 U_1 小于 U_2，则说明第一组的中位数较小。

（5）进行显著性检验：使用临界值或 p 值进行显著性检验。计算 p 值时，通常使用正态近似法，对于小样本，确切的分布表也是可用的。

秩和检验的零假设是两组样本来自同一总体，而备择假设是两组样本来自不同的总体。

10.2.2 使用秩和检验

在 R 语言中，可以使用函数 wilcox.test() 执行秩和检验。假设有两组独立的样本数据，分别存储在向量 group1 和 group2 中。

```
# 创建两组独立样本数据
group1 <- c(22, 25, 20, 18, 27)
group2 <- c(30, 24, 28, 29, 26)
result <- wilcox.test(group1, group2)  # 执行秩和检验
print(result)  # 输出检验结果
```

在上述代码中，函数 wilcox.test() 会返回一个包含检验统计量、p 值等信息的结果对象，可以通过函数 print(result) 查看完整的输出。如果想提取特定的信息（如 p 值），则可以使用 result$p.value 实现：

```
p_value <- result$p.value              # 提取 p 值
print(p_value)
```

p 值可以用于判断是否拒绝零假设。一般而言，如果 p 值小于显著性水平（通常设为 0.05），则可以拒绝零假设，认为两组样本的中位数存在显著差异。

假设现在有两组数据，分别表示参加了两个不同类型游戏的玩家在一项测试中的得分。实例 10-1 是使用秩和检验确定这两个游戏的得分是否存在显著差异。

实例 10-1 使用秩和检验确定两个游戏的得分是否存在显著差异（源码路径：codes\10\zhi.R）

实例文件 zhi.R 的具体实现代码如下：

```
# 创建两组独立样本数据，模拟游戏得分
set.seed(123)    # 设置随机种子，以确保结果可复现
game1_scores <- rnorm(20, mean = 75, sd = 10)
game2_scores <- rnorm(20, mean = 80, sd = 12)

# 执行秩和检验
```

```
result <- wilcox.test(game1_scores, game2_scores)

# 输出检验结果
print(result)

# 提取 p 值
p_value <- result$p.value
print(p_value)

# 显示数据分布图
boxplot(game1_scores, game2_scores, names = c("Game 1", "Game 2"), col =
c("lightblue", "lightgreen"), main = "游戏得分分布", ylab = "得分")
```

在上述代码中,首先使用函数 rnorm() 生成正态分布的模拟得分数据。然后,使用函数 wilcox.test() 执行秩和检验,检验游戏 1 和游戏 2 的得分是否存在显著差异。最后,输出检验结果,提取 p 值,并使用函数 boxplot() 绘制两组数据的箱线图,以便更直观地比较它们的分布,如图 10-1 所示。图 10-1 所示箱线图展示了两组数据的分布情况,方便直观地比较它们的中位数、分位数以及数据的分散程度。

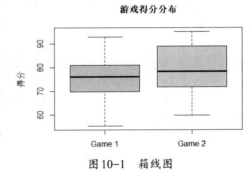

图 10-1　箱线图

执行后会输出:

```
 Wilcoxon rank sum exact test

data:  game1_scores and game2_scores
W = 172, p-value = 0.4612
alternative hypothesis: true location shift is not equal to 0


[1] 0.4611688
```

上述输出结果包含如下内容。

(1)数据描述:data: game1_scores and game2_scores 表示正在比较的两组数据是 game1_scores 和 game2_scores。

(2)检验统计量:W = 172 是检验的统计量,是秩和检验中用于比较两组样本的值。

(3)p 值:p-value = 0.4612 是检验的 p 值。在该实例中,p 值是 0.4612,大于通常使用的显著性水平(如 0.05)。因此,在该水平上,不拒绝零假设。p-value 表示在零假设为真的情况下,观察到的当前统计量或更极端统计量的概率。

(4)备择假设:alternative hypothesis: true location shift is not equal to 0 表示备择假设,即真实位置的变化不等于 0。在这种情况下,这是双侧检验。

(5)总结:由于 p 值大于通常的显著性水平,因此不能拒绝零假设,即没有足够的证据表明两组游戏的得分存在显著差异。

> **注意**
> 该实例虽然是模拟的,但是可以帮助理解如何使用R语言进行秩和检验,同时展示了如何通过图形直观地比较两组数据的分布。在实际应用中,可以用真实的游戏得分数据进行类似的分析。

10.3 Wilcoxon 符号秩检验

Wilcoxon符号秩检验是一种非参数统计方法,用于比较一对相关样本的中位数是否有显著差异。Wilcoxon符号秩检验适用于不满足正态分布假设的情况,其基于样本中每对观测值的差异,并考察这些差异的秩次。

10.3.1 Wilcoxon 符号秩检验简介

通过比较正差异的秩和负差异的秩的和,可以评估中位数是否有显著的差异。实现Wilcoxon符号秩检验的基本步骤如下。

(1)假设检验的假设:

①零假设(H_0):中位数差异为零,即没有差异。

②备择假设(H_1):中位数存在显著差异。

(2)差异计算:对每一对相关样本的观测值计算差异,即后序观测值减去前序观测值。

(3)差异绝对值排序:对差异绝对值进行排序,并为每个绝对值分配秩次。

(4)符号赋值:给每个差异确定正负号,其中正号表示后序值大于前序值,负号表示后序值小于前序值。

(5)秩和计算:分别计算正差异的秩和负差异的秩的和。

(6)检验统计量:计算检验统计量,通常取较小的秩和。

(7)假设检验:将检验统计量与临界值或p值进行比较,以决定是否拒绝零假设。

10.3.2 使用 Wilcoxon 符号秩检验

Wilcoxon符号秩检验是一种强大而灵活的非参数检验方法,应用于许多领域中,特别是在数据不满足正态分布假设或者小样本的情况下。在R语言中,可以使用函数wilcox.test()执行Wilcoxon符号秩检验。具体实现代码如下:

```
# 生成一些示例数据
before <- c(15, 12, 14, 17, 19)
after <- c(18, 14, 16, 20, 22)
```

```
# 进行Wilcoxon符号秩检验
wilcox_test_result <- wilcox.test(before, after, paired = TRUE)
print(wilcox_test_result)
```

在上述代码中,将函数wilcox.test()的参数paired设置为TRUE,表示这是一对相关样本的比较。检验结果包括Wilcoxon符号秩和p值,通过p值可以判断样本中位数是否有显著差异。通常,如果p值小于显著性水平(通常设置为0.05),则会拒绝零假设,即认为中位数存在显著差异。

假设有一项旨在评估某种新药物对高血压患者治疗效果的研究,研究设计为每个患者在治疗前和治疗后都测量其收缩压。收缩压的测量值可能是非正态分布的,因此使用Wilcoxon符号秩检验比较治疗前后的收缩压。假设在文件hypertension_data.csv中保存了50名患者治疗前后的收缩压数据,内容如下:

```
Before_Treatment,After_Treatment
160,140
155,135
170,150
150,130
165,145
158,138
162,142
168,148
155,134
...
```

该CSV文件包含两列,分别是Before_Treatment 和 After_Treatment,代表治疗前后的收缩压数据。每一行对应一个患者的数据。实例10-2创建了一个箱线图,以比较治疗前后的收缩压数据。此外,可以使用带有签名测试(Signed Rank Test)的抽样分布图,以更生动地呈现Wilcoxon符号秩检验的结果。

实例10-2 从不同的视角展示高血压患者治疗前后的分析结果(源码路径:codes\10\wi.R)

实例文件wi.R的具体实现代码如下:

```
# 读取 CSV 文件
hypertension_data <- read.csv("hypertension_data.csv")

# 绘制治疗前后收缩压的箱线图
boxplot(hypertension_data$Before_Treatment, hypertension_data$After_Treatment,
        names = c("Before", "After"),
        main = "Blood Pressure Before and After Treatment",
        ylab = "Blood Pressure")

# 执行Wilcoxon符号秩检验
wilcox_test_result <- wilcox.test(hypertension_data$Before_Treatment,
```

```
    hypertension_data$After_Treatment, paired = TRUE)

# 输出检验结果
cat("\nWilcoxon Signed-Rank Test Results:\n")
cat("======================================\n")
cat("Before Treatment Median:", median(hypertension_data$Before_Treatment),
    "\n")
cat("After Treatment Median:", median(hypertension_data$After_Treatment),
    "\n")
cat("======================================\n")
cat("p-value:", wilcox_test_result$p.value, "\n")

# 根据 p-value 进行结论
if (wilcox_test_result$p.value < 0.05) {
    cat("Conclusion: The new drug has a significant effect on reducing blood
        pressure!\n")
} else {
    cat("Conclusion: No significant evidence of the new drug's effect on blood
        pressure.\n")
}
install.packages("coin")
install.packages("rcompanion")

# 绘制带有签名测试的抽样分布图
library(rcompanion)
library(coin)
# 执行 Wilcoxon 符号秩检验
wilcox_test_result <- wilcox.test(hypertension_data$Before_Treatment,
    hypertension_data$After_Treatment, paired = TRUE)

# 绘制带有零线的抽样分布图
hist(wilcox_test_result$statistic, main = "Wilcoxon Signed-Rank Test
    Distribution", xlab = "Test Statistic")
abline(v = wilcox_test_result$statistic, col = "red", lty = 2)
```

对上述代码的具体说明如下。

（1）通过函数 read.csv() 从名为 hypertension_data.csv 的 CSV 文件中读取高血压患者治疗前后收缩压数据。

（2）使用函数 boxplot() 绘制治疗前后收缩压的箱线图，这有助于直观地比较两个时间点的收缩压的情况，如图 10-2 所示。

（3）通过函数 wilcox.test() 执行 Wilcoxon 符号秩检验，该检验用于比较两个相关样本的中位数是否存在显著差异。

（4）通过函数 cat() 输出 Wilcoxon 符号秩检验的结果，包括治疗前后收缩压的中位数和 p-value。

（5）根据p-value的大小，使用条件语句判断检验结果，输出结论，以表明新药物是否对降低血压产生了显著影响。

（6）使用函数hist()绘制Wilcoxon符号秩检验的抽样分布图，并通过函数abline()添加一条红色的零线，以突出检验统计量的位置，如图10-3所示。

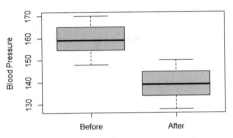

图10-2 治疗前后收缩压的箱线图

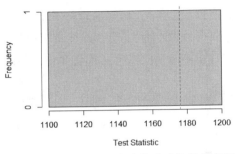

图10-3 Wilcoxon符号秩检验的抽样分布图

本实例的整体目标是从不同的视角呈现高血压患者治疗前后的分析结果，通过箱线图展示分布情况，通过Wilcoxon符号秩检验进行假设检验，并通过可视化抽样分布图生动地呈现检验的结果。执行后会输出：

```
Before Treatment Median: 159
After Treatment Median: 139
====================================
p-value: 1.633188e-11

Conclusion: The new drug has a significant effect on reducing blood pressure!
```

对输出结果的具体说明如下。

（1）Before Treatment Median：治疗前收缩压的中位数为159。

（2）After Treatment Median：治疗后收缩压的中位数为139。

（3）p-value：Wilcoxon符号秩检验的p-value为1.633188e-11，该值非常接近零，表明在统计学上存在极显著的差异。

（4）结论：由于p-value明显小于通常的显著性水平（如0.05），因此拒绝零假设，即在该模拟情境下，新药物对高血压患者的治疗效果是显著的。

10.4 Kruskal-Wallis 检验

Kruskal-Wallis检验是一种比较三个或更多组独立样本的非参数检验方法。Kruskal-Wallis检验适用于因变量为有序变量或连续变量，而独立变量是分组变量，但不满足方差齐性和正态性的假设。

10.4.1 Kruskal-Wallis 检验简介

Kruskal-Wallis 检验的基本思想是将所有数据合并，对它们进行排序，并计算每个组的秩和。如果所有组的样本来自同一总体分布，那么每个组的秩和应该大致相等；如果有一个组的秩和显著不同，就表明存在差异。下面是实现 Kruskal-Wallis 检验的主要步骤。

（1）设置假设。

①零假设（H_0）：所有组的总体分布相同。

②备择假设（H_1）：至少有一个组的总体分布不同。

（2）计算秩和：将所有数据合并，对其进行排序，并为每个值分配一个秩次，计算每个组的秩和。

（3）计算检验统计量：使用秩和计算 Kruskal-Wallis 检验的统计量，通常用 H 表示。

（4）进行假设检验：将检验统计量与临界值或 p 值进行比较，以决定是否拒绝零假设。

10.4.2 使用 Kruskal-Wallis 检验

R 语言中，可以使用函数 kruskal.test() 进行 Kruskal-Wallis 检验。在下面的代码中，group1、group2 和 group3 是三个不同组的样本数据。函数 kruskal.test() 的输入是一个包含各组数据的列表，检验的结果包括检验统计量和 p 值。

```
# 生成示例数据
group1 <- c(25, 30, 35, 40)
group2 <- c(20, 22, 25, 30)
group3 <- c(18, 25, 28, 35)

# 执行 Kruskal-Wallis 检验
kruskal_re
sult <- kruskal.test(list(group1, group2, group3))
print(kruskal_result)
```

实例 10-3 演示了对多个国家二氧化碳排放量情况进行初步探索性分析的过程，具体实现步骤如下。

（1）数据读取：使用函数 readr::read_csv() 从给定的 URL 读取 1.%20Cement_emissions_data.csv 文件，并将数据保存在名为 dat 的数据框中。

（2）数据处理：通过 dplyr 包进行一些数据处理，包括删除无关的列、转换数据格式、选择特定年份的数据等。生成的数据框为 dat_gather。

（3）数据可视化：使用 ggplot2 包创建一个折线图，展示排放量随时间变化的趋势。通过函数 gather() 整理数据，通过函数 ggplot() 绘图。

（4）Wilcoxon 符号秩检验：对两个时间点的排放量数据执行 Wilcoxon 符号秩检验，检验两个时间点的中位数是否存在显著差异。

（5）Kruskal-Wallis检验：对不同国家的排放量数据执行Kruskal-Wallis检验，检验不同国家之间的中位数是否存在显著差异。

（6）结果输出：使用函数broom::tidy()整理Wilcoxon符号秩检验和Kruskal-Wallis检验的结果，以便更清晰地呈现统计信息。

实例10-3　分析多个国家二氧化碳排放量情况（源码路径：codes\10\kw.R）

实例文件kw.R的具体实现流程如下。

（1）使用函数suppressMessages()禁止在控制台输出中显示加载包时的消息。这样做可以让输出结果更为整洁，不会在每次加载包时都看到一系列的包信息。其具体实现代码如下：

```
suppressMessages(library(DT))
suppressMessages(library(tidyverse))
suppressMessages(library(kableExtra))
```

（2）准备CSV数据文件1.%20Cement_emissions_data.csv，其中的部分内容如下：

"Year","Afghanistan","Albania","Algeria","Andorra","Angola","Anguilla","Antigua and Barbuda","Argentina","Armenia","Aruba","Australia","Austria","Azerbaijan","Bahamas","Bahrain","Bangladesh","Barbados","Belarus","Belgium","Belize","Benin","Bermuda","Bhutan","Bonaire, Saint Eustatius and Saba","Bosnia and Herzegovina","Botswana","Brazil","British Virgin Islands","Brunei Darussalam","Bulgaria","Burkina Faso","Burundi","Cambodia","Canada","Cape Verde","Central African Republic","Chad","Chile","China","Colombia","Comoros","Congo","Cook Islands","Costa Rica","Côte d'Ivoire","Croatia","Cuba","Curaçao","Cyprus","Czech Republic","North Korea","Democratic Republic of the Congo","Denmark","Djibouti","Dominica","Dominican Republic","Ecuador","Egypt","El Salvador","Equatorial Guinea","Eritrea","Estonia","Ethiopia","Faeroe Islands","Micronesia (Federated States of)","Fiji","Finland","France","French Guiana","French Polynesia","Gabon","Gambia","Georgia","Germany","Ghana","Greece","Greenland","Grenada","Guadeloupe","Guatemala","Guinea","Guinea-Bissau","Guyana","Haiti","Honduras","Hong Kong","Hungary","Iceland","India","Indonesia","Iraq","Ireland","Iran","Israel","Italy","Jamaica","Japan","Jordan","Kazakhstan","Kenya","Kiribati","Kosovo","Kuwait","Kyrgyzstan","Laos","Latvia","Lebanon","Lesotho","Liberia","Libya","Liechtenstein","Lithuania","Luxembourg","Macao","North Macedonia","Madagascar","Malawi","Malaysia","Maldives","Mali","Malta","Marshall Islands","Martinique","Mauritania","Mauritius","Mayotte","Mexico","Mongolia","Montenegro","Montserrat","Morocco","Mozambique","Myanmar","Namibia","Nauru","Nepal","Netherlands","New Caledonia","New Zealand","Nicaragua","Niger","Nigeria","Niue","Norway","Occupied Palestinian Territory","Oman","Pakistan","Palau","Panama","Papua New Guinea","Paraguay","Peru","Philippines","Bolivia","Poland","Portugal","Qatar","Cameroon","South Korea","Moldova","South Sudan","Sudan","Réunion","Romania","Russia","Rwanda","Saint Helena","Saint Lucia","Sint Maarten (Dutch part)","Samoa","Sao Tome and Principe","Saudi Arabia","Seneg

```
al","Serbia","Seychelles","Sierra Leone","Singapore","Slovakia","Slovenia",
"Solomon Islands","Somalia","South Africa","Spain","Sri Lanka","Saint Kitts
and Nevis","Saint Pierre and Miquelon","Saint Vincent and the Grenadines","
Suriname","Swaziland","Sweden","Switzerland","Syria","Taiwan","Tajikistan",
"Thailand","Timor-Leste","Togo","Tonga","Trinidad and Tobago","Tunisia","Tu
rkey","Turkmenistan","Turks and Caicos Islands","Tuvalu","Uganda","Ukraine"
,"United Arab Emirates","United Kingdom","Tanzania","USA","Uruguay","Uzbeki
stan","Vanuatu","Venezuela","Viet Nam","Wallis and Futuna Islands","Yemen",
"Zambia","Zimbabwe","Global"
1880,,,0,,,,,,,,,,,,,,,,,,0,,0,,,,,0,,,,,,,,,,,0,,,,,,,,,0,,,,,,,,,,,,,,,,0
,,,,0,,,,,0,,0,,0,,,,,0,,,,0,,,,,,,,,,,,,,,,,,,,,,,,,,,,,,,,,,0,0,,0,,,
,0,,,0,,,,,,,,0,,,,,,,,,0,,,,,,,,,,,,,,,,,,,,,,,,,0,0,0,,,,,,,,,,,,,,,,,
,,,,,,0,,,,0.17,,,,,,,,,,,0.17
1881,,,0,,,,,,,,,,,,,,,,,,0,,0,,,,,0,,,,,,,,,,,0,,,,,,,,,0,,,,,,,,,,,,,,,,0
,,,,0,,,,,0,,0,,0,,,,,0,,,,0,,,,,,,,,,,,,,,,,,,,,,,,,,,,,,,,,,0,0,,0,,,
,0,,,0,,,,,,,,0,,,,,,,,,0,,,,,,,,,,,,,,,,,,,,,,,,,0,0,0,,,,,,,,,,,,,,,,,
,,,,,,0,,,,0.21,,,,,,,,,,,0.21
1882,,,0,,,,,,,,,,,,,,,,,,0,,0,,,,,0,,,,,,,,,,,0,,,,,,,,,0,,,,,,,,,,,,,,,,0
,,,,0,,,,,0,,0,,0,,,,,0,,,,0,,,,,,,,,,,,,,,,,,,,,,,,,,,,,,,,,,0,0,,0,,,
,0,,,0,,,,,,,,0,,,,,,,,,0,,,,,,,,,,,,,,,,,,,,,,,,,0,0,0,,,,,,,,,,,,,,,,,
,,,,,,0,,,,0.27,,,,,,,,,,,0.27
1883,,,0,,,,,,,,,,,,,,,,,,0,,0,,,,,0,,,,,,,,,,,0,,,,,,,,,0,,,,,,,,,,,,,,,,0
,,,,0,,,,,0,,0,,0,,,,,0,,,,0,,,,,,,,,,,,,,,,,,,,,,,,,,,,,,,,,,0,0,,0,,,
0,,,,0,,,,,,,,0,,,,,,,,,0,,,,,,,,,,,,,,,,,,,,,,,,,0,0,0,,,,,,,,,,,,,,,,,
,,,,,,0,,,,0.35,,,,,,,,,,,0.35
1884,,,0,,,,,,,,,,,,,,,,,,0,,0,,,,,0,,,,,,,,,,,0,,,,,,,,,0,,,,,,,,,,,,,,,,0
,,,,0,,,,,0,,0,,0,,,,,0,,,,0,,,,,,,,,,,,,,,,,,,,,,,,,,,,,,,,,,0,0,,0,,,
,0,,,0,,,,,,,,0,,,,,,,,,0,,,,,,,,,,,,,,,,,,,,,,,,,0,0,0,,,,,,,,,,,,,,,,,
,,,,,,0,,,,0.33,,,,,,,,,,,0.33
1885,,,0,,,,,,,,,,,,,,,,,,0,,0,,,,,0,,,,,,,,,,,0,,,,,,,,,0,,,,,,,,,,,,,,,,0
,,,,0,,,,,0,,0,,0,,,,,0,,,,0,,,,,,,,,,,,,,,,,,,,,,,,,,,,,,,,,,0,0,,0,,,
,0,,,0,,,,,,,,0,,,,,,,,,0,,,,,,,,,,,,,,,,,,,,,,,,,0,0,0,,,,,,,,,,,,,,,,,
,,,,,,0,,,,0.34,,,,,,,,,,,0.34
1886,,,0,,,,,,,,,,,,,,,,,,0,,0,,,,,0,,,,,,,,,,,0,,,,,,,,,0,,,,,,,,,,,,,,,,0
,,,,0,,,,,0,,0,,0,,,,,0,,,,0,,,,,,,,,,,,,,,,,,,,,,,,,,,,,,,,,,0,0,,0,,,
0,,,,0,,,,,,,,,,,,,,,,,,,,,,,
```

这是一个包含年份和多个国家/地区二氧化碳排放量数据的 CSV 文件，每一行代表一个年份；每一列代表一个国家/地区，包括 Global 列。排放量数据以各个国家/地区的名称为标识，数值表示相应年份该地区的二氧化碳排放量。文件 1.%20Cement_emissions_data.csv 数据的结构是一个年份和多个国家/地区的矩阵，数值表示排放量。这种数据通常用于研究全球或特定地区的温室气体排放趋势，以便了解气候变化的影响。

（3）使用 readr 包中的函数 read_csv() 读取文件 1.%20Cement_emissions_data.csv，使用 dplyr 包进行数据筛选和处理，使用 DT 包的函数 datatable() 创建一个交互式的数据表格，具体实现代码如下：

```
dat <- readr::read_csv("https://zenodo.org/record/7081360/files/1.%20
  Cement_emissions_data.csv", show_col_types = FALSE)

#Filter the data and present it in a DT::datatable
dat <- dat %>% dplyr::filter(Year >= 1928) %>%
  select_if(function(x) all(!is.na(x))) %>%
  select_if(function(x) all(!x == 0))
DT::datatable(dat)
```

上述代码的目的是显示满足条件的数据表格,其中包含年份大于或等于1928年的数据,并且列中没有缺失值,且所有值均不为零。对上述代码的具体说明如下。

①通过函数read_csv()从给定的URL读取CSV文件,show_col_types = FALSE参数表示不显示列的数据类型。

②使用函数filter()筛选出年份大于或等于1928年的数据。

③使用函数select_if(),选择不包含缺失值和所有值均不为零的列。

④使用函数DT::datatable()呈现数据表格,如图10-4所示。

	Year	Argentina	Australia	Belgium	Brazil	Canada	Chile	China	Dem Repu the
1	1928	116.3	378	1505	43.61	868.6	54.57	39.78	
2	1929	174.4	356.2	1606	47.25	963	72.62	76.51	
3	1930	189	348.9	1508	43.58	926.7	79.88	73.45	
4	1931	265.3	196.3	1218	83.59	799.5	50.88	97.93	
5	1932	247.1	123.6	1039	72.69	363.4	54.51	79.57	
6	1933	254.5	159.9	963.1	109	189	69.05	113.2	
7	1934	279.8	207.2	937.6	159.9	272.6	101.7	97.93	
8	1935	356.3	276.2	1087	181.6	272.6	141.6	156.1	

图10-4 通过表格展示文件1.%20Cement_emissions_data.csv的部分内容

(4)使用函数gather()将数据从宽格式转换为长格式,使用ggplot2包创建一个折线图,具体实现代码如下:

```
dat_gather <- dat %>% gather(key = "Country", value = "Emission", -Year)
ggplot(dat_gather, aes(x = Year, y = as.numeric(log10(Emission)), color =
  Country)) +
  geom_line(aes(group = Country)) +
  labs(x = "Year", y = "log10(Emission)", color = "") +theme(axis.text.x =
    element_text(angle = 90, vjust = 0.5, hjust=1))
```

对上述代码的具体说明如下。

①使用函数gather()将数据从宽格式变为长格式,其中key表示Country列,value表示Emission列,而-Year表示不包括Year列在内的其他列都要进行转换。

②使用函数ggplot()创建折线图,其中x轴为年份,y轴为Emission的log10值,颜色表示不同的国家。

③使用函数geom_line()绘制折线图,通过group = Country确保每个国家有独立的折线。

④使用函数labs()设置图形的标题和轴标签,使用函数theme()调整x轴文本的角度。

执行代码后会绘制三幅图,如图10-5所示。该可视化图的目的是可视化年份与排放量(经过log10转换)之间的关系,不同颜色的折线代表不同的国家。

(5)使用函数wilcox.test()执行Wilcoxon符号秩检验,比较dat数据框中的USA列和Canada列。其中,参数conf.int = TRUE表示计算中位数差异的置信区间。具体实现代码如下:

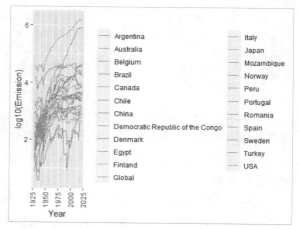

图10-5 可视化图

```
(w_res <- wilcox.test(dat$USA, dat$Canada, conf.int = TRUE))
```

执行后会输出:

```
 Wilcoxon rank sum test with continuity correction

data:  dat$USA and dat$Canada
W = 8763, p-value < 2.2e-16
alternative hypothesis: true location shift is not equal to 0
95 percent confidence interval:
 26384 29797
sample estimates:
difference in location
             28155.27
```

(6)在R语言中,函数broom::tidy()用于将统计模型的输出转换为数据框格式,以便更容易阅读和分析。在下面的代码中,使用函数broom::tidy(w_res)处理Wilcoxon符号秩检验的结果,并将该结果存储在w_res对象中。

```
broom::tidy(w_res)
```

执行后会输出:

```
A tibble: 1 × 7
 estimate statistic   p.value conf.low  conf.high  method    alternative
    <dbl>     <dbl>     <dbl>    <dbl>      <dbl>   <chr>          <chr>
 28155.27      8763 2.408121e-31    26384      29797 Wilcoxon rank sum test with
```

```
continuity correction   two.sided
```

（7）在下面的代码中，通过将参数alternative = "greater"传递给函数wilcox.test()，明确指定Wilcoxon符号秩检验的备择假设为"大于"（greater）。

```
(w_res <- wilcox.test(dat$USA, dat$Canada, conf.int = TRUE, alternative =
  "greater"))
```

执行后会输出：

```
 Wilcoxon rank sum test with continuity correction

data:  dat$USA and dat$Canada
W = 8763, p-value < 2.2e-16
alternative hypothesis: true location shift is greater than 0
95 percent confidence interval:
 26696    Inf
sample estimates:
difference in location
            28155.27
```

这意味着对比了USA和Canada两列的分布，并检验USA的中位数是否显著大于Canada的中位数。因此，该检验旨在确定是否存在显著的右尾偏差，即USA的值在分布的右侧是否偏向更大。

（8）同样道理，也可以使用函数broom::tidy(w_res)将Wilcoxon符号秩检验的结果整理成易于阅读的数据框格式，以便更好地理解检验的统计输出。具体实现代码如下：

```
broom::tidy(w_res)
```

执行后将返回一个数据框，其中包含Wilcoxon符号秩检验的统计结果。

```
A tibble: 1 × 7
estimate statistic  p.value conf.low   conf.high  method    alternative
<dbl>    <dbl>     <dbl>    <dbl>      <dbl>     <chr>     <chr>
28155.27 8763     1.204061e-31   26696    Inf Wilcoxon rank sum test with continuity
correction   greater
```

（9）在下面的代码中，首先将数据框 dat 中的 Year 列移除，并将剩余的数据转换为矩阵 dat_m，将年份设置为行名；接着，通过矩阵转置 dat_t 得到一个新的矩阵，其中每一行代表一个国家/地区，列名为年份；然后，从转置后的矩阵 dat_t 中提取2000年和2020年的数据，分别存储在向量 x 和 y 中；最后，使用函数 wilcox.test() 执行配对样本的 Wilcoxon 符号秩检验，比较这两年的数据。

```
dat_m <- dat %>% dplyr::select(-Year) %>% as.matrix()
rownames(dat_m) <- dat$Year
dat_t <- t(dat_m)
x <- as.numeric(dat_t[,"2000"])
```

```
y <- as.numeric(dat_t[,"2020"])

(w_res <- wilcox.test(x, y, conf.int = TRUE, paired = TRUE))
```

执行后会输出：

```
 Wilcoxon signed rank exact test

data:  x and y
V = 119, p-value = 0.5803
alternative hypothesis: true location shift is not equal to 0
95 percent confidence interval:
 -3848.5    621.5
sample estimates:
(pseudo)median
          -297
```

（10）获取Wilcoxon符号秩检验结果的整理数据框，具体实现代码如下：

```
broom::tidy(w_res)
```

执行后将返回一个数据框：

```
A tibble: 1 × 7
estimate statistic  p.value conf.low  conf.high  method    alternative
   <dbl>     <dbl>    <dbl>    <dbl>      <dbl>   <chr>          <chr>
    -297   119 0.580338    -3848.5 621.5  Wilcoxon signed rank exact test  two.sided
```

对 broom::tidy(w_res) 输出结果的具体说明如下。

① estimate：效应估计为 -297。

② statistic：检验统计量的值为 119。

③ p.value：p-value 为 0.580338，表示在零假设成立的情况下，观察到的统计量或更极端的情况发生的概率。

④ conf.low 和 conf.high：如果设置 conf.int = TRUE，则包含效应估计的置信区间，此处为 (-3848.5, 621.5)。

⑤ method：使用的检验方法是 Wilcoxon signed rank exact test，表示进行的是精确的 Wilcoxon 符号秩检验。

⑥ alternative：检验的备择假设是 two.sided，表示检验是双侧的。

因为 p-value 为 0.580338 大于通常的显著性水平（如 0.05），所以在该检验中没有足够的证据拒绝零假设。这表明在 2000—2020 年，排放量在总体中没有显著差异。

（11）使用函数 kruskal.test() 执行 Kruskal-Wallis 检验，比较 dat_gather 数据框中的 Emission 列在不同的 Country 组别之间是否存在显著差异。具体实现代码如下：

```
(k_res <- kruskal.test(dat_gather$Emission, as.factor(dat_gather$Country)))
```

执行后会输出：

```
 Kruskal-Wallis rank sum test

data:  dat_gather$Emission and as.factor(dat_gather$Country)
Kruskal-Wallis chi-squared = 1253.6, df = 22, p-value < 2.2e-16
```

对 Kruskal-Wallis 检验输出结果的具体说明如下。

① 数据：检验使用的数据是 dat_gather$Emission 和 as.factor(dat_gather$Country)。

② Kruskal-Wallis chi-squared：检验统计量的值为 1253.6。

③ df（自由度）：自由度为 22，这是因为有 23 个国家。

④ p-value：p-value 小于 2.2e-16，这是一个极小的值，远小于一般的显著性水平（如 0.05）。

根据 p-value 的极小值，有足够的证据拒绝零假设，即排放量在不同国家之间存在显著差异。这表明至少有一个国家的排放量在总体中的中位数与其他国家不同。

（12）通过函数 broom::tidy(k_res) 返回 Kruskal-Wallis 检验结果的整理数据框，具体实现代码如下：

```
broom::tidy(k_res)
```

执行后会输出：

```
A tibble: 1 × 4
statistic     p.value          parameter      method
<dbl>         <dbl>            <int>          <chr>
1253.576      1.613923e-251    22             Kruskal-Wallis rank sum test
```

对输出结果的具体说明如下。

（1）statistic：检验统计量的值为 1253.576。

（2）p.value：p-value 为 1.613923e-251，非常接近零，表明在零假设成立的情况下，观察到的统计量或更极端的情况发生的概率非常小，因此有足够的证据拒绝零假设。

（3）parameter：自由度为 22，对应国家/地区的数量减去 1。

（4）method：检验的名称为 Kruskal-Wallis rank sum test。

上述输出结果再次表明，在排放量的中位数上，至少有一个国家与其他国家存在显著差异。

10.5 Friedman 检验

Friedman 检验是一种非参数统计检验，用于比较三个或更多相关组的中位数是否相等。Friedman 检验的基本思想是对每个观测值进行秩次排列，并比较每个组的秩次总和。Friedman 检验对于不满足正态分布假设且样本容量较小的情况非常有用。

10.5.1 Friedman 检验简介

Friedman检验是一种非参数统计检验方法，通常用于重复测量设计，其中相同的个体或实验单元在不同条件下进行多次观测。实现Friedman检验的主要步骤如下。

（1）假设。

①零假设（H_0）：所有相关组的总体中位数相等。

②备择假设（H_1）：至少有两个相关组的总体中位数不相等。

（2）数据处理：对于每个相关组，对其观测值进行秩次排列。在每个秩次上，取原始观测值的平均秩次，以考虑到可能存在的相同值，这样可得到每个组中每个观测值的秩次。

（3）计算秩次总和：对于每个相关组，计算其所有观测值的秩次总和，其表示每个组的观测值在秩次上的总体表现。

（4）计算Friedman统计量：Friedman统计量的计算涉及秩次总和、观测值的总数和组的数量。其计算公式如下：

$$X^2 = \frac{12}{Nk(k+1)}\left(\sum_{j=1}^{k} R_j^2 - \frac{k(k+1)^2}{4}\right)$$

式中，N为观测值的总数；k为组的数量；R_j为第j组的秩次总和。

（5）进行假设检验：使用Friedman统计量进行假设检验，计算得到的统计量会与F分布或卡方分布相比较，得到的p-value用于判断是否有足够的证据拒绝零假设。

10.5.2 使用 Friedman 检验

Friedman检验的应用场景通常涉及重复测量设计，其中相同个体或单位在不同条件下进行多次测量。这种情况下，Friedman检验可以用于确定在不同条件下观测值的分布是否存在显著差异。在R语言中，可以使用函数friedman.test()执行Friedman检验。在实例10-4中，假设有一组参与不同学科考试的学生，我们使用R语言进行Friedman检验，以确定这些学生不同学科成绩的中位数是否存在显著差异。

实例10-4 确定学生成绩的中位数是否存在显著差异（源码路径：codes\10\fr.R）

实例文件fr.R的具体实现代码如下：

```r
# 创建一个包含不同学科成绩的数据框
exam_data <- data.frame(
  Math = c(85, 78, 90, 92, 88),
  English = c(80, 75, 88, 82, 85),
  History = c(72, 68, 75, 80, 78)
)
```

```r
# 为数据框添加一个虚拟的 ID 列
exam_data$ID <- seq_len(nrow(exam_data))

# 将数据框转换为长格式
exam_data_long <- reshape2::melt(exam_data, id.vars = "ID")
# 导入 ggplot2 包
library(ggplot2)

# 创建一个箱线图
ggplot(exam_data_long, aes(x = variable, y = value, group = variable)) +
  geom_boxplot() +
  labs(title = "Boxplot of Exam Scores by Subject",
       x = "Subject",
       y = "Score") +
  theme_minimal()

# 执行 Friedman 检验
friedman_result <- friedman.test(value ~ variable | ID, data = exam_data_long)

# 输出检验结果
cat("\nFriedman Test Results:\n")
cat("=====================================\n")
cat("Chi-squared:", friedman_result$statistic, "\n")
cat("Degrees of Freedom:", friedman_result$parameter, "\n")
cat("p-value:", friedman_result$p.value, "\n")
cat("=====================================\n")

# 根据 p-value 进行结论
if (friedman_result$p.value < 0.05) {
  cat("Conclusion: There is a significant difference in the median scores of
    different subjects!\n")
} else {
  cat("Conclusion: No significant evidence of a difference in median scores
    among subjects.\n")
}
```

对上述代码的具体说明如下。

（1）创建一个包含不同学科成绩的数据集，其中Math、English、History分别表示三个不同学科的考试成绩，每个学科有5个学生的成绩数据。为了进行后续的统计分析，虚拟地为数据集添加一个ID列，表示每个学生的唯一标识。

（2）通过函数reshape2::melt()将数据框转换为长格式，使得每行包含一个学生在不同学科下的成绩。这种格式更适合后续的统计分析和可视化。

（3）使用ggplot2包创建一个箱线图，如图10-6所示，展示Math、English和History三个学科的成绩分布情况。箱线图直观地展示了中位数、上下四分位数、异常值等统计信息，有助于对学生不同学科的成绩进行比较。

（4）执行Friedman检验，这是一种非参数统计检验方法，用于检测不同条件下多个相关样本之间是否存在显著差异。通过输出检验结果，并根据显著性水平（通常是0.05）判断是否有足够证据拒绝原假设。如果p-value小于0.05，就拒绝原假设，认为在这些学生不同学科成绩之间存在显著差异；反之，则认为没有足够证据表明存在差异显著。执行后会输出：

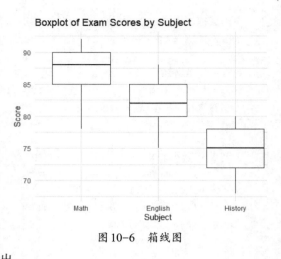

图10-6　箱线图

```
Friedman Test Results:
==================================
Chi-squared: 10
Degrees of Freedom: 2
p-value: 0.006737947
==================================
Conclusion: There is a significant difference in the median scores of
    different subjects!
```

10.6　卡方检验

卡方检验是一种检验两个分类变量之间是否存在关联的统计方法。具体而言，卡方检验用于比较观察到的频数和期望频数之间的差异，从而判断两个分类变量是否独立。

10.6.1　卡方检验简介

卡方检验的基本思想是通过比较实际观察到的频数与期望频数的差异来评估两个分类变量之间是否存在显著关联。卡方检验常用于分析两个分类变量之间的关系，如性别和偏好、治疗方法和治愈率等。

卡方检验的原假设中两个变量是独立的，而备择假设中两个变量之间存在关联。卡方检验的输出结果是卡方统计量和对应的p-value。如果p-value小于预定的显著性水平（通常是0.05），则可以拒绝原假设，认为两个变量之间存在显著关联。

卡方检验有两种主要形式：卡方拟合度检验（Chi-square goodness-of-fit test）用于比较

观察频数和期望频数之间的差异，适用于单个分类变量；卡方独立性检验（Chi-square test of independence）用于比较两个分类变量之间的关联，适用于两个分类变量。

10.6.2 卡方拟合度检验

卡方拟合度检验用于检验一个样本的观察频数是否与期望频数相符。卡方拟合度检验通常用于单个分类变量，比较观察到的频数与一个已知的理论分布或期望频数的分布是否一致。下面是实现卡方拟合度检验的基本步骤。

（1）建立假设：原假设（H_0）是观察到的频数与期望频数之间没有显著差异，即拟合良好；备择假设（H_1）是观察到的频数与期望频数之间存在显著差异，即拟合不良好。

（2）收集数据：收集一个样本，得到观察到的频数。

（3）指定期望频数分布：基于已知的理论分布或先验知识，计算每个类别的期望频数。

（4）计算卡方统计量：使用观察频数和期望频数计算卡方统计量，表达了观察到的频数与期望频数之间的差异程度。

（5）计算自由度：自由度的计算通常是类别数减去1。

（6）计算p-value：使用卡方统计量和自由度计算p-value。

（7）做出决策：如果p-value小于显著性水平（通常是0.05），则拒绝原假设，认为观察到的频数与期望频数有显著差异，拟合不良好；如果p-value大于显著性水平，则接受原假设，认为拟合良好。

假设有一组骰子投掷的观察数据，现在想要检验这组数据是否符合均匀分布，即每个点数出现的频率是否相等。实例10-5演示了进行卡方拟合度检验的过程。

实例10-5 检验骰子投掷的观察数据是否均匀分布（源码路径：codes\10\kani.R）

实例文件kani.R的具体实现代码如下：

```r
# 模拟骰子投掷数据
observed_data <- c(20, 15, 18, 22, 25)

# 假设均匀分布的期望频数
expected_data <- rep(mean(observed_data), length(observed_data))

# 执行卡方拟合度检验
chisq_test_result <- chisq.test(observed_data, p = expected_data /
  sum(expected_data))

# 输出检验结果
cat("\nChi-square Goodness-of-Fit Test Results:\n")
cat("====================================\n")
cat("Chi-squared:", chisq_test_result$statistic, "\n")
```

```
cat("Degrees of Freedom:", chisq_test_result$parameter, "\n")
cat("p-value:", chisq_test_result$p.value, "\n")
cat("=================================\n")

# 根据p-value进行结论
if (chisq_test_result$p.value < 0.05) {
  cat("Conclusion: The observed data does not fit the uniform
    distribution!\n")
} else {
  cat("Conclusion: The observed data fits the uniform distribution.\n")
}
```

在上述代码中，首先模拟骰子投掷的观察数据；然后假设均匀分布计算期望频数；接着，使用函数chisq.test()进行卡方拟合度检验，检验观察到的频数与期望频数是否存在显著差异；最后，输出检验结果并根据p-value判断拟合的结果。执行后会输出：

```
Chi-square Goodness-of-Fit Test Results:
=================================
Chi-squared: 2.9
Degrees of Freedom: 4
p-value: 0.5746972
=================================
Conclusion: The observed data fits the uniform distribution.
```

在上面的输出结果中，p-value的值为0.5746972，远大于通常的显著性水平（如0.05），故接受原假设，认为观察到的数据符合均匀分布。因此，可以得出结论：在该模拟的骰子投掷数据中，没有足够的证据表明观察到的频数与期望频数之间存在显著差异。

10.6.3 卡方独立性检验

卡方独立性检验用于检验两个分类变量之间是否存在关联。具体而言，其检验观察到的频数与期望频数之间的差异，从而判断两个变量是否独立。这种检验常用于分析两个分类变量之间的关系，如性别和购买偏好、治疗方法和治愈率等。下面是实现卡方独立性检验的基本步骤。

（1）建立假设：原假设（H_0）是两个变量是独立的，备择假设（H_1）是两个变量之间存在关联。

（2）收集数据：收集一个样本，得到观察到的频数。

（3）建立期望频数分布：基于独立性假设，计算每个组合的期望频数。

（4）计算卡方统计量：使用观察频数和期望频数计算卡方统计量，表达了观察到的频数与期望频数之间的差异程度。

（5）计算自由度：自由度的计算通常是两个分类变量的水平数相乘后减去1。

（6）计算p-value：使用卡方统计量和自由度计算p-value。

（7）做出决策：如果p-value小于显著性水平（通常是0.05），则拒绝原假设，认为两个变量之间存在显著关联；如果 p-value 大于显著性水平，则接受原假设，认为两个变量之间独立。

卡方独立性检验适用于两个分类变量，其中每个变量都有两个或多个水平。该检验的结果提供了关于两个变量之间关系的统计显著性信息。假设有一组数据，其中包含两个分类变量：性别（男、女）和是否购买某个产品（是、否）。实例 10-6 是使用卡方独立性检验确定性别和购买行为之间是否存在关联。

实例 10-6　检验性别和购买行为之间是否存在关联（源码路径：codes\10\du.R）

实例文件 du.R 的具体实现代码如下：

```r
# 创建一个包含性别和购买行为的数据框
data <- data.frame(
  Gender = c("Male", "Female", "Male", "Female", "Male", "Female", "Male",
             "Female", "Male", "Female"),
  Purchase = c("Yes", "Yes", "No", "Yes", "No", "Yes", "No", "No", "Yes",
               "No")
)

# 执行卡方独立性检验
chisq_test_result <- chisq.test(table(data$Gender, data$Purchase))

# 输出检验结果
cat("\nChi-square Test of Independence Results:\n")
cat("====================================\n")
cat("Chi-squared:", chisq_test_result$statistic, "\n")
cat("Degrees of Freedom:", chisq_test_result$parameter, "\n")
cat("p-value:", chisq_test_result$p.value, "\n")
cat("====================================\n")

# 根据 p-value 进行结论
if (chisq_test_result$p.value < 0.05) {
  cat("Conclusion: There is a significant association between Gender and
      Purchase!\n")
} else {
  cat("Conclusion: No significant evidence of association between Gender and
      Purchase.\n")
}
```

在上述代码中，首先创建一个简单的数据框，其包含性别和购买行为的观察数据；然后，使用函数 chisq.test() 进行卡方独立性检验，检验性别和购买行为之间是否存在关联；最后，输出检验结果并根据 p-value 判断两个变量之间的关系。执行后会输出：

```
Chi-square Test of Independence Results:
====================================
Chi-squared: 0
```

```
Degrees of Freedom: 1
p-value: 1
=====================================
Conclusion: No significant evidence of association between Gender and
Purchase.
```

上面输出结果中的p-value为1，远大于通常的显著性水平（如0.05），故接受原假设，认为性别和购买行为之间没有显著关联。这意味着在该实例中，没有足够的证据表明性别与购买行为之间存在显著的关系。

10.7 符号检验

符号检验是一种非参数统计方法，用于比较两组配对观测数据的中位数是否存在显著差异。符号检验的优势在于对数据的分布形状没有特殊的要求，且对异常值相对不敏感。

10.7.1 符号检验简介

符号检验的基本思想是将每对配对观测值的差异取符号，并检验这些符号中正负号的数量是否差异显著。下面是实现符号检验的基本步骤。

（1）建立假设：原假设（H_0）是两组配对数据的中位数没有显著差异，备择假设（H_1）是两组配对数据的中位数存在显著差异。

（2）计算差异：对每一对配对观测值计算差异（后观测值减前观测值）并标记符号。

（3）计算正负号数量：统计正负号的数量。

（4）计算p-value：使用正态分布的理论知识或查表，计算得到p-value。

（5）做出决策：如果p-value小于显著性水平（通常是0.05），则拒绝原假设，认为中位数存在显著差异；如果p-value大于显著性水平，则接受原假设。

符号检验适用于样本较少、数据不服从正态分布或包含异常值的情况。但需要注意的是，符号检验对于数据的中位数差异的敏感性较低，可能无法探测到较小的差异。

10.7.2 使用符号检验

在R语言中，可以使用函数binom.test()实现符号检验功能。函数binom.test()可用于二项分布检验，而符号检验是二项分布检验的一种特殊情况。下面是在R语言中执行符号检验的基本步骤。

（1）建立假设：假设有两组配对数据，原假设是中位数没有显著差异，备择假设是中位数存在显著差异。

（2）计算差异和符号：对每一对配对观测值计算差异并标记符号。

（3）执行符号检验：使用函数binom.test()进行符号检验。函数binom.test()的参数alternative用于指定备择假设，可以选择two.sided（双侧检验）、less（小于）、greater（大于）。

（4）输出结果：查看检验结果，包括估计的成功概率、p-value等。

如下演示代码（源码路径：codes\10\fuhao.R）展示了R语言根据上述步骤实现符号检验的过程。

```r
# 创建两组配对数据
before <- c(25, 30, 22, 28, 35)
after <- c(30, 28, 24, 32, 34)

# 计算差异和符号
diff_sign <- sign(after - before)

# 执行符号检验
sign_test_result <- binom.test(sum(diff_sign != 0), length(diff_sign),
  alternative = "two.sided")

# 输出检验结果
cat("\nSign Test Results:\n")
cat("===================================\n")
cat("Number of positive signs:", sum(diff_sign == 1), "\n")
cat("Number of negative signs:", sum(diff_sign == -1), "\n")
cat("Binomial test p-value:", sign_test_result$p.value, "\n")
cat("===================================\n")

# 根据 p-value 进行结论
if (sign_test_result$p.value < 0.05) {
  cat("Conclusion: There is a significant difference in medians!\n")
} else {
  cat("Conclusion: No significant evidence of a difference in medians.\n")
}
```

在上述代码中，首先通过函数binom.test()执行符号检验，检验两组配对数据的中位数是否存在显著差异；然后，根据p-value得出结论。注意，这只是一个简单的示例，实际数据和分析可以根据具体情况进行调整。

第 11 章 主成分分析

主成分分析（Principal Component Analysis，PCA）是一种常用的数据降维技术和特征提取方法。其主要目标是通过线性变换将原始数据投影到新的坐标系中，使得投影的数据具有最大的方差，从而保留数据中的主要信息。这些投影轴被称为主成分。本章将详细讲解使用R语言实现PCA的知识，并通过具体实例的实现过程讲解各个知识点的用法。

11.1 PCA 简介

PCA的目标是通过线性变换将原始数据转换为一组新的变量，这些新变量被称为主成分，它们是原始特征的线性组合。

11.1.1 PCA 的概念

在PCA中，主成分的选择是基于数据中的方差，保留最大方差的方向被认为是数据中最重要的方向。通过降低数据的维度，PCA可以简化复杂的数据集并提取最重要的信息，有助于更有效地分析和理解数据。下面是PCA的几个主要概念。

（1）数据变换：PCA通过将原始数据投影到新的坐标系中来实现数据的变换。这个新的坐标系的选择是由数据中方差最大的方向（主成分）确定的。

（2）主成分：原始特征的线性组合，其目标是捕获数据中的最大方差。第一个主成分是数据中方差最大的方向，第二个主成分是与第一个主成分正交且方差次大的方向，依次类推。

（3）方差解释：主成分的选择是根据它们对整体数据方差的贡献进行的。选择前几个主成分可以解释数据中大部分的方差，从而实现降维效果。

（4）协方差矩阵：在PCA中，数据的协方差矩阵用于描述不同特征之间的相关性。通过对协方差矩阵进行特征值分解，可以得到主成分和它们对应的特征值。

（5）降维：通过保留数据中最重要的主成分，PCA实现了数据的降维。降维有助于减少数据的复杂性，去除冗余信息，并提高数据的处理效率。

11.1.2 PCA 的应用领域

PCA在很多领域有广泛的应用，包括模式识别、图像处理、数据压缩、数据可视化和特征提取等。其具体说明如下。

（1）数据降维：PCA被广泛用于数据降维，特别是在处理高维数据集时。PCA通过保留主要的成分，可以减少数据的维度，减轻计算负担，同时去除了冗余信息，保留了数据的主要结构。

（2）模式识别和计算机视觉：在模式识别和计算机视觉领域，PCA可用于降低图像数据的维度，提取图像中的主要特征，为图像中的模式识别、人脸识别、手写体识别等应用提供了坚实的基础。

（3）信号处理：在信号处理中，PCA可用于提取信号的主要成分，去除噪声和冗余信息，从而提高信号的信噪比。

（4）生物信息学：在生物信息学研究中，PCA被用于分析基因表达数据，以识别关键的基因表达模式。PCA有助于理解生物过程，发现基因与疾病之间的关系。

（5）金融领域：在金融领域，PCA可用于资产组合优化、风险管理和市场预测。PCA通过降低数据的维度，可以更有效地分析金融市场的波动和趋势。

（6）数据可视化：PCA有助于将高维数据映射到低维空间，从而使数据更容易可视化。这在数据探索和展示方面非常有用。

（7）地球科学：PCA可以处理遥感数据，如卫星图像。这有助于提取地表特征、监测环境变化和进行地理信息系统（Geographic Information System，GIS）分析。

（8）质谱分析：在化学和生物化学中，PCA可用于质谱数据的分析，以鉴别和分类不同的化合物。

总体而言，PCA是一种强大的工具，适用于许多领域，可以帮助研究人员更好地理解和处理复杂的数据集。

11.2 PCA的数学原理

PCA的数学原理涉及线性代数和统计学的概念。本节将详细讲解PCA的基本数学原理知识，为读者学习后面的知识打下基础。

11.2.1 主成分的提取

主成分的提取是PCA的关键步骤，其目的是从原始数据中提取最重要的特征，以实现数据的降维。提取主成分的过程涉及计算协方差矩阵、特征值分解和选择主成分等步骤。实现主成分的提取过程如下。

（1）数据中心化：对原始数据进行中心化操作，即减去每个特征的均值，使得数据的均值为零。这可以通过减去每个特征的均值向量实现，其中均值向量的每个元素是相应特征的均值。若有m个样本和n个特征，原始数据矩阵为X（m行n列），中心化后的数据矩阵为Z，计算公式如下：

$$Z = X - \bar{X}$$

式中，$\bar{X}$为特征均值向量。

（2）计算协方差矩阵：对中心化后的数据计算协方差矩阵C，协方差矩阵C的元素C_{ij}是第i个特征和第j个特征之间的协方差。

$$C = \frac{1}{m-1} Z^\mathrm{T} Z$$

式中，Z^T为Z的转置。

(3)特征值分解:对协方差矩阵 C 进行特征值分解。特征值分解将协方差矩阵表示为特征向量矩阵 V 和特征值的对角矩阵 Λ 的乘积。

$$C = V\Lambda V^{\mathrm{T}}$$

式中,V 的列向量是 C 的特征向量;Λ 为对角矩阵,其对角线上的元素是 C 的特征值。

(4)选择主成分:将特征值按照大小排序,选择前 k 个特征值对应的特征向量作为主成分。这些主成分构成了投影数据的新基。

(5)投影:将中心化后的数据投影到选定的主成分上,得到降维后的数据矩阵 Y。

$$Y = Z \cdot V_k$$

式中,V_k 包含前 k 个特征值对应的特征向量;·为矩阵乘法。

通过上述过程,原始数据被投影到了一个新的坐标系中,新坐标系的轴是原始数据中方差最大的方向(主成分)。这样,就可以通过选择前 k 个主成分,实现数据的降维。通常,选择保留的主成分数量取决于需要保留多少数据的方差信息。

11.2.2　PCA 的可解释性

PCA 的可解释性体现在其有助于解释数据的方差结构,并提供了数据集中最重要的信息。下面是对 PCA 可解释性的具体说明。

(1)方差解释:PCA 的目标是通过找到数据中方差最大的方向(主成分),从而更好地理解数据的变异性。每个主成分对应一个特征值,该特征值表示数据在相应方向上的方差。通过观察特征值,可以了解每个主成分对总方差的贡献程度。选择前 k 个主成分可以解释数据中的大部分方差,从而实现降维。

(2)主成分的解释力:每个主成分是原始特征的线性组合,通过观察主成分的系数,可以理解原始特征对主成分的贡献,这有助于解释主成分的物理或实际含义。例如,在图像处理中,主成分可能对应某些图案、纹理或形状。

(3)特征向量的解释:主成分对应协方差矩阵的特征向量,这些特征向量描述了数据中的主要方向。通过观察特征向量的分量,可以了解原始特征如何贡献到主成分,从而提供对数据结构的解释。

(4)降维的解释:通过选择保留的主成分数量,可以实现对数据的降维。降维后的数据更容易可视化和理解,而且保留了数据中主要的信息。这种降维有助于简化数据分析,提供更简洁的模型。

(5)应用领域的解释:在具体的应用领域,主成分的解释可以更加直观。例如,在生物学中,主成分可能对应关键基因的表达模式;在金融领域中,主成分可能对应市场因素的组合。这样的解释可以为各领域专家提供有价值的见解。

总体来说,PCA 提供了一种理解和解释复杂数据结构的方法。通过分析主成分、特征值、特征向量以及降维效果，可以更好地理解数据的内在关系和重要特征，为进一步的分析和应用提供有力的支持。

11.3 PCA 的应用：信用卡欺诈检测

信用卡欺诈检测是金融领域一项至关重要的任务。随着电子支付和在线交易的普及，欺诈行为的复杂性和频率也在增加，因此建立一个高效的欺诈检测系统对于保护客户和金融机构的资产至关重要。在实例11-1中，通过应用机器学习技术，特别是随机森林算法，旨在构建一个能够在高度不平衡的信用卡交易数据中识别潜在欺诈行为的预测模型。本实例的目标是提高模型的准确性，降低误报率，并通过深入的性能分析为金融机构提供更可靠的欺诈检测工具。

实例 11-1 信用卡欺诈检测系统（源码路径：codes\11\credit-card-detection.Rmd）

本实例是针对信用卡欺诈检测问题构建一个基于随机森林算法的预测模型，具体实现步骤如下：

（1）数据探索与分析：通过对信用卡交易数据的探索，了解数据的结构、特征以及数据之间的相关性，并使用可视化工具和统计分析，对数据进行初步了解。

（2）随机森林模型训练：利用随机森林算法，通过训练集训练一个模型，其中包含100棵决策树。通过变量重要性分析，了解哪些特征对模型的预测起到了关键作用。

（3）模型性能评估：使用 AUC（Area Under Curve，受试者工作特征曲线下的面积）等指标对模型在验证集上的性能进行评估。通过混淆矩阵和成本分析等手段，深入了解模型在不同阈值下的性能。

（4）结果可视化：使用图形化工具展示模型的 ROC（Receiver Operating Characteristic，受试者工作特征）曲线、AUC 值，以及成本函数等信息，使得模型性能更直观。

（5）项目结论：通过对模型性能的综合分析，提出关于模型的结论，强调了在类别不平衡问题中，准确率并非最可靠的评估指标，而 AUC 值更为重要。

11.3.1 准备 R 语言包

加载需要的R语言包，具体实现代码如下：

```
library(randomForest)
library(caret)
library(gridExtra)
library(grid)
library(ggplot2)
library(lattice)
library(corrplot)
library(pROC)
library(knitr)
```

```
library(kableExtra)
library(formattable)
library(dplyr)
options(knitr.table.format = "html")
```

对各个包的具体说明如下。

（1）randomForest：一种机器学习算法，用于建立决策树模型的集成。randomForest包可用于分类和回归问题。

（2）caret：提供了一套用于分类和回归模型的通用界面，简化了模型训练、评估和调参的过程。

（3）gridExtra 和 grid：在网格上安排和组合图形，以创建更复杂的图形布局。

（4）ggplot2：绘制图形的强大包，采用图层化语法，使得创建复杂图形变得相对容易。

（5）lattice：提供了另一种绘图系统，用于创建多变量数据的图形展示。

（6）corrplot：绘制相关性矩阵的热图，有助于可视化变量之间的关系。

（7）pROC：绘制和分析 ROC 曲线，ROC 曲线通常用于评估分类模型的性能。

（8）knitr 和 kableExtra：创建和格式化文档，特别是在R Markdown中生成可交互式文档。

（9）formattable：提供表格的格式化功能，可用于美化输出。

（10）dplyr：提供了一套简洁的语法，用于数据操作和转换。

11.3.2 导入数据集

本实例使用的数据集文件是creditcard.csv，其中保存了大量的信用卡交易数据，部分内容如图11-1所示。

creditcard.csv (150.83 MB)

Detail　Compact　Column　　10 of 31 columns

# Time	# V1	# V2	# V3	# V4	# V5	# V6	# V
0	-1.3598071336738	-0.0727811733098497	2.53634673796914	1.37815522427443	-0.338320769942518	0.462387777762292	0.257
0	1.19185711131486	0.26615071205963	0.16648011335321	0.448154078460911	0.0600176492822243	-0.0823608088155687	-0.311
1	-1.35835406159823	-1.34016307473609	1.77320934263119	0.379779593034328	-0.503198133318193	1.80049938079263	0.722
1	-0.966271711572087	-0.185226008082898	1.79299333957872	-0.863291275036453	-0.0103088796030823	1.24720316752486	0.28
2	-1.15823309349523	0.877736754848451	1.548717846511	0.403033933955121	-0.407193377311653	0.0959214624684256	0.545
2	-0.425965884412454	0.960523044882985	1.14110934232219	-0.168252079760302	0.42098688077219	-0.0297275516639742	0.427
4	1.2296576345079	0.1410035070493	0.0453707735899	1.2026127367359	0.1918809885976	0.2727081228990	-0.

图 11-1　文件 creditcard.csv 中的部分内容

在文件creditcard.csv中，每一行代表一笔交易，每一列包含不同的信息。对列的具体说明如下。

（1）Time：交易发生的时间。

（2）V1、V2、V3、…、V9：包含有关交易的匿名特征或属性。通常，为了保护敏感信息，信用卡交易数据经过了降维或匿名化处理，因此这些列可能是经过处理的原始特征。

每一行的开头都是一个数字（0、1、2），表示交易的类别或标签。在信用卡交易数据中，通常类别 0 表示正常交易，而类别 1 表示欺诈交易。

使用函数 read.csv() 从文件 creditcard.csv 中读取数据，并将其存储在变量 raw.data 中。这通常是在分析或建模之前将数据加载到 R 语言环境中的第一步。加载数据后，可以使用 raw.data 探索数据的结构、内容和特征。

```
raw.data <- read.csv("creditcard.csv")
```

11.3.3 计算 ROC 和 AUC

ROC 曲线和 AUC 是用于评估二分类模型性能的常见工具，其中 ROC 曲线是一种以真正例率（True Positive Rate，TPR，也称为敏感性）为纵轴，假正例率（False Positive Rate，FPR）为横轴的图形；而 AUC 是 ROC 曲线下的面积，即 ROC 曲线与横轴之间的面积。AUC 的取值范围在 0～1，越接近 1 表示模型性能越好，越接近 0.5 表示模型性能越差。

创建函数 calculate_roc()，用于计算 ROC 和 AUC。该函数接收一个包含预测概率（predicted）和真实类别（Class）的数据框（verset），以及代表假阳性成本（cost_of_fp）、假阴性成本（cost_of_fn）的参数。其具体实现代码如下：

```
calculate_roc <- function(verset, cost_of_fp, cost_of_fn, n=100) {
  # 函数内定义的一系列子函数，用于计算各种指标
  tp <- function(verset, threshold) {sum(verset$predicted >= threshold &
    verset$Class == 1)}
  fp <- function(verset, threshold) {sum(verset$predicted >= threshold &
    verset$Class == 0)}
  tn <- function(verset, threshold) {sum(verset$predicted < threshold &
    verset$Class == 0)}
  fn <- function(verset, threshold) {sum(verset$predicted < threshold &
    verset$Class == 1)}
  tpr <- function(verset, threshold) {sum(verset$predicted >= threshold &
    verset$Class == 1) / sum(verset$Class == 1)}
  fpr <- function(verset, threshold) {sum(verset$predicted >= threshold &
    verset$Class == 0) / sum(verset$Class == 0)}
  cost <- function(verset, threshold, cost_of_fp, cost_of_fn) {
    sum(verset$predicted >= threshold & verset$Class == 0) * cost_of_fp +
sum(verset$predicted < threshold & verset$Class == 1) * cost_of_fn}
  threshold_round <- function(value, threshold){return (as.integer(!(value
    < threshold)))}
  auc_ <- function(verset, threshold) { auc(verset$Class, threshold_
    round(verset$predicted, threshold))}
```

```
# 创建一个包含 ROC 曲线数据的数据框
roc <- data.frame(threshold = seq(0,1,length.out=n), tpr=NA, fpr=NA)
# 使用函数 sapply() 在不同的阈值下计算各种指标
roc$tp <- sapply(roc$threshold, function(th) tp(verset, th))
roc$fp <- sapply(roc$threshold, function(th) fp(verset, th))
roc$tn <- sapply(roc$threshold, function(th) tn(verset, th))
roc$fn <- sapply(roc$threshold, function(th) fn(verset, th))
roc$tpr <- sapply(roc$threshold, function(th) tpr(verset, th))
roc$fpr <- sapply(roc$threshold, function(th) fpr(verset, th))
roc$cost <- sapply(roc$threshold, function(th) cost(verset, th, cost_of_
    fp, cost_of_fn))
roc$auc <-  sapply(roc$threshold, function(th) auc_(verset, th))
return(roc)
}
```

对上述代码的具体说明如下。

（1）定义了一系列子函数，这些子函数用于计算与 ROC 曲线相关的各项指标。

① 函数 tp() 计算真正例（True Positive）的数量。

② 函数 fp() 计算假正例（False Positive）的数量。

③ 函数 tn() 计算真负例（True Negative）的数量。

④ 函数 fn() 计算假负例（False Negative）的数量。

⑤ 函数 tpr() 计算敏感性（True Positive Rate）。

⑥ 函数 fpr() 计算假正例率（False Positive Rate）。

⑦ 函数 cost() 计算在给定阈值下的总成本，并考虑到假阳性和假阴性的权重。

⑧ 函数 threshold_round() 将预测概率根据给定阈值转换为二元分类。

⑨ 函数 auc_() 计算在给定阈值下的 AUC。

（2）创建一个包含 ROC 曲线数据的数据框 roc，该数据框有阈值、敏感性、特异性、真正例率、假正例率、成本和 AUC 等列。通过函数 sapply() 在不同阈值下计算各种指标，并将结果填充到数据框中。

（3）函数返回包含计算结果的数据框 roc。该函数的主要目的是方便地计算和可视化二分类模型的性能指标，特别是 ROC 曲线和 AUC。

11.3.4 可视化处理

本小节将绘制 ROC 曲线、AUC 和成本函数的可视化图形，定义函数 plot_roc()，通过图形化方式展示模型在不同阈值下的性能指标，便于直观理解和比较模型的表现。其具体实现代码如下：

```
plot_roc <- function(roc, threshold, cost_of_fp, cost_of_fn) {
  library(gridExtra)
  norm_vec <- function(v) (v - min(v))/diff(range(v))
```

```r
    idx_threshold = which.min(abs(roc$threshold-threshold))

    col_ramp <- colorRampPalette(c("green","orange","red","black"))(100)
    col_by_cost <- col_ramp[ceiling(norm_vec(roc$cost)*99)+1]
    p_roc <- ggplot(roc, aes(fpr,tpr)) +
      geom_line(color=rgb(0,0,1,alpha=0.3)) +
      geom_point(color=col_by_cost, size=2, alpha=0.5) +
      labs(title = sprintf("ROC")) + xlab("FPR") + ylab("TPR") +
      geom_hline(yintercept=roc[idx_threshold,"tpr"], alpha=0.5,
        linetype="dashed") +
      geom_vline(xintercept=roc[idx_threshold,"fpr"], alpha=0.5,
        linetype="dashed")

    p_auc <- ggplot(roc, aes(threshold, auc)) +
      geom_line(color=rgb(0,0,1,alpha=0.3)) +
      geom_point(color=col_by_cost, size=2, alpha=0.5) +
      labs(title = sprintf("AUC")) +
      geom_vline(xintercept=threshold, alpha=0.5, linetype="dashed")

    p_cost <- ggplot(roc, aes(threshold, cost)) +
      geom_line(color=rgb(0,0,1,alpha=0.3)) +
      geom_point(color=col_by_cost, size=2, alpha=0.5) +
      labs(title = sprintf("cost function")) +
      geom_vline(xintercept=threshold, alpha=0.5, linetype="dashed")

    sub_title <- sprintf("threshold at %.2f - cost of FP = %d, cost of FN =
      %d", threshold, cost_of_fp, cost_of_fn)

    grid.arrange(p_roc, p_auc, p_cost, ncol=2,sub=textGrob(sub_title,
      gp=gpar(cex=1), just="bottom"))
}
```

对上述代码的具体说明如下。

（1）定义一个名为 plot_roc() 的函数，该函数接收包含 ROC 曲线数据的数据框 roc，以及阈值、假阳性成本和假阴性成本等参数。

（2）在函数内部定义一个子函数 norm_vec()，用于将向量进行归一化处理。计算阈值在数据框中的索引，并创建一个颜色渐变，表示不同成本下的颜色。

（3）使用 ggplot2 包创建三个图形，分别表示 ROC 曲线、AUC 和成本函数。这些图形包括曲线、点以及与成本相关的颜色信息。在 ROC 曲线中，假阴性成本和阈值对应的真正例率和假正例率用不同颜色的点进行标注；在 AUC 图中，AUC 值用颜色标注；在成本函数图中，成本值用颜色标注。同时，虚线表示选择的阈值以及与之对应的性能指标。

（4）使用函数 grid.arrange() 将这三个图形整合在一起，并添加标题和副标题，说明选择的阈值以及假阳性和假阴性的成本。

11.3.5 显示混淆矩阵

创建函数plot_confusion_matrix(),其功能是通过图形方式展示模型的混淆矩阵,便于直观地了解模型在不同类别上的表现。该函数接收一个数据框参数verset,其中包含预测概率(Predicted)和真实类别(Class),以及一个副标题sSubtitle。

```
plot_confusion_matrix <- function(verset, sSubtitle) {
    tst <- data.frame(round(verset$predicted,0), verset$Class)
    opts <-   c("Predicted", "True")
    names(tst) <- opts
    cf <- plyr::count(tst)
    cf[opts][cf[opts]==0] <- "Not Fraud"
    cf[opts][cf[opts]==1] <- "Fraud"

    ggplot(data =  cf, mapping = aes(x = True, y = Predicted)) +
      labs(title = "Confusion matrix", subtitle = sSubtitle) +
      geom_tile(aes(fill = freq), colour = "grey") +
      geom_text(aes(label = sprintf("%1.0f", freq)), vjust = 1) +
      scale_fill_gradient(low = "lightblue", high = "blue") +
      theme_bw() + theme(legend.position = "none")
}
```

对上述代码的具体说明如下。

(1)函数plot_confusion_matrix()创建一个包含四个类别的数据框,分别是预测为欺诈(Predicted Fraud)、预测为非欺诈(Predicted Not Fraud)、实际为欺诈(True Fraud)、实际为非欺诈(True Not Fraud)。

(2)使用ggplot2包创建一个热力图,表示混淆矩阵。矩阵的每个单元格用颜色表示对应类别的频率,并在每个单元格中显示频率的文本标签。

(3)通过调整主题和颜色梯度,以及删除图例,使图形更加清晰和易于理解。

11.3.6 探索数据

(1)使用函数sprintf()生成一个字符串,其中包含有关数据框的行数和列数的信息。最终,该字符串包含有关数据框行数和列数的信息,用于进一步的数据探索。

```
sprintf("Rows: %d Columns: %d",nrow(raw.data), length(names(raw.data)))
```

在上述代码中,nrow(raw.data) 返回数据框 raw.data 的行数;length(names(raw.data)) 返回数据框 raw.data 的列数,即列名的数量。执行后会输出:

```
[1] "Rows: 284807 Columns: 31"
```

(2)使用函数head()选取数据框 raw.data 的前10行,并使用函数kable()将这些数据以html的格式呈现出来。通过函数kable_styling()添加一些样式，如斑马纹、居中等，以美化表格的显示效果。

```
head(raw.data,10) %>%
  kable( "html", escape=F, align="c") %>%
  kable_styling(bootstrap_options = "striped", full_width = F, position =
    "center")
```

对上述代码的具体说明如下。

①head(raw.data, 10)：选择数据框的前10行。

②kable("html", escape=F, align="c")：将数据以html的格式呈现，其中 escape=F 表示不转义特殊字符，align="c" 表示文本居中。

③kable_styling(bootstrap_options = "striped", full_width = F, position = "center")：添加表格样式，包括斑马纹、非全宽显示、居中位置等。

最终，通过这些操作，生成一个美化的html表格，展示了数据框 raw.data 的前10行数据。执行后会输出：

Time	V1	V2	V3	V4	V5	V6
	V7	V8	V9	V10	V11	V12
	V13	V14	V15	V16	V17	V18
	V19	V20	V21	V22	V23	V24
	V25	V26	V27	V28	Amount	Class
0	-1.3598071	-0.0727812	2.5363467	1.3781552	-0.3383208	0.4623878
	0.2395986	0.0986979	0.3637870	0.0907942	-0.5515995	-0.6178009
	-0.9913898	-0.3111694	1.4681770	-0.4704005	0.2079712	0.0257906
	0.4039930	0.2514121	-0.0183068	0.2778376	-0.1104739	0.0669281
	0.1285394	-0.1891148	0.1335584	-0.0210531	149.62	0
0	1.1918571	0.2661507	0.1664801	0.4481541	0.0600176	-0.0823608
	-0.0788030	0.0851017	-0.2554251	-0.1669744	1.6127267	1.0652353
	0.4890950	-0.1437723	0.6355581	0.4639170	-0.1148047	-0.1833613
	-0.1457830	-0.0690831	-0.2257752	-0.6386720	0.1012880	-0.3398465
	0.1671704	0.1258945	-0.0089831	0.0147242	2.69	0
1	-1.3583541	-1.3401631	1.7732093	0.3797796	-0.5031981	1.8004994
	0.7914610	0.2476758	-1.5146543	0.2076429	0.6245015	0.0660837
	0.7172927	-0.1659459	2.3458649	-2.8900832	1.1099694	-0.1213593
	-2.2618571	0.5249797	0.2479982	0.7716794	0.9094123	-0.6892810
	-0.3276418	-0.1390966	-0.0553528	-0.0597518	378.66	0
1	-0.9662717	-0.1852260	1.7929933	-0.8632913	-0.0103089	1.2472032
	0.2376089	0.3774359	-1.3870241	-0.0549519	-0.2264873	0.1782282
	0.5077569	-0.2879237	-0.6314181	-1.0596472	-0.6840928	1.9657750
	-1.2326220	-0.2080378	-0.1083005	0.0052736	-0.1903205	-1.1755753
	0.6473760	-0.2219288	0.0627228	0.0614576	123.50	0
2	-1.1582331	0.8777368	1.5487178	0.4030339	-0.4071934	0.0959215
	0.5929407	-0.2705327	0.8177393	0.7530744	-0.8228429	0.5381956
	1.3458516	-1.1196698	0.1751211	-0.4514492	-0.2370332	-0.0381948

```
    0.8034869  0.4085424  -0.0094307  0.7982785  -0.1374581  0.1412670
   -0.2060096  0.5022922   0.2194222  0.2151531  69.99        0
2  -0.4259659  0.9605230   1.1411093 -0.1682521   0.4209869 -0.0297276
    0.4762009  0.2603143  -0.5686714 -0.3714072   1.3412620  0.3598938
   -0.3580907 -0.1371337   0.5176168  0.4017259  -0.0581328  0.0686531
   -0.0331938  0.0849677  -0.2082535 -0.5598248  -0.0263977 -0.3714266
   -0.2327938  0.1059148   0.2538442  0.0810803   3.67        0
4   1.2296576  0.1410035   0.0453708  1.2026127   0.1918810  0.2727081
   -0.0051590  0.0812129   0.4649600 -0.0992543  -1.4169072 -0.1538258
   -0.7510627  0.1673720   0.0501436 -0.4435868   0.0028205 -0.6119873
   -0.0455750 -0.2196326  -0.1677163 -0.2707097  -0.1541038 -0.7800554
    0.7501369 -0.2572368   0.0345074  0.0051678   4.99        0
7  -0.6442694  1.4179635   1.0743804 -0.4921990   0.9489341  0.4281185
    1.1206314 -3.8078642   0.6153747  1.2493762  -0.6194678  0.2914744
    1.7579642 -1.3238652   0.6861325 -0.0761270  -1.2221273 -0.3582216
    0.3245047 -0.1567419   1.9434653 -1.0154547   0.0575035 -0.6497090
   -0.4152666 -0.0516343  -1.2069211 -1.0853392  40.80        0
7  -0.8942861  0.2861572  -0.1131922 -0.2715261   2.6695987  3.7218181
    0.3701451  0.8510844  -0.3920476 -0.4104304  -0.7051166 -0.1104523
   -0.2862536  0.0743554  -0.3287831 -0.2100773  -0.4997680  0.1187649
    0.5703282  0.0527357  -0.0734251 -0.2680916  -0.2042327  1.0115918
    0.3732047 -0.3841573   0.0117474  0.1424043  93.20        0
9  -0.3382618  1.1195934   1.0443666 -0.2221873   0.4993608 -0.2467611
    0.6515832  0.0695386  -0.7367273 -0.3668456   1.0176145  0.8363896
    1.0068435 -0.4435228   0.1502191  0.7394528  -0.5409799  0.4766773
    0.4517730  0.2037115  -0.2469139 -0.6337526  -0.1207941 -0.3850499
   -0.0697330  0.0941988   0.2462193  0.0830756   3.68        0
```

由此可见，数据总共有31列。其中一列名为Class，是目标值。这是一个二进制值，取值可以是0（非欺诈）或1（欺诈）。Amount列是交易的金额；Time列是交易发生的时间。剩余的特征（28个）经过匿名化处理，命名为 V1 ~ V28。

在面对 Class 变量值高度不平衡的情况下，只有0.1727486% 的行具有 "Class" 值为1。通常，可以选择保持数据不平衡，或者使用过采样（对目标变量的少数类别的数据进行增加）或欠采样（对目标变量的多数类别的数据进行减少）。这里选择保持数据的不平衡。在结果验证方面将看到通常的指标，如混淆矩阵或准确度，其可能不是最相关的，而更倾向于使用 AUC 等替代方案。

11.3.7 相关性分析

本小节将计算数据框 raw.data 中各列之间的皮尔逊相关系数，并使用函数 corrplot() 创建一个相关性矩阵的可视化图形。其具体实现代码如下：

```
correlations <- cor(raw.data,method="pearson")
corrplot(correlations, number.cex = .9, method = "circle", type = "full",
  tl.cex=0.8,tl.col = "black")
```

对上述代码的具体说明如下。

（1）cor(raw.data, method="pearson")：计算数据框各列之间的皮尔逊相关系数。

（2）corrplot(…)：使用函数corrplot()可视化相关性矩阵。其中，number.cex 设置数字的大小，method 设置显示的图形风格为 circle，type 设置显示的矩阵类型为 full，tl.cex 设置行和列标签的大小，tl.col 设置行和列标签的颜色。

通过上述代码，生成一个以圆形呈现的相关性矩阵图形，用于展示数据中各列之间的相关关系，如图11-2所示。

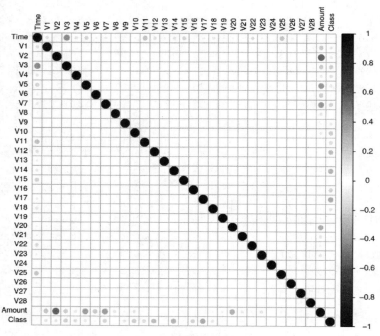

图 11-2　相关性矩阵图

通过可视化的相关性矩阵图形可以观察到，大多数数据特征之间没有显著的相关性。这是因为在发布之前，大多数特征经过了PCA算法的处理。V1～V28 这些特征是通过PCA传播真实特征后得到的主成分。目前不知道特征编号是否反映了主成分的重要性，这一信息可以通过随机森林的变量重要性部分进行部分验证。

11.3.8 使用随机森林模型

在将数据分为训练集和测试集后，接下来将使用训练集创建随机森林模型。

（1）将数据集拆分为训练集和验证集，并使用训练集训练一个包含100棵树的随机森林模型。其具体实现代码如下：

```
nrows <- nrow(raw.data)
set.seed(314)
```

```
indexT <- sample(1:nrow(raw.data), 0.7 * nrows)
#separate train and validation set
trainset = raw.data[indexT,]
verset =   raw.data[-indexT,]
n <- names(trainset)
rf.form <- as.formula(paste("Class ~", paste(n[!n %in% "Class"], collapse =
   " + ")))
trainset.rf <- randomForest(rf.form,trainset,ntree=100,importance=T)
```

对上述代码的具体说明如下。

①确定数据框 raw.data 的行数，并将其存储在变量 nrows 中。

②使用 set.seed(314) 设置随机数生成器的种子，以确保结果的可重复性。

③使用函数 sample() 从 1 到数据行数的范围中随机抽取 70% 的索引，将这些索引存储在变量 indexT 中。

④通过使用这些索引，将数据分为训练集（trainset）和验证集（verset）。

⑤提取列名，并使用这些列名创建一个随机森林模型的公式 rf.form，其中目标变量是 Class 列，而其他列是特征。

⑥使用函数 randomForest() 基于训练集 trainset 创建一个随机森林模型 trainset.rf，该模型使用了 100 棵树，并计算了变量的重要性。

（2）下面的代码中，首先从训练好的随机森林模型 trainset.rf 中提取变量的重要性信息，并将其存储在数据框 varimp 中；然后，使用 ggplot2 包创建两个图形 vi1 和 vi2，表示变量的重要性，分别基于 IncNodePurity 和 %IncMSE；最后，使用函数 grid.arrange() 将这两个图形以两列的形式排列在一起。

```
varimp <- data.frame(trainset.rf$importance)
  vi1 <- ggplot(varimp, aes(x=reorder(rownames(varimp),IncNodePurity),
    y=IncNodePurity)) +
  geom_bar(stat="identity", fill="tomato", colour="black") +
  coord_flip() + theme_bw(base_size = 8) +
  labs(title="Prediction using RandomForest with 100 trees",
    subtitle="Variable importance (IncNodePurity)", x="Variable",
    y="Variable importance (IncNodePurity)")

  vi2 <- ggplot(varimp, aes(x=reorder(rownames(varimp),X.IncMSE), y=X.
    IncMSE)) +
  geom_bar(stat="identity", fill="lightblue", colour="black") +
  coord_flip() + theme_bw(base_size = 8) +
  labs(title="Prediction using RandomForest with 100 trees",
    subtitle="Variable importance (%IncMSE)", x="Variable", y="Variable
    importance (%IncMSE)")

grid.arrange(vi1, vi2, ncol=2)
```

执行后将绘制两个垂直条形图 vi1 和 vi2，分别表示每个变量在随机森林模型中的 IncNodePurity 和 %IncMSE 的重要性，如图 11-3 所示，其中横坐标是变量的名称，纵坐标是变量的重要性度量。

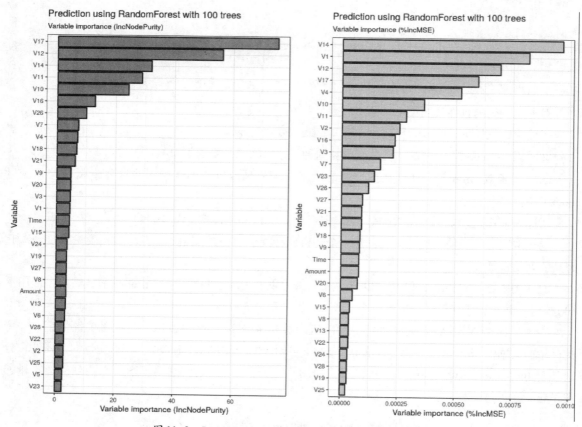

图 11-3　IncNodePurity 和 %IncMSE 的重要性条形图

11.3.9　欺诈预测

本小节将使用前面已训练好的模型对测试集中的欺诈/非欺诈类别进行预测。

（1）使用训练好的随机森林模型 trainset.rf 对验证集 verset 进行预测，并将预测结果存储在 verset$predicted 列中，该列包含模型对每个观测的欺诈类别的预测值。

```
verset$predicted <- predict(trainset.rf ,verset)
```

（2）调用之前定义的函数 plot_confusion_matrix()，用于显示随机森林模型（包含100棵树）在验证集上的混淆矩阵。

```
plot_confusion_matrix(verset, "Random Forest with 100 trees")
```

执行效果如图 11-4 所示，该可视化图形可以帮助我们直观地了解模型在不同类别上的性能表现，特别是真正例、真负例、假正例和假负例的数量。

（3）在前面的混淆矩阵可视化图中会发现这样一个问题，真正例（TP）的数量与真负例（TN）的数量相比非常小，混淆矩阵的使用效果就不那么明显，因为需要使用一个对假正例（FP）和假负例（FN）评估的度量。重要的是要尽量减少 FN 的数量（模型预测为非欺诈但实际为欺诈），因为它们的成本可能非常大。通常，对于这类问题，会使用 AUC 进行评估。下面将计算在阈值从 0 到 1（平均分布 100 个值）的情况下，对 TP、FP、TN、FN、ROC、AUC 和成本的度量，其中对 TN 使用成本 1，对 FN 使用成本 10。

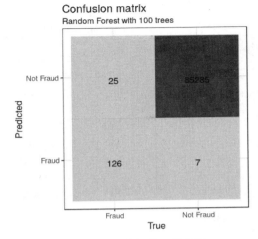

图 11-4　混淆矩阵可视化图

```
roc <- calculate_roc(verset, 1, 10, n = 100)
mincost <- min(roc$cost)
roc %>%
  mutate(
    auc = ifelse(cost == mincost,
                 cell_spec(sprintf("%.5f", auc), "html", color = "green",
                     background = "lightblue", bold = T),
                 cell_spec(sprintf("%.5f", auc), "html", color = "black",
                     bold = F))
  ) %>%
  kable( "html", escape=F, align="c") %>%
  kable_styling(bootstrap_options = "striped", full_width = F, position =
     "center") %>%
  scroll_box(height = "600px")
```

在上述代码中，使用之前定义的函数 calculate_roc() 计算在阈值从 0 到 1 的情况下，不同成本权重（1 对于 TN，10 对于 FN）下的 TP、FP、TN、FN、ROC、AUC 和成本。其具体说明如下。

①找到最小成本（mincost）对应的情况。
②使用函数 mutate() 将 AUC 的值在表格中标记为绿色，以突出显示最小成本的情况。
③使用函数 kable() 将计算结果以 html 表格的形式呈现。
④使用函数 kable_styling() 添加表格样式，如斑马纹和居中显示。
⑤使用函数 scroll_box() 设置表格的高度。

最终，通过上述代码生成一个可滚动的 html 表格，其中包含在不同成本权重下的性能指标，突出显示最小成本对应的 AUC 值。这有助于直观地了解模型在不同阈值下的表现，并在考虑不同成本权重的情况下做出更全面的评估。

threshold	tpr	fpr	tp	fp	tn	fn	cost	auc
0.0000000	0.9205298	0.0245041	139	2090	83202	12	2210	0.94801

```
0.0101010  0.9006623  0.0086057  136  734  84558   15   884   0.94603
0.0202020  0.8874172  0.0043380  134  370  84922   17   540   0.94154
0.0303030  0.8874172  0.0028139  134  240  85052   17   410   0.94230
0.0404040  0.8874172  0.0020869  134  178  85114   17   348   0.94267
0.0505051  0.8807947  0.0016883  133  144  85148   18   324   0.93955
0.0606061  0.8807947  0.0013249  133  113  85179   18   293   0.93973
0.0707071  0.8741722  0.0011373  132   97  85195   19   287   0.93652
0.0808081  0.8675497  0.0009966  131   85  85207   20   285   0.93328
0.0909091  0.8675497  0.0007621  131   65  85227   20   265   0.93339
0.1010101  0.8675497  0.0006331  131   54  85238   20   254   0.93346
0.1111111  0.8675497  0.0005510  131   47  85245   20   247   0.93350
0.1212121  0.8675497  0.0004807  131   41  85251   20   241   0.93353
......
0.9696970  0.2715232  0.0000000   41    0  85292  110  1100   0.63576
0.9797980  0.2384106  0.0000000   36    0  85292  115  1150   0.61921
0.9898990  0.1589404  0.0000000   24    0  85292  127  1270   0.57947
1.0000000  0.0794702  0.0000000   12    0  85292  139  1390   0.53974
Let plot the ROC, AUC and cost functions for a ref. threshold of 0.3.
```

（4）使用函数plot_roc()绘制ROC曲线、AUC和成本函数的可视化图，具体实现代码如下：

```
threshold = 0.3
plot_roc(roc, threshold, 1, 10)
```

执行效果如图11-5所示，其中阈值设置为0.3，TN成本为1，FN成本为10。这有助于可视化模型在不同阈值下的性能表现，特别是在考虑不同成本权重的情况下。

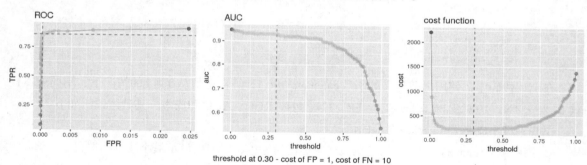

图11-5　ROC曲线、AUC和成本函数的可视化图

11.3.10 结论

在数据集面临欺诈与非欺诈事件数量极度不平衡的情况下，单纯地依赖准确率作为模型性能的评估指标往往不够准确，因为这种情况下准确率可能呈现出误导性的高水平。相反，ROC-AUC值成了一个更为相关且有效的衡量标准。当ROC-AUC值达到0.93时，这表明即使在不进行任何参数调优、仅使用随机森林算法的默认设置下，模型也能表现出相当不错的分类性能，能够有效地区分欺诈与非欺诈事件。

第12章 聚类分析

聚类分析是一种无监督学习方法，其目标是将数据集中的对象划分为相似的组，称为簇（cluster），使得同一簇内的对象之间的相似度较高，而不同簇之间的相似度较低。本章将详细讲解使用R语言实现聚类分析的知识，并通过具体实例的实现过程讲解各个知识点的用法。

12.1 聚类分析简介

聚类分析是一种强大的技术，能够帮助我们揭示数据中的隐藏模式和群组结构，提供对数据整体结构的洞察。聚类分析的目标是使同一簇内的对象相似度较高，这一过程旨在发现数据中的潜在结构，而不需要先验的类别标签。

12.1.1 聚类分析的基本概念

聚类分析在数据探索、模式识别、图像分析、生物信息学、市场分析等领域中得到了广泛应用，常见的聚类算法包括K均值聚类（K-Means Clustering）、层次聚类（Hierarchical Clustering）、DBSCAN（Density-Based Spatial Clustering of Applications with Noise，基于密度的空间聚类）、高斯混合模型（Gaussian Mixture Model，GMM）聚类、谱聚类（Spectral Clustering）等。聚类分析的关键概念如下。

（1）簇：一组相似的数据点，通过聚类算法划分。
（2）执行聚类：运行聚类算法，将数据分组成簇。
（3）无监督学习：聚类是无监督学习的一种，其不需要已知的输出标签，而是寻求数据内在的模式和组织。
（4）相似性度量：通过定义适当的相似性度量，如距离或相似性指标，来度量数据点之间的相似程度。
（5）簇的形成：聚类算法通过计算相似性，将数据点划分为若干簇，使得同一簇内的对象更相似。
（6）算法选择：选择适用于问题的聚类算法，如K均值聚类、层次聚类、DBSCAN等。
（7）簇的数量：对于某些算法，需要预先指定簇的数量；而对于其他算法，则可以根据数据的特性自动确定。
（8）结果解释：分析簇的形成和特征，解释每个簇所代表的概念或数据的子集。

聚类分析的优点和挑战如下。
（1）优点：无须先验知识，能够发现数据内在结构，适用于各种领域。
（2）挑战：簇的数量通常需要预先确定，对初始参数敏感，可能对噪声和异常值敏感。

总体而言，聚类分析是一种强大的工具，能够帮助我们揭示数据中的隐藏模式和群组结构，提供对数据整体结构的洞察。

12.1.2 聚类分析的方法

聚类分析有多种方法，每一种方法都有其特点和适用场景。常见的聚类分析方法如下。

1. K 均值聚类

（1）原理：将数据分为 K 个簇，每个簇以其簇中心为中心，簇内的数据点与其簇中心的距离较小。

（2）优点：简单、高效，对大型数据集表现良好。

（3）缺点：对初始簇中心的选择敏感，对异常值敏感。

2. 层次聚类

（1）原理：将数据点逐步合并或分裂，形成一个层次结构的簇。

（2）优点：不需要预先指定簇的数量，结果可以呈现树状结构，可用于层次性结构的数据。

（3）缺点：对大型数据集计算开销较大。

3. DBSCAN 聚类

（1）原理：基于密度的方法，将高密度区域划分为簇，将低密度区域视为噪声。

（2）优点：可以发现任意形状的簇，对异常值不敏感。

（3）缺点：对于密度差异较大的簇，效果可能不理想。

4. 高斯混合模型聚类

（1）原理：假设数据由多个高斯分布组成，通过最大似然估计确定每个分布的参数。

（2）优点：对复杂数据分布有较好的拟合能力。

（3）缺点：对大规模数据集计算开销较大。

5. 谱聚类

（1）原理：基于数据的拉普拉斯矩阵，将数据映射到低维子空间进行聚类。

（2）优点：对图结构数据、非凸形状的簇具有较好的表现。

（3）缺点：对大型数据集计算开销较大。

上述方法在不同情境下表现出不同的效果，如何选择适当的方法通常取决于数据的性质、问题的需求以及算法的特性。在实践中，通常需要尝试多个方法以找到最适合数据的聚类算法。

12.1.3 聚类分析的应用领域

聚类分析在多个领域中都有广泛的应用，其主要目的是发现数据中的潜在结构、模式或群组。下面列出了聚类分析的常见应用领域。

（1）市场营销：通过对消费者行为的聚类，可以识别不同的市场细分，从而更好地定位产品或服务。

（2）生物信息学：对基因表达数据进行聚类，可以识别基因表达模式，有助于理解生物学过程和疾病机制。

（3）图像分析：在计算机视觉领域，聚类分析可用于图像分割，将图像中相似的区域分为一组。

（4）社交网络分析：通过对社交网络中的用户行为进行聚类，可以发现社交群组和用户兴趣。

（5）推荐系统：聚类分析可以将用户分组，从而提高推荐系统的个性化推荐效果。
（6）金融领域：识别信用卡欺诈、客户细分、风险评估等都可以利用聚类分析。
（7）医学：在医学图像分析中，聚类分析可以帮助识别患者的不同组织结构或病变。
（8）制造业：在质量控制和生产优化中，通过对生产数据的聚类分析可以识别潜在问题和改进机会。
（9）环境科学：对环境数据的聚类分析可以揭示地理区域中的相似性和差异性，有助于环境监测和资源管理。
（10）文本挖掘：在文本分析中，聚类分析可以对文档进行主题建模和分类。

12.2 K 均值聚类

K 均值聚类是一种常用的聚类分析方法，旨在将数据集划分为 K 个簇，每个簇内的数据点与该簇的中心最为相似。

12.2.1 K 均值聚类简介

K 均值聚类的主要特点如下。

（1）固定簇数量 K：在算法开始之前，需要明确指定欲划分的簇的数量 K。这是 K 均值聚类的一个重要参数。

（2）数据点归属：算法通过迭代过程，将数据点分配到 K 个簇中的一个，以使每个数据点与其所属簇的中心点（质心）尽可能接近。

（3）迭代更新：通过迭代过程，不断更新簇的中心，直到收敛为止。在每次迭代中，重新计算每个数据点与各簇中心的距离，并重新分配数据点。

（4）欧氏距离度量：K 均值聚类通常使用欧氏距离度量数据点之间的相似度。簇中心与数据点之间的欧氏距离越小，相似度越高。

实现 K 均值聚类的基本步骤如下。

（1）选择簇的数量 K：这是 K 均值聚类的首要步骤，通常可以通过领域知识、试验性尝试或使用一些启发式方法确定。

（2）初始化簇中心：随机选择 K 个数据点作为初始簇中心。

（3）分配数据点：对每个数据点计算其与各簇中心的距离，并将其分配到距离最近的簇中心所在的簇。

（4）更新簇中心：对每个簇，计算簇内所有数据点的平均值，将该平均值作为新的簇中心。

（5）迭代过程：重复步骤（3）和步骤（4），直到簇中心不再发生明显变化或达到预定的迭代次数。

K 均值聚类的主要应用场景如下。

（1）客户细分：将顾客划分为具有相似购买行为的簇，以优化市场推广策略。
（2）图像分割：对图像进行聚类，将具有相似特征的像素划分到同一簇中，用于图像分割。
（3）异常检测：通过观察簇的分布，可以识别不同于其他簇的异常数据点。
（4）自然语言处理：在文本挖掘中，对文档进行聚类，以发现文档的主题或类别。

K均值聚类是一种简单而直观的聚类方法，在应用时需要注意其对初始簇中心的敏感性和对异常值的影响。在实际应用中，常常需要多次运行算法，以选择最佳的聚类结果。

12.2.2 K均值聚类的应用

在R语言中，可以使用函数kmeans()实现K均值聚类。实例12-1演示了在R语言中使用K均值聚类的过程。

实例12-1 使用K均值聚类（源码路径：codes\12\kjun.R）

实例文件kjun.R的具体实现代码如下：

```r
# 生成一些示例数据
set.seed(123)
data <- matrix(rnorm(300, mean = c(5, 10), sd = c(2, 2)), ncol = 2)

# 使用函数 kmeans() 进行聚类，假设要将数据分为 3 个簇
k <- 3
kmeans_result <- kmeans(data, centers = k)

# 查看聚类结果
print(kmeans_result)

# 可视化聚类结果
plot(data, col = kmeans_result$cluster, pch = 19, main = "K-Means Clustering")
points(kmeans_result$centers, col = 1:k, pch = 3, cex = 2, lwd = 2)
```

在上述代码中，首先生成一个包含两个特征的示例数据集，然后使用函数kmeans()将数据分为3个簇。使用函数kmeans()返回包含聚类结果的对象，其中$cluster字段包含每个数据点所属的簇。最后，使用函数plot()将数据可视化，并用不同的颜色表示不同的簇，同时在图中标出每个簇的中心点。执行后会输出：

```
K-means clustering with 3 clusters of sizes 35, 71, 44

Cluster means:
       [,1]      [,2]
1  3.945732  6.938933
2 10.116160 10.024409
3  5.939617  4.508591
```

```
Clustering vector:
  [1] 1 2 3 2 3 2 3 2 1 2 3 2 3 2 3 2 3 2 3 1 3 2 1 2 1 2 3 1 3 2 1 2 3 2 3 2 3
      2 1 2 1 2 1
 [42] 2 1 2 3 2 1 2 3 2 1 2 3 2 3 2 1 2 3 2 1 2 3 2 3 2 3 2 3 1 3 2 3 2
      3 2 1 2 1 2
 [83] 1 2 3 2 3 2 1 2 3 2 1 2 3 2 3 2 3 2 1 2 1 2 3 2 3 2 1 2 1 2 3
      3 3 2 1 2 1
[124] 2 3 2 3 2 1 2 3 2 3 2 1 2 1 2 3 2 1 2 1 2 1 2 1 2 3 2

Within cluster sum of squares by cluster:
[1] 179.5075 487.0084 197.3435
 (between_SS / total_SS =  68.6 %)

Available components:

[1] "cluster"       "centers"       "totss"         "withinss"      "tot.withinss"
[6] "betweenss"     "size"          "iter"          "ifault"
```

上面是K均值聚类的执行结果，接下来解释一些关键的信息。

（1）Cluster means（簇的中心）：列出了每个簇的中心坐标，如簇1的中心坐标是(3.95, 6.94)。

```
Cluster means:
       [,1]     [,2]
1  3.945732  6.938933
2 10.116160 10.024409
3  5.939617  4.508591
```

（2）Clustering vector（聚类向量）：

```
  [1] 1 2 3 2 3 2 3 2 1 2 3 2 3 2 3 2 3 2 3 1 3 2 1 2 1 2 3 1 3 2 1 2 3 2 3 2 3
      2 1 2 1 2 1
  ...
[124] 2 1 2 3 2 1 2 3 2 1 2 3 2 1 2 3 2 1 2 3 2 3 2 3 1 3 2 3 2 3 2 1 2
      1 2
```

这是每个数据点被分配到的簇的标签。例如，第1个数据点被分配到簇1，第2个数据点被分配到簇2，依次类推。

（3）Within cluster sum of squares by cluster（各簇内平方和）：

```
Within cluster sum of squares by cluster:
[1] 179.5075 487.0084 197.3435
```

其显示每个簇内的数据点与簇中心的平方和。这是一个衡量聚类效果的指标，值越小表示簇内的数据点越相似。

（4）在执行后得到的解释方差百分比是：

```
(between_SS / total_SS =  68.6 %)
```

这是解释方差的百分比，表示聚类对数据的解释能力。在该实例中，68.6%的方差由簇间差异解释。

上面的输出信息提供了关于K均值聚类的聚类结果和簇内分布的一些指标。读者可以根据这些结果评估聚类的效果，并根据需要进行调整。

执行代码后会绘制聚类结果的可视化散点图，如图12-1所示。

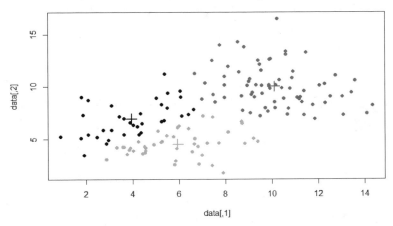

图12-1 聚类结果的可视化散点图

> **注意**
> 这只是一个简单的演示实例，在实际应用中，可能需要更多的预处理和参数调整以满足特定需求。

下面是对绘图代码的具体说明。

（1）plot(data, col = kmeans_result$cluster, pch = 19, main = "K-Means Clustering")。

①data：原始数据集。

②col = kmeans_result$cluster：通过指定颜色将数据点分配到对应的簇。

③pch = 19：k使用实心圆点表示数据点。

④main = "K-Means Clustering"：设置图的主标题。

（2）points(kmeans_result$centers, col = 1:k, pch = 3, cex = 2, lwd = 2)。

①kmeans_result$centers：包含每个簇的中心坐标。

②col = 1:k：每个簇的中心指定颜色。

③pch = 3：使用三角形标记表示簇中心。

④cex = 2：设置标记的大小。

⑤lwd = 2：设置标记的线宽。

图12-1用颜色表示数据点所属的簇，同时用特殊标记表示每个簇的中心，这样的可视化可以帮助我们直观地理解数据点的聚类结构和簇的中心位置。

12.3 层次聚类

层次聚类是一种基于树状结构的聚类方法，其通过逐步合并或分裂数据集中的数据点来构建聚类层次。这种层次结构通常表示为一棵树（树状图），其中每个节点代表一个聚类，节点之间的连接表示聚类的合并或分裂关系。

12.3.1 层次聚类简介

在现实应用中，层次聚类有两种主要类型：凝聚型（Agglomerative）和分裂型（Divisive），具体说明如下。

1. 凝聚型层次聚类

（1）开始：将每个数据点视为一个初始聚类。

（2）合并：在每一步选择两个最相似的聚类（最近的或最远的），将它们合并成一个新的聚类。

（3）重复：重复合并步骤，直到所有数据点被合并为一个大的聚类。

2. 分裂型层次聚类

（1）开始：将所有数据点视为一个初始聚类。

（2）分裂：在每一步选择一个聚类，将其分裂为两个较小的聚类。

（3）重复：重复分裂步骤，直到每个数据点都成为一个单独的聚类。

在实际应用中，实现层次聚类的基本步骤如下。

（1）计算相似度矩阵：计算数据点之间的相似度或距离矩阵，通常使用欧氏距离、曼哈顿距离或相关系数等度量。

（2）构建初始聚类：将每个数据点作为一个初始聚类。

（3）迭代合并或分裂：根据相似度矩阵，迭代合并或分裂聚类，直到达到停止条件。

（4）构建聚类树：将合并或分裂的步骤记录为一棵聚类树。

（5）树状图可视化：可以通过树状图（树形图）可视化聚类层次结构。

层次聚类的主要应用领域如下。

（1）生物学：通过基因表达数据的聚类分析，可以识别功能相似的基因群。

（2）文本挖掘：进行文档聚类，能够发现文本的主题结构。

（3）图像分析：进行图像分割，将相似的图像区域聚类在一起。

（4）市场分析：进行客户细分，发现市场中相似行为的客户群。

在 R 语言中，可以使用函数 hclust() 实现层次聚类。下面是一个简单的使用层次聚类的示例（源码路径：codes\12\jian.R）。

```
# 生成一些示例数据集
set.seed(123)
data <- matrix(rnorm(300, mean = c(5, 10), sd = c(2, 2)), ncol = 2)
```

```r
# 计算欧氏距离矩阵
dist_matrix <- dist(data)

# 进行层次聚类
hclust_result <- hclust(dist_matrix)

# 绘制树状图
plot(hclust_result, main = "Hierarchical Clustering Dendrogram")
```

在上述代码中,首先生成一个示例数据集,然后计算欧氏距离矩阵,接下来使用函数hclust()对距离矩阵进行层次聚类,并通过函数plot()绘制聚类树状图,如图12-2所示。

12.3.2 层次聚类的应用

在生物学中,层次聚类常常应用于基因表达数据的分析。实例12-2将使用R语言对花朵基因表达数据进行层次聚类,以了解不同花朵基因的表达模式。

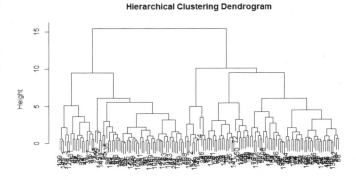

图12-2 绘制的聚类树状图

本实例使用的是一个真实的花朵基因表达数据集,该数据集是UCI机器学习库提供的Iris数据集。

实例12-2 花朵基因表达数据的层次聚类(源码路径:codes\12\sheng.R)

实例文件sheng.R的具体实现代码如下:

```r
# 使用Iris数据集(示例数据集)
data(iris)

# 提取基因表达数据
gene_expression_data <- iris[, 1:4]

# 数据标准化
scaled_data <- scale(gene_expression_data)

# 计算欧氏距离矩阵
dist_matrix <- dist(scaled_data)

# 进行层次聚类
hclust_result <- hclust(dist_matrix)

# 绘制树状图
```

```r
plot(hclust_result, main = "Hierarchical Clustering of Gene Expression Data")

# 根据树状图切割聚类结果，选择合适的簇数
cut_tree_result <- cutree(hclust_result, k = 3)

# 将聚类结果添加到原始数据中
iris_with_clusters <- cbind(iris, Cluster = cut_tree_result)

# 输出每个簇的基本统计信息
cluster_summary <- aggregate(iris_with_clusters[, 1:4], by = list(Cluster =
    iris_with_clusters$Cluster), mean)
print(cluster_summary)

# 安装和加载必要的包
install.packages("ggplot2")
install.packages("pheatmap")
library(ggplot2)
library(pheatmap)

# 确保 Cluster 列是数值型
iris_with_clusters$Cluster <- as.factor(iris_with_clusters$Cluster)
iris_with_clusters$Cluster <- as.factor(iris_with_clusters$Cluster)

# 使用箱线图比较不同簇的基因表达模式
ggplot(iris_with_clusters, aes(x = Cluster, y = Sepal.Length)) +
  geom_boxplot(fill = "lightblue", color = "blue") +
  labs(title = "Comparison of Sepal Length Across Clusters", x = "Cluster",
       y = "Sepal Length") +
  theme_minimal()

# 确保 Cluster 列是数值型
iris_with_clusters$Cluster <- as.factor(iris_with_clusters$Cluster)

# 使用热力图比较不同簇的基因表达模式
gene_expression_matrix <- as.matrix(iris_with_clusters[, 1:4])
rownames(gene_expression_matrix) <- paste(iris_with_clusters$Cluster, "-",
    rownames(gene_expression_matrix))

# 不使用 annotation_col
pheatmap(gene_expression_matrix,
         main = "Heatmap of Gene Expression Across Clusters")

# 使用 ANOVA 进行显著性检验
anova_result <- aov(Sepal.Length ~ as.factor(Cluster), data = iris_with_clusters)
print(summary(anova_result))
```

上述代码的具体说明如下。

（1）使用经典的Iris数据集，提取其中的基因表达数据，并对数据进行标准化。

（2）计算基于欧氏距离的距离矩阵，并使用层次聚类算法对数据进行聚类，绘制可视化聚类树状图，如图12-3所示。

（3）通过切割聚类树状图，选择合适的簇数。聚类结果被添加到原始数据中，并输出每个簇的基本统计信息。执行后会输出：

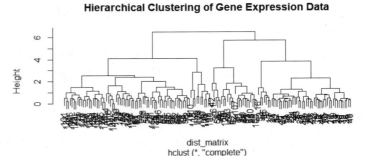

图12-3　可视化聚类树状图

```
  Cluster Sepal.Length Sepal.Width Petal.Length Petal.Width
1       1     5.016327    3.451020     1.465306    0.244898
2       2     5.512500    2.466667     3.866667    1.170833
3       3     6.472727    2.990909     5.183117    1.815584
```

上述输出结果是对每个簇的基本统计信息的汇总，其中包括每个簇的平均Sepal.Length、Sepal.Width、Petal.Length和Petal.Width，具体说明如下。

①Cluster 1的平均Sepal.Length约为5.02，平均Sepal.Width约为3.45，平均Petal.Length约为1.47，平均Petal.Width约为0.24。

②Cluster 2的平均Sepal.Length约为5.51，平均Sepal.Width约为2.47，平均Petal.Length约为3.87，平均Petal.Width约为1.17。

③Cluster 3的平均Sepal.Length约为6.47，平均Sepal.Width约为2.99，平均Petal.Length约为5.18，平均Petal.Width约为1.82。

这些输出信息提供了每个簇的特征，有助于理解不同簇之间基因表达模式的差异。

（4）使用ggplot2包创建箱线图，比较不同簇中Sepal.Length的基因表达模式，如图12-4所示。箱线图显示每个簇中Sepal.Length的分布情况，包括中位数、上下四分位数、异常值等。

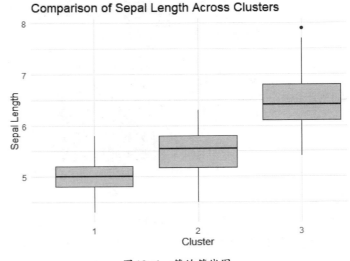

图12-4　簇的箱线图

箱线图是一种可视化工具，用于展示数据的集中趋势和分散程度，以及可能的异常值。对图12-4所示的簇的箱线图的具体说明如下。

①x轴表示簇的标识（Cluster 1、Cluster 2、Cluster 3）。
②y轴表示Sepal.Length的值。
③每个箱子代表一个簇，箱子的上下边界表示该簇Sepal.Length值的上下四分位数，中间的横线表示中位数。
④箱子的上下有延伸的线，称为whiskers，表示Sepal.Length数据的范围。
⑤可能的异常值（outliers）以点的形式显示在图中。

通过观察该箱线图，可以比较不同簇中Sepal.Length的分布情况，进而了解基因表达模式的差异。

（5）使用pheatmap包创建热力图，展示不同簇的基因表达模式，如图12-5所示。该热力图是基因表达数据的热力图，用于比较不同簇中基因表达模式的差异。具体而言，热力图的横轴表示不同的基因，在这里使用的是4个基因，对应Iris数据集中的Sepal.Length、Sepal.Width、Petal.Length和Petal.Width；纵轴表示样本，每行对应一个样本，以簇的标识和样本的原始行名组成；颜色表示基因表达值的相对水平，颜色越深表示基因表达值越高，颜色越浅表示基因表达值越低。这样的热力图可以直观地展示不同簇中基因表达模式的差异，有助于发现在不同生物样本之间的基因表达变化。

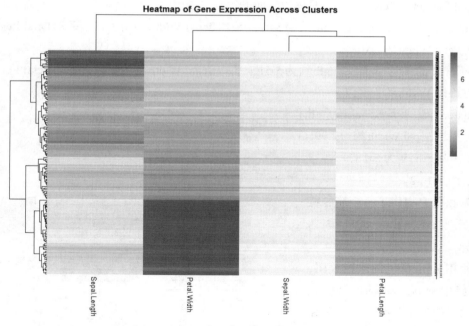

图12-5　不同簇的基因表达模式的热立图

（6）使用ANOVA进行显著性检验，评估在不同簇之间Sepal.Length的差异。通过函数summary()输出ANOVA结果。执行后会输出：

```
                 Df Sum Sq Mean Sq F value Pr(>F)
as.factor(Cluster)  2  66.64  33.32   137.9 <2e-16 ***
```

```
Residuals        147   35.53    0.24
---
Signif. codes:  0 '***' 0.001 '**' 0.01 '*' 0.05 '.' 0.1 ' ' 1
```

ANOVA的目标是检验组间方差与组内方差的比值是否显著不同。具体而言，上述输出结果包括以下信息。

① Df（自由度）：ANOVA中的自由度，分为两部分，一个是因子（Cluster）的自由度，另一个是残差（Residuals）的自由度。

② Sum Sq（平方和）：每个组的平方和。

③ Mean Sq（均方）：每个组的平均平方和，即平方和除以自由度。

④ F value（F值）：ANOVA检验的F值，表示组间方差与组内方差的比值。

⑤ Pr(>F)（p值）：F值对应的p值，表示观察到的差异是否显著。

在该输出结果中，ANOVA的p值非常小（$<2\times10^{-16}$），表明在不同簇之间的Sepal.Length存在显著性差异。这通常被解释为不同簇之间的均值存在显著性差异。

12.4 DBSCAN 聚类

DBSCAN是一种基于密度的聚类算法，用于将数据点根据它们在空间中的密度分布进行分组。与传统的基于距离的方法（如K均值聚类）不同，DBSCAN能够发现具有变化密度的聚类，并且能够在存在噪声的情况下鲁棒地工作。

12.4.1 DBSCAN 简介

DBSCAN的核心思想是通过定义邻域半径和最小数据点数量来划定密度区域。具体来说，DBSCAN将数据点分为以下三类。

（1）核心点（Core Points）：在半径ε内至少包含MinPts个数据点的数据点被认为是核心点。这些点是聚类的中心，表示该区域内有足够的密度。

（2）边界点（Border Points）：在半径ε内包含少于MinPts个数据点但落在核心点的ε邻域内的数据点。这些点属于某个聚类，但并不是核心点。

（3）噪声点（Noise Points）：既不是核心点也不是边界点的数据点，不属于任何聚类。

在现实应用中，实现DBSCAN算法的步骤如下。

（1）选择一个未被访问的数据点。

（2）检查该点的ε邻域内是否包含至少MinPts个数据点。

① 如果是，则将该点及其ε邻域内的所有点标记为一个新的聚类，并递归地检查邻域内的点。

② 如果否，则将该点标记为噪声点。

（3）重复步骤（1）和步骤（2），直到所有的数据点都被访问。

DBSCAN的优点主要是对噪声和离群点的鲁棒性、能够发现任意形状的聚类簇以及对参数相对不敏感。然而，其缺点是对于高维数据，由于"维度灾难"（Curse of Dimensionality），其性能可能会下降；此外，需要事先确定的参数包括邻域半径ε和最小数据点数量MinPts，这可能需要一定的邻域知识或通过试验来确定。

12.4.2 DBSCAN的应用领域

DBSCAN聚类算法在许多领域都有广泛的应用，特别是在处理复杂数据集和非凸形状簇时。概括来说，DBSCAN聚类的主要应用领域如下。

（1）图像分割：DBSCAN可用于图像分割，特别是当图像中的区域具有不同的密度时。DBSCAN能够有效地将相邻像素组成的区域聚类成不同的分割。

（2）异常检测：DBSCAN对于异常检测很有用，因为其能够识别不属于任何聚类的噪声点。这使得DBSCAN在检测异常值或离群点时表现良好。

（3）GIS：在地理数据中，DBSCAN可用于识别空间上相对密集的区域，如在城市规划中寻找人口密集的区域。

（4）生物学：在生物学中，DBSCAN可用于基因表达数据的聚类，以发现基因表达的模式或识别不同的细胞类型。

（5）网络分析：在社交网络或推荐系统中，DBSCAN可用于发现用户行为模式或聚类相似的用户。

（6）市场分析：在市场研究中，DBSCAN可用于将消费者分组为具有相似购买行为的群体，以便更好地理解市场细分。

（7）负荷分析：在电力系统或网络管理中，DBSCAN可用于识别负荷模式，以优化能源使用和设备管理。

（8）医学图像处理：在医学图像中，DBSCAN可用于识别和分割组织区域，有助于医学图像的自动分析。

总体而言，DBSCAN适用于许多领域，尤其是在处理具有不规则形状或变化密度的数据集时表现良好。DBSCAN能够自动发现聚类并处理噪声点的特性使得其在现实世界的复杂数据分析中得到广泛应用。

12.4.3 使用DBSCAN聚类算法

在R语言中，可以使用dbscan包实现DBSCAN聚类。在使用前需要确保已经安装了dbscan包，可以使用以下命令安装dbscan包：

```
install.packages("dbscan")
```

在市场统计分析应用中，可以使用DBSCAN聚类对消费者进行聚类，以发现具有相似购买行为的群体。现在有一个包含消费者购买不同商品的数据集文件Online Retail.xlsx，其中保存了消费

者购买商品的消费数据,部分内容如下:

```
  InvoiceNo StockCode Description      Quantity InvoiceDate         UnitPrice
  CustomerID
  <chr>     <chr>     <chr>            <dbl>    <dttm>              <dbl>
  <dbl>
1 536365    85123A    WHITE HANGI…        6     2010-12-01 08:26:00  2.55
  17850
2 536365    71053     WHITE METAL…        6     2010-12-01 08:26:00  3.39
  17850
3 536365    84406B    CREAM CUPID…        8     2010-12-01 08:26:00  2.75
  17850
4 536365    84029G    KNITTED UNI…        6     2010-12-01 08:26:00  3.39
  17850
5 536365    84029E    RED WOOLLY …        6     2010-12-01 08:26:00  3.39
  17850
6 536365    22752     SET 7 BABUS…        2     2010-12-01 08:26:00  7.65
  17850
…
```

对文件 Online Retail.xlsx 中各个字段的具体说明如下。

(1) InvoiceNo(发票号码):订单的唯一标识号。

(2) StockCode(商品编号):商品的唯一标识号。

(3) Description(商品描述):商品的描述信息。

(4) Quantity(数量):每个订单中每个商品的购买数量。

(5) InvoiceDate(发票日期):订单生成的日期和时间。

(6) UnitPrice(单价):每个商品的单价。

(7) CustomerID(顾客编号):顾客的唯一标识号。

这是一个典型的零售数据集,其中包含有关订单、商品、客户和销售的信息。我们可以使用该数据集进行各种分析,如购买行为分析、最畅销商品的识别、顾客分群等。实例12-3是使用DBSCAN聚类识别相似购买模式的消费者群体。

实例12-3 使用DBSCAN聚类识别相似购买模式的消费者群体(源码路径:codes\12\xiao.R)

实例文件xiao.R的具体实现代码如下:

```
# 安装并加载 readxl 包
if (!requireNamespace("readxl", quietly = TRUE)) {
  install.packages("readxl")
}
library(readxl)

# 读取 Excel 文件
file_path <- "Online Retail.xlsx"
```

```r
online_retail_data <- read_excel(file_path)

# 查看数据集的结构和前几行
head(online_retail_data)
str(online_retail_data)

# 安装并加载必要的包
if (!requireNamespace("fpc", quietly = TRUE)) {
  install.packages("fpc")
}
library(fpc)

online_retail_data <- readxl::read_excel(file_path)

# 选择用于聚类的特征（Quantity 和 UnitPrice）
features <- online_retail_data[, c("Quantity", "UnitPrice")]

# 进行DBSCAN聚类
dbscan_result <- fpc::dbscan(features, eps = 50, MinPts = 5)

# 输出聚类结果
print(dbscan_result)

# 可视化聚类结果
plot(features, col = dbscan_result$cluster + 1, pch = 19, main = "DBSCAN聚
    类用于市场分析")
```

对上述代码的具体说明如下。

（1）安装并加载readxl包：检查是否已安装readxl包，如果未安装，则安装并加载该包。readxl包是用于读取Excel文件的常用工具。

（2）读取Excel文件：指定Excel文件路径为Online Retail.xlsx，并使用函数read_excel()从该文件中读取数据。这一步可以将Excel文件中的数据加载到R语言中的online_retail_data变量中。

（3）查看数据集的结构和前几行：使用函数head()查看数据集的前几行，以便快速了解数据的结构和内容。使用函数str()查看数据集的结构，包括每列的数据类型和其他信息。

（4）安装并加载必要的包（fpc包）：类似于步骤（1），检查是否已安装fpc包，如果未安装，则安装并加载该包。fpc包包含DBSCAN聚类算法的实现。

（5）选择用于聚类的特征（Quantity和UnitPrice）：从数据集中选择两个特征，即购买数量（Quantity）和商品单价（UnitPrice），作为进行DBSCAN聚类的输入特征。

（6）进行DBSCAN聚类：使用函数fpc::dbscan()对所选特征进行DBSCAN聚类，设置参数eps为50，MinPts参数为5。这一步会生成dbscan_result对象，其中包含聚类的结果。

（7）输出聚类结果：使用函数print()输出DBSCAN聚类的结果，其中包括每个数据点所属的聚类。

（8）可视化聚类结果：使用函数plot()可视化DBSCAN聚类的结果，每个点的颜色表示所属的聚类簇。

12.5 高斯混合模型聚类

高斯混合模型是一种基于概率分布的聚类方法，被广泛应用于模式识别、数据挖掘和机器学习等领域。

12.5.1 高斯混合模型聚类简介

与K均值聚类不同，高斯混合模型假设数据是由多个高斯分布的混合组成的，每个高斯分布称为一个"分量"，每个数据点属于不同分量的概率是根据其在各个分量中的概率确定的。实现高斯混合模型聚类的主要步骤如下。

（1）初始化：随机选择一些数据点作为每个高斯分量的均值和协方差矩阵，并为每个分量分配一个权重。

（2）Expectation-Maximization（EM）。

①Expectation步骤：使用当前的参数估计计算每个数据点属于每个分量的概率，即计算后验概率。

②Maximization步骤：使用Expectation步骤中计算得到的后验概率更新均值、协方差矩阵和权重。

（3）迭代：重复进行Expectation和Maximization步骤，直到收敛（参数不再发生显著变化）或达到预定的迭代次数。

（4）分类：对于每个数据点，根据其最大后验概率所属的分量进行最终的分类。

高斯混合模型聚类的优势在于其对复杂数据集的建模能力强，能够灵活地适应不同形状和大小的聚类。高斯混合模型聚类对于数据点的分布不再做出严格的假设，而是通过多个高斯分布的组合近似数据的分布，这使得其在处理一些非均匀或异性分布的数据上表现更好。

12.5.2 高斯混合模型聚类的应用

在R语言中，可以使用mclust包实现高斯混合模型聚类。下面是一段使用高斯混合模型聚类的演示代码。

```
# 安装并加载mclust包
if (!requireNamespace("mclust", quietly = TRUE)) {
  install.packages("mclust")
}
library(mclust)
```

```
# 假设 features 是数据集，如 online_retail_data[, c("Quantity", "UnitPrice")]
features <- your_data_here

# 进行高斯混合模型聚类
gmm_result <- Mclust(features)

# 查看聚类结果
print(gmm_result)

# 可视化聚类结果
plot(gmm_result, what = "classification")
```

注意，在实际应用中，需要根据数据的特点调整参数和进行适当的数据预处理。实例12-4将使用R语言内置的Iris数据集，该数据集包含150朵鸢尾花的测量数据，其中包括花萼长度、花萼宽度、花瓣长度和花瓣宽度。该实例是使用高斯混合模型对这些鸢尾花进行聚类。

实例12-4 使用高斯混合模型对鸢尾花数据进行聚类分析（源码路径：codes\12\gao.R）

实例文件gao.R的具体实现代码如下：

```
data(iris)              # 加载 Iris 数据集
str(iris)               # 查看数据结构
head(iris)              # 查看前几行数据

# 安装并加载 mclust 包
if (!requireNamespace("mclust", quietly = TRUE)) {
  install.packages("mclust")
}
library(mclust)

# 选择用于聚类的特征
features <- iris[, c("Sepal.Length", "Sepal.Width", "Petal.Length", "Petal.
  Width")]

# 进行高斯混合模型聚类
gmm_result <- Mclust(features)

# 查看聚类结果
print(gmm_result)

# 可视化聚类结果
plot(gmm_result, what = "classification")

# 安装并加载必要的包
if (!requireNamespace("caret", quietly = TRUE)) {
  install.packages("caret")
```

```
}
library(caret)

# 选择用于聚类的特征
features <- iris[, c("Sepal.Length", "Sepal.Width", "Petal.Length", "Petal.
   Width")]

# 数据预处理（标准化）
preprocess_params <- preProcess(features)
features_scaled <- predict(preprocess_params, features)

# 进行高斯混合模型聚类
gmm_model <- kmeans(features_scaled, centers = 3)

# 获取聚类标签
cluster_labels <- gmm_model$cluster

# 重新编号聚类标签
reordered_labels <- factor(cluster_labels, levels = c(2, 3, 1))

# 评估模型性能
confusion_matrix <- table(iris$Species, reordered_labels)
print(confusion_matrix)

# 获取每个簇的中心点
cluster_centers <- as.data.frame(gmm_model$centers)
# 输出每个簇的中心点
print(cluster_centers)
```

上述代码的具体说明如下。

（1）通过函数 data(iris) 加载经典的鸢尾花数据集 Iris。使用函数 str(iris) 查看数据集的结构，以了解其中包含的变量和数据类型；通过函数 head(iris) 查看数据集的前几行，以获取对数据的初步印象。执行后会输出：

```
'data.frame':   150 obs. of  5 variables:
 $ Sepal.Length: num  5.1 4.9 4.7 4.6 5 5.4 4.6 5 4.4 4.9 ...
 $ Sepal.Width : num  3.5 3 3.2 3.1 3.6 3.9 3.4 3.4 2.9 3.1 ...
 $ Petal.Length: num  1.4 1.4 1.3 1.5 1.4 1.7 1.4 1.5 1.4 1.5 ...
 $ Petal.Width : num  0.2 0.2 0.2 0.2 0.2 0.4 0.3 0.2 0.2 0.1 ...
 $ Species     : Factor w/ 3 levels "setosa","versicolor",..: 1 1 1 1 1 1 1
 1 1 1 ...

  Sepal.Length Sepal.Width Petal.Length Petal.Width
1          5.1         3.5          1.4         0.2
2          4.9         3.0          1.4         0.2
```

```
3            4.7         3.2         1.3         0.2
4            4.6         3.1         1.5         0.2
5            5.0         3.6         1.4         0.2
6            5.4         3.9         1.7         0.4
    Species
1   setosa
2   setosa
3   setosa
4   setosa
5   setosa
6   setosa
```

（2）安装并加载mclust包，这是一个用于高斯混合模型聚类的包。选择用于聚类的特征，即鸢尾花的4个测量特征（Sepal.Length、Sepal.Width、Petal.Length和Petal.Width）。

（3）使用函数Mclust()进行高斯混合模型聚类，得到聚类结果gmm_result。通过函数print(gmm_result)查看聚类结果的详细信息，包括每个数据点所属的簇。执行后会输出：

```
fitting ...
  |==============================================| 100%
'Mclust' model object: (VEV,2)

Available components:
 [1] "call"           "data"          "modelName"
 [4] "n"              "d"             "G"
 [7] "BIC"            "loglik"        "df"
[10] "bic"            "icl"           "hypvol"
[13] "parameters"     "z"             "classification"
[16] "uncertainty"
```

上述输出结果展示了Mclust模型对象的一些关键组件，提供了关于聚类模型的信息。下面是对上述输出结果的简要解释。

①call：显示创建模型的函数调用。

②data：包含用于构建模型的数据。

③modelName：模型名称，这里是VEV，表示Variance-Ellipsoid Gaussian Mixture Model。

④n：数据集中的样本数量。

⑤d：特征的数量。

⑥G：模型的混合组分数量。

⑦BIC：贝叶斯信息准则（Bayesian Information Criterion）的值，用于评估模型的拟合度。

⑧loglik：对数似然值，表示模型对数据的拟合程度。

⑨df：模型的自由度。

⑩bic：BIC值。

⑪icl：Integrated Complete-data Likelihood值。

⑫ hypvol：Hypervolume 值，表示数据在特征空间中的体积。
⑬ parameters：模型参数的数量。
⑭ z：每个数据点对应每个混合组分的概率。
⑮ classification：每个数据点的最佳分类（所属簇）。
⑯ uncertainty：表示对每个数据点的分类不确定性。

通过查看这些信息，用户可以更全面地了解模型的性能和模型对数据的拟合程度。

（4）使用函数 plot(gmm_result, what = "classification") 对聚类结果进行可视化，绘制数据点在特征空间的散点图，如图 12-6 所示。图 12-6 展示了数据点在特征空间的分布，每个数据点的颜色表示其所属的聚类簇。

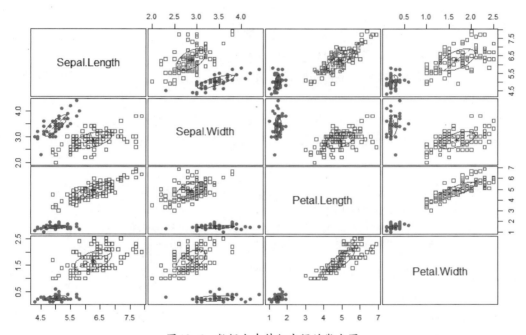

图 12-6　数据点在特征空间的散点图

图 12-6 所示的可视化散点图有助于直观地了解聚类模型对数据的分布和划分。每个坐标轴代表数据集中的一个特征，不同的颜色区分了不同的聚类簇。因为在聚类时使用了 4 个特征（Sepal.Length、Sepal.Width、Petal.Length 和 Petal.Width），所以在图 12-6 中会显示为四维空间中的一个投影。在该投影中，每个点的坐标对应数据点在 4 个特征上的值，不同颜色的点表示不同的聚类簇。这样的可视化可以帮助我们观察数据点之间的分布模式，以及模型对数据的聚类效果。

（5）安装并加载 caret 包，该包用于数据预处理和模型性能评估。选择用于聚类的特征，并进行数据预处理，将特征进行标准化。

（6）使用函数 kmeans() 实现 K 均值聚类，得到聚类标签 cluster_labels。通过重新编号聚类标签，并使用混淆矩阵评估模型性能，比较聚类结果与真实的鸢尾花类别。执行后会输出：

```
                reordered_labels
                  2   3   1
    setosa        0  50   0
    versicolor   11   0  39
    virginica    36   0  14
```

上述输出是混淆矩阵的结果，用于评估模型性能。混淆矩阵显示模型的预测结果与实际类别之间的对应关系。在该实例中，混淆矩阵的行表示实际类别，列表示模型预测的类别。具体来说，每个行对应鸢尾花数据集中的一个类别（setosa、versicolor、virginica），每个列对应重新编号后的聚类标签。混淆矩阵的条目表示实际属于某一类别的样本在模型预测下被分到哪一个聚类簇中。下面以setosa类别为例进行说明。

①实际上是setosa且被模型预测为簇2的样本数为0。

②实际上是setosa且被模型预测为簇3的样本数为50。

③实际上是setosa且被模型预测为簇1的样本数为0。

这样的解读适用于每个类别。混淆矩阵是评估模型性能的重要工具，有助于了解模型在不同类别上的分类准确性。

（7）通过函数as.data.frame(gmm_model$centers)获取每个簇的中心点坐标，并通过函数print(cluster_centers)输出每个簇的中心点。这样可以直观地了解每个簇在特征空间中的平均位置。执行后会输出：

```
  Sepal.Length Sepal.Width Petal.Length Petal.Width
1  -0.05005221  -0.88042696   0.3465767    0.2805873
2   1.13217737   0.08812645   0.9928284    1.0141287
3  -1.01119138   0.85041372  -1.3006301   -1.2507035
```

上述输出结果是每个聚类簇的中心点坐标，每个坐标对应数据集中4个特征的平均值。其具体说明如下。

簇1中心点坐标：

①Sepal.Length 平均值约为 −0.0501。

②Sepal.Width 平均值约为 −0.8804。

③Petal.Length 平均值约为 0.3466。

④Petal.Width 平均值约为 0.2806。

簇2中心点坐标：

①Sepal.Length 平均值约为 1.1322。

②Sepal.Width 平均值约为 0.0881。

③Petal.Length 平均值约为 0.9928。

④Petal.Width 平均值约为 1.0141。

簇3中心点坐标：

① Sepal.Length 平均值约为 −1.0112。
② Sepal.Width 平均值约为 0.8504。
③ Petal.Length 平均值约为 −1.3006。
④ Petal.Width 平均值约为 −1.2507。

上面的输出值反映了每个簇在4个特征上的平均位置，读者可以将这些坐标与原始数据的特征范围进行比较，以便更好地理解每个簇的特点。

12.6 谱聚类

谱聚类是一种基于图论和谱理论的聚类算法。该算法的主要思想是将数据集转换为图形表示，通过对图的谱结构进行分析和划分来实现聚类。

12.6.1 谱聚类简介

谱聚类在处理非凸形状的聚类问题时表现良好，并且不受"维度灾难"的影响。在现实应用中，实现谱聚类的基本步骤如下。

（1）构建相似度图（Affinity Matrix）：将数据集中的每个样本看作图的节点，通过某种相似度度量计算样本之间的相似度，从而构建相似度矩阵。

（2）构建拉普拉斯矩阵（Laplacian Matrix）：从相似度矩阵中构建拉普拉斯矩阵。拉普拉斯矩阵有不同的定义方式，如标准拉普拉斯、对称归一化拉普拉斯等。

（3）计算特征值和特征向量：对拉普拉斯矩阵进行特征值分解，得到特征值和对应的特征向量。

（4）选择特征向量：选择与前几个最小特征值对应的特征向量，将它们组成新的特征矩阵。

（5）K-Means 聚类：将新的特征矩阵作为输入，使用 K-Means 等传统聚类算法对样本进行聚类。

> **注意**
> 在实际应用中，谱聚类的优势在于其能够捕捉数据的非线性结构，并且对于不同形状和大小的簇有较好的适应性。然而，谱聚类的计算复杂度较高，特别是在大数据集上。在应用谱聚类时，选择合适的相似度度量、图构建方式、谱转换方式以及簇的数量等参数至关重要。总体而言，谱聚类是一种强大的聚类方法，特别适用于处理复杂结构的数据集。

12.6.2 谱聚类的应用

在R语言中，通常使用 speccl 包实现谱聚类。下面的代码演示了在R语言中使用 speccl 包实现谱聚类的过程。

```
# 安装并加载 speccl 包
if (!requireNamespace("speccl", quietly = TRUE)) {
```

```
    install.packages("speccl")
}
library(speccl)
# 创建一个示例数据集(可以替换为自己的数据集)
set.seed(123)
data <- matrix(rnorm(200), ncol = 2)
# 构建相似度图
similarity_matrix <- exp(-dist(data)^2 / (2 * sd(dist(data))^2))
# 进行谱聚类
spectral_result <- speccl(similarity_matrix, centers = 3)
# 输出聚类结果
print(spectral_result)
```

上述代码的具体说明如下。

（1）安装并加载 speccl 包。

（2）创建一个示例数据集（可以替换为自己的数据集）。

（3）构建相似度图，这里使用高斯核函数。

（4）使用函数 speccl() 进行谱聚类，指定聚类的簇数（centers）。

（5）输出聚类结果。

注意，上述代码中使用的是简单的随机数据集。在实际应用中，需要根据实际的数据集选择合适的相似度度量和参数，以及考虑数据的预处理等步骤。谱聚类通常用于实现图像分割、社交网络分析等任务。实例12-5是使用 tidyverse 包和 spectral 包实现谱聚类操作，将一张彩色图像划分为不同的颜色簇。

实例12-5 将一张彩色图像划分为不同的颜色簇（源码路径：codes\12\tu.R）

实例文件 tu.R 的具体实现代码如下：

```
# 安装并加载必要的包
if (!requireNamespace("spectral", quietly = TRUE)) {
    install.packages("spectral")
}
if (!requireNamespace("jpeg", quietly = TRUE)) {
    install.packages("jpeg")
}
if (!requireNamespace("tidyverse", quietly = TRUE)) {
    install.packages("tidyverse")
}
library(spectral)
library(jpeg)
library(tidyverse)

# 读取图片（替换成自己的图片路径）
img_path <- "123.jpg"
```

```r
img <- readJPEG(img_path)

# 将图像转换为矩阵形式
img_matrix <- as.matrix(img)

# 将图像矩阵转换为数据框
img_df <- data.frame(x = as.vector(img_matrix))

# 使用 kmeans 进行聚类
kmeans_result <- kmeans(img_df, centers = 5)

# 将聚类结果添加到数据框
img_df <- img_df %>%
  mutate(cluster = as.factor(kmeans_result$cluster))

# 可视化聚类结果
ggplot(img_df, aes(x = 1, y = reorder(cluster, cluster))) +
  geom_tile(aes(fill = x)) +
  scale_fill_gradient(low = "white", high = "black") +
  theme_void() +
  labs(title = "图像分割的谱聚类结果", fill = "像素值")
```

上述代码旨在进行图像分割，使用谱聚类算法和K均值聚类算法，将图像分为不同的颜色簇。其具体说明如下。

（1）检查并安装必要的R语言包，包括 spectral 用于谱聚类，jpeg 用于读取 JPEG 图像，以及 tidyverse 用于数据处理和可视化。

（2）读取了一张 JPEG 图像，将其转换为矩阵形式，并将矩阵转为数据框。这一步是为了将图像的像素值转换为适用于聚类的数据结构。

（3）使用K均值聚类算法对图像进行聚类，将聚类结果添加到数据框中。

（4）通过ggplot包进行可视化，绘制图像分割的谱聚类结果。每个颜色簇被赋予一个独特的颜色，可视化显示图像的不同部分被划分为不同的聚类。

第 13 章

生存分析

生存分析（Survival Analysis）也称为事件历史分析、时间直至事件分析，是一种统计方法，用于研究个体在一定时间内经历某个事件（通常是生存时间）的概率和时间关系。该事件可以是各种各样的，如生存时间、疾病复发时间、机械故障发生时间等。本章将详细讲解使用R语言实现生存分析的知识，并通过具体实例的实现过程讲解各个知识点的用法。

13.1 生存分析简介

生存分析最常见的应用是在医学领域，特别是对于疾病研究。生存分析可以帮助研究人员了解疾病发展的模式、评估治疗效果、预测患者的生存时间等；此外，其在工程、经济学、社会科学等领域也有广泛的应用。

13.1.1 生存分析的基本概念

生存分析的核心目标是分析和预测事件发生的概率随时间的变化。

生存分析涉及很多概念，其中常用的概念如下。

（1）生存时间（Survival Time）：个体从某一起始点（如诊断时间、治疗开始时间）到达某个事件（如死亡、疾病复发）的时间，有时也称之为时间直至事件。

（2）生存状态（Survival Status）：二元变量，表示个体是否经历了感兴趣的事件。通常用1表示事件发生（死亡、复发等），用0表示未发生。

（3）生存函数（Survival Function）：描述在给定时间内个体存活的概率，常用符号为S(t)，表示某一时间t内个体存活的概率。

（4）累积风险函数（Cumulative Hazard Function）：描述在时间t之前事件发生的累积风险，通常用符号$H(t)$表示。

（5）危险函数（Hazard Function）：表示在给定时间t时，个体在下一时间段内经历事件的瞬时风险，通常用符号$\lambda(t)$表示。

（6）Kaplan-Meier估计（Kaplan-Meier Estimator）：估计生存函数的非参数方法，特别适用于处理截断数据（在研究结束时未发生事件的个体）。

（7）Log-Rank检验：比较两个或多个生存曲线是否存在显著差异的统计检验方法。

（8）Cox比例风险模型（Cox Proportional-Hazards Model）：一种常用的生存分析模型，用于评估不同因素对生存时间的影响，而不需要假设特定的生存分布。

（9）生存曲线：生存函数的图形表示，通常使用Kaplan-Meier方法绘制。生存曲线展示了在不同时间点上个体存活的概率。

上述基本概念构成了生存分析的核心框架，其中的核心是生存函数和累积风险函数。生存函数描述了一个个体在给定时间内存活下来的概率，而累积风险函数则描述了在某个时间点之前发生事件的累积风险。生存分析使用的统计工具包括生存曲线、危险比（Hazard Ratio）、Kaplan-Meier估计等。Kaplan-Meier 生存曲线是一种常见的可视化工具，用于描述研究群体在不同时间点的生存概率。

总体来说，生存分析帮助研究人员理解个体在不同时间点上经历某个事件的概率，这对于预测、决策和治疗方案的制定都具有重要的意义。

13.1.2 生存分析的应用领域

生存分析在多个领域都有广泛的应用，主要用于研究个体在一定时间内经历某个事件的概率和时间关系。生存分析的主要应用领域如下。

（1）医学与临床研究：生存分析在医学领域中被广泛应用，用于研究患者的生存时间、疾病复发时间以及治疗效果。例如，使用生存分析可以分析癌症患者的存活时间，评估不同治疗方案的效果。

（2）流行病学：研究疾病的发生和传播。通过生存分析可以了解不同人群中特定事件（如疾病发病）的发生概率，并评估风险因素的影响。

（3）工程与可靠性分析：研究设备、系统或结构的可靠性和寿命。例如，使用生存分析可以分析机械部件的故障时间，以指导维护计划和预测系统的寿命。

（4）经济学与金融：研究经济和金融事件的发生，如企业破产、投资回报的实现时间等。生存分析可以帮助评估投资的风险和回报。

（5）社会科学：在社会学和心理学等领域，生存分析可用于研究个体在某个事件（如结婚、离婚）发生的概率和时间模式。

（6）生态学：研究物种的寿命、生命周期和灭绝风险。生存分析有助于理解生态系统中的物种相互作用和生态事件。

（7）药物研发：在药物研发过程中，生存分析可用于评估新药物的效果，包括治疗时间、疾病进展等。

（8）质量控制与可靠性工程：分析产品的寿命和可靠性，以改进产品质量和提高性能。

上面列出的是生存分析的主要应用领域，实际上，由于生存分析的灵活性和适用性，其在不同学科和行业中都得到了广泛应用。

13.1.3 用 R 语言实现生存分析

在 R 语言中，通常使用 survival 包实现生存分析功能。该包提供了许多用于生存分析的函数，具体说明如下。

（1）数据格式：生存分析的数据通常以生存对象（Surv）的格式呈现。Surv 对象包含两个参数：生存时间（time）和事件发生与否的指示（event）。例如：

```
library(survival)
# 创建生存对象
```

```
survival_object <- Surv(time, event)
```

（2）Kaplan-Meier 生存曲线：使用函数 survfit() 可以生成 Kaplan-Meier 生存曲线的估计。例如：

```
# 拟合 Kaplan-Meier 曲线
km_fit <- survfit(survival_object ~ 1)
# 绘制 Kaplan-Meier 曲线
plot(km_fit, main = "Survival Curve", xlab = "Time", ylab = "Survival Probability")
```

（3）比较曲线：使用函数 survdiff() 可用于生存曲线的比较，进行 Log-Rank 检验。例如：

```
# 进行 Log-Rank 检验
logrank_test <- survdiff(survival_object ~ group)
# 输出检验结果
summary(logrank_test)
```

（4）Cox 比例风险模型：使用函数 coxph() 可以拟合 Cox 比例风险模型，评估不同因素对生存时间的影响。例如：

```
# 拟合 Cox 模型
cox_model <- coxph(survival_object ~ covariate1 + covariate2, data = your_data)
# 查看模型摘要
summary(cox_model)
```

（5）生存曲线的可视化：使用函数 ggsurvplot() 可以绘制美观和定制化的生存曲线图。例如：

```
library(survminer)
# 绘制生存曲线
ggsurvplot(km_fit, data = your_data, risk.table = TRUE, pval = TRUE)
```

上面介绍的是 R 语言实现生存分析的基本知识点，在实际应用中可能会涉及更多的数据处理、模型调优、生存曲线比较等操作。对于生存分析，详细的文档和案例研究可以在 survival 和 survminer 包的官方文档中找到。

假设有一个数据集，其中记录了一群人从入职某公司到离职的时间。实例 13-1 是通过生存分析探究员工在公司工作的生存概率。在实现本实例之前，需要确保已经安装了 survival 包，如果没有，则可以使用 install.packages("survival") 命令进行安装。

实例13-1 使用生存分析探究员工在公司工作的生存概率（源码路径：codes\13\yuan.R）

实例文件 yuan.R 的具体实现代码如下：

```
# 导入生存分析包
library(survival)

# 创建虚构的数据集
set.seed(123)
n <- 100    # 生成100个员工的数据
```

```
start_time <- round(runif(n, min = 1, max = 365))    # 随机生成入职天数
# 假设平均工作半年就离职
leave_time <- start_time + round(rexp(n, rate = 1/180))

# 创建数据框
employee_data <- data.frame(start_time, leave_time)

# 创建生存对象
employee_surv <- Surv(time = employee_data$leave_time, event = rep(1, n))

# 使用Kaplan-Meier估计生存曲线
km_fit <- survfit(employee_surv ~ 1)

# 绘制Kaplan-Meier生存曲线
plot(km_fit, main = "Employee Survival Curve", xlab = "Days", ylab =
  "Survival Probability", col = "blue", lwd = 2)

# 添加标签
legend("topright", legend = c("Employees"), col = "blue", lwd = 2)
```

在上述代码中，首先生成一个包含100个员工的数据集，其中包括每个员工的入职时间和离职时间；然后，使用函数survfit()拟合一个Kaplan-Meier生存曲线，并使用函数plot()绘制这条曲线；最后，添加标签，使图形更具可读性，如图13-1所示。

图13-1　绘制的Kaplan-Meier生存曲线

> **注意**
> 虽然这只是一个虚构的实例，在实际的生存分析中会涉及更多的数据处理、统计检验、模型比较等步骤，但该实例能够展示如何使用R语言实现生存分析的基本过程。

13.2　Kaplan-Meier生存曲线

Kaplan-Meier生存曲线是生存分析中常用的一种图形，用于描述在不同时间点上个体存活的概率。这种曲线是一种非参数估计方法，通常用于处理截断数据（在研究结束时未发生事件的个体）。

13.2.1 Kaplan-Meier 生存曲线的解释

Kaplan-Meier 生存曲线是生存分析中的一种非参数方法,用于描述在不同时间点上个体存活的概率。以下是 Kaplan-Meier 生存曲线的一些基本概念。

(1)事件发生(Event Occurrence):在 Kaplan-Meier 生存曲线中,事件通常指的是研究感兴趣的结果,如死亡、疾病复发等。曲线上的每个垂直线表示在特定时间点上有一个或多个个体经历了事件。

(2)截断数据(Censored Data):Kaplan-Meier 生存曲线能够处理截断数据,即在研究结束时尚未发生事件的个体。在曲线上的垂直线上方的标记表示截断的观测,表示在该时间点之前尚未发生事件。

(3)中位生存时间(Median Survival Time):在 Kaplan-Meier 生存曲线上,50% 的个体经历了感兴趣事件的时间点。这是曲线上的一个重要时间点,提供了一个总体的生存时间度量。

Kaplan-Meier 生存曲线是一种用于描述在不同时间点上个体存活概率的图形,下面是解释 Kaplan-Meier 生存曲线的一些建议。

(1)曲线形状:反映了在研究中观察到的个体生存状况。如果曲线下降得较快,表示在较早的时间点上发生了较多的事件,生存概率较低;如果曲线相对平缓,则表示在较早的时间点上生存概率相对较高。

(2)曲线的起始点:表示研究开始时的初始生存概率。在实际应用中,可能有些个体在研究开始时就经历了感兴趣的事件,因此初始生存概率可能不是100%。

(3)事件发生的垂直线:表示在特定时间点发生的事件。这有助于理解在何时发生了生存事件,如死亡或疾病复发。

(4)曲线之间的比较:如果研究包括多个组别(如治疗组和对照组),则可以绘制多个 Kaplan-Meier 生存曲线进行比较。通过比较曲线,可以观察不同组别之间生存概率的差异。

(5)统计检验:为了量化不同组别生存曲线之间的差异,可以使用统计检验,最常见的是 Log-Rank 检验。统计检验可以判断生存曲线之间是否存在统计学上的显著性差异。

(6)中位生存时间:生存曲线上的一个重要点,表示在该时间点上50%的个体已经经历了感兴趣的事件。中位生存时间提供了一个概括性的度量,但并不涵盖整个生存曲线。

在解释 Kaplan-Meier 生存曲线时,需要考虑研究的背景、目的以及特定事件的定义,以确保分析结果的准确性和解释的有效性。

13.2.2 Kaplan-Meier 生存曲线的构建

构建Kaplan-Meier生存曲线涉及多个步骤,下面是基本的实现步骤。

(1)收集数据:收集每个个体的生存时间和生存状态信息。生存时间是指从起始点(如治疗开始时间、诊断时间)到达感兴趣的事件(如死亡、疾病复发)的时间。

(2)排序数据:将收集到的数据按照生存时间的升序排列。这是为了确保按照时间顺序正确估计生存函数。

（3）定义时间点：选择在哪些时间点计算生存函数的估计值。通常选择的时间点包括每个事件的发生时间以及样本中的生存时间最后一个观测点。

（4）计算生存函数估计：对于每个选择的时间点，计算在该时间点之前仍然存活的个体比例。该比例即为生存函数的估计值。计算生存函数估计的公式如下：

$$S(t) = S(t-1) \times \frac{n_i - d_i}{n_i}$$

式中，$S(t)$为在时间点t的生存函数估计值；$S(t-1)$为在时间点$t-1$的生存函数估计值；n_i为在时间点t之前尚存的个体数；d_i为在时间点t发生事件的个体数。

（5）绘制生存曲线：使用计算得到的生存函数估计值在选定的时间点上绘制Kaplan-Meier生存曲线。通常使用阶梯状的线段表示生存函数的估计。

（6）标注曲线：在曲线上标注垂直线，表示每个事件的发生时间。这有助于可视化每个事件对生存曲线的影响。

实例13-2将绘制乳腺癌手术患者的Kaplan-Meier生存曲线。本实例使用的数据集文件是haberman.csv，该数据集来源于芝加哥大学比林斯医院（University of Chicago's Billings Hospital）于1958—1970年进行的一项研究的病例，该研究关注的是接受乳腺癌手术患者的生存情况。该数据集文件中的部分内容如下：

```
30,64,1,1
30,62,3,1
30,65,0,1
31,59,2,1
31,65,4,1
33,58,10,1
33,60,0,1
34,59,0,2
34,66,9,2
...
```

该数据集中的每一行代表一个患者的信息，各列包括患者的年龄、手术年份、正检测的淋巴结数量以及患者的生存状态。下面是对haberman.csv数据集文件的详细解释。

①第1列：患者的年龄。
②第2列：手术年份。
③第3列：正检测的淋巴结数量。
④第4列：患者的生存状态（1表示存活超过5年，2表示在5年内死亡）。

例如，第一行数据"30,64,1,1"，可以解释为：年龄30岁的患者，在1964年接受了手术，正检测到1个淋巴结，存活超过5年。

实例13-2将使用该数据集进行生存分析，根据患者的年龄、手术年份、淋巴结数量等因素，构建 Kaplan-Meier 生存曲线，以了解患者的生存概率。

实例13-2 绘制癌症病人的Kaplan-Meier生存曲线（源码路径：codes\13\yi.R）

实例文件yi.R的具体实现代码如下：

```r
# 安装并加载 survival 包 和 survminer 包
install.packages("survival")
install.packages("survminer")
library(survival)
library(survminer)

# 导入数据
haberman_data <- read.csv("haberman.csv", header = FALSE)
colnames(haberman_data) <- c("Age", "Year", "Nodes", "Status")

# 创建 Surv 对象
surv_object <- with(haberman_data, Surv(Age, Status == 1))

# 使用 Kaplan-Meier 估计生存曲线
km_fit <- survfit(surv_object ~ 1)

# 重新加载数据
haberman_data <- read.csv("haberman.csv", header = FALSE)
colnames(haberman_data) <- c("Age", "Year", "Nodes", "Status")

# 使用 Year 列进行分组
surv_object_grouped <- with(haberman_data, Surv(Age, Status == 1) ~ Year)

# 进行 Log-Rank 检验
surv_test_grouped <- survdiff(surv_object_grouped)
summary(surv_test_grouped)

# 可视化生存曲线和结果
ggsurvplot(km_fit, data = haberman_data, risk.table = TRUE, pval = TRUE,
    main = "Kaplan-Meier Survival Curve for Haberman's Survival Data")
```

上述代码的目标是执行生存分析，使用Kaplan-Meier方法估计生存曲线，并通过Log-Rank检验比较不同组别之间的生存差异。上述代码的具体说明如下。

（1）安装并加载 survival 和 survminer 包，这两个包提供了在R语言中进行生存分析和可视化的相关功能。

（2）导入名为 haberman.csv 的数据集，该数据集包含患者的有关信息，包括年龄（Age）、手术年份（Year）、正检测的淋巴结数量（Nodes）以及患者的生存状态（Status）。

（3）创建一个 Surv 对象，这是 survival 包中用于表示生存时间和事件状态的对象。该对象使用

Age 列表示生存时间，Status 列表示事件状态（是否存活）。

（4）使用 Kaplan-Meier 方法估计整体患者群体的生存曲线，并存储在 km_fit 变量中。

（5）在重新加载数据后，使用 Year 列进行分组，创建一个新的 Surv 对象 surv_object_grouped，用于表示按照手术年份分组的生存时间和事件状态。

（6）进行 Log-Rank 检验，该检验用于比较不同组别之间生存曲线的差异性，结果存储在 surv_test_grouped 中。执行后会输出：

```
       Length Class  Mode
n       12    table  numeric
obs     12    -none- numeric
exp     12    -none- numeric
var    144    -none- numeric
chisq    1    -none- numeric
pvalue   1    -none- numeric
call     2    -none- call
```

这说明已经成功进行 Log-Rank 检验，并且获得了相应的输出。下面解释以上输出结果的主要部分。

①n：每个时间点的样本数。

②obs：每个时间点的观测数（事件发生的次数）。

③exp：每个时间点的期望数（基于生存曲线的期望事件发生数）。

④var：每个时间点的方差。

⑤chisq：Log-Rank 检验的卡方统计量。

⑥pvalue：Log-Rank 检验的 p 值。

在这里，需要关注的主要是 Log-Rank 检验的 p 值。如果 p 值小于显著性水平（通常是 0.05），则表示在给定的组别之间存在生存曲线的显著性差异。查看输出结果中的 p 值，看其是否小于所选择的显著性水平，以判断是否存在显著性差异。如果 p 值小于显著性水平，则可以得出结论，即至少在所选择的时间点上，不同组别的生存曲线存在显著性差异。

（7）通过函数 ggsurvplot() 绘制 Kaplan-Meier 生存曲线的可视化图，如图 13-2 所示，其中包括生存曲线本身、风险表和 Log-Rank 检验的 p 值。此图可用于直观地比较不同组别的生存情况。

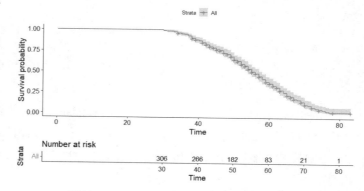

图 13-2　Kaplan-Meier 生存曲线的可视化图

整体而言，本实例完成了生存分析的主要步骤，从数据导入、生存对象的创建，到生存曲线的估计和比较，最终以可视化的方式呈现分析结果。

13.3 Cox 比例风险模型

Cox 比例风险模型（Cox Proportional-Hazards Model）是一种在生存分析中常用的统计模型，其由统计学家 David R. Cox 于 1972 年提出，用于研究事件发生时间和影响因素之间的关系，特别是在生存时间数据分析中应用广泛。

13.3.1 Cox 比例风险模型简介

生存分析主要用于研究在观察期间发生某一事件的时间，如患病、死亡、设备失效等。Cox 比例风险模型是一种半参数模型，其不需要对生存时间分布做出假设，因此可以处理各种分布形状的数据。Cox 比例风险模型的基本形式如下：

$$h(t) = h_0(t) \times e^{\beta_1 X_1 + \beta_2 X_2 + \cdots + \beta_p X_p}$$

式中，$h(t)$ 为时间 t 处的风险函数（Hazard Function），表示在给定时刻 t 事件（如死亡）发生的概率；$h_0(t)$ 为基准风险函数，表示在所有解释变量为零的情况下的风险；X_1、X_2、$\cdots$、X_p 为解释变量（Covariates），它们是影响生存时间的因素；β_1、β_2、$\cdots$、β_p 为解释变量的系数，表示每个解释变量对风险的影响。

Cox 比例风险模型的一个重要假设是解释变量的影响是按比例增加或减小的，即风险比例在时间上保持不变。该模型可以使用最大似然估计法估计参数，并且可用于探究不同因素对生存时间的影响。

13.3.2 Cox 比例风险模型的应用

在 R 语言中，可以使用函数 coxph() 拟合 Cox 比例风险模型。函数 coxph() 属于 survival 包，该包在使用前需要通过以下命令进行安装：

```
install.packages("survival")
```

下面的简单代码（源码路径：codes\13\bi.R）演示了使用函数 coxph() 拟合 Cox 比例风险模型的过程。

```
# 创建一个生存数据集
# 假设有一个数据框 df，其中包含生存时间（time）和事件发生情况（status）
# 以及其他解释变量（covariates）如 X1、X2 等
# 这里假设只有一个解释变量 X1 用于演示
set.seed(123)
df <- data.frame(
```

```
    time = rexp(100, rate = 0.1),    #生成随机的生存时间数据
    status = sample(0:1, 100, replace = TRUE),  #0表示未发生事件，1表示发生事件
    X1 = rnorm(100)   #一个解释变量
)

# 拟合 Cox 比例风险模型
cox_model <- coxph(Surv(time, status) ~ X1, data = df)

# 查看模型摘要
summary(cox_model)
```

在上述代码中，Surv(time, status)表示生存时间数据的格式，其中time是生存时间，status是事件发生情况。模型公式 ~ X1 表示只使用一个解释变量X1，可以根据自己的数据集和研究问题调整模型公式。函数coxph()返回一个拟合的Cox比例风险模型对象，可以使用函数summary()查看模型摘要信息，了解各个解释变量的系数、置信区间和p值等信息。执行后会输出：

```
Call:
coxph(formula = Surv(time, status) ~ X1, data = df)

  n= 100, number of events= 52

     coef exp(coef) se(coef)     z Pr(>|z|)
X1 0.1296    1.1384   0.1292 1.003    0.316

     exp(coef) exp(-coef) lower .95 upper .95
X1      1.138     0.8784    0.8837     1.467

Concordance= 0.508  (se = 0.048 )
Likelihood ratio test= 0.97  on 1 df,   p=0.3
Wald test            = 1.01  on 1 df,   p=0.3
Score (logrank) test = 1.01  on 1 df,   p=0.3
```

上述输出结果是函数coxph()的模型摘要信息，下面对摘要中的主要部分进行具体说明。

（1）Call：显示调用函数coxph()时使用的模型公式和数据。

（2）n：数据集中的样本数量。

（3）number of events：发生事件的数量。

（4）coef：解释变量（这里是X1）的系数估计值，表示该解释变量对于风险的影响。

（5）exp(coef)：系数的指数，即风险比（Hazard Ratio），表示解释变量每增加一个单位时，风险相对于基线的增加比例。在该实例中，X1的风险比是1.138，但由于置信区间包含1，因此该效应在统计上不显著。

（6）se(coef)：系数的标准误，用于估计系数的不确定性。

（7）z：z统计量，表示系数除以标准误的结果。在该实例中，z为1.003。

（8）Pr(>|z|)：z统计量的p值，用于检验相应系数是否显著。在该实例中，X1的p值为0.316，大于通常的显著性水平（如0.05），说明X1对于生存时间的影响在统计上不显著。

（9）exp(coef)和exp(-coef)：风险比的指数和指数的倒数，提供了解释变量对于风险的影响方向（增加还是减少）。

（10）lower .95 upper .95：风险比的95%置信区间，表示对风险比的估计不确定性范围。在该实例中，95%置信区间为(0.8837, 1.467)，包含1，表明效应不显著。

（11）Concordance：表示C统计量（Concordance Index）的值，用于衡量模型对观测数据的拟合程度。在这里，Concordance为0.508。

（12）Likelihood ratio test, Wald test, Score (logrank) test：三种检验方法，用于检验整体模型的拟合是否显著。这里的p值都较大，说明模型整体在统计上不显著。

总体来说，上述代码中的该模型结果表明，解释变量X1对生存时间的影响在统计上不显著。在实际解释结果时，通常会关注系数的方向、大小以及其统计显著性。

13.4 心血管疾病的生存分析实战

心血管疾病已经成为全球范围内导致死亡的首要原因，每年夺去约1790万人的生命，占全球总死亡人数的31%。幸运的是，通过解决行为风险因素和广泛的人口策略，大多数心血管疾病是可以预防的。本实例旨在进行探索性数据分析，利用各种机器学习模型，识别并预测心力衰竭事件中最关键的特征，并应用Cox模型、生存分析和风险比验证结果。

实例13-3 心脏疾病关键因素分析与生存预测（源码路径：codes\13\survival-for-heart-failure.Rmd）

本实例旨在通过机器学习模型和生存分析，分析心脏病患者的关键因素，重点关注血清肌酐、血清钠、射血分数和年龄等，以预测患者的生存情况。通过综合分析结果，为公众提供心脏健康的监测建议。

13.4.1 数据集简介

本实例使用的数据集文件是heart_failure_clinical_records_dataset.csv，该数据集包含关于心力衰竭患者的一些医学信息，以及是否发生死亡事件（DEATH_EVENT）等信息，其中包含的部分内容如下：

```
age,anaemia,creatine_phosphokinase,diabetes,ejection_fraction,
high_blood_pressure,platelets,serum_creatinine,serum_sodium,sex,smoking,
time,DEATH_EVENT
75,0,582,0,20,1,265000,1.9,130,1,0,4,1
55,0,7861,0,38,0,263358.03,1.1,136,1,0,6,1
65,0,146,0,20,0,162000,1.3,129,1,1,7,1
50,1,111,0,20,0,210000,1.9,137,1,0,7,1
```

```
65,1,160,1,20,0,327000,2.7,116,0,0,8,1
90,1,47,0,40,1,204000,2.1,132,1,1,8,1
75,1,246,0,15,0,127000,1.2,137,1,0,10,1
60,1,315,1,60,0,454000,1.1,131,1,1,10,1
65,0,157,0,65,0,263358.03,1.5,138,0,0,10,1
80,1,123,0,35,1,388000,9.4,133,1,1,10,1
75,1,81,0,38,1,368000,4,131,1,1,10,1
62,0,231,0,25,1,253000,0.9,140,1,1,10,1
45,1,981,0,30,0,136000,1.1,137,1,0,11,1
50,1,168,0,38,1,276000,1.1,137,1,0,11,1
49,1,80,0,30,1,427000,1,138,0,0,12,0
// 省略后面的内容
```

数据集文件heart_failure_clinical_records_dataset.csv中各个列的具体含义如下。

（1）age：患者的年龄。

（2）anaemia：贫血情况，0表示没有贫血，1表示有贫血。

（3）creatine_phosphokinase：肌酸激酶（Creatine Phosphokinase，CPK，也称肌酸磷酸激酶）水平，一种反映心肌损伤的酶。

（4）diabetes：糖尿病状况，0表示没有糖尿病，1表示有糖尿病。

（5）ejection_fraction：射血分数，是心脏每次搏动时从心脏泵出的血液百分比。

（6）high_blood_pressure：是否有高血压，0表示没有高血压，1表示有高血压。

（7）platelets：血小板计数。

（8）serum_creatinine：血清肌酐水平，用于评估肾功能。

（9）serum_sodium：血清钠水平，反映体内的电解质和水平衡。

（10）sex：患者性别，0表示女性，1表示男性。

（11）smoking：是否吸烟，0表示不吸烟，1表示吸烟。

（12）time：距离观察开始的时间，以天为单位。

（13）DEATH_EVENT：死亡事件，0表示患者未死亡，1表示患者已死亡。

每一行代表一个心力衰竭患者的信息，而每一列代表一个特定的医学参数或患者属性，这些信息可用于进行生存分析和预测心力衰竭事件。其中的关键信息包括年龄（age）、射血分数（ejection_fraction）、血清肌酐（serum_creatinine）等，以及它们的分类方式，这有助于理解数据的特征以及它们对生存分析的影响。

13.4.2 数据预处理

（1）使用函数read.csv()将数据集文件heart_failure_clinical_records_dataset.csv读入一个名为heart的数据框中。

```
heart<-read.csv("heart_failure_clinical_records_dataset.csv")
```

（2）对心脏病患者数据集进行预处理，将原始数据中的一些数值变量进行分类，创建新的变量，便于后续分析。

```r
# 分配 ID
heart$id <- seq.int(nrow(heart))
# 使用序列函数 seq.int() 从 1 到数据集行数的整数序列，为数据集分配唯一的 ID

# 为数值变量分配字符值
heart$sexc <- ifelse(heart$sex == 1, "男性", "女性")
# 将数值变量 sex 的 1 映射为 "男性"，0 映射为 "女性"，并创建新的变量 sexc

heart$smoke <- ifelse(heart$smoking == 1, "是", "否")
# 将数值变量 smoking 的 1 映射为 "是"，0 映射为 "否"，并创建新的变量 smoke

heart$hbp <- ifelse(heart$high_blood_pressure == 1, "是", "否")
# 将数值变量 high_blood_pressure 的 1 映射为 "是"，0 映射为 "否"，并创建新的变量 hbp

heart$dia <- ifelse(heart$diabetes == 1, "是", "否")
# 将数值变量 diabetes 的 1 映射为 "是"，0 映射为 "否"，并创建新的变量 dia

heart$anaemiac <- ifelse(heart$anaemia == 1, "是", "否")
# 将数值变量 anaemia 的 1 映射为 "是"，0 映射为 "否"，并创建新的变量 anaemiac

# 血小板：通过 Hopkins Medicine 分类
heart$platc <- ifelse(heart$platelets > 150000 & heart$platelets < 450000,
    "血小板正常", "血小板异常")
heart$plat <- ifelse(heart$platelets > 150000 & heart$platelets < 450000, 0, 1)
# 将 platelets 按照指定范围进行分类，创建新的变量，platc 表示分类结果，plat 表示分类的
# 数值结果

# 血清钠：通过 Mayo Clinic 分类
heart$sodiumc <- ifelse(heart$serum_sodium > 135 & heart$serum_sodium <
    145, "血清钠正常", "血清钠异常")
heart$sodiumn <- ifelse(heart$serum_sodium > 135 & heart$serum_sodium < 145, 0, 1)
# 将 serum_sodium 按照指定范围进行分类，创建新的变量，sodiumc 表示分类结果，sodiumn
# 表示分类的数值结果

# 肌酸激酶：通过 Mount Sinai 分类
heart$cpk <- ifelse(heart$creatinine_phosphokinase > 10 & heart$creatinine_
    phosphokinase < 120, "肌酸激酶正常", "肌酸激酶异常")
heart$cpkn <- ifelse(heart$creatinine_phosphokinase > 10 &
    heart$creatinine_phosphokinase < 120, 0, 1)
# 将 creatinine_phosphokinase 按照指定范围进行分类，创建新的变量，cpk 表示分类结果，
# cpkn 表示分类的数值结果
```

```r
# 射血分数：通过 Mayo 分类
heart$efraction <- ifelse(heart$ejection_fraction <= 75 & heart$ejection_
    fraction >= 41, "射血正常", "射血异常")
heart$efractionn <- ifelse(heart$ejection_fraction <= 75 & heart$ejection_
    fraction >= 41, 0, 1)
# 将 ejection_fraction 按照指定范围进行分类，创建新的变量，efraction 表示分类结果，
# efractionn 表示分类的数值结果

# 血清肌酐：通过 Mayo 分类
heart$screat <- ifelse((heart$serum_creatinine < 1.35 & heart$serum_
creatinine > 0.74 & heart$sex == 1 ) |
                      (heart$serum_creatinine < 1.04 & heart$serum_
creatinine > 0.59 & heart$sex == 0),
                       "肌酐正常", "肌酐异常")
heart$screatn <- ifelse((heart$serum_creatinine < 1.35 & heart$serum_
creatinine > 0.74 & heart$sex == 1 ) |
                      (heart$serum_creatinine < 1.04 & heart$serum_
creatinine > 0.59 & heart$sex == 0),
                       0, 1)
# 将 serum_creatinine 按照指定条件进行分类，创建新的变量，screat 表示分类结果，screatn
# 表示分类的数值结果

# 年龄组：通过 Pharma Convention 分类
heart$agegp <- ifelse( heart$age < 65, "年龄 <65", "年龄 >=65")
heart$agegpn <- ifelse( heart$age < 65, 0, 1)
# 将 age 按照指定条件进行分类，创建新的变量，agegp 表示分类结果，agegpn 表示分类的数值结果

# 事件 vs. 截尾
heart$cnsr <- ifelse(heart$DEATH_EVENT == 0, "截尾", "事件")
# 根据 DEATH_EVENT 的值进行分类，创建新的变量，cnsr 表示分类结果
```

上述代码对心脏病患者数据集进行预处理，目的是使数据易于理解和分析。其具体说明如下。

①分配唯一的 ID 给数据集中的每一行，通过函数 seq.int() 实现。

②对性别、吸烟、高血压、糖尿病、贫血等数值变量进行转换，将其映射为更易理解的字符值，如将性别从 1 和 0 映射为"男性"和"女性"。

③针对一些特定范围的数值变量（如血小板、血清钠、肌酸激酶、射血分数、血清肌酐等）进行分类，创建新的变量表示分类结果；同时，生成二元数值变量，以表示分类的数值结果。

④根据死亡事件的发生与否（DEATH_EVENT），将数据集中的观测分为"事件"和"截尾"两类，创建新的变量表示分类结果。

总体而言，这段代码通过将原始数据集中的数值变量进行分类和转换，为后续的生存分析和机器学习模型的建立提供了更易处理的数据。

（3）通过如下代码显示数据集中的原始数据，其中 h1 和 h1c 都是从原始数据表中选择的子集，

用于后续的分析和可视化。h1包含原始数据表中的一组特定列，而h1c则选择了一些经过分类的变量。通过head(h1, 5)可以查看h1的前5行数据，而head(h1c, 5)则可以查看h1c的前5行数据。这些子集提取了原始数据表中感兴趣的特定信息，可以更方便地进行后续的数据分析和可视化操作。

```
h1<- subset(heart, select=c(age,anaemia,creatinine_phosphokinase, serum_
    creatinine,diabetes, ejection_fraction ,high_blood_pressure, platelets ,
    serum_sodium, sex, smoking, DEATH_EVENT))
head(h1, 5)%>% DT::datatable()

h1c<- subset(heart, select=c(agegp,anaemiac,cpk, screat, dia, efraction,
    hbp, platc, sodiumc, sexc, smoke, DEATH_EVENT, time))
```

上述代码的具体说明如下。

①对心脏病患者数据集进行子集的选择，保留一组特定的列，包括年龄、贫血情况、肌酸激酶、血清肌酐水平、糖尿病状况、射血分数、是否有高血压、血小板计数、血清钠水平、性别、是否吸烟、死亡事件等。将该子集赋给变量h1。

②使用函数head()查看h1的前5行，并通过函数DT::datatable()将结果以交互式表格的形式显示出来。

③创建另一个子集h1c，选择一些经过分类的变量，包括年龄组、贫血分类、肌酸激酶分类、血清肌酐分类、糖尿病分类、射血分数分类、高血压分类、血小板分类、血清钠分类、性别分类、吸烟分类、死亡事件和时间。该子集可用于后续分析。

执行代码后会输出如图13-3所示的结果。

Show 10 entries							Search:
	age	anaemia	creatinine_phosphokinase	serum_creatinine	diabetes	ejection_fraction	high_blood_pressure
1	75	0	582	1.9	0	20	1
2	55	0	7861	1.1	0	38	0
3	65	0	146	1.3	0	20	0
4	50	1	111	1.9	0	20	0
5	65	1	160	2.7	1	20	0

图13-3 输出结果

整体而言，这段代码的功能是选择并展示特定的列，形成两个不同的子集h1和h1c，以便进行进一步的数据分析和可视化。

（4）通过如下代码修改分类数据表。首先，通过函数head(h1c, 5)查看经过修改的分类数据表h1c的前5行，并使用函数DT::datatable()以交互式表格的形式显示出来；然后，通过选择特定的分类变量创建另一个子集m1，m1中包含一组经过修改的二元数值变量，这些变量表示h1c中相应分类变量的数值结果。

```
head(h1c, 5)%>% DT::datatable()
```

```
m1<- subset(heart, select=c(agegpn,anaemia,cpkn, screatn, diabetes,
  efractionn ,high_blood_pressure, plat, sodiumn, sex, smoking,
  DEATH_EVENT))
```

上述代码中的h1c和m1属于经过修改的分类数据表，具体说明如下。

①h1c：一个包含一些经过分类的变量的子集，其中的变量经过特定的范围划分或映射为易于理解的字符值。该子集可用于后续的数据分析和可视化。

②m1：从h1c中选择了一组经过修改的二元数值变量的子集。这些变量表示h1c中相应分类变量的数值结果，是通过将原始数据中的一些数值范围进行分类而得到的。该子集为后续的统计分析和建模提供了经过处理的数据。

这两个子集可以被认为是经过修改的分类数据表，其中的变量经过特定处理，使得数据更适合进行进一步的分析和建模。执行代码后会输出如图13-4所示的结果。

Show 10 entries　　Search:

	agegp	anaemiac	cpk	screat	dia	efraction	hbp	platc	sodiumc	sexc	smoke	DI
1	Age >=65	No	CPK Abnormal	Creatinine Abnormal	No	Ejection Abnormal	Yes	Platelets Normal	Serum Sodium Abnormal	Male	No	1
2	Age <65	No	CPK Abnormal	Creatinine Normal	No	Ejection Abnormal	No	Platelets Normal	Serum Sodium Normal	Male	No	1
3	Age >=65	No	CPK Abnormal	Creatinine Normal	No	Ejection Abnormal	No	Platelets Normal	Serum Sodium Abnormal	Male	Yes	1
4	Age <65	Yes	CPK Normal	Creatinine Abnormal	No	Ejection Abnormal	No	Platelets Normal	Serum Sodium Normal	Male	No	1
5	Age >=65	Yes	CPK Abnormal	Creatinine Abnormal	Yes	Ejection Abnormal	No	Platelets Normal	Serum Sodium Abnormal	Female	No	1

图13-4　输出结果

(5)通过如下代码，分别针对h1 和 m1 数据集生成训练集和测试集。这样可以在训练模型和评估模型性能时使用这些数据集。

```
set.seed=8
train.test.split<-sample(2, nrow(h1), replace=TRUE, prob=c(0.8,0.2))
train=h1[train.test.split==1,]
test=h1[train.test.split==2,]

set.seed=18
train.test.split1<-sample(2, nrow(m1), replace=TRUE, prob=c(0.7,0.3))
train1=m1[train.test.split==1,]
test1=m1[train.test.split==2,]
```

上述代码的具体说明如下。

① 使用函数 set.seed(8) 设置种子，确保后续的随机操作具有可重复性。
② 对 h1 数据集进行训练集和测试集的划分。通过函数 sample() 生成一个与数据集行数相同长度的向量，其中的值为 1 或 2，代表训练集和测试集的划分。该划分过程是有放回的，且训练集和测试集的概率分别为 0.8 和 0.2。通过索引将 h1 数据集分成两部分，形成训练集 train 和测试集 test。
③ 使用函数 set.seed(18) 设置另一个种子，确保随机抽样的可重复性。
④ 对 m1 数据集进行训练集和测试集的划分。同样，通过函数 sample() 生成一个向量，其中的值为 1 或 2，代表训练集和测试集的划分。该划分过程是有放回的，且训练集和测试集的概率分别为 0.7 和 0.3。通过索引将 m1 数据集分成两部分，形成训练集 train1 和测试集 test1。

13.4.3 二元变量分布

二元变量分布的可视化有助于理解和分析两个离散变量之间的关系，特别是在 EDA 阶段。通过绘制二元变量分布的图形，可以获得以下几方面的信息。

（1）关系检测：二元变量分布可以帮助检测两个变量之间的关系，包括线性关系、非线性关系或者是否存在某种模式。例如，散点图可以展示两个连续变量之间的关系；堆积柱状图可以展示两个分类变量的关系。

（2）频数和比例：通过分析二元变量分布，可以了解不同组合的出现频率和比例。这有助于识别数据中的主要模式或趋势，并揭示变量之间的相互作用。

（3）异常值检测：可以通过观察二元变量分布的图形识别异常值或离群点。这些异常值可能对进一步的分析产生影响，或者可能需要特殊的处理。

（4）变量选择：在建模过程中，理解二元变量的分布可以帮助我们选择合适的特征进行建模。某些特征组合可能对目标变量的预测有更强的影响。

总体而言，二元变量分布可以对两个变量之间关系进行可视化呈现，为数据的深入理解和后续分析提供基础。在生存分析领域，对事件是否发生与其他变量之间的关系进行可视化分析也是常见的做法。

（1）如下的代码是使用 ggplot2 包创建一系列的柱状图，用于探索心脏病数据集中各个二元变量分布的情况。不同的图形展示了不同变量的分布，并使用不同颜色进行区分，其中还包括一些基本的注释信息。

```
p1<-ggplot(heart, aes(x=agegp))+geom_bar(fill="lightblue")+ labs(x="Age
  Group")+ theme_minimal(base_size=10)

p2<-ggplot(heart, aes(x=sexc))+geom_bar(fill="indianred3")+ labs(x="Sex")+
  theme_minimal(base_size=10)

p3<-ggplot(heart, aes(x=smoke))+geom_bar(fill="seagreen2")+
  labs(x="Smoking")+ theme_minimal(base_size=10)
```

```
p4<-ggplot(heart, aes(x=dia))+geom_bar(fill="orange2")+
  labs(x="Diabetes Status")+ theme_minimal(base_size=10)

p5<-ggplot(heart, aes(x=cpk))+geom_bar(fill="lightblue")+
  labs(x="Creatinine Phosphokinase")+ theme_minimal(base_size=10)

p6<-ggplot(heart, aes(x=platc))+geom_bar(fill="indianred2")+
  labs(x="Platelets")+ theme_minimal(base_size=10)

p7<-ggplot(heart, aes(x=sodiumc))+geom_bar(fill="seagreen2")+
  labs(x="Serum Sodium") + theme_minimal(base_size=10)

p8<-ggplot(heart, aes(x=screat))+geom_bar(fill="orange2")+
  labs(x="Serum Creatinine") + theme_minimal(base_size=10)

p9<-ggplot(heart, aes(x=anaemiac, fill=DEATH_EVENT))+
  geom_bar(fill="lightblue")+ labs(x="Anaemia")+ theme_minimal(base_size=10)

p10<-ggplot(heart, aes(x=efraction))+geom_bar(fill="indianred2")+
  labs(x="Ejection Fraction")+ theme_minimal(base_size=10)

p11<-ggplot(heart, aes(x=hbp))+geom_bar(fill="seagreen2")+
  labs(x="High Blood Pressure Status")+ theme_minimal(base_size=10)
```

（2）使用ggplot2包创建3个图形展示的对象，分别是人口统计学和基线特征的分布、实验室检测结果的分布以及疾病历史的分布。其具体实现代码如下：

```
(p1+p2+p3 +p4)+
  plot_annotation(title="Demographic and Histology Distribution")
(p5+p6+p7+p8) + plot_annotation(title="Lab Test Distribution")
(p9+p10+p11+p12) + plot_annotation(title="Disease History Distribution
```

上述代码的具体说明如下。

①人口统计学和基线特征的分布。

a. (p1 + p2 + p3 + p4) 将4个图形展示对象组合在一起，分别对应年龄组、性别、吸烟和糖尿病等人口统计学和基线特征。

b. plot_annotation(title="Demographic and Histology Distribution") 添加整体标题，显示"人口统计学和基线特征的分布"。

c. 通过 (p1 + p2 + p3 + p4) + plot_annotation(title="Demographic and Histology Distribution") 将这4个图形展示对象组合在一起。

②实验室检测结果的分布：

a. (p5 + p6 + p7 + p8) 将4个实验室检测结果的图形展示对象组合在一起。

b. plot_annotation(title="Lab Test Distribution") 添加整体标题，显示"实验室检测的分布"。

③疾病历史的分布：

a. (p9 + p10 + p11 + p12) 将4个疾病历史的图形展示对象组合在一起。

b. plot_annotation(title="Disease History Distribution") 添加整体标题，显示"疾病历史的分布"。

这样就将不同方面的图形展示组合在了一起，如图13-5所示。这样可以更全面地了解数据集中各个变量的分布情况，包括人口统计学和基线特征的分布、实验室检测结果的分布以及疾病历史的分布。

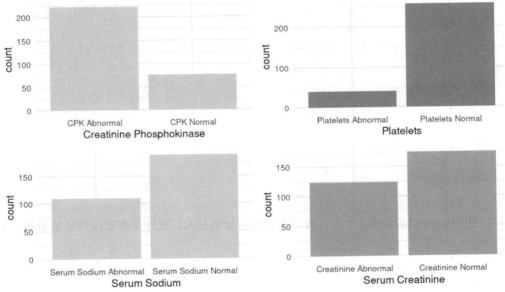

图13-5　组合在一起的可视化图

13.4.4 连续变量分布

在该实例中，连续变量分布指的是对数据集中的连续性变量（如年龄、实验室检测结果等）的分布情况进行可视化和分析。连续变量分布在本实例中的作用如下。

（1）数据理解：通过绘制连续变量的分布图，可以直观地了解这些变量的整体形态、集中趋势（均值、中位数等）和离散程度。这有助于熟悉数据的基本特征。

（2）异常值检测：连续变量的分布图有助于识别是否存在异常值或离群点。异常值可能对进一步的分析产生干扰，因此检测并处理异常值是重要的步骤。

（3）特征选择：在建模阶段，对连续变量的分布进行分析可以帮助选择对目标变量有显著影响的特征。某些分布形式可能与目标事件的发生有关，影响模型的性能。

（4）模型假设检验：在一些统计模型中，对连续变量的分布进行检验是验证模型假设的一部分。例如，在线性回归中，连续变量的正态分布假设是常见的。

（5）连续变量间关系：可以通过绘制散点图或相关图观察不同连续变量之间的关系。这有助于发现变量之间的相互作用或趋势。

总体而言，对连续变量的分布进行分析是数据探索的重要步骤，有助于提供关于数据集的特征、异常情况和潜在模型影响的洞察。在生存分析项目中，连续变量分布的理解是评估预测模型效果和潜在影响因素的关键一步。

（1）绘制关于年龄（Age）的分布图，具体实现代码如下：

```
c1<- ggplot(heart, aes(x=age))+ geom_histogram(binwidth=5, colour="white",
   fill="darkseagreen2", alpha=0.8)+
   geom_density(eval(bquote(aes(y=..count..*5))),colour="darkgreen",
     fill="darkgreen", alpha=0.3)+ scale_x_continuous(breaks=seq(40,100,10))+
   geom_vline(xintercept = 65, linetype="dashed")+ annotate("text", x=50,
     y=45, label="Age <65", size=2.5, color="dark green") + annotate("text",
     x=80, y=45, label="Age >= 65", size=2.5, color="dark red") +
     labs(title="Age Distribution") + theme_minimal(base_size = 8)
c1
```

对上述代码的具体说明如下。

①ggplot(heart, aes(x=age))：使用ggplot2包创建一个基础图形，以心脏数据集（heart）中的年龄（age）作为x轴。

②geom_histogram(binwidth=5, colour="white", fill="darkseagreen2", alpha=0.8)：添加直方图，设置每个条形的宽度为5，边框颜色为白色，填充颜色为深海绿色，透明度为0.8。

③geom_density(eval(bquote(aes(y=..count..*5))), colour="darkgreen", fill="darkgreen", alpha=0.3)：添加核密度估计曲线，通过eval(bquote(aes(y=..count..*5)))将y轴缩放，颜色为深绿色，填充颜色为深绿色，透明度为0.3。

④scale_x_continuous(breaks=seq(40,100,10))：设置x轴刻度，以10为间隔。

⑤geom_vline(xintercept = 65, linetype="dashed")：在x轴上添加一条垂直虚线，表示年龄为65岁的分界线。

⑥annotate("text", x=50, y=45, label="Age <65", size=2.5, color="dark green")：在图上添加文本标签，说明年龄小于65岁的区域。

⑦annotate("text", x=80, y=45, label="Age >= 65", size=2.5, color="dark red")：在图上添加文本标签，说明年龄大于或等于65岁的区域。

⑧labs(title="Age Distribution")：设置图形的标题为Age Distribution。

⑨theme_minimal(base_size = 8)：使用最小化主题，并设置基础字体大小为8。

执行上述代码后会生成一个可视化图，展示年龄分布的直方图和核密度估计曲线，并通过虚线和文本标签表示年龄小于65岁和大于或等于65岁的区域，如图13-6所示。

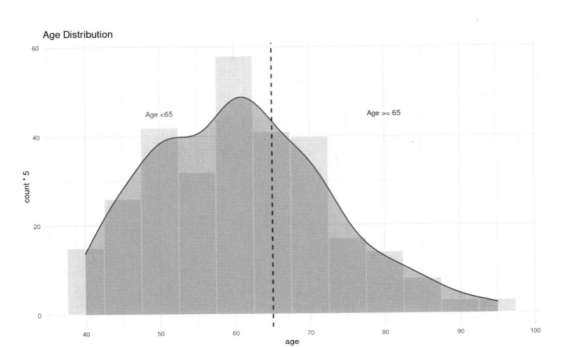

图13-6 年龄分布的直方图和核密度估计曲线图

（2）绘制关于肌酸磷酸激酶（CPK）分布情况的可视化图，具体实现代码如下：

```
c2<- ggplot(heart, aes(x=creatinine_phosphokinase))+ geom_
  histogram(binwidth=100, colour="white", fill="mediumpurple2", alpha=0.8)+
  geom_density(eval(bquote(aes(y=..count..*150))),colour="mediumorchid1",
    fill="mediumorchid1", alpha=0.3)+scale_x_continuous(breaks=seq(0,10000,1
    000))+geom_vline(xintercept = 120, linetype="dashed")+ annotate("text",
    x=0, y=100, label="CPK Normal", size=2.5, color="dark green") +
  annotate("text", x=1000, y=80, label="CPK Abnormal", size=2.5,
    color="dark red")+labs(title="Creatinine Phosphokinase Distribution") +
  theme_minimal(base_size = 8)
c2
```

对上述代码的具体说明如下。

①基础图形设置：使用ggplot2包创建基础图形，以心脏数据集（heart）中的CPK作为x轴。

②直方图：通过函数geom_histogram()添加直方图，设置每个条形的宽度为100，边框颜色为白色，填充颜色为紫罗兰色，透明度为0.8。

③核密度估计曲线：通过函数geom_density()添加核密度估计曲线，通过eval(bquote(aes(y=..count..*150)))将y轴缩放，颜色为兰花色，填充颜色也为兰花色，透明度为0.3。

④x轴刻度设置：通过函数scale_x_continuous()设置x轴刻度，以1000为间隔。

⑤垂直虚线：通过函数geom_vline()在x轴上添加一条垂直虚线，表示CPK的正常值为120。

⑥文本标签：通过函数annotate("text", …)在图上添加文本标签，说明CPK的正常值和异常值

的范围。

⑦图形标题：通过函数labs(title="Creatinine Phosphokinase Distribution")设置图形的标题为Creatinine Phosphokinase Distribution。

⑧主题设置：使用函数theme_minimal()设置最小化主题，并设置基础字体大小为8。

上述代码生成了一个可视化图，展示了CPK的分布情况，包括直方图、核密度估计曲线以及正常值和异常值的标注，如图13-7所示。

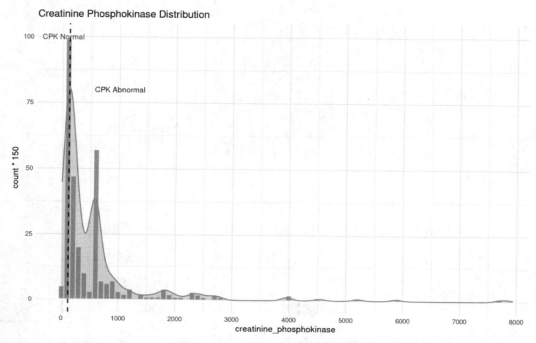

图13-7　CPK分布情况的可视化图

（3）绘制关于射血分数分布情况的可视化图，具体实现代码如下：

```
c3<- ggplot(heart, aes(x=ejection_fraction))+
  geom_histogram(binwidth=5, colour="white", fill="lightpink1", alpha=0.8)+
  geom_density(eval(bquote(aes(y=..count..*5))),colour="mistyrose2",
    fill="mistyrose2", alpha=0.3)+ scale_x_continuous(breaks=seq(0,80,10))+
  geom_vline(xintercept = 40, linetype="dashed")+geom_vline(xintercept =
  75, linetype="dashed")+ annotate("text", x=20, y=30, label="Abnormal",
  size=2.5, color="dark red") + annotate("text", x=50, y=30,
  label="Normal", color="dark green")+ annotate("text", x=80, y=30,
  label="Abnormal", size=2.5, color="dark red")+labs(title="Ejection
  Fraction Distribution") + theme_minimal(base_size = 8)
c3
```

对上述代码的具体说明如下。

①基础图形设置：使用ggplot2包创建基础图形，以心脏数据集（heart）中的射血分数作为x轴。

②直方图：通过函数geom_histogram()添加直方图，设置每个条形的宽度为5，边框颜色为白色，填充颜色为淡粉红色，透明度为0.8。

③核密度估计曲线：通过函数geom_density()添加核密度估计曲线，通过eval(bquote(aes(y=..count..*5)))将y轴缩放，颜色为淡玫瑰色，填充颜色也为淡玫瑰色，透明度为0.3。

④x轴刻度设置：通过函数scale_x_continuous()设置x轴刻度，以10为间隔。

⑤垂直虚线：通过函数geom_vline()在x轴上添加两条垂直虚线，分别表示射血分数的正常范围（40～75）。

⑥文本标签：通过函数annotate("text", …)在图上添加文本标签，说明射血分数的正常值和异常值的范围。

⑦图形标题：通过函数labs(title="Ejection Fraction Distribution")设置图形的标题为Ejection Fraction Distribution。

⑧主题设置：使用函数theme_minimal()设置最小化主题，并设置基础字体大小为8。

上述代码生成了一个可视化图，展示了射血分数的分布情况，包括直方图、核密度估计曲线以及正常值和异常值的标注，如图13-8所示。

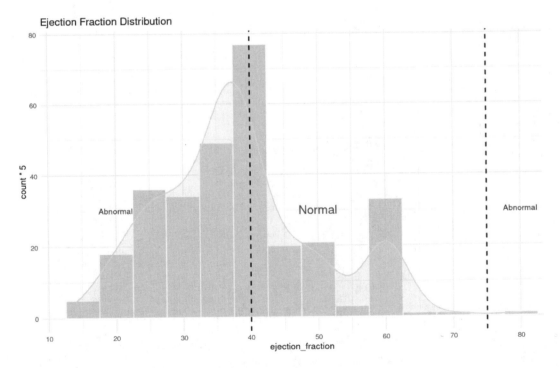

图13-8　射血分数分布情况的可视化图

（4）绘制关于血小板计数（Platelets Count）分布情况的可视化图，具体实现代码如下：

```
c4<- ggplot(heart, aes(x=platelets))+ geom_histogram(binwidth=20000,
   colour="white", fill="lightskyblue2", alpha=0.8)+
   geom_density(eval(bquote(aes(y=..count..*25000))),colour="lightsteelbl
   ue", fill="lightsteelblue", alpha=0.3)+
   geom_vline(xintercept = 150000, linetype="dashed")+geom_vline(
   xintercept = 450000, linetype="dashed")+ annotate("text", x=100000,
   y=30, label="Abnormal", size=2.5, color="dark red") + annotate("text",
   x=300000, y=30, label="Normal", color="dark green") + annotate("text",
   x=500000, y=30, label="Abnormal", size=2.5, color="dark red") +
   labs(title="Platelets Count") + theme_minimal(base_size = 8)
c4
```

执行上述代码后生成了一个可视化图形，展示了血小板计数的分布情况，包括直方图、核密度估计曲线以及正常值和异常值的标注，如图13-9所示。

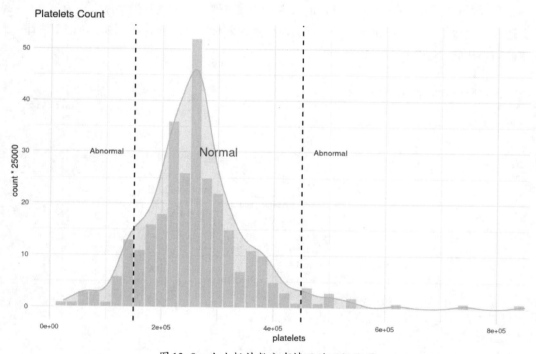

图13-9　血小板计数分布情况的可视化图

（5）绘制关于血清钠（Serum Sodium）分布情况的可视化图，具体实现代码如下：

```
c5<- ggplot(heart, aes(x=serum_sodium))+ geom_histogram(binwidth=1,
   colour="white", fill="lightsalmon", alpha=0.8)+
   geom_density(eval(bquote(aes(y=..count..))),colour="lightcoral",
      fill="lightcoral", alpha=0.3)+
   geom_vline(xintercept = 135, linetype="dashed")+geom_vline(xintercept =
   145, linetype="dashed")+ annotate("text", x=130, y=20,
   label="Abnormal", size=2.5, color="dark red") + annotate("text", x=142,
```

```
    y=20, label="Normal", color="dark green")+ annotate("text", x=148,
    y=20, label="Abnormal", size=2.5, color="dark red")+labs(title="Serum
    Sodium") + theme_minimal(base_size = 8)
c5
```

执行上述代码后生成了一个可视化图，展示了血清钠的分布情况，包括直方图、核密度估计曲线以及正常值和异常值的标注，如图13-10所示。

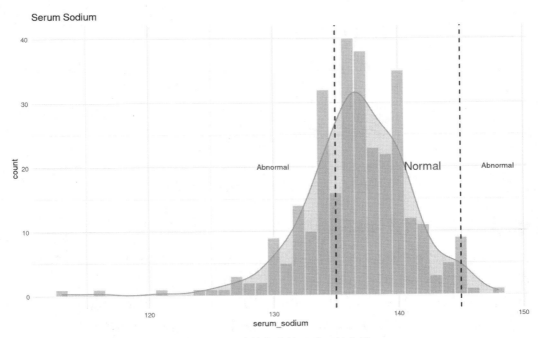

图13-10　血清钠分布情况的可视化图

（6）绘制关于血清肌酐（Serum Creatinine）分布情况的可视化图，具体实现代码如下：

```
c6<- ggplot(heart, aes(x=serum_creatinine))+ geom_histogram(binwidth=0.2,
    colour="white", fill="lightgoldenrod", alpha=0.8)+
    geom_density(eval(bquote(aes(y=..count..*0.2))),colour="moccasin",
    fill="moccasin", alpha=0.3)+
    geom_vline(xintercept = 0.74, linetype="dashed")+geom_vline(xintercept =
    1.35, linetype="dashed")+ annotate("text", x=0.05, y=20,
    label="Abnormal", size=2.5, color="dark red") + annotate("text", x=1,
    y=20, label="Normal", color="dark green")+ annotate("text", x=2.5,
    y=20, label="Abnormal", size=2.5, color="dark red")+labs(title="Serum
    Creatinine") + theme_minimal(base_size = 8)
c6
```

执行上述代码后绘制了一个可视化图形，展示了血清肌酐的分布情况，包括直方图、核密度估计曲线以及正常值和异常值的标注，如图13-11所示。

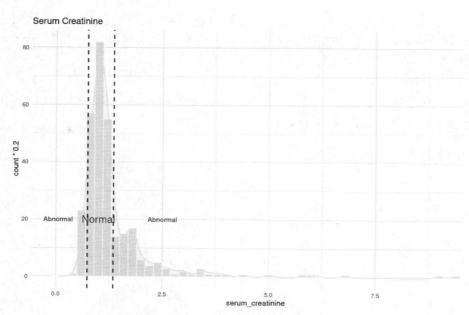

图 13-11　血清肌酐分布情况的可视化图

13.4.5 死亡事件计数与生存时间

在本实例中，死亡事件计数与生存时间的分析旨在探究患者的生存状况，并通过不同的图形进行可视化呈现。其具体说明如下。

（1）泡泡图（Bubble Chart）：通过这种图形，可以同时展示死亡事件的计数和患者的生存时间。泡泡图中的不同形状代表不同的生存状态，三角形表示死亡，圆圈表示被截尾的患者。形状的大小表示在同一天死亡或存活的患者数量，从而提供了生存时间和死亡事件之间的关联信息。

（2）带有生存状态和截尾标记的棒棒糖图（Lollipop Chart）：通过这种图形，可以更清晰地看到生存状态的差异。在棒棒糖图中使用带有三角形和圆圈标记的线段，三角形表示死亡事件，圆圈表示被截尾的患者。线段的长度表示生存时间，可以提供对患者生存状况的更详细的信息。

这些图形有助于研究患者的生存情况，同时考虑了死亡事件和生存时间的关系，为研究者提供了对患者群体的更全面的认识。

（1）通过如下代码绘制一个散点图，用于探索患者的生存时间与死亡事件计数之间的关系。

```
d1 <- group_by(heart,time,DEATH_EVENT)
d2<- summarise(d1,count=n())
d22 <- arrange(d2, desc(time))

ggplot(d22, aes(x=reorder( time, count), y=time))+
  geom_point(aes(size=count, colour=factor(count), shape=factor(DEATH_EVENT)), alpha=1/2)+
  theme_ipsum() +
```

```
theme(axis.text.x = element_text(angle = 90, hjust = 1) , legend.
    position="none") + coord_flip() + ylab("Survival days") + xlab("Survival
    counts") + ggtitle("Patient survival time with counts")
```

对上述代码的具体说明如下。

①数据整理：使用函数group_by()对心脏数据集（heart）按照生存时间（time）和死亡事件（DEATH_EVENT）进行分组。使用函数summarise()计算每个组的计数，并将结果按照生存时间降序排列。

②散点图绘制：使用ggplot2包创建散点图，横轴（x轴）表示重新排序后的生存时间，纵轴（y轴）表示生存时间。每个点的大小（size）、颜色（colour）和形状（shape）分别代表计数、计数的因子（作为颜色因子）以及死亡事件的因子。通过alpha参数设置点的透明度，使得重叠的点更易辨认。

③主题设置：使用函数theme_ipsum()设置图形的主题，包括x轴文本的旋转、去除图例（legend.position="none"）、坐标轴翻转、设置y轴标签和x轴标签以及图形标题。

上述代码生成的散点图以直观的方式展示了患者的生存时间，同时考虑了死亡事件的计数，如图13-12所示，图形的特征（大小、颜色、形状）有助于理解不同生存时间下患者的死亡事件的分布情况。

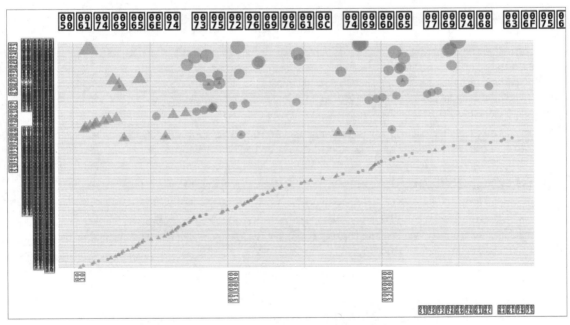

图13-12　患者生存时间与死亡事件计数之间关系的散点图

在上述可视化图中，三角形代表死亡，圆圈表示被截尾的患者，形状的大小表示在同一天死亡/存活的患者数量。很明显，被截尾的患者（圆圈）的寿命更长。

（2）通过如下代码绘制带有截尾标记的棒棒糖图，使用蓝色线条表示被截尾的（存活的）患者，用橙色线条表示发生事件的（死亡的）患者。

```r
heart$idc <- paste("id",as.factor(heart$id))

lol1_100<-ggplot(heart[0:100,], aes(x=idc, y=time)) +
  geom_segment( aes(x=idc, xend=idc, y=0, yend=time), color=ifelse(heart[0:
    100,]$DEATH_EVENT==1, "orange", "skyblue"))+
  geom_point( color=ifelse(heart[0:100,]$DEATH_EVENT==1, "red",
    "darkgreen"), size=0.1, alpha=0.6) +
  theme_light() +
  coord_flip() +
  theme(
    panel.grid.major.y = element_blank(),
    panel.border = element_blank(),
    axis.ticks.y = element_blank()
  )+ ylab("Survival days") +xlab("Patient ID 1-100") + ggtitle("Patient
    1-100 Survival Status with Censor")

lol101<-ggplot(heart[101:200,], aes(x=idc, y=time)) +
  geom_segment( aes(x=idc, xend=idc, y=0, yend=time), color=ifelse(heart[0:
    100,]$DEATH_EVENT==1, "orange", "skyblue"))+
  geom_point( color=ifelse(heart[0:100,]$DEATH_EVENT==1, "red",
    "darkgreen"), size=0.1, alpha=0.6) +
  theme_light() +
  coord_flip() +
  theme(
    panel.grid.major.y = element_blank(),
    panel.border = element_blank(),
    axis.ticks.y = element_blank()
  )+ ylab("Survival days") +xlab("Patient ID 101-200") + ggtitle("Patient
    101-200 Survival Status with Censor")

lol201<-ggplot(heart[201:299,], aes(x=idc, y=time)) +
  geom_segment( aes(x=idc, xend=idc, y=0, yend=time), color=ifelse(heart[20
    1:299,]$DEATH_EVENT==1, "orange", "skyblue"))+
  geom_point( color=ifelse(heart[201:299,]$DEATH_EVENT==1, "red",
    "darkgreen"), size=0.1, alpha=0.6) +
  theme_light() +
  coord_flip() +
  theme(
    panel.grid.major.y = element_blank(),
    panel.border = element_blank(),
    axis.ticks.y = element_blank()
  )+ ylab("Survival days") +xlab("Patient ID 201-299") + ggtitle("Patient
    201-299 Survival Status with Censor")

lol1_100
```

上述代码创建了三个棒棒糖图，分别展示了患者1~100、患者101~200和患者201~299的生存状态。其具体实现流程如下。

①给数据集中的每个患者分配一个独特的标识符idc，将其转换为字符串形式，以便在图形中表示患者的ID。

②创建三个棒棒糖图，分别展示不同患者组的生存状态，如图13-13所示。每个棒棒糖图中，通过函数geom_segment()添加表示时间段的线段，其中蓝色线段表示被截尾的（存活的）患者，橙色线段表示发生事件的（死亡的）患者。同时，通过函数geom_point()在图上标记每个患者的时间点，使用颜色区分生存状态。图形中的横坐标表示患者的ID范围，纵坐标表示患者的生存时间。

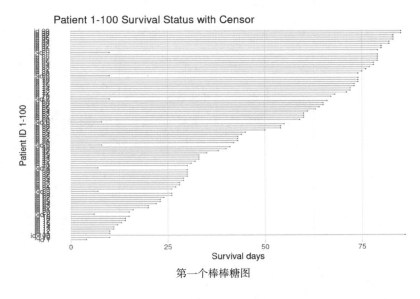

第一个棒棒糖图

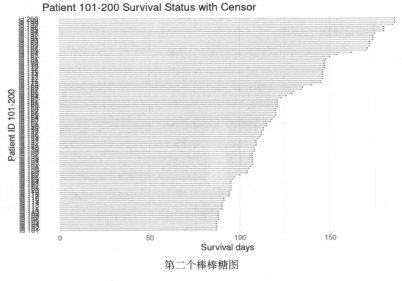

第二个棒棒糖图

图13-13　三个棒棒糖图

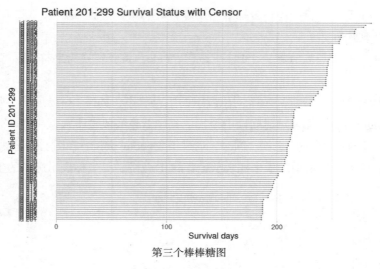

第三个棒棒糖图

图13-13 三个棒棒糖图（续）

在图13-13中，使用蓝色线条表示被截尾的（存活的）患者，橙色线条表示发生事件的（死亡的）患者。通过观察，可以清晰地发现被截尾的患者在总体上生存时间更长。

13.4.6 相关性分析

（1）通过如下代码计算数据集h1中变量的相关性矩阵，使用函数corrplot()创建相关性矩阵的热力图。

```
r=cor(h1)
corrplot(r, type = "upper", order = "hclust",
        tl.col = "black", tl.srt = 90)
```

上述代码的具体说明如下。

① r = cor(h1)：计算数据集h1中变量的相关性矩阵，将结果存储在矩阵r中。

② corrplot(r, type = "upper", order = "hclust", tl.col = "black", tl.srt = 90)：使用函数corrplot()绘制矩阵热力图，如图13-14所示。参数type = "upper"表示仅显示矩阵的上三角部分；参数order = "hclust"表示对相关性矩阵进行层次聚类，以重新排列变量的顺序；参数tl.col = "black"设置文本标签的颜色为黑色；参数tl.srt = 90表示使文本标签垂直显示。热力图的颜色深浅表示相关性的强度，颜色越深表示相关性越强。

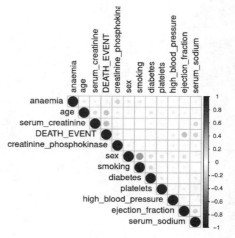

图13-14 矩阵热力图

（2）通过如下代码绘制一个混淆矩阵（confusion matrix）的可视化图。混淆矩阵是用于评估分类模型性能的工具，特别适用于二元分类问题。

```r
coul <- colorRampPalette(brewer.pal(8, "PiYG"))(25)
heatmap(r, scale="column", col = coul)
draw_confusion_matrix <- function(cm) {

  total <- sum(cm$table)
  res <- as.numeric(cm$table)

  # 生成颜色渐变，调色板来自 RColorBrewer
  greenPalette <- c("#F7FCF5","#E5F5E0","#C7E9C0","#A1D99B","#74C476","#41A
    B5D","#238B45","#006D2C","#00441B")
  redPalette <- c("#FFF5F0","#FEE0D2","#FCBBA1","#FC9272","#FB6A4A","#EF3B2
    C","#CB181D","#A50F15","#67000D")
  getColor <- function (greenOrRed = "green", amount = 0) {
    if (amount == 0)
      return("#FFFFFF")
    palette <- greenPalette
    if (greenOrRed == "red")
      palette <- redPalette
    colorRampPalette(palette)(100)[10 + ceiling(90 * amount / total)]
  }

  # 设置基本布局
  layout(matrix(c(1,1,2)))
  par(mar=c(2,2,2,2))
  plot(c(100, 345), c(300, 450), type = "n", xlab="", ylab="", xaxt='n',
    yaxt='n')
  title('CONFUSION MATRIX', cex.main=2)

  # 创建矩阵
  classes = colnames(cm$table)
  rect(150, 430, 240, 370, col=getColor("green", res[1]))
  text(195, 435, classes[1], cex=1.2)
  rect(250, 430, 340, 370, col=getColor("red", res[3]))
  text(295, 435, classes[2], cex=1.2)
  text(125, 370, 'Predicted', cex=1.3, srt=90, font=2)
  text(245, 450, 'Actual', cex=1.3, font=2)
  rect(150, 305, 240, 365, col=getColor("red", res[2]))
  rect(250, 305, 340, 365, col=getColor("green", res[4]))
  text(140, 400, classes[1], cex=1.2, srt=90)
  text(140, 335, classes[2], cex=1.2, srt=90)

  # 添加混淆矩阵结果
  text(195, 400, res[1], cex=1.6, font=2, col='white')
  text(195, 335, res[2], cex=1.6, font=2, col='white')
  text(295, 400, res[3], cex=1.6, font=2, col='white')
  text(295, 335, res[4], cex=1.6, font=2, col='white')
```

```
# 添加细节
plot(c(100, 0), c(100, 0), type = "n", xlab="", ylab="", main =
    "DETAILS", xaxt='n', yaxt='n')
text(10, 85, names(cm$byClass[1]), cex=1.2, font=2)
text(10, 70, round(as.numeric(cm$byClass[1]), 3), cex=1.2)
text(30, 85, names(cm$byClass[2]), cex=1.2, font=2)
text(30, 70, round(as.numeric(cm$byClass[2]), 3), cex=1.2)
text(50, 85, names(cm$byClass[5]), cex=1.2, font=2)
text(50, 70, round(as.numeric(cm$byClass[5]), 3), cex=1.2)
text(70, 85, names(cm$byClass[6]), cex=1.2, font=2)
text(70, 70, round(as.numeric(cm$byClass[6]), 3), cex=1.2)
text(90, 85, names(cm$byClass[7]), cex=1.2, font=2)
text(90, 70, round(as.numeric(cm$byClass[7]), 3), cex=1.2)

# 添加详细信息
text(30, 35, names(cm$overall[1]), cex=1.5, font=2)
text(30, 20, round(as.numeric(cm$overall[1]), 3), cex=1.4)
text(70, 35, names(cm$overall[2]), cex=1.5, font=2)
text(70, 20, round(as.numeric(cm$overall[2]), 3), cex=1.4)
}
```

对上述代码的具体说明如下。

①热图：使用corrplot包生成相关性矩阵的热图，展示了数据集h1中各变量之间的相关性。其中，颜色的深浅表示相关性的强度，上三角部分显示相关系数。

②混淆矩阵可视化：使用函数getColor()生成颜色梯度，创建混淆矩阵的可视化图，如图13-15所示，其中包含真阳性、真阴性、假阳性、假阴性等指标，以及整体准确率等模型性能指标。

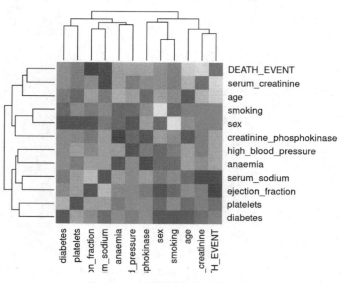

图13-15 混淆矩阵的可视化图

13.4.7 变量选择的机器学习模型

在本实例中,采用三种机器学习方法,即 GLM、GBM、Random Forest,预测心力衰竭死亡事件(Death_Event)。这些方法分别应用于原始数据结构和分类数据框,以确定最关键的因变量。总体而言,血清肌酐、年龄、射血分数和血清钠是其中 4 个最为重要的特征。这一结论与相关矩阵的结果一致。

值得注意的是,在变量选择的过程中排除 time 变量,以避免悖论。这一步骤有助于确保选择的关键因素与预测模型的稳健性一致。

1. GBM

GBM 是一种用于回归和分类任务的机器学习技术,其以将弱学习者转化为强学习者而闻名。GBM 首先为每棵树分配相等的权重,然后通过改进第一棵树的预测来提高性能。迭代进行 Tree1 + Tree2 的过程,直到达到指定的树的数量。

(1) 使用原始数据,通过 GBM 训练、评估和可视化梯度提升模型的性能,以便对心力衰竭死亡事件进行预测。

```
gbm.m<- gbm(train$DEATH_EVENT ~. , data=train, distribution = "bernoulli",
            cv.folds=10, shrinkage=0.01, n.minobsinnode = 10, n.trees=1000)
#gbm.m
gbm.imp=summary(gbm.m)
gbm.imp

gmb.t=predict(object=gbm.m, newdata=test, n.trees=1000, type="response")
presult<- as.factor(ifelse(gmb.t>0.5,1,0))
test$DEATH_EVENT1<-as.factor(test$DEATH_EVENT)
g<-confusionMatrix(presult,test$DEATH_EVENT1)
draw_confusion_matrix(g)
```

上述代码的具体说明如下。
① 使用函数 gbm() 训练一个 GBM。
② 因变量为 train$DEATH_EVENT,自变量包括训练数据集中的所有其他变量。
③ 采用伯努利分布作为分布类型。
④ 设置交叉验证折数为 10,学习速率为 0.01,叶节点中的最小观测数为 10,迭代次数为 1000。
⑤ 使用函数 summary() 获取 GBM 的摘要信息。
⑥ 利用训练好的 GBM 对测试数据进行预测,使用了 1000 颗树。
⑦ 通过混淆矩阵评估模型的性能。
⑧ 利用自定义函数 draw_confusion_matrix() 绘制混淆矩阵的可视化图,如图 13-16 所示。

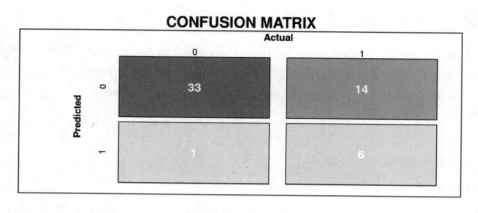

图 13-16　混淆矩阵的可视化图 1

（2）使用分类数据，通过 GBM 训练、评估和可视化梯度提升模型在修改后的分类数据集上的性能，以便对心力衰竭死亡事件进行预测。

```
gbm.m1<- gbm(train1$DEATH_EVENT ~. , data=train1, distribution =
"bernoulli",
            cv.folds=10, shrinkage=0.01, n.minobsinnode = 10, n.trees=1000)
#gbm.m1
gbm.imp1=summary(gbm.m1)
gbm.imp1

gmb.t1 =predict(object=gbm.m1, newdata=test1, n.trees=1000, type="response")
presult<- as.factor(ifelse(gmb.t1>0.5,1,0))
test1$DEATH_EVENT1<-as.factor(test1$DEATH_EVENT)
g1<-confusionMatrix(presult,test1$DEATH_EVENT1)
draw_confusion_matrix(g1)
```

上述代码的具体说明如下。

①使用函数 gbm() 训练了一个 GBM。

②因变量为 train1$DEATH_EVENT，自变量包括修改后的分类数据集中的所有其他变量。

③采用伯努利分布作为分布类型。

④设置交叉验证折数为10，学习速率为0.01，叶节点中的最小观测数为10，迭代次数为1000。

⑤使用函数 summary() 获取 GBM 的摘要信息。

⑥利用训练好的 GBM 对修改后的分类测试数据进行预测，使用了1000颗树。

⑦通过混淆矩阵评估模型的性能。

⑧利用自定义函数draw_confusion_matrix()绘制混淆矩阵的可视化图，如图13-17所示。

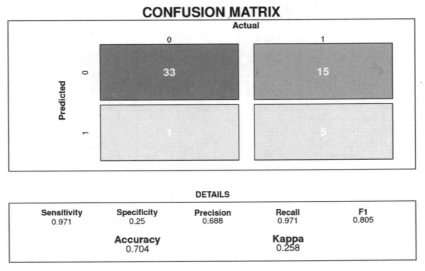

图13-17　混淆矩阵的可视化图2

2. Random Forest

（1）训练、评估和可视化随机森林模型在原始数据集上的性能，以便对心力衰竭死亡事件进行预测。其具体实现代码如下：

```
rforest<- randomForest(factor(DEATH_EVENT) ~. , data=train, ntree=500, importance=TRUE)
#summary(rforest)
imp<-varImp(rforest)
varImpPlot(rforest)

rpredict<- predict(rforest, test, type="class")
cm2<-confusionMatrix(rpredict, test$DEATH_EVENT1)
draw_confusion_matrix(cm2)
```

对上述代码的具体说明如下。

①使用函数randomForest()训练一个随机森林模型。
②因变量为factor(DEATH_EVENT)，自变量包括原始数据集中的所有其他变量。
③设置树的数量为500，启用变量重要性评估。
④使用函数varImp()获取了随机森林模型的变量重要性摘要信息。
⑤利用函数varImpPlot()绘制变量重要性的可视化图。
⑥利用训练好的随机森林模型对测试数据进行预测。
⑦通过混淆矩阵评估模型的性能。
⑧利用自定义函数draw_confusion_matrix()绘制混淆矩阵的可视化图，如图13-18所示。

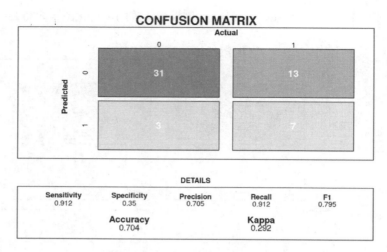

图 13-18　混淆矩阵的可视化图 1

（2）训练、评估和可视化随机森林模型在分类数据集上的性能，以便对心力衰竭死亡事件进行预测。其具体实现代码如下：

```
rforest1<- randomForest(factor(DEATH_EVENT) ~. , data=train1, ntree=500, importance=TRUE)
#summary(rforest1)
imp1<-varImp(rforest1)
varImpPlot(rforest1)

rpredict1<- predict(rforest1, test1, type="class")
cm21<-confusionMatrix(rpredict1, test1$DEATH_EVENT1)
draw_confusion_matrix(cm21)
```

执行上述代码后绘制的混淆矩阵的可视化图，如图 13-19 所示。

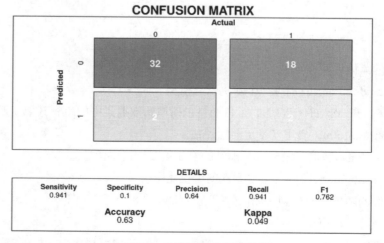

图 13-19　混淆矩阵的可视化图 2

3. GLM

（1）在下面的代码中，首先，通过函数glm()进行逻辑回归模型的训练，其中死亡事件(DEATH_EVENT)被建模为其他变量的函数。然后，使用函数varImp()获得逻辑回归模型中各个变量的重要性摘要信息。接着，通过函数step()执行向后逐步回归模型选择。这一步骤的目标是选择一个相对简单但仍然能够良好拟合数据的模型，以便更好地理解与死亡事件相关的关键特征。最后，利用函数vip()绘制向后选择的模型的变量重要性图。

```
lm1 <- glm(DEATH_EVENT ~., data=train, family=binomial(link="logit"))
#summary(lm1)
limp<-varImp(lm1)
backward<-step(lm1,direction="backward", trace=0)
#vi(backward)
p2<- vip(backward,num_features = length(coef(backward)),
         geom="point", horizontal = TRUE, mapping = aes_
string(color="Sign"))
p2
```

执行上述代码后绘制的可视化图，如图13-20所示。通过该可视化图，可以了解在最终选择的逻辑回归模型中，哪些变量对于解释死亡事件的变异起到了关键作用。

（2）在下面的代码中，首先，通过函数predict()对在逻辑回归模型(lm1)上使用的测试数据进行预测，得到每个观测的死亡事件的概率；然后，将这些概率值与阈值（0.5）进行比较，并将其转换为二元分类（0或1），得到对测试集中死亡事件的预测；最后，利用函数confusionMatrix()计算预测结果与实际观测值之间的混淆矩阵，以评估逻辑回归模型在测试数据上的性能。

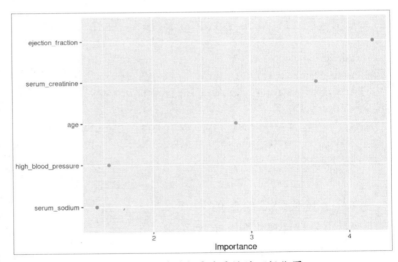

图13-20　模型变量重要性的可视化图

```
glm.t =predict(object=lm1, newdata=test, type="response")
presult<- as.factor(ifelse(glm.t>0.5,1,0))
test$DEATH_EVENT1<-as.factor(test$DEATH_EVENT)
cm3<- confusionMatrix(presult,test$DEATH_EVENT1)
draw_confusion_matrix(cm3)
```

在上述代码中，通过函数draw_confusion_matrix()绘制混淆矩阵的可视化图，进一步展示模型的性能，如图13-21所示。

（3）在下面的代码中，首先，创建了一个逻辑回归模型（lm11）预测死亡事件，使用的训练数据是经过分类处理的（train1）；然后，通过函数varImp()计算逻辑回归模型的变量重要性；接着，进行逐步回归，通过函数step()在模型中

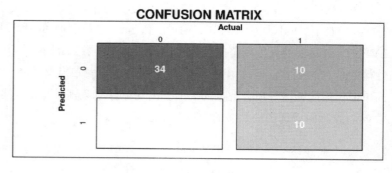
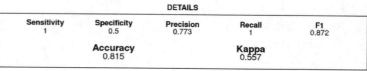

图13-21　混淆矩阵的可视化图

逐步选择变量，采用向后逐步法，并在过程中关闭了追踪信息（trace=0）；最后，通过函数vip()生成一个图形，用于可视化逐步回归后模型的变量重要性。

```
lm11 <- glm(DEATH_EVENT ~., data=train1, family=binomial(link="logit"))
#summary(lm1)
limp1<-varImp(lm11)
backward<-step(lm11,direction="backward", trace=0)
#vi(backward)
p21<- vip(backward,num_features = length(coef(backward)),
        geom="point", horizontal = TRUE, mapping = aes_
string(color="Sign"))
p21
```

执行上述代码后绘制的模型变量重要性可视化图，如图13-22所示，显示了每个变量的相对重要性，并通过颜色表示变量的符号（正负）。

（4）在下面的代码中，首先，使用训练数据集中经过分类处理的数据（train1）创建一个逻辑回归模型（lm11），以预测死亡事件；然后，通过函数predict()基于测试数据集（test1）的特征进行预测，并

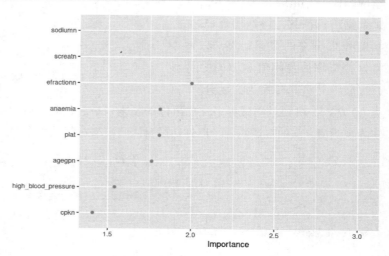

图13-22　模型变量重要性可视化图

将结果存储在 glm.t1 中；接着，将预测的结果二元化（1 或 0）并与测试数据集中的实际死亡事件标签（test1$DEATH_EVENT1）进行比较，生成混淆矩阵（cm31）；最后，使用函数 draw_confusion_matrix() 绘制混淆矩阵的可视化图，以评估逻辑回归模型在测试数据上的性能表现。

```
glm.t1 =predict(object=lm11, newdata=test1, type="response")
presult1<- as.factor(ifelse(glm.t1>0.5,1,0))
test1$DEATH_EVENT1<-as.factor(test1$DEATH_EVENT)
cm31<- confusionMatrix(presult1,test1$DEATH_EVENT1)
draw_confusion_matrix(cm31)
```

在上述代码中，通过函数 draw_confusion_matrix() 绘制混淆矩阵的可视化图，进一步展示了模型的性能，如图 13-23 所示。

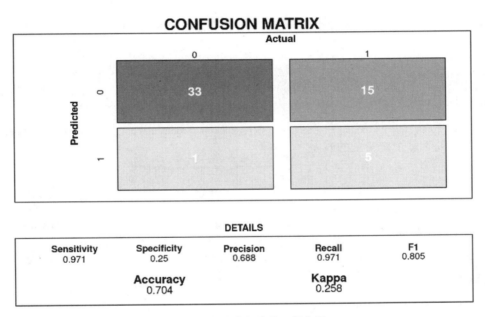

图 13-23　混淆矩阵的可视化图

13.4.8　生存分析

在本实例中，首先测试比例风险假设，并单独评估各个特征，查看其与生存曲线和相应风险比的拟合程度；然后，结合三个最重要的特征，分别创建"低风险"和"高风险"两个组。

1. 评估比例风险

（1）使用函数 Cox.zph() 测试比例风险假设，如果风险比假设被违反，将使用受限均值生存分析进行进一步研究。其具体实现代码如下：

```
mv_fit <- coxph(Surv(time,DEATH_EVENT) ~ efraction+ agegp + screat +
    sodiumc, data=heart)
```

```
ccox<- cox.zph(mv_fit)
print(ccox)
```

在上述代码中，ccox通过函数cox.zph()得到Cox比例风险模型的比例风险检验结果。这一步的目的是评估模型是否满足比例风险假设。如果p-value显著，则表明比例风险假设被违反，可能需要考虑使用其他生存分析方法。执行后会输出：

```
##             chisq df     p
##efraction  0.00357  1 0.952
##agegp      2.58958  1 0.108
##screat     3.63617  1 0.057
##sodiumc    1.53360  1 0.216
##GLOBAL     7.66582  4 0.105
```

（2）通过ggplot2包绘制Cox比例风险模型的比例风险检验图，具体实现代码如下：

```
options(repr.plot.width=10, repr.plot.height=40)
ggcoxzph(ccox)
```

绘制的Cox比例风险模型的比例风险检验图，如图13-24所示，在该图中可以看到关于每个协变量的残差和零斜率线的信息。绘制图13-24的目的是帮助检查模型是否满足比例风险的假设。如果图13-24中的曲线不平行于零斜率线，则可能表示比例风险假设被违反。

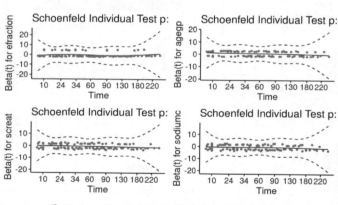

图13-24 Cox比例风险模型的比例风险检验图

2. 风险比

风险比表明了不同组之间存在强烈的生存差异。在本实例中，风险比用于比较治疗组与对照组中事件发生的概率，被用来判断接受治疗的患者是否比未接受治疗的患者病情进展更快（更慢）：

$$\lambda(t_i \mid X) = \lambda_0(t)\exp(\beta X)$$

风险的对数：

$$\log(\text{Hazard}) = \log(a) + b_1 x_1 + \cdots + b_k x_k$$

各个参数的具体说明如下。

HR = 1：治疗组和对照组之间没有差异。

HR < 1：治疗组中事件发生的概率小于对照组。

HR > 1：治疗组中事件发生的概率大于对照组。

（1）查看重要变量的风险比。调用函数 ggforest(mv_fit) 绘制 Cox 比例风险模型的森林图，具体实现代码如下：

```
ggforest(mv_fit)
```

在生存分析中，森林图是一种展示变量的风险比及其置信区间的图形。森林图的每条竖线代表一个变量，横线表示风险比的置信区间。通过观察这些线条，可以评估每个变量对生存的影响及其可信度。上述代码绘制的森林图，如图 13-25 所示，我们可以看到射血分数、血清肌酐、钠肌酐正常组具有较低的事件发生概率，而年龄较大的组则有较高的心衰事件概率。

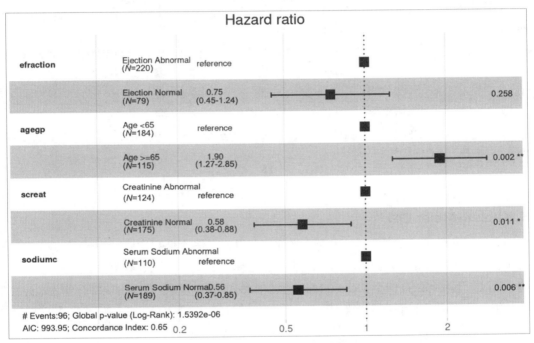

图 13-25　Cox 比例风险模型的森林图

（2）绘制其他变量的风险比森林图。调用函数 ggforest(mo)，绘制另一个 Cox 比例风险模型的森林图，该模型包括性别、糖尿病状态、高血压状态、吸烟状态、贫血状态、血小板计数、肌酸激酶浓度等变量。森林图提供了这些变量对生存的相对风险及其统计显著性的信息。通过观察图形，可以判断每个变量是否显著影响生存，并了解其影响方向。

```
mo <- coxph(Surv(time,DEATH_EVENT) ~sexc +dia +hbp +smoke +anaemiac+
    platc+cpk, data=heart)
ggforest(mo)
```

执行上述代码后绘制的另一个 Cox 比例风险模型的森林图，如图 13-26 所示，我们可以看到此图显示的高血压状态、贫血状态、血小板计数和肌酸激酶浓度在危险比方面具有一定的显著水平。

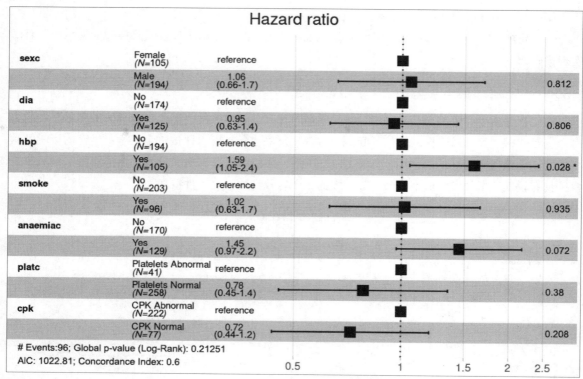

图 13-26　另一个 Cox 比例风险模型的森林图

3. Kaplan-Meier 曲线

Kaplan-Meier 曲线对数据的基础分布不做任何假设，是估计非参数（Log-rank 检验）生存函数的可视化表示，显示在相应时间间隔内事件发生的概率。

（1）通过如下代码绘制四个 Kaplan-Meier 生存曲线的可视化图，分别比较射血分数、血清肌酸酐、年龄组和血清钠对生存时间和死亡事件的影响。

```
fit_ef<-survfit(Surv(time,DEATH_EVENT)~heart$efraction, data=heart)
fit_sc<-survfit(Surv(time,DEATH_EVENT)~screat, data=heart)
fit_age<-survfit(Surv(time,DEATH_EVENT)~agegp, data=heart)
fit_sd<-survfit(Surv(time,DEATH_EVENT)~sodiumc, data=heart)

splots<- list()
splots[[1]]<-ggsurvplot(fit_ef,data=heart ,xlab="Days", ggtheme=theme_
    minimal())
splots[[2]]<-ggsurvplot(fit_sc,data=heart, xlab="Days", ggtheme=theme_
    minimal())
splots[[3]]<-ggsurvplot(fit_age,data=heart,xlab="Days", ggtheme=theme_
    minimal())
splots[[4]]<-ggsurvplot(fit_sd,data=heart,xlab="Days", ggtheme=theme_
    minimal())
```

```
arrange_ggsurvplots(splots, print=TRUE, ncol=2, nrow=2)
```

执行上述代码后绘制的Kaplan-Meier曲线,如图13-27所示。Kaplan-Meier曲线展示了相对于特征射血分数、血清肌酸酐、年龄组和血清钠而言,对比组的生存曲线。每个可视化图显示相应特征的两个不同水平(如高和低)之间的生存差异,在可视化图中使用函数ggsurvplot()和arrange_ggsurvplots(),并以2×2的网格形式排列。

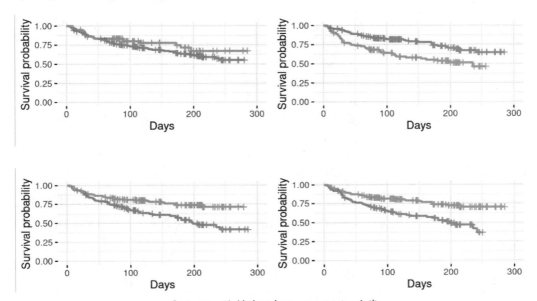

图13-27 绘制的四个Kaplan-Meier曲线

(2)实现最终的生存分析模型。在本实例中定义了两个风险组,具体说明如下。
①低风险:血清肌酸酐正常 + 年龄<65岁 + 射血分数正常。
②高风险:其余组合。

如下代码为风险组定义了一个新的变量riskgp,根据年龄、射血分数和血清钠浓度的不同组合,将患者分为"低风险"和"高风险"两组。使用Kaplan-Meier曲线对这两组进行生存分析,展示它们在不同时间点的生存情况。

```
heart$riskgp <- ifelse(heart$agegp=="Age <65" & heart$efraction=="Ejection
    Normal" & heart$sodiumc=="Serum Sodium Normal", "Risk Low", "Risk High")
fit<-survfit(Surv(time,DEATH_EVENT)~riskgp, data=heart)
km<-ggsurvplot(fit,data=heart, risk.table=TRUE, legend="none", break.time.
    by=30, size=0.1,tables.height=0.3, xlab="Days")
km
```

执行上述代码后绘制的生存分析曲线图,如图13-28所示,图中包括风险表,显示每个时间点的患者数量和生存概率。

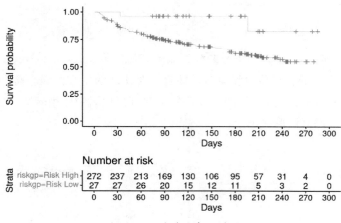

图 13-28　生存分析曲线图

使用函数 survdiff() 计算不同风险组之间的 Log-Rank 检验的 p 值，用于评估它们在生存分析曲线上是否存在显著差异。

```
survdiff(Surv(time, DEATH_EVENT) ~ riskgp, data=heart)
```

Log-Rank 检验是一种常见的生存分析方法，用于比较两组或多组之间是否存在生存曲线的显著性差异。在这里，p 值的显著性水平将告知我们是否可以拒绝风险组之间没有差异的零假设。执行后会输出：

```
##Call:
##survdiff(formula = Surv(time, DEATH_EVENT) ~ riskgp, data = heart)
##
##                    N Observed Expected (O-E)^2/E (O-E)^2/V
##riskgp=Risk High  272       94    86.27     0.693      6.87
##riskgp=Risk Low    27        2     9.73     6.145      6.87
##
## Chisq= 6.9  on 1 degrees of freedom, p= 0.009
```

通过上面的输出结果可以看到：Cox 模型的 p 值与之前的分析结果一致。在生存分析中，Cox 比例风险模型通常用于评估不同因素对生存时间的影响，并计算相应的风险比。在这里，Cox 模型的 p 值与之前的分析结果一致，这表明该模型也支持之前观察到的生存差异的显著性。

（3）使用 gtsummary 包中的函数 tbl_regression() 创建一个 Cox 比例风险模型的汇总表，模型的公式是 Surv(time, DEATH_EVENT) ~ riskgp，其中 Surv 表示生存时间，DEATH_EVENT 表示死亡事件，riskgp 表示之前定义的风险组。参数 exp=TRUE 用于将风险比的指数形式包含在结果中。

```
coxph(Surv(time,DEATH_EVENT) ~ riskgp, data=heart) %>%
  gtsummary::tbl_regression(exp=TRUE)
```

执行上述代码后会显示 Cox 比例风险模型的汇总表，如图 13-29 所示。

该 Cox 比例风险模型的汇总表提供了不同风险组（Risk High 和 Risk Low）的关键特征的风险比、95% 置信区间和 p 值，具体说明如下。

① Risk High（高风险组）：此组的 HR（风险比）和 CI（置信区间）未显示，因为这是参照组，其值被设为 1。

Characteristic	HR[1]	95% CI[1]	p-value
riskgp			
Risk High	—	—	
Risk Low	0.19	0.05, 0.76	0.019

[1] HR = Hazard Ratio, CI = Confidence Interval

图 13-29　Cox 比例风险模型的汇总表

② Risk Low（低风险组）：此组的 HR 为 0.19，95% CI 为 0.05～0.76，p 值为 0.019。这表示相对于 Risk High 组，Risk Low 组的死亡风险较低，p 值表明这种差异在统计学上是显著的。

13.4.9　总结

通过应用各种机器学习模型，我们得到类似的结果，即血清钠、血清肌酐、射血分数和年龄组是心脏病最重要的特征。生存分析和 Kaplan-Meier 曲线验证了这一点。因此，我们可以得出如下结论：患者如果有慢性心脏病，那么可以在 65 岁以后定期监测血清肌酐、血清钠和射血分数等指标。

因子分析可用于研究观察到的变量之间的潜在关系。因子分析的主要目的是识别潜在因子（Latent Factors），这些因子可以解释观察到的变量之间的共变异（Common Variance）。在因子分析中，观察到的变量是由一组潜在因子和独立的特殊因子（Unique Factors）（误差项）共同影响的。本章将详细讲解使用R语言实现因子分析的知识，并通过具体实例的实现过程讲解各个知识点的用法。

14.1 因子分析简介

因子分析的基本思想是将观察到的变量分解为潜在因子和特殊因子的组合，这样的分解有助于简化数据、降低维度，同时保留数据中的关键信息。

14.1.1 因子分析的基本概念

下面列出了和因子分析相关的一些关键概念。

（1）潜在因子：这些是隐藏在观察到的变量背后的概念或结构。潜在因子解释了观察到的变量之间存在的相关性。

（2）观察变量（Observed Variables）：这些是直接测量或观察到的变量。因子分析试图解释这些观察到的变量之间的关系。

（3）载荷（Loadings）：表示每个观察变量与潜在因子之间的关系强度。载荷越大，表示观察变量与潜在因子之间关系越密切。

（4）特殊因子：表示观察到的变量中不能被潜在因子解释的部分，通常包含测量中的误差。

（5）共变异：表示由潜在因子引起的观察到的变量之间的共同方差。因子分析的目标之一是最大化共变异，从而找到潜在因子的结构。

实现因子分析的主要步骤如下。

（1）确定因子的数量：在进行因子分析之前，需要确定要提取的潜在因子的数量。这可以通过先验知识、观察变量的特征以及一些统计方法进行。

（2）收集数据：收集包含多个观察变量的数据集，这些变量可能存在某种程度上的相关性。

（3）建立模型：假设观察到的变量是由潜在因子和特殊因子共同影响的。在数学上，这可以表示为一个线性方程组。

（4）估计参数：使用统计方法估计模型的参数，包括潜在因子与观察变量之间的载荷以及特殊因子的方差。

（5）因子旋转：为了使结果更具解释性，有时需要进行因子旋转。旋转可以使潜在因子更容易理解，比如确保每个因子上只有一组变量具有较大的载荷。

（6）解释结果：根据分析结果，解释潜在因子的含义，识别潜在结构，并理解观察到的变量之间的关系。

14.1.2 因子分析的应用领域

因子分析可用于数据降维、变量选择、构建指标和理解数据中的结构，在心理学、社会科学、市场研究等领域经常被使用。下面列出了因子分析常见的应用领域。

（1）心理学：在心理学中，因子分析常用于研究人格特质、智力测试和心理健康等方面。通过分析观察到的行为和心理测量数据，研究人员可以识别潜在的心理因子，如情感稳定性、外向性等。

（2）经济学：在经济学和财务领域中，因子分析可用于解释金融市场中不同资产之间的关系。其有助于理解资产价格的波动，分析投资组合的结构，以及评估不同经济因素对资产表现的影响。

（3）市场研究：在市场研究中，因子分析可用于确定影响消费者购买行为的关键因素。例如，通过分析产品特征和消费者反馈，可以识别影响购买决策的潜在因子，指导市场策略。

（4）医学研究：在医学和流行病学研究中，因子分析可用于探索不同健康指标之间的关系。例如，研究人员可以使用因子分析识别潜在的生活方式因子，如饮食、运动等，以评估它们与慢性病的关联性。

（5）教育研究：在教育研究中，因子分析可以帮助理解学生成绩的潜在因素，识别影响学业表现的关键因素，从而提供更有针对性的教育干预措施。

（6）社会科学：因子分析在社会科学研究中也很常见，用于分析社会调查数据，了解不同社会变量之间的关系，如社会经济地位、教育水平和职业选择等。

总体来说，因子分析是一种强大的统计工具，可用于解释和理解观察到的多变量数据，揭示潜在结构并简化复杂性，从而在各学科和领域中提供有价值的洞察。

14.2 因子分析方法

因子分析有多种方法和技术，具体选择哪种方法和技术则取决于数据的性质以及研究者的目标。本节将详细讲解常用的因子分析方法。

14.2.1 常用的因子分析方法

常用的因子分析方法如下。

（1）PCA：极为常见的因子分析方法之一，其试图通过线性组合原始变量，找到能够解释数据变异性的主成分。主成分是一组彼此无关的维度，按照方差递减的顺序排列。

（2）最大似然估计法（Maximum Likelihood Estimation，MLE）：一种常用于参数估计的方法。在因子分析中，MLE试图找到最有可能产生观察数据的模型参数，以最大化似然函数。

（3）最小二乘法（Ordinary Least Squares，OLS）：试图最小化观察值与预测值之间的残差平方和。在因子分析中，OLS用于估计模型参数。

（4）广义最小二乘法（Generalized Least Squares，GLS）：一种考虑到观测变量之间可能存在异方差性（Heteroscedasticity）的最小二乘法扩展。在因子分析中，GLS可以用于更准确地估计参数。

（5）主轴因子分析（Principal Axis Factoring）：一种常见的因子提取方法，其试图找到最能解释观测变量共变异的因子。

（6）因子旋转：一种常见的技术，用于调整潜在因子的方向，以便更好地解释观察到的变量之间的关系，常见的旋转方法包括Varimax、Promax（斜交）等。

（7）因子得分估计：通过估计每个观察样本的因子得分，可以将因子分析的结果转换为对个体水平上的解释，常见的方法包括Bartlett等。

在选择因子分析方法时，研究者应该考虑数据的特点、研究目的以及所需的解释力度。在实践中，通常会尝试多种方法比较它们的结果，以确保得到稳健的结论。

14.2.2 最大似然估计法

MLE是一种常用于参数估计的统计方法，其尝试找到使观察到的数据在给定模型下出现的可能性最大的参数值。在因子分析中，MLE用于估计潜在因子模型的参数。

对于因子分析来说，MLE的目标是找到最大化观测数据的似然函数的参数。似然函数表示给定参数下观测数据出现的概率。MLE寻找使这个概率最大的参数值。在因子分析中，通常假设观察到的变量是由一些潜在因子和独立的特殊因子（误差项）共同影响的。通过调整潜在因子的载荷和误差项的方差，MLE试图找到一个最可能产生观测数据的模型。

实现MLE的基本步骤如下。

（1）建立模型：确定因子结构，包括潜在因子的数量及其与观测变量之间的关系。

（2）写出似然函数：根据模型，写出观测数据的似然函数，即给定参数下观测数据出现的概率。

（3）最大化似然函数：通过调整潜在因子载荷和误差项方差，找到使似然函数最大化的参数值。

（4）估计标准差：在因子分析中，通常还需要估计标准差，即观测到的变量中独立于潜在因子的部分的方差。

在R语言中，可以使用专门的统计包，如psych、stats、lavaan等，来实现MLE，从而进行因子分析。在使用这些包之前，需要使用install.packages命令进行安装。下面是一个简单的例子，演示了使用MLE的过程。该实例将通过R语言中的lavaan包和psych包，使用HolzingerSwineford1939数据集进行MLE的因子分析，提取并输出潜在因子结构的因子载荷矩阵。

实例14-1 对指定数据集实现MLE的因子分析（源码路径：codes\14\zui.R）

实例文件zui.R的具体实现代码如下：

```
install.packages("lavaan")
library(lavaan)
library(psych)

# 使用HolzingerSwineford1939数据集
data(HolzingerSwineford1939)
```

```
# 提取观察变量
observed_variables <- HolzingerSwineford1939[, 7:15]

# 进行因子分析
factor_analysis_result <- fa(observed_variables, nfactors = 3, rotate =
  "varimax", fm = "ml")

# 查看因子载荷
print(factor_analysis_result$loadings)
```

上述代码的具体说明如下。

（1）通过install.packages("lavaan")安装lavaan包，这是一个用于结构方程建模（SEM）和因子分析的R语言包。通过library(lavaan)和library(psych)加载lavaan包和psych包，以便后续使用它们的函数。

（2）使用data(HolzingerSwineford1939)载入HolzingerSwineford1939数据集，该数据集通常用于演示因子分析和结构方程模型。

（3）通过代码HolzingerSwineford1939[, 7:15]提取数据集中的第7～15列的观察变量，存储在observed_variables中。这些观察变量将被用于后续的因子分析。

（4）使用函数fa()进行因子分析。指定nfactors = 3，表示要提取3个潜在因子；rotate = "varimax"表示要进行Varimax旋转，以更好地解释因子结构；fm = "ml"表示使用最大似然估计法进行因子分析。

（5）通过print(factor_analysis_result$loadings)输出因子载荷矩阵，其中包含观察变量与潜在因子之间的关系。这提供了潜在因子结构的信息，以便进行进一步的解释和分析。

执行上述代码后会输出：

```
Loadings:
    ML1   ML3   ML2
x1  0.277 0.623 0.151
x2  0.105 0.489
x3        0.663 0.130
x4  0.827 0.165
x5  0.861
x6  0.801 0.212
x7              0.696
x8        0.162 0.709
x9  0.132 0.406 0.524

               ML1   ML3   ML2
SS loadings    2.185 1.343 1.327
Proportion Var 0.243 0.149 0.147
Cumulative Var 0.243 0.392 0.539
```

上述输出展示了因子分析的结果，具体说明如下。

（1）Loadings（因子载荷矩阵）。

①ML1 列对应潜在因子 1（假设存在 3 个潜在因子）与观察变量的关系。

②ML3 列对应潜在因子 3 与观察变量的关系。

③ML2 列对应潜在因子 2 与观察变量的关系。

（2）因子载荷矩阵数值解读：对于每个观察变量（x1～x9），数值表示其与潜在因子的关联强度。例如，x1 在 ML1 上的载荷为 0.277，表示 x1 与潜在因子 1 之间存在弱正相关。

（3）SS loadings：表示潜在因子 1、潜在因子 3、潜在因子 2 解释的总变异量。

（4）Proportion Var：表示每个潜在因子解释的总变异量的比例。例如，潜在因子 1（ML1）解释了总变异的 24.3%。

（5）Cumulative Var：表示累积解释的总变异量。例如，前两个潜在因子（ML1 和 ML3）累积解释了总变异的 39.2%。

上述输出结果提供了对数据潜在结构的解释，可以帮助识别潜在因子及其对观察变量的影响。

14.2.3 最小二乘法

OLS 是一种用于估计线性回归模型参数的统计方法，其目标是通过最小化观察值与模型预测值之间的残差平方和，找到使得模型拟合数据最好的参数。实现 OLS 的基本步骤如下。

（1）建立线性模型。假设观察到的数据可以通过一个线性模型进行描述。对于简单线性回归，模型可以表示为 $y=\beta_0+\beta_1 x+\varepsilon$，其中 y 是因变量，x 是自变量，β_0 和 β_1 是模型参数，ε 是误差项。

（2）定义损失函数。损失函数是用来衡量模型预测值与实际观测值之间差异的函数。在 OLS 中，损失函数通常是残差平方和，即观测值与模型预测值之差的平方的总和。

（3）最小化损失函数。使用数学方法对损失函数进行微分，找到能够最小化残差平方和的模型参数，这些参数使得模型对观测数据的拟合最优。

（4）参数估计：最终的结果是得到估计的模型参数，使得模型与观测数据的拟合达到 OLS 准则。

OLS 在实践中广泛应用于回归分析和其他线性模型的估计，虽然其优点包括数学上的简单性、易于理解和计算，但也要注意其对异常值敏感。当存在异常值时，OLS 的估计结果可能受到较大影响。在 R 语言中，通常使用内置函数 lm() 实现 OLS，该函数用于拟合线性回归模型。实例 14-2 演示了使用 R 语言实现 OLS 的线性回归过程。

实例 14-2 实现 OLS 的线性回归（源码路径：codes\14\r.R）

实例文件 r.R 的具体实现代码如下：

```
# 创建示例数据
set.seed(123)
x <- rnorm(100)              # 随机生成自变量
y <- 2 * x + rnorm(100)      # 生成因变量，带有噪声
```

```
# 拟合线性回归模型
linear_model <- lm(y ~ x)

# 查看模型摘要
summary(linear_model)
```

在上述代码中,首先生成一个简单的数据集,其中因变量y与自变量x之间存在线性关系,并且添加了一些随机噪声;然后,使用函数lm()拟合一个线性回归模型,其中y是因变量,x是自变量;最后,通过函数summary()查看模型的摘要。执行上述代码后会输出:

```
Call:
lm(formula = y ~ x)

Residuals:
    Min      1Q  Median      3Q     Max
-1.9073 -0.6835 -0.0875  0.5806  3.2904

Coefficients:
            Estimate Std. Error t value Pr(>|t|)
(Intercept) -0.10280    0.09755  -1.054    0.295
x            1.94753    0.10688  18.222   <2e-16 ***
---
Signif. codes:  0 '***' 0.001 '**' 0.01 '*' 0.05 '.' 0.1 ' ' 1

Residual standard error: 0.9707 on 98 degrees of freedom
Multiple R-squared:  0.7721,    Adjusted R-squared:  0.7698
F-statistic:   332 on 1 and 98 DF,  p-value: < 2.2e-16
```

上述输出结果是线性回归模型的摘要信息,具体说明如下。

(1)Call: lm(formula = y ~ x):表示使用函数lm()估计的线性回归模型,其中因变量是y,自变量是x。

(2)Residuals(残差):OLS估计出的模型的残差统计信息,包括最小值、第一个四分位数、中位数、第三个四分位数和最大值。

(3)Coefficients(系数):估计的回归系数,其中Intercept是截距,x是自变量的系数。这里的估计值(Estimate)、标准误差(Std. Error)、t值(t value)、p值(Pr(>|t|))等信息都已列出。

(4)Residual standard error(残差标准差):残差的标准差,表示模型拟合数据的精度。

(5)Multiple R-squared(多重R方):拟合模型解释的方差比例,这里是0.7721,表示模型可以解释总方差的77.21%。

(6)Adjusted R-squared(调整后的R方):考虑模型中自变量个数和样本量的调整后的R方。

(7)F-statistic(F统计量):用于检验整体模型的显著性的统计量。在这里,F-statistic为332,p值远小于0.05,表明模型整体显著。

总体而言，该摘要信息提供了对线性回归模型性能的评估，包括每个参数的显著性、模型的拟合程度等。

14.2.4 广义最小二乘法

GLS是OLS的一种扩展形式，主要用于处理因变量方差不恒定或存在相关性的情况。在一般的OLS中，通常假设观察值之间是独立且具有恒定方差的，而GLS则允许处理更为一般的情形。

GLS的基本思想是通过加权最小化残差平方和，引入权重矩阵来处理异方差或相关性的问题。这样，GLS可以更灵活地适应不同观测之间的异方差或相关性结构。实现GLS的基本步骤如下。

（1）建立模型：假设观察到的数据可以通过一个线性模型进行描述。

$$y = X\beta + \varepsilon$$

（2）定义权重矩阵：引入一个权重矩阵 W，其反映了不同观测之间的异方差或相关性结构。通常，W 是一个协方差矩阵的逆矩阵。

（3）最小化加权残差平方和：定义加权残差 $e^* = W^{0.5}e$，其中 e 是残差向量，通过最小化加权残差平方和来估计模型参数；$W^{0.5}$ 是权重矩阵 W 的平方根。

（4）估计参数：通过处理上述优化问题，得到最佳的模型参数估计值。

GLS的具体实现可能涉及复杂的数学计算，在统计软件中通常有相应的函数可供使用。在R语言中，可以使用函数gls()实现GLS。函数gls()是nlme包中的一部分，专门用于拟合GLS模型。假设现在有一组考试成绩数据，其中不同科目的方差不同，实例14-3将使用GLS处理这种异方差结构。

实例14-3 使用 GLS 处理考试成绩的异方差结构（源码路径：codes\14\guang.R）

实例文件guang.R的具体实现代码如下：

```
# 安装并加载 nlme 包
install.packages("nlme")
library(nlme)

# 创建模拟数据
set.seed(123)
subjects <- c("Math", "English", "History", "Science")
num_students <- 100
scores <- data.frame(
  StudentID = 1:num_students,
  Math = rnorm(num_students, mean = 70, sd = 10),
  English = rnorm(num_students, mean = 65, sd = 15),
  History = rnorm(num_students, mean = 75, sd = 8),
  Science = rnorm(num_students, mean = 72, sd = 12)
)
```

```r
# 假设知道每个科目的方差
variances <- c(10^2, 15^2, 8^2, 12^2)

# 创建 varIdent 对象
var_ident <- varIdent(variances)

# 使用 GLS 并指定异方差结构
gls_model <- gls(Math ~ English + History + Science, data = scores,
  weights = var_ident)

# 查看 GLS 模型摘要
summary(gls_model)
```

上述代码的具体说明如下。

（1）安装并加载nlme包，该包提供了非线性混合效应模型以及GLS等统计工具。

（2）通过设置种子，生成一个包含4个科目（Math、English、History和Science）成绩的模拟数据集，每个科目有100名学生。成绩数据是通过在每个科目的平均值附近生成的正态分布随机数生成的，其中标准差用于表示不同科目成绩的方差。

（3）假设已知每个科目的方差，创建一个varIdent对象，该对象表示异方差的结构，即不同科目具有不同的方差。

（4）使用函数gls()拟合一个GLS模型，其中使用varIdent对象作为权重矩阵，以处理不同科目的异方差结构。通过summary(gls_model)查看GLS模型的摘要信息，包括系数估计、标准误差、t值、p值以及关于模型拟合和残差的统计信息等。

执行后会输出：

```
Generalized least squares fit by REML
  Model: Math ~ English + History + Science
  Data: scores
       AIC      BIC    logLik
  740.7651 753.5869 -365.3826


Coefficients:
              Value Std.Error  t-value p-value
(Intercept) 87.01581 11.426687  7.615139  0.0000
English     -0.02735  0.063645 -0.429660  0.6684
History     -0.15616  0.121489 -1.285395  0.2017
Science     -0.03515  0.074097 -0.474437  0.6363

 Correlation:
        (Intr) Englsh Histry
English -0.306
History -0.818 -0.033
```

```
Science -0.485 -0.045  0.046

Standardized residuals:
       Min         Q1         Med         Q3         Max
-2.56816877 -0.64152156 -0.09167572  0.60613689  2.52195310

Residual standard error: 9.171553
Degrees of freedom: 100 total; 96 residual
```

上面的输出结果可以评估模型的拟合程度、每个系数的显著性，以及自变量之间的相关性。在该实例中，截距项是显著的，而其他自变量对于Math成绩的影响则不显著。这些信息可以帮助我们进一步评估模型的质量。

14.2.5 主轴因子分析

主轴因子分析是一种用于探索性因子分析的统计方法，其旨在识别和解释观测变量之间的共性，即通过寻找潜在的不可观察的因子，来解释观测到的变量之间的方差-协方差结构。实现主轴因子分析的步骤如下。

（1）目标：主轴因子分析的主要目标是识别数据中的潜在因子，这些因子能够解释观测到的变量之间的共同方差。这有助于减少数据的维度，并揭示背后的潜在结构。

（2）选择主轴：主轴因子分析使用主轴法（Principal Axis Method）估计潜在因子。主轴法旨在最大化观测到的变量和潜在因子之间的共同方差。

（3）提取因子：主轴因子分析通过提取与观测到的变量共同方差相关的因子来减少数据的维度。这些因子通常会被排序，以便识别对解释方差贡献最大的因子。

（4）因子旋转：为了更好地解释因子，可以对提取的因子进行旋转，以使因子在变量上的载荷更简单，解释性更强，常见的因子旋转方法包括Varimax和Promax等。

（5）解释：最终的结果是解释提取的因子，确定每个因子对观测到的变量的解释程度。这有助于理解数据中的潜在结构和关系。

主轴因子分析通常在探索性阶段使用，以帮助研究者理解变量之间的关系，发现潜在的因子结构。在实际应用中，需要根据问题的背景和数据的特点选择适当的因子数和旋转方法。假设现在有一个包含多个游戏相关变量的数据集，其中包含关于玩家游戏喜好和游戏技能的调查数据。实例14-4将使用主轴因子分析探索这些游戏相关变量之间的潜在结构。

实例14-4 使用主轴因子分析探索游戏相关变量之间的潜在结构（源码路径：codes\14\you.R）

实例文件you.R的具体实现代码如下：

```
# 设置种子，以确保可复现性
set.seed(123)

# 创建模拟数据集
```

```r
num_players <- 200
game_data <- data.frame(
  PlayerID = 1:num_players,
  Hours_Played = rnorm(num_players, mean = 30, sd = 10),
  Skill_Level = rnorm(num_players, mean = 70, sd = 15),
  Enjoyment = rnorm(num_players, mean = 5, sd = 2),
  Competition = rnorm(num_players, mean = 3, sd = 1.5),
  Social_Interactions = rnorm(num_players, mean = 4, sd = 2)
)

# 安装并加载 psych 包（包含主轴因子分析函数）
install.packages("psych")
library(psych)

# 提取观测变量
observed_variables <- game_data[, 2:6]

# 进行主轴因子分析
factor_analysis_result <- fa(observed_variables, nfactors = 2,
  rotate = "varimax")

# 查看因子载荷
print(factor_analysis_result$loadings)
```

上述代码的具体说明如下。

（1）通过设置种子，即set.seed(123)，确保随机数的可复现性；创建一个包含游戏相关变量的模拟数据集，其中包括每个玩家的ID（PlayerID）、游戏时间（Hours_Played）、技能水平（Skill_Level）、游戏愉悦度（Enjoyment）、竞争程度（Competition）和社交互动度（Social_Interactions）。

（2）安装并加载psych包，该包包含主轴因子分析所需的函数；提取数据集中的观测变量，以备进行主轴因子分析。

（3）使用函数fa()进行主轴因子分析，通过设置nfactors=2，表示要提取2个因子，并指定Varimax旋转（rotate = "varimax"）来改善因子的解释性。

（4）输出主轴因子分析的结果，其中包含因子载荷矩阵，显示每个变量与提取的两个因子之间的关系。该结果有助于理解潜在因子的结构，以及哪些变量在这两个因子上具有较强的影响。

执行上述代码后会输出：

```
Loadings:
                    MR1    MR2
Hours_Played
Skill_Level                0.329
Enjoyment                 -0.102
Competition        0.998
Social_Interactions        0.341
```

```
                MR1   MR2
SS loadings    1.008 0.245
Proportion Var 0.202 0.049
Cumulative Var 0.202 0.251
```

对上述输出结果的具体说明如下。

（1）Loadings（因子载荷矩阵）。

①每一列对应一个因子（MR1和MR2）。

②每一行对应一个观测变量（Hours_Played、Skill_Level、Enjoyment、Competition、Social_Interactions）。

③数值表示每个变量与相应因子之间的关系，称为因子载荷。例如，Competition在MR1因子上的载荷为0.998，Social_Interactions在MR2因子上的载荷为0.341。

④常规解释：绝对值较大的载荷表示变量与该因子之间的关系较强。

（2）SS Loadings。

①表示每个因子解释的方差总和。

②MR1和MR2分别解释了1.008和0.245的方差。

（3）Proportion Var。

①表示每个因子解释的方差在总方差中的比例。

②MR1和MR2分别解释了总方差的20.2%和4.9%。

（4）Cumulative Var。

①表示方差的累积比例。

②MR1和MR2累积解释了总方差的25.1%。

在解释这些结果时可以关注因子载荷，尤其是那些绝对值较大的载荷，以确定变量与因子之间的强弱关系。此外，可以使用方差解释的统计信息评估提取的因子对总体方差的贡献程度。

14.2.6 因子旋转

因子旋转是因子分析中的一项技术，旨在使潜在因子更容易解释和理解。在因子分析过程中，初步提取的因子可能在变量上有一定的混淆，因子载荷不够清晰或解释性不强。因此，通过因子旋转可以调整因子载荷矩阵，使得因子更易于解释。

在因子旋转中，常见的一种旋转方法是Varimax旋转。Varimax旋转旨在最大化因子载荷矩阵的方差，使得每个因子上只有少数变量具有较大的载荷，而其他变量的载荷趋于零。这样做的目的是产生更为简单和解释性更强的因子结构，使得每个因子更加清晰地对应一组相关的变量。

在现实应用中，常见的因子旋转方法如下。

（1）Promax旋转：适用于存在因子相关性的情况，相比于Varimax旋转更加灵活。

（2）Orthogonal（正交）旋转：旋转后因子仍然保持正交，主要包括Varimax旋转。

（3）Oblique（斜交）旋转：允许因子在旋转后保持一定程度的相关性，如Promax旋转。

因子旋转的目标是提高因子结构的解释性，使得每个因子更清晰地代表一组相关的变量，从而更好地解释潜在的数据结构。研究者具体选择使用何种旋转方法，通常依赖于研究的问题、数据特点以及研究者的偏好。接下来以一个虚构的实例来演示使用Promax旋转、Orthogonal旋转和Oblique旋转的过程。假设现在有一个包含观测变量的数据集，其中包含学生的学术成绩、心理健康以及社交活跃性得分。实例14-5将使用这些数据进行因子分析，并尝试使用不同的旋转方法实现。

实例14-5 使用因子旋转方法探索学生数据信息（源码路径：codes\14\xuan.R）

实例文件xuan.R的具体实现代码如下：

```r
set.seed(123)              # 设置种子，以确保可复现性

# 创建模拟数据集
num_students <- 200
academic_scores <- rnorm(num_students, mean = 70, sd = 10)
mental_health_scores <- rnorm(num_students, mean = 50, sd = 15)
social_activity_scores <- rnorm(num_students, mean = 60, sd = 12)

# 构建数据框
student_data <- data.frame(
  Academic_Scores = academic_scores,
  Mental_Health_Scores = mental_health_scores,
  Social_Activity_Scores = social_activity_scores
)

# 安装并加载 psych 包（包含因子分析函数）
install.packages("psych")
library(psych)

# 提取观测变量
observed_variables <- student_data

library(GPArotation)
promax_result <- fa(observed_variables, nfactors = 2, rotate = "promax")

# 进行因子分析并使用 Orthogonal 旋转
orthogonal_result <- fa(observed_variables, nfactors = 3, rotate = "varimax")

# 进行因子分析并使用 Oblique 旋转
oblique_result <- fa(observed_variables, nfactors = 3, rotate = "oblimin")

# 输出 Promax 旋转结果摘要
summary(promax_result)
```

```
# 输出 Orthogonal 旋转结果摘要
summary(orthogonal_result)
# 输出 Oblique 旋转结果摘要
summary(oblique_result)
```

上述代码的具体说明如下。

（1）通过设置种子，即set.seed(123)，确保随机数的可复现性。

（2）创建一个包含学术成绩、心理健康和社交活跃性得分的模拟数据集（student_data），该数据集包含200名学生的观测变量。

（3）安装并加载psych包和GPArotation包，其中psych包包含因子分析函数，GPArotation包包含用于旋转的方法。

（4）使用函数fa()进行因子分析。首先使用Promax旋转提取2个因子，然后使用Orthogonal（Varimax）旋转提取3个因子，最后使用Oblique（Oblimin）旋转提取3个因子。

（5）通过函数summary()分别输出Promax、Orthogonal（Varimax）、Oblique（Oblimin）旋转的因子分析结果摘要信息，包括因子载荷矩阵、解释性统计量等。这样可以帮助我们理解每种旋转方法下提取的因子结构和变量之间的关系。

14.2.7 因子得分估计

因子得分估计是因子分析中的一项重要任务，旨在为每个观测值（个体）估计其在潜在因子上的得分。这些估计的因子得分可以用来进一步分析、解释和比较个体在不同潜在因子上的表现。因子得分估计主要方法如下。

（1）最大后验估计法（Maximum Posteriori Estimation，MAP）：基于贝叶斯统计学的方法，通过将先验信息与观测数据结合，估计潜在因子得分。

（2）回归法（Regression Method）：将观测变量与潜在因子之间建立回归方程，通过回归系数得到因子得分的估计值。

（3）Bartlett方法：使用观测变量和因子载荷之间的关系，通过OLS估计潜在因子得分。

（4）Anderson-Rubin方法：结合观测变量和因子载荷之间的关系，通过MLE估计潜在因子得分。

（5）直接标准化方法（Direct Standardization）：基于潜在因子的均值和标准差，将因子得分标准化为具有特定均值和标准差的得分。

在R语言中，实现因子得分估计通常需要使用因子分析的结果对象以及合适的函数或包。具体来说，R语言实现因子得分估计的一般步骤如下。

（1）进行因子分析：使用合适的R语言包，如psych、factorAnalyzer、sem等，来进行因子分析。在因子分析中，需要选择适当的因子数量、旋转方法等。

```
# 使用 psych 包进行因子分析
library(psych)
factor_analysis_result <- fa(data, nfactors = 2, rotate = "varimax")
```

（2）选择因子得分估计方法：R语言提供了不同的方法来估计因子得分，如回归法、Bartlett方法、直接标准化方法等。使用函数factor.scores()进行因子得分估计。

```
# 使用回归法估计因子得分
factor_scores_regression <- factor.scores(f = data, fa.object = factor_
    analysis_result, method = "regression")
```

其中，参数f是原始数据矩阵，参数fa.object是进行因子分析的结果对象，参数method指定了所采用的估计方法。

（3）查看估计得到的因子得分：输出或查看得到的因子得分结果。

```
print(factor_scores_regression)
```

> **注意**
> 上述步骤仅仅是一个简单的例子，在实际应用中可能涉及更多的参数和方法选择。值得注意的是，不同的因子得分估计方法可能适用于不同的情境，具体的选择需要考虑研究目的和数据的性质。在R语言中，有许多包和函数可以支持这些操作，应根据具体需求选择合适的工具。

14.3 因子分析的应用：心血管疾病风险因素分析系统

本节将介绍一个使用因子分析技术的实例。该实例旨在通过分析多个因素之间的相关性，深入了解与心血管疾病相关的可能风险因素。该实例使用来自南非西开普省一个心血管疾病高风险地区的回顾性男性样本数据，以探索与心脏疾病相关的因素，如血压、肥胖、年龄等。通过数据探索、可视化和统计分析，本实例旨在提供对这些因素之间关系的深刻理解，为预防心血管疾病提供有益信息。

 实例14-6 心血管疾病风险因素分析系统（源码路径：codes\14\feng.R）

14.3.1 设置环境

准备本实例需要用到的包，即常用的数据科学和统计分析相关的包，具体实现代码如下：

```
library(tidyverse)
library(pid)
library(skimr)
library(agricolae)
library(GGally)
library(stats)
```

对上述包的具体说明如下。

（1）tidyverse：包含多个R语言包的集合，旨在提供一致且易于使用的数据处理和可视化工具。tidyverse包含ggplot2包、dplyr包、tidyr包、readr包等。

（2）pid：进行Proportional Integral Derivative（比例积分微分，PID）控制器的设计和分析，通常在控制工程中用于系统控制。

（3）skimr：提供了一些用于数据摘要和EDA的工具，可用于查看数据集的摘要统计信息。

（4）agricolae：提供了在农学和统计学中使用的一些统计方法，包括方差分析等。

（5）GGally：基于ggplot2包的扩展，用于生成一些复杂的图形，如散点图矩阵、核密度图矩阵等。

（6）stats：R语言的基本统计学包，提供了一系列基础的统计方法和函数。

可以使用以下命令安装上述的包：

```
install.packages(c("tidyverse", "pid", "skimr", "agricolae", "GGally", "stats"))
```

14.3.2 数据准备和探索

（1）本实例使用的数据集文件是cardiovascular.txt，即来自南非西开普省一个心血管疾病高风险地区的回顾性男性样本。完整的数据集可以在《南非医学杂志》中找到，是Rousseauw等人在1983年发表的。数据集文件cardiovascular.txt中的部分内容如下：

```
ind;sbp;tobacco;ldl;adiposity;famhist;typea;obesity;alcohol;age;chd
1;160;12.00;5.73;23.11;Present;49;25.30;97.20;52;1
2;144;0.01;4.41;28.61;Absent;55;28.87;2.06;63;1
3;118;0.08;3.48;32.28;Present;52;29.14;3.81;46;0
4;170;7.50;6.41;38.03;Present;51;31.99;24.26;58;1
5;134;13.60;3.50;27.78;Present;60;25.99;57.34;49;1
6;132;6.20;6.47;36.21;Present;62;30.77;14.14;45;0
7;142;4.05;3.38;16.20;Absent;59;20.81;2.62;38;0
8;114;4.08;4.59;14.60;Present;62;23.11;6.72;58;1
9;114;0.00;3.83;19.40;Present;49;24.86;2.49;29;0
10;132;0.00;5.80;30.96;Present;69;30.11;0.00;53;1
...
```

cardiovascular.txt是一个以分号作为分隔符的文本文件，包含有关心血管疾病的一些观测数据，各个字段的具体说明如下。

① ind：观测指标（可能是个体的唯一标识）。

② sbp：收缩压（Systolic Blood Pressure）。

③ tobacco：吸烟量。

④ ldl：低密度脂蛋白（Low-Density Lipoprotein）水平。

⑤ adiposity：肥胖度。

⑥famhist：家族病史。
⑦typea：A型行为（Type-A Behavior）。
⑧obesity：肥胖。
⑨alcohol：酒精摄入。
⑩age：年龄。
⑪chd：冠心病（Coronary Heart Disease）发病情况（1表示患病，0表示未患病）。

数据集文件cardiovascular.txt中的每一行数据代表一个观测数据点，给出了相应的特征值和目标变量。这种数据格式通常用于数据分析和机器学习任务。

（2）使用函数read.delim()，从名为cardiovascular.txt的文本文件中读取数据，并使用分号(;)作为分隔符。将读取后的数据存储在名为cvd_data的数据框中。

```
cvd_data <- read.delim('cardiovascular.txt', sep=";")
```

（3）使用函数str()查看数据框结构，该函数返回数据框的结构摘要。具体而言，该结构摘要显示数据框中每个变量的类型以及前几个观测的值，从而帮助了解数据的组织和格式。

```
str(cvd_data)
```

执行上述代码后会输出：

```
'data.frame':   462 obs. of  11 variables:
 $ ind      : int  1 2 3 4 5 6 7 8 9 10 …
 $ sbp      : int  160 144 118 170 134 132 142 114 114 132 …
 $ tobacco  : num  12 0.01 0.08 7.5 13.6 6.2 4.05 4.08 0 0 …
 $ ldl      : num  5.73 4.41 3.48 6.41 3.5 6.47 3.38 4.59 3.83 5.8 …
 $ adiposity: num  23.1 28.6 32.3 38 27.8 …
 $ famhist  : chr  "Present" "Absent" "Present" "Present" …
 $ typea    : int  49 55 52 51 60 62 59 62 49 69 …
 $ obesity  : num  25.3 28.9 29.1 32 26 …
 $ alcohol  : num  97.2 2.06 3.81 24.26 57.34 …
 $ age      : int  52 63 46 58 49 45 38 58 29 53 …
 $ chd      : int  1 1 0 1 1 0 0 1 0 1 …
```

根据上述输出结果可知，数据框cvd_data共有462个观测行和11个变量列。该信息提供了每个变量的数据类型以及其一些基本统计信息，这对于数据分析和建模的初步了解是很有帮助的。

（4）验证该数据集的清洁度，提取数据集的摘要信息，并检查是否存在缺失值。另外，还可以识别变量（如famhist或chd）中是否有需要特定输入的错误值。如下代码可以生成数据集的摘要信息，显示缺失值的数量以及在分析之前需要清理的其他内容。

```
skim_without_charts(cvd_data)
```

执行上述代码后会输出：

第14章 因子分析

```
── Data Summary ──
                          Values
Name                      cvd_data
Number of rows            462
Number of columns         11
_____
Column type frequency:
  character               1
  numeric                 10
_____
Group variables           None

── Variable type: character ──
   skim_variable n_missing complete_rate min max empty n_unique whitespace
1  famhist               0             1   6   7     0        2          0

── Variable type: numeric ──
    skim_variable n_missing complete_rate  mean    sd    p0     p25
         p50       p75           p100
1            ind         0             1  232.  134.    1     116.
         232.      348.           463
2            sbp         0             1  138.   20.5 101     124
         134       148            218
3        tobacco         0             1  3.64   4.59   0     0.0525
         2         5.5           31.2
4            ldl         0             1  4.74   2.07  0.98   3.28
         4.34      5.79          15.3
5      adiposity         0             1  25.4   7.78  6.74   19.8
         26.1      31.2          42.5
6          typea         0             1  53.1   9.82  13     47
         53        60            78
7        obesity         0             1  26.0   4.21 14.7    23.0
         25.8      28.5          46.6
8        alcohol         0             1  17.0  24.5    0     0.51
         7.51     23.9           147.
9            age         0             1  42.8  14.6   15     31
         45        55            64
10           chd         0             1  0.346 0.476   0     0
         0         1              1
```

通过上述输出结果可知，在数据集中共有462行和11列。该摘要信息提供了对数据集中每个变量的基本统计信息，包括平均值、标准差、最小值、最大值、缺失值数量等。这些信息有助于识别数据集中的一些特征和潜在问题，从而为进一步的数据分析和建模奠定基础。

（5）修改 chd 的数据类型，因为其被编码为0和1。尽管数据集 cardiovascular.txt 没有明确说明这些数字的含义，但对于当前实例来说，可以假定：

① 0 = 无冠心病（without chd）。

② 1 = 有冠心病（with chd）。

首先，通过 cvd_data$chd <- as.character(cvd_data$chd)将 chd 列的数据类型更改为字符型。这有助于更好地反映 chd 的含义，因为其代表两种不同的状态（有冠心病和无冠心病），而不仅仅是数值。然后，通过函数 str(cvd_data) 检查数据框的结构，确保 chd 列当前是字符型数据。这可以通过检查输出中 chd 的类型是否为 chr 来确认。

```
cvd_data$chd <- as.character(cvd_data$chd)
str(cvd_data)
```

执行上述代码后会输出：

```
'data.frame':   462 obs. of  11 variables:
 $ ind       : int  1 2 3 4 5 6 7 8 9 10 ...
 $ sbp       : int  160 144 118 170 134 132 142 114 114 132 ...
 $ tobacco   : num  12 0.01 0.08 7.5 13.6 6.2 4.05 4.08 0 0 ...
 $ ldl       : num  5.73 4.41 3.48 6.41 3.5 6.47 3.38 4.59 3.83 5.8 ...
 $ adiposity : num  23.1 28.6 32.3 38 27.8 ...
 $ famhist   : chr  "Present" "Absent" "Present" "Present" ...
 $ typea     : int  49 55 52 51 60 62 59 62 49 69 ...
 $ obesity   : num  25.3 28.9 29.1 32 26 ...
 $ alcohol   : num  97.2 2.06 3.81 24.26 57.34 ...
 $ age       : int  52 63 46 58 49 45 38 58 29 53 ...
 $ chd       : chr  "1" "1" "0" "1" ...
```

14.3.3 相关性分析

现在已经检查了数据的完整性、正确性和数据类型（来自之前的数据摘要），接下来继续进行数据探索，实现相关性分析功能。我们可以快速查看这些变量与心血管疾病之间的相关系数的概览，并从中识别出一些有趣的信息。

（1）使用GGally包中的函数ggpairs()生成变量之间相关系数的可视化图，具体实现代码如下：

```
ggpairs(cvd_data,
        column = c(2:5,7:10),                    # 仅保留数值变量
        title = "Correlation Coefficients of Factors Relating to Cardiovascular Disease", # 添加视觉效果的标题
        )
```

对上述代码的具体说明如下：

① 使用函数 ggpairs() 将 cvd_data 数据集中的指定列（2～5列和7～10列，即数值变量）之间的相关系数绘制为散点图和直方图。

② column = c(2:5, 7:10)指定要包括在图形中的列，这里选择了数值型变量。

③title用于添加可视化图的标题。

执行上述代码后绘制了一个可视化图，如图14-1所示。图14-1提供了一个关于变量之间相关性的视觉概览，有助于识别可能存在的关联或趋势。

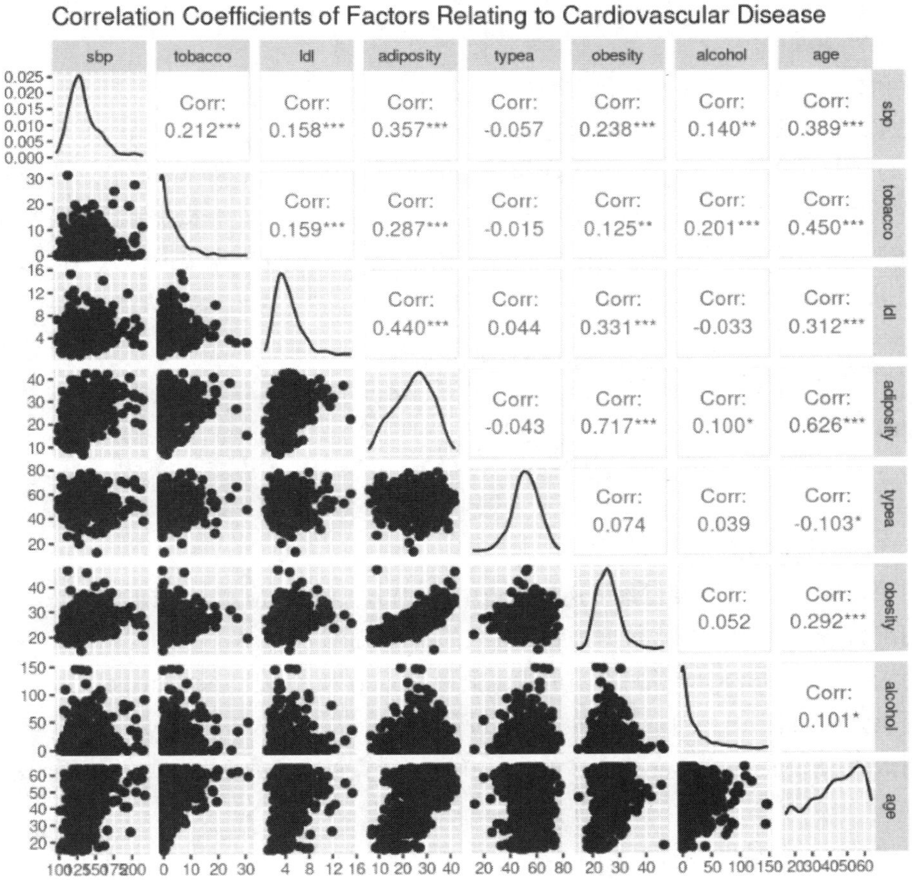

Correlation Coefficients of Factors Relating to Cardiovascular Disease

	sbp	tobacco	ldl	adiposity	typea	obesity	alcohol	age
sbp		Corr: 0.212***	Corr: 0.158***	Corr: 0.357***	Corr: -0.057	Corr: 0.238***	Corr: 0.140**	Corr: 0.389***
tobacco			Corr: 0.159***	Corr: 0.287***	Corr: -0.015	Corr: 0.125**	Corr: 0.201***	Corr: 0.450***
ldl				Corr: 0.440***	Corr: 0.044	Corr: 0.331***	Corr: -0.033	Corr: 0.312***
adiposity					Corr: -0.043	Corr: 0.717***	Corr: 0.100*	Corr: 0.626***
typea						Corr: 0.074	Corr: 0.039	Corr: -0.103*
obesity							Corr: 0.052	Corr: 0.292***
alcohol								Corr: 0.101*

图14-1 变量之间相关性可视化图

从上图中可以看到每个因素的相关系数。相关系数的值表示相关性的强度，各个定义区间的具体说明如下。

①0.1：无相关性。

②0.3：弱相关性。

③0.5：中等相关性。

④0.5~1.0：强相关性。

从相关系数的额外信息中可以得出的强相关因素如下。

①肥胖度和肥胖（0.717）。

②肥胖度和年龄（0.626）。

从相关系数的额外信息中可以得出的中等相关因素如下。

①肥胖度和收缩压（SBP）。
②肥胖度和低密度脂蛋白（LDL）。
③肥胖度和LDL。
④年龄和SBP。
⑤年龄和吸烟量。
⑥年龄和LDL。

需要注意的是，此可用数据仅为整个数据的子集。

（2）从与强相关性的因素开始，下面更深入地研究每个因素。肥胖度和肥胖这两个变量提供了最高的相关系数，即0.717。对其进行进一步分析，区分患有冠心病和未患有冠心病的人。基于这一点对它们进行分组和进一步评估，在下面的代码中，对cvd_data数据集进行分组汇总，计算每个chd取值（0和1）的观测数量和百分比。

```
cvd_data %>%
    group_by(chd) %>%
    summarize(count = n(),
              percentage = round(n()/462*100,3)
              )
```

对上述代码的具体说明如下。
①使用"%>%"运算符将数据集传递到管道中，使得后续操作应用于数据集。
②使用函数 group_by(chd) 将数据按照 chd 列的不同取值进行分组。
③使用函数 summarize() 计算每个组的观测数量 (count) 和百分比 (percentage)。
④使用函数 count = n() 统计每个组的观测数量。
⑤使用函数 percentage = round(n() / 462 * 100, 3) 计算每个组的百分比，并使用函数round()保留3位小数。

执行上述代码后会输出：

```
#A tibble: 2 × 3
  chd   count percentage
  <chr> <int>      <dbl>
1 0       302       65.4
2 1       160       34.6
```

这样得到一个包含两行内容的数据框，其中包括两个不同的 chd 取值（0和1）的观测数量和百分比。通过上述输出结果可知，大约有65%的人口没有患冠心病。

（3）肥胖度和肥胖与冠心病的相关性分析。如下代码对 cvd_data 数据集进行了分组汇总，计算不同冠心病患病状态下肥胖度和肥胖的均值和标准差。

```
cvd_data %>%
    group_by(chd) %>%
    summarize(mean_adposity = mean(adiposity),
```

```
              sd_adiposity = sd(adiposity),
              mean_obesity = mean(obesity),
              sd_obesity = sd(obesity)
              )
```

对上述代码的具体说明如下。

①使用"%>%"运算符将数据集传递到管道中，使得后续操作应用于数据集。

②使用函数 group_by(chd) 将数据按照 chd 列的不同取值进行分组。

③使用函数 summarize() 计算每个组中肥胖度和肥胖的均值和标准差。

④使用 mean_adposity = mean(adiposity) 计算肥胖度的均值。

⑤使用 sd_adiposity = sd(adiposity) 计算肥胖度的标准差。

⑥使用 mean_obesity = mean(obesity) 计算肥胖的均值。

⑦使用 sd_obesity = sd(obesity) 计算肥胖的标准差。

执行上述代码后会输出：

```
A tibble: 2 × 3
   chd    count   percentage
  <chr>   <int>      <dbl>
    0      302       65.368
    1      160       34.632
```

这样得到一个包含两行内容的数据框，其中包括不同冠心病患病状态下肥胖度和肥胖的均值和标准差。这有助于了解这两个变量在患有冠心病和未患有冠心病群体之间的差异。从结果中可知，大约有 65% 的人口未患有冠心病。

（4）肥胖度和肥胖与冠心病的相关性分析。通过如下代码对数据进行汇总，并获取肥胖度和肥胖的均值和标准差。

```
   group_by(chd) %>%
   summarize(mean_adposity = mean(adiposity),
             sd_adiposity = sd(adiposity),
             mean_obesity = mean(obesity),
             sd_obesity = sd(obesity)
             )
```

在上述代码中，根据冠心病患病状态对 cvd_data 数据集进行分组，并计算肥胖度和肥胖的均值和标准差。使用函数 summarize() 计算每个组中肥胖度和肥胖的均值和标准差。

①使用 mean_adposity = mean(adiposity) 计算肥胖度的均值。

②使用 sd_adiposity = sd(adiposity) 计算肥胖度的标准差。

③使用 mean_obesity = mean(obesity) 计算肥胖的均值。

④使用 sd_obesity = sd(obesity) 计算肥胖的标准差。

执行上述代码后会输出：

```
A tibble: 2 × 5
  chd   mean_adiposity  sd_adiposity  mean_obesity  sd_obesity
  <chr>          <dbl>         <dbl>         <dbl>       <dbl>
  0           23.96911      7.772876      25.73745    4.090741
  1           28.12025      7.057996      26.62294    4.391323
```

这样得到一个包含两行内容的数据框,其中包括不同冠心病患病状态下肥胖度和肥胖的均值和标准差。这有助于了解这两个变量在患有和未患有冠心病群体之间的差异。

现在的问题是,每个组的肥胖度和肥胖得分在统计上是否有显著差异?可以使用 t 检验检查是否 $\mu_1=\mu_2$。基于此,进行如下假设。

① Ho-adiposity=患有和未患有冠心病的人的肥胖度得分之间没有差异。

② Ho-obesity=患有和未患有冠心病的人的肥胖度得分之间存在差异。

③ Ha-adiposity=患有和未患有冠心病的人的肥胖得分之间没有差异。

④ Ha-obesity =患有和未患有冠心病的人的肥胖得分之间存在差异。

(5)编写如下代码,使用函数 filter() 和 t.test() 在患有冠心病和未患有冠心病的两组数据之间进行 t 检验。

```
# 通过过滤器创建患有冠心病和未患有冠心病的两个数据子集
chd_yes <- filter(cvd_data, chd == 1)
chd_no <- filter(cvd_data, chd == 0)

# 对肥胖度值进行 t 检验
t_test_adiposity <- t.test(chd_yes$adiposity, chd_no$adiposity, paired =
  FALSE, conf.level = 0.95)

# 对肥胖进行 t 检验
t_test_obesity <- t.test(chd_yes$obesity, chd_no$obesity, paired = FALSE,
  conf.level = 0.95)
```

对上述代码的具体说明如下。

① 使用函数 filter() 基于 chd 列的取值创建两个数据子集,分别是患有冠心病 (chd_yes) 和未患有冠心病 (chd_no) 的组。

② 使用函数 t.test() 执行两个 t 检验,分别针对肥胖度和肥胖的值。paired = FALSE 表示这是两个独立样本的 t 检验,conf.level = 0.95 表示设置置信水平为 95%。

通过上述代码,可以获得关于患有冠心病和未患有冠心病群体之间肥胖度和肥胖得分差异的统计显著性测试结果。

执行上述代码后会输出:

```
Welch Two Sample t-test

data:  chd_yes$adiposity and chd_no$adiposity
```

```
t = 5.8048, df = 352.17, p-value = 1.439e-08
alternative hypothesis: true difference in means is not equal to 0
95 percent confidence interval:
 2.744691 5.557597
sample estimates:
mean of x mean of y
 28.12025  23.96911
 Welch Two Sample t-test

data: chd_yes$obesity and chd_no$obesity
t = 2.1111, df = 304.78, p-value = 0.03558
alternative hypothesis: true difference in means is not equal to 0
95 percent confidence interval:
 0.06011186 1.71086248
sample estimates:
mean of x mean of y
 26.62294  25.73745
```

检验结果中的 p-value 将给出在给定置信水平下是否可以拒绝原假设。对上述输出结果中的信息的具体说明如下。

① Adiposity（肥胖度）：由于计算得到的 p 值小于 0.05，因此可以接受备择假设，即患有和未患有冠心病的人的肥胖度得分之间存在统计学差异。

② Obesity（肥胖）：由于计算得到的 p 值小于 0.05，因此可以接受备择假设，即患有和未患有冠心病的人的肥胖得分之间存在统计学差异。

基于该数据集，可以认为在比较患有和未患有冠心病的人的肥胖度和肥胖得分时存在统计学差异。接下来分析家族中是否有冠心病史与这两个因素的相关性。

（6）在如下代码中，使用函数 filter() 和函数 ggplot()，根据家族中是否有冠心病史创建两个子集，并通过散点图可视化肥胖度和肥胖得分之间的关系。

```
# 根据 famhist 创建子集
famhist_yes <- filter(cvd_data, famhist == "Present")
famhist_no <- filter(cvd_data, famhist == "Absent")

# 汇总家族史和冠心病的关系
cvd_data %>%
  group_by(famhist, chd) %>%
  summarize(count = n(), percentage = round(count / 462 * 100, 3))

# 创建散点图
cvd_data %>%
  ggplot(aes(y = obesity, x = adiposity, color = chd)) +
  geom_point() +
  geom_smooth(formula = y ~ x, method = 'lm', se = FALSE) +
  labs(title = "") +
```

```
facet_wrap(~famhist)
```

对上述代码的具体说明如下。

①使用函数filter()基于famhist列的取值创建两个数据子集，分别是家族中有冠心病史（famhist_yes）和没有冠心病史（famhist_no）的组。

②使用group_by和summarize汇总家族史和冠心病的关系，包括观测数量和百分比。

执行上述代码后会输出：

```
A grouped_df: 4 × 4
famhist    chd      count    percentage
<chr>      <chr>    <int>    <dbl>
Absent     0        206      44.589
Absent     1        64       13.853
Present    0        96       20.779
Present    1        96       20.779
```

③使用函数ggplot()创建一个散点图，如图14-2所示，其中x轴是肥胖度，y轴是肥胖，颜色表示冠心病患病状态，通过facet_wrap(~famhist)根据家族史进行分面显示。该散点图将可视化不同家族史的个体之间肥胖度和肥胖得分的关系，以及这些因素与冠心病的关系。

从图中可以看出，家族史对肥胖度和肥胖的影响不太明确。为了进一步验证这一点，对数据进行 t 检验。

①Ho-adiposity=在具有和没有冠心病家族史的人群中，肥胖度得分没有差异。

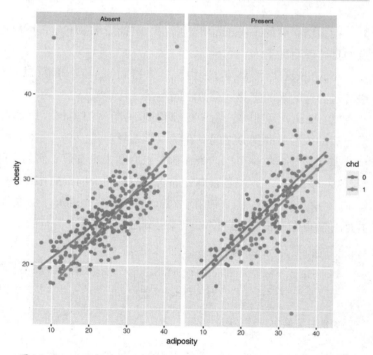

图14-2 不同家族史的个体之间肥胖度和肥胖得分的关系散点图

②Ha-adiposity= 在具有和没有冠心病家族史的人群中，肥胖度得分存在差异。

在如下代码中，进行了一个 t 检验，用于比较具有和没有冠心病家族史的人群中肥胖度得分的差异。其中，paired = FALSE 表示这是两个独立样本的 t 检验，conf.level = 0.95 表示设置置信水平为95%。

```
# 进行 t 检验，比较具有和没有冠心病家族史的人群中肥胖度得分的差异
```

```
t_test_adiposity_famhist <- t.test(famhist_yes$adiposity,
  famhist_no$adiposity, paired = FALSE, conf.level = 0.95)
```

（7）使用dplyr包和函数t.test()进行具有和没有冠心病家族史的两组人群之间肥胖度得分的统计显著性测试，具体实现代码如下：

```
# 汇总具有和没有冠心病家族史的人群的统计信息
cvd_data %>%
  group_by(famhist) %>%
  summarize(
    count = n(),
    ave_adiposity = mean(adiposity),
    sd_adiposity = sd(adiposity)
  )

# 对肥胖度得分进行 t 检验
t_test_adiposity_famhist <- t.test(famhist_yes$adiposity, famhist_no$adiposity)
```

对上述代码的具体说明如下。

①使用函数 group_by() 和 summarize() 汇总具有和没有冠心病家族史的两组人群的统计信息，包括观测数量、肥胖度均值和标准差。

②使用函数t.test()进行了 t 检验，比较具有和没有冠心病家族史的两组人群肥胖度得分的差异。通过上述代码，可以获得关于冠心病家族史对肥胖度得分影响的统计显著性测试结果。

执行上述代码后会输出：

```
A tibble: 2 × 4
famhist  count  ave_adiposity  sd_adiposity
<chr>    <int>  <dbl>          <dbl>
Absent   270    24.21570       7.885718
Present  192    27.08161       7.328974
 Welch Two Sample t-test

data:  famhist_yes$adiposity and famhist_no$adiposity
t = 4.0128, df = 428.65, p-value = 7.081e-05
alternative hypothesis: true difference in means is not equal to 0
95 percent confidence interval:
 1.462153 4.269669
sample estimates:
mean of x mean of y
 27.08161  24.21570
```

以上统计检验输出结果表明在家族中有冠心病史可能会影响肥胖度水平。下面对肥胖和家族史进行测试。

①Ho-obesity=具有和没有冠心病家族史的人群之间肥胖得分没有差异。

② Ha-obesity=具有和没有冠心病家族史的人群之间肥胖得分存在差异。

（8）使用dplyr包和函数t.test()进行具有和没有冠心病家族史的两组人群肥胖得分的统计显著性测试，具体实现代码如下：

```r
# 汇总具有和没有冠心病家族史的人群的统计信息
cvd_data %>%
  group_by(famhist) %>%
  summarize(
    count = n(),
    ave_obesity = mean(obesity),
    sd_obesity = sd(obesity)
  )

# 对肥胖得分进行 t 检验
t_test_obesity_famhist <- t.test(famhist_yes$obesity, famhist_no$obesity)
```

对上述代码的具体说明如下。

① 使用函数 group_by() 和 summarize() 汇总具有和没有冠心病家族史的两组人群的统计信息，包括观测数量、肥胖均值和标准差。

② 使用函数 t.test() 进行了 t 检验，比较具有和没有冠心病家族史的两组人群肥胖得分的差异。

通过上述代码，可以获得关于冠心病家族史对肥胖得分影响的统计显著性测试结果。

执行上述代码后会输出：

```
A tibble: 2 x 4
 famhist  count  ave_obesity   sd_obesity
 <chr>    <int>  <dbl>         <dbl>
 Absent   270    25.63381       4.207275
 Present  192    26.62109       4.165502
 Welch Two Sample t-test

data:  famhist_yes$obesity and famhist_no$obesity
t = 2.5002, df = 413.95, p-value = 0.0128
alternative hypothesis: true difference in means is not equal to 0
95 percent confidence interval:
 0.211055 1.763503
sample estimates:
mean of x mean of y
 26.62109  25.63381
```

由以上输出结果可知，对于具有和没有冠心病家族史的人群，计算得到的 p 值小于 0.05，这表明这两组之间存在统计学差异。

（9）年龄分析。查看患有和未患有冠心病人群的年龄分布，使用函数 ggplot() 生成受访者年龄分布的直方图，具体实现代码如下：

```
# 生成受访者年龄分布的直方图
cvd_data %>%
  ggplot(aes(age, fill = chd)) +
  geom_histogram(binwidth = 3) +
  labs(
    title = "Histogram of the Age of respondents",
    caption = "0 - without chd; 1 - with chd"
  )
```

对上述代码的具体说明如下。

① 使用函数 ggplot() 创建一个直方图，其中 x 轴是年龄，y 轴是频率，颜色表示是否患有冠心病。

② 使用 binwidth = 3 设置直方图的箱宽。

③ 使用函数 labs() 为可视化图添加标题和说明。

执行上述代码后将绘制一个直方图，如图 14-3 所示。该直方图展示了患有和未患有冠心病的人群年龄分布的差异。从该可视图中可以清晰地看到一个总体趋势，即随着人群年龄的增长，冠心病的发生率也在增加。

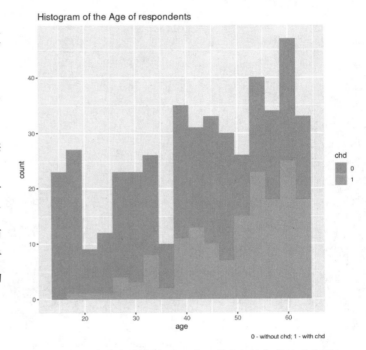

图 14-3　患有和未患有冠心病人群的年龄分布的直方图

14.3.4 总结

基于前面进行的数据统计分析，可以对当前实例进行概括。

（1）肥胖度和肥胖之间存在强烈的相关性。

（2）具有和没有冠心病的人群之间的肥胖度和肥胖水平在统计上存在差异。

（3）年龄和肥胖度之间存在强烈的相关性。

（4）家族中有冠心病史可能会影响肥胖度和肥胖水平。

（5）随着人群年龄的增长，冠心病的发生率也在增加。

第 15 章

基于机器学习的患者再入院预测分析系统

第15章 基于机器学习的患者再入院预测分析系统

再入院预测分析系统是一种基于数据和机器学习技术的系统,用于预测患者在出院后是否会再次入院。该系统利用患者的历史临床数据和其他相关特征,如年龄、性别、诊断信息、用药记录等,通过建立预测模型来评估患者再次入院的风险。本章将详细讲解如何使用R语言开发一个再入院预测分析系统的知识,并展示R语言在商业项目中的功能和作用。

15.1 背景简介

再入院是指患者在出院后的一段时间内需要再次住院接受治疗或护理的情况。再入院不仅给患者本身带来身体和心理负担,而且也对医疗资源和费用造成了压力。再入院的原因可能包括疾病复发、并发症、不良的康复过程、药物管理问题等。因此,准确预测患者再入院的风险对于提供个性化的护理和管理医疗资源至关重要。传统上,再入院的预测主要依赖于医生的临床经验和直觉。然而,这种主观判断不仅容易受到医生个体差异和主观偏见的影响,而且无法充分利用大量的患者数据。随着医疗信息技术和大数据分析的发展,再入院预测分析系统应运而生。患者再入院预测分析系统不仅可以为医疗机构提供有针对性的预防措施,减少患者的不必要再入院,改善患者的医疗体验和结果,而且可以降低医疗成本。

再入院预测分析系统利用机器学习和统计模型,通过分析大规模的患者数据,包括临床指标、诊断信息、治疗记录等,来建立预测模型。预测模型可以根据患者的个人特征和临床情况,评估其再入院的风险。通过对患者再入院的风险进行评估,医生和护士可以采取相应的干预措施,如提供更密切的随访、定期复诊、调整治疗方案等,以降低再入院的概率。

再入院预测分析系统的多方面应用如下。

(1)提供预警和风险评估:对患者进行实时监测,及时发现高风险的患者,并提供预警和风险评估,帮助医生采取适当的干预措施。

(2)个性化护理计划:根据每个患者的特征和预测结果,为其制订个性化的护理计划,包括药物管理、康复计划等,以降低再入院的风险。

(3)资源管理和规划:通过分析再入院预测结果,医疗机构可以更好地管理资源和规划护理服务,提高医疗资源的利用效率和对患者的护理质量。

15.2 需求分析

(1)数据需求:不仅需要明确收集哪些数据以进行再入院预测分析,包括患者的临床数据、诊断信息、治疗记录、用药情况等,而且需要确定数据的来源、格式和存储方式。

(2)功能需求:确定系统需要具备的功能,如数据预处理、特征选择、模型训练、预测结果展示等。这需要明确每个功能的具体要求和操作流程。

(3)预测准确性需求:明确对再入院预测的准确性要求。这可以通过定义评估指标,如准确率、召回率、F1值等衡量系统的性能。

（4）实时性需求：确定系统对患者数据的处理和预测是否需要实时进行。有些场景可能需要实时监测患者的再入院风险，并及时提供干预措施。

（5）用户界面需求：确定系统的用户界面设计要求，包括易用性、可视化展示、交互性等，确保系统能够提供直观且友好的界面。

（6）数据安全和隐私需求：考虑患者数据的隐私和安全保护要求，确保系统符合相关法律、法规和标准。

（7）可扩展性需求：考虑系统的可扩展性，能够适应不同规模的数据和用户量，确保系统能够处理大量的患者数据和高并发的请求。

（8）集成需求：确定系统是否需要与其他医疗信息系统或数据库进行集成，以获取更全面的数据，从而实现更多功能。

（9）维护和支持需求：考虑系统的维护和支持需求，包括软件更新、故障排除、技术支持等，以确保系统的稳定运行和持续改进。

通过对再入院预测分析系统的需求进行全面分析，可以明确系统的功能和性能要求，为系统的设计和开发提供指导，从而确保系统能够满足医疗机构和用户的需求。

15.3 系统分析

系统分析旨在确保再入院预测分析系统的可靠性、准确性和实用性。通过合理的数据处理和模型建立，再入院预测分析系统可以为医疗机构提供有价值的决策支持，提高对患者的护理质量和医疗资源的利用效率。再入院预测分析系统的系统分析主要涉及以下几个方面。

（1）数据收集和整合：系统需要获取并整合患者的相关数据，包括临床数据、诊断信息、医疗记录、药物使用情况等。这些数据可以来自医院的电子病历系统、实验室系统、药房系统等。数据收集的过程需要确保数据的准确性和完整性。

（2）数据预处理：在进行再入院预测之前，需要对数据进行预处理和清洗，包括处理缺失值、异常值和重复数据，进行特征选择和特征工程，以及对数据进行归一化或标准化等操作。预处理的目的是使数据适用于机器学习模型的训练和分析。

（3）特征选择和建模：系统需要根据预测目标（再入院）选择合适的特征，并建立相应的预测模型。常用的机器学习算法包括逻辑回归、决策树、朴素贝叶斯和随机森林等。特征选择和建模过程需要考虑模型的准确性、可解释性和效率等因素。

（4）模型训练和评估：使用训练数据对选定的机器学习模型进行训练，并使用测试数据进行模型评估。评估指标包括准确率、召回率、F1值等。通过不断优化模型参数和算法选择，提高再入院预测的准确性和稳定性。

（5）预测和干预措施：使用训练好的模型对新患者数据进行预测，评估其再入院的风险。再入院预测分析系统可以提供预警和风险评估结果，帮助医生和护士采取适当的干预措施，如调整治疗方案、加强随访、提供教育指导等，以降低再入院的概率。

（6）系统性能监测和改进：系统需要进行定期的性能监测和评估，以确保预测模型的稳定性和准确性。同时，根据实际应用中的反馈和数据更新，对系统进行改进和优化，提高再入院预测的效果和实用性。

15.4 系统简介

我们将基于R语言、机器学习和深度学习技术，采用加州大学尔湾分校的糖尿病患者数据集开发一个再入院预测分析系统。

15.4.1 系统功能简介

患有糖尿病的住院患者比未患有糖尿病的患者更容易再入院。因此，降低糖尿病患者的再入院率可以显著降低医疗成本。本研究的目标是预测糖尿病患者再入院的可能性。数据集来源于加州大学尔湾分校的机器学习和智能系统中心，包含超过100000个属性和50个特征，如手术次数、药物数量和住院时间等。在项目中使用Boruta算法选择特征并使用ROSE（Random Over-Sampling Examples，随机过采样示例）平衡数据后，将数据集分为训练集和测试集，并进行分层10折交叉验证分析；建立多种预测模型，如逻辑回归、决策树、朴素贝叶斯和随机森林等。

15.4.2 系统模块结构

基于机器学习的患者再入院预测分析系统模块结构如图15-1所示。

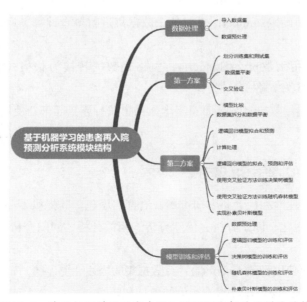

图15-1 基于机器学习的患者再入院预测分析系统模块结构

15.5 技术分析

基于机器学习的患者再入院预测分析系统功能比较强大，需要使用现实中主流的数据分析技术。本节将介绍该系统用到的主要开发技术。

15.5.1 dplyr：数据预处理

dplyr是一个用于数据处理和转换的强大框架，其提供了一组简洁、一致且高效的函数，用于对数据进行筛选、整理、变换和汇总。dplyr提供了一种直观、简洁的数据处理语法，使得数据操作更加易于理解和实现。dplyr在数据预处理、数据清洗、特征工程等环节都能发挥重要作用。dplyr的常用功能如下。

（1）数据筛选：使用函数filter()根据指定的条件筛选数据集中的观测行。例如，可以筛选满足特定条件的观测值。

（2）数据整理：使用函数select()选择数据集中的特定变量列；使用函数mutate()添加新的变量列或修改已有的变量列；使用函数rename()修改变量列的名称。

（3）数据排序：使用函数arrange()按照指定的变量列对数据集进行排序。

（4）数据分组和汇总：使用函数group_by()对数据集进行分组；使用函数summarize()计算每个组的汇总统计量，如平均值、总和、计数等。

（5）数据连接：使用函数join()将两个数据集根据指定的关键变量连接起来，可以进行内连接、左连接、右连接等。

（6）数据抽样：使用函数sample_n()随机抽取指定数量的观测行；使用函数sample_frac()随机抽取指定比例的观测行。

（7）数据聚合：使用函数summarize()对整个数据集进行聚合计算，返回一个包含统计摘要信息的新数据框。

（8）数据重塑：使用函数pivot_longer()将宽格式数据转换为长格式数据；使用函数pivot_wider()将长格式数据转换为宽格式数据。

（9）数据连接：使用函数bind_rows()将多个数据集按行连接起来；使用函数bind_cols()将多个数据集按列连接起来。

15.5.2 psych：心理学和社会科学研究

psych是一个用于心理学和社会科学研究的R语言扩展包，其提供了一系列函数和工具，用于数据统计分析、数据可视化、因子分析、信度分析、相关分析、回归分析等。psych包的常见功能如下。

（1）描述统计分析：使用函数describe()计算数据集的描述性统计量，如均值、标准差、最小值、最大值、中位数等。该函数还可以输出缺失值的数量和频率。

（2）相关分析：使用函数cor()计算数据集中各个变量之间的相关系数。通过设置参数，可以计算皮尔逊相关系数、斯皮尔曼等级相关系数、切比雪夫相关系数等。

（3）因子分析：使用函数fa()可以进行因子分析，用于发现潜在的变量结构或隐含因素。该函数可以计算因子载荷、共同性、特征值等，并提供因子旋转功能。

（4）信度分析：使用函数alpha()可以计算数据集中测量工具或问卷的信度。信度分析基于克伦巴赫α系数，可以评估测量工具的内部一致性。

（5）数据可视化：如函数pairs.panels()用于绘制多个变量之间的散点图矩阵，函数plot.histogram()用于绘制直方图，函数plot.density()用于绘制密度图等。

（6）回归分析：函数sim()可用于进行模拟分析；函数sim.regress()可用于模拟回归分析；函数relate()可用于计算变量之间的相关性等。

（7）数据处理和转换：函数drop.levels()可用于删除数据集中无效的水平；函数trans()可用于对数据进行线性或非线性变换；函数withinBetween()可用于计算组内和组间的差异等。

总之，psych包提供了一系列功能强大的函数和工具，可以进行心理学和社会科学研究中的数据分析和统计。psych包简化了数据分析过程，提供了丰富的统计方法和可视化选项，方便用户进行数据探索和结果解释。

15.5.3 ROSE：不平衡处理

ROSE是一个R语言扩展包，用于处理数据集中的类别不平衡问题。该包提供了一种基于随机过采样的方法，用于平衡数据集中不同类别之间的样本数量。ROSE包的主要功能如下。

（1）过采样方法：ROSE包提供了函数ROSE()，可以对数据集进行过采样操作。过采样是一种增加少数类样本数量的方法，通过复制和添加少数类样本来平衡数据集中的类别分布。

（2）过采样策略：ROSE包支持多种过采样策略，包括随机过采样、SMOTE过采样（合成少数类过采样技术）以及Borderline-SMOTE过采样。这些策略基于不同的算法和原理，可以根据具体情况选择合适的过采样方法。

（3）过采样评估：ROSE包提供了评估过采样效果的函数，如函数rose.diag()和函数rose.plot()。这些函数可以计算过采样前后的样本分布、类别比例，以及绘制过采样后的样本分布图。

（4）数据处理：ROSE包还提供了一些用于数据处理的函数，如函数one_hot()用于对分类变量进行独热编码，函数scale()用于对数值变量进行标准化处理，函数subset()用于子集选择等。

ROSE包的使用可以有效解决类别不平衡问题，特别适用于机器学习和数据挖掘任务中需要平衡数据集的情况。通过过采样操作，ROSE包可以增加少数类样本的数量，提高模型对少数类的学习能力，从而改善模型的性能和准确性。

15.5.4 caret 模型训练和评估

caret（classification and regression training）是一个R语言扩展包，其提供了统一的界面和工具，

用于训练和评估分类和回归模型。caret是一个功能强大的机器学习工具包，可以帮助用户完成模型选择、参数调优、特征选择等任务。具体来说，caret包主要包括如下功能。

（1）数据准备：提供了一系列函数用于数据的预处理和准备工作，如数据分割（函数createDataPartition()、函数createDataPartition2()）、数据缩放（函数preProcess()）、特征选择（函数rfe()、函数sbf()）等。

（2）模型训练：支持多种分类和回归模型，包括线性回归、逻辑回归、支持向量机、决策树、随机森林等。用户可以通过函数train()训练模型，该函数提供了简单且一致的接口，可以方便地选择不同的算法进行训练。

（3）模型评估：提供了一系列用于模型评估的函数，包括交叉验证（函数trainControl()、函数train()）、混淆矩阵（函数confusionMatrix()）、ROC曲线和AUC值的计算（函数roc()、函数auc()）等。这些函数可以帮助用户评估模型的性能，选择最佳的模型和参数。

（4）模型调优：提供了一些用于模型调优的函数，如函数gridSearch()、函数trainControl()等。用户可以通过这些函数搜索最佳的超参数组合，从而提高模型的性能和泛化能力。

（5）模型集成：支持模型集成方法，如随机森林、梯度提升机等。用户可以通过集成多个基模型提高模型的预测性能。

（6）可视化工具：提供了一些可视化工具，如函数plot()可以绘制模型训练的结果、ROC曲线等。这些工具有助于用户理解模型的性能和结果。

caret包的设计目标是简化机器学习流程，提供一个统一的接口和工具集，方便用户进行模型训练、评估和调优。caret包可以节省用户的时间和精力，使得机器学习任务更加高效和方便。

15.6 数据处理

本项目的程序文件是Predicting Hospital Readmission of Diabetic Patients.R，本节将详细讲解数据处理的具体实现过程。

15.6.1 导入数据集

使用函数library()加载需要的包，通过函数read.csv()读取CSV文件diabetic_data.csv中的数据集，对应代码如下：

```
library(dplyr)           # 加载 dplyr 包，用于数据处理和转换
library(skimr)           # 加载 skimr 包，用于数据摘要和概览
library(stringr)         # 加载 stringr 包，用于字符串处理
library(psych)           # 加载 psych 包，用于统计分析
library(ROSE)            # 加载 ROSE 包，用于处理不平衡数据
library(ggplot2)         # 加载 ggplot2 包，用于数据可视化
library(caret)           # 加载 caret 包，用于机器学习模型训练和评估
```

```
hospData <- read.csv("diabetic_data.csv")   # 读取名为 diabetic_data.csv 的
                                            # 数据文件，并将数据存储在 hospData
                                            # 变量中
skim(hospData)           # 对 hospData 数据进行摘要分析和概览
#summary(hospData)       # 使用函数 summary() 对 hospData 数据进行统计描述
```

对上述代码的具体说明如下。

（1）加载所需的R语言包，如dplyr、skimr、stringr、psych、ROSE、ggplot2和caret。

（2）使用函数read.csv()从名为diabetic_data.csv的文件中读取数据，并将其存储在变量hospData中。

（3）使用函数skim()对hospData数据进行摘要分析和概览。

执行上述代码后会输出：

```
── Data Summary ────────────
                           Values
Name                       hospData
Number of rows             101766
Number of columns          50

Column type frequency:
  factor                   37
  numeric                  13

Group variables            None

── Variable type: factor ───
  skim_variable    n_missing  complete_rate  ordered  n_unique
1 race                     0              1  FALSE           6
2 gender                   0              1  FALSE
...
23 No: 101458, Ste: 295, Up: 10, Dow: 3
24 No: 101728, Ste: 31, Dow: 5, Up: 2
25 No: 101763, Ste: 3
26 No: 101727, Ste: 38, Up: 1
27 No: 101766
28 No: 101766
29 No: 47383, Ste: 30849, Dow: 12218, Up: 11316
30 No: 101060, Ste: 692, Up: 8, Dow: 6
31 No: 101753, Ste: 13
32 No: 101765, Ste: 1
33 No: 101764, Ste: 2
34 No: 101765, Ste: 1
```

35 No: 54755, Ch: 47011
36 Yes: 78363, No: 23403
37 NO: 54864, >30: 35545, <30: 11357

──── Variable type: numeric ────────────────────────────────

	skim_variable	n_missing	complete_rate	mean	sd
1	encounter_id	0	1	165201646.	102640296.
2	patient_nbr	0	1	54330401.	38696359.
3	admission_type_id	0	1	2.02	1.45
4	discharge_disposition_id	0	1	3.72	5.28
5	admission_source_id	0	1	5.75	4.06
6	time_in_hospital	0	1	4.40	2.99
7	num_lab_procedures	0	1	43.1	19.7
8	num_procedures	0	1	1.34	1.71
9	num_medications	0	1	16.0	8.13
10	number_outpatient	0	1	0.369	1.27
11	number_emergency	0	1	0.198	0.930
12	number_inpatient	0	1	0.636	1.26
13	number_diagnoses	0	1	7.42	1.93

	p0	p25	p50	p75	p100	hist
1	12522	84961194	152388987	230270888.	443867222	▇▁▁▁▁
2	135	23413221	45505143	87545950.	189502619	▇▅▂▁▁
3	1	1	1	3	8	▇▁▁▁▁
4	1	1	1	4	28	▇▁▁▁▁
5	1	1	7	7	25	▇▁▁▁▁
6	1	2	4	6	14	▇▅▂▁▁
7	1	31	44	57	132	▅▇▃▁▁
8	0	0	1	2	6	▇▂▁▁▁
9	1	10	15	20	81	▇▃▁▁▁
10	0	0	0	0	42	▇▁▁▁▁
11	0	0	0	0	76	▇▁▁▁▁
12	0	0	0	1	21	▇▁▁▁▁
13	1	6	8	9	16	▁▂▇▂▁

15.6.2 数据预处理

数据预处理的一个主要功能是删除数据集中指定的列，同时支持使用负索引和-c函数（该函数用于将多个对象组合成一个向量，如数字、字符、向量等，其可以接收多个参数，并将这些参数合并为一个新的向量）的方式来删除多个列。

（1）将列Admission type、Discharge disposition和Admission source的数据类型从数值型转换为因子型，具体实现代码如下：

```
# 将Admission type、Discharge disposition和Admission source列的数据类型从
# 数值型更改为因子型
```

```
hospData$admission_type_id <- as.factor(hospData$admission_type_id)
hospData$discharge_disposition_id <- as.factor(hospData$discharge_
  disposition_id)
hospData$admission_source_id <- as.factor(hospData$admission_source_id)
```

（2）统计带有"?"和"Unknown/Invalid"标记的缺失值，并将其替换为NA，具体实现代码如下：

```
# 统计带有 "?" 和 "Unknown/Invalid" 标记的缺失值
count <- 0
for(i in 1:ncol(hospData)){
  if(is.factor(hospData[,i])){
    for(j in 1:nrow(hospData)){
      if(hospData[j,i]== "?" | hospData[j,i]== "Unknown/Invalid" ){
        count <- count + 1
        hospData[j,i] <- NA    # 使用 NA 替换 "?" 和 "Unknown/Invalid" 的值
      }
    }
    if(count > 0){
      print(c(colnames(hospData)[i],count))
    }
  }
  count <- 0
}
```

执行上述代码后会输出：

```
[1] "race" "2273"
[1] "gender" "3"
[1] "weight" "98569"
[1] "payer_code" "40256"
[1] "medical_specialty" "49949"
[1] "diag_1" "21"
[1] "diag_2" "358"
[1] "diag_3" "1423"
```

（3）由于数据量大且运行时间长，因此将转换后的数据保存为名为hospData_NA.csv的文件。保存文件是处理大数据集时常用的做法，因为它能减少后续处理的运行时间。具体实现代码如下：

```
# 其他方法：使用 NA 替换 "?" 和 "Unknown/Invalid" 的值
#library(naniar)
#replace_with_na_all(data = hospData, condition = ~.x %in% c("?",
#"Unknown/Invalid"))

# 由于数据量大且运行时间长，为了方便后续调用，先将转换后的数据存档
write.csv(hospData, file = "hospData_NA.csv")
```

（4）使用函数read.csv()从文件hospData_NA.csv中读取数据，并将其存储在hospD变量中，具

体实现代码如下:

```
hospD <- read.csv("hospData_NA.csv")    # 读取名为"hospData_NA.csv"的数据文件,
                                        # 并将数据存储在hospD变量中
hospD$X <- NULL                         # 移除hospD数据中自动生成的行索引列X
```

(5)删除数据集 hospD 中的列 weight、payer_code 和 medical_specialty,具体实现代码如下:

```
# 删除列 weight、payer_code 和 medical_specialty
hospD$weight <- NULL
hospD$payer_code <- NULL
hospD$medical_specialty <- NULL
dim(hospD)      # 输出处理后数据的维度
```

执行上述代码后会输出:

```
101766    47
```

(6)删除数据集 hospD 中的列 encounter_id,

```
# 删除列 encounter_id
hospD$encounter_id <- NULL
```

(7)删除数据集 hospD 中的列 diag_2 和 diag_3,只保留主要诊断(diag_1),具体实现代码如下:

```
hospD$diag_2 <- NULL
hospD$diag_3 <- NULL
```

(8)输出处理后数据集 hospD 的维度,具体实现代码如下:

```
dim(hospD)      # 输出处理后数据的维度

#examide 和 citoglipton 只有一个取值,移除这两列
hospD$examide <- NULL
hospD$citoglipton <- NULL
dim(hospD)      # 输出处理后数据的维度
```

执行上述代码后会输出:

```
101766    42
```

(9)移除数据集 hospD 中的 examide 和 citoglipton 两列,因为它们只有一个取值,具体实现代码如下:

```
hospD <- na.omit(hospD)
dim(hospD)      # 输出处理后数据的维度
```

执行上述代码后会输出:

99473   42

（10）由于项目的目标是预测再入院情况，因此在住院期间死亡的患者被排除在外。具有"出院去向"数值为 11、13、14、19、20、21 的就诊记录与死亡或临终关怀相关，这意味着这些患者无法再次入院。其具体实现代码如下：

```
par(mfrow = c(1,2))
barplot(table(hospD$discharge_disposition_id), main = "Before")
#discharge_disposition_id表示患者在住院后去了哪里
hospD <- hospD[!hospD$discharge_disposition_id %in% c(11,13,14,19,20,21), ]
barplot(table(hospD$discharge_disposition_id), main = "After")
```

对上述代码的具体说明如下。

①使用 par(mfrow = c(1,2)) 将绘图布局设置为1行2列。

②使用 barplot(table(hospD$discharge_disposition_id), main = "Before") 绘制 hospD 数据集中 discharge_disposition_id 变量的频数表的条形图，显示患者出院去向分布情况。

③使用 hospD <- hospD[!hospD$discharge_disposition_id %in% c(11,13,14,19,20,21),] 移除 hospD 数据集中 discharge_disposition_id 等于 11、13、14、19、20、21 的行。这些值表示死亡或临终关怀，意味着这些患者无法再次入院。

④使用 barplot(table(hospD$discharge_disposition_id), main = "After") 绘制经过删除后的 hospD 数据集中 discharge_disposition_id 的更新频数表的条形图。这显示删除与死亡或临终关怀相关的行后的患者出院去向分布情况。

绘制的对比图如图 15-2 所示。

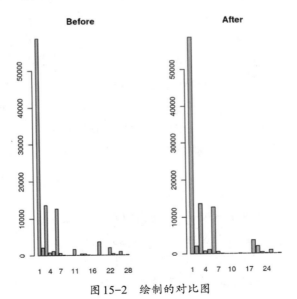

图 15-2　绘制的对比图

（11）将列 admission_type_id 的名称改为 admission_type，具体实现代码如下：

```
colnames(hospD)[5] <- "admission_type"
barplot(table(hospD$admission_type))
```

（12）继续预处理数据，具体实现代码如下：

```
# 合并其他变量
hospD$admission_type <- replace(hospD$admission_type,hospD$admission_type
    == 2, 1)
hospD$admission_type <- replace(hospD$admission_type,hospD$admission_type
    == 7, 1)
hospD$admission_type <- replace(hospD$admission_type,hospD$admission_type
    == 6, 5)
hospD$admission_type <- replace(hospD$admission_type,hospD$admission_type
    == 8, 5)

barplot(table(hospD$admission_type), main = "After collapsing")

# 更改变量名称
hospD$admission_type <- str_replace(hospD$admission_type,"1","Emergency")
hospD$admission_type <- str_replace(hospD$admission_type,"5","Other")
hospD$admission_type <- str_replace(hospD$admission_type,"3","Elective")
hospD$admission_type <- str_replace(hospD$admission_type,"4","Newborn")

hospD$admission_type <- as.factor(hospD$admission_type)
barplot(table(hospD$admission_type))

# 将列 admission_source_id 的名称改为 admission_source
colnames(hospD)[7] <- "admission_source"
barplot(table(hospD$admission_source))
```

对上述代码的具体说明如下。

①合并其他变量，将admission_type列中的值2替换为1，将7替换为1，将6替换为5，将8替换为5。

②绘制条形图，显示处理后的admission_type列的频数分布。

③更改admission_type列的变量名称，将1替换为Emergency，将5替换为Other，将3替换为Elective，将4替换为Newborn。

④将admission_type列的数据类型更改为因子型。

⑤绘制条形图，显示处理后的admission_type列的频数分布。

⑥将admission_source_id列的名称改为admission_source。

⑦绘制条形图，显示admission_source列的频数分布。

（13）继续对名为hospD的数据框进行一系列操作和转换，即对数据框进行列值的合并、更名、转换和删除操作，并根据条件生成新的列。最后，绘制条形图，可视化转换后的数据。其具体实现

代码如下:

```r
# 将列 admission_source 的值合并和更改名称
hospD$admission_source <- case_when(hospD$admission_source %in% c("1","2",
  "3") ~ "Physician Referral",hospD$admission_source %in% c("4","5","6","8"
  ,"9","10","11","12","13","14","15","17","18","19","20","21","22","23",
  "24","25","26") ~ "Other",TRUE ~ "Emergency Room")

hospD$admission_source <- as.factor(hospD$admission_source)
barplot(table(hospD$admission_source), main = "After collapsing and
  changing the type")

# 将列 discharge_disposition_id 的名称改为 discharge_disposition
colnames(hospD)[6] <- "discharge_disposition"
barplot(table(hospD$discharge_disposition))

# 合并其他变量并更改变量名称
hospD$discharge_disposition <- case_when(hospD$discharge_disposition %in%
  "1" ~ "Home",TRUE ~ "Other")

hospD$discharge_disposition <- as.factor(hospD$discharge_disposition)
barplot(table(hospD$discharge_disposition), main = "After collapsing and
  changing the type")

hospD <- mutate(hospD, primary_diagnosis =
  ifelse(str_detect(diag_1, "V") | str_detect(diag_1, "E"),"Other",
    ifelse(str_detect(diag_1, "250"), "Diabetes",
      ifelse((as.integer(diag_1) >= 390 & as.integer(diag_1) <= 459) |
        as.integer(diag_1) == 785, "Circulatory",
      ifelse((as.integer(diag_1) >= 460 & as.integer(diag_1) <= 519) |
        as.integer(diag_1) == 786, "Respiratory",
      ifelse((as.integer(diag_1) >= 520 & as.integer(diag_1) <= 579) |
        as.integer(diag_1) == 787, "Digestive",
      ifelse((as.integer(diag_1) >= 580 & as.integer(diag_1) <= 629) |
        as.integer(diag_1) == 788, "Genitourinary",
      ifelse((as.integer(diag_1) >= 140 & as.integer(diag_1) <=
        239), "Neoplasms",
      ifelse((as.integer(diag_1) >= 710 & as.integer(diag_1) <=
        739), "Musculoskeletal",
      ifelse((as.integer(diag_1) >= 800 & as.integer(diag_1) <=
        999), "Injury",
        "Other"))))))))))

hospD$primary_diagnosis <- as.factor(hospD$primary_diagnosis)
table(hospD$primary_diagnosis)
```

```
# 移除 diag_1 列
hospD$diag_1 <- NULL

barplot(table(hospD$age))
```

对上述代码的具体说明如下。

①根据条件将 hospD 数据框中的 admission_source 列的值合并和更改名称。根据条件，将值为1、2、3的行替换为 Physician Referral；将值为4、5、6、8、9～15、17～26的行替换为 Other，其他行替换为 Emergency Room；将 admission_source 列的类型转换为因子，并绘制条形图。

②将 hospD 数据框中的 discharge_disposition_id 列名称改为 discharge_disposition，并绘制条形图。

③根据条件将 hospD 数据框中的 discharge_disposition 列的值进行合并和更改。将值为1的行替换为 Home，其他行替换为 Other；将 discharge_disposition 列的类型转换为因子，并绘制条形图。

④使用嵌套的 ifelse 语句根据诊断码（diag_1列）将新的 primary_diagnosis 列赋值给 hospD 数据框。根据不同的诊断码范围，将诊断归类为不同的类别，如 Diabetes、Circulatory、Respiratory 等。将 primary_diagnosis 列的类型转换为因子，并显示各类别的计数。

⑤移除了 hospD 数据框中的 diag_1 列，并绘制 age 列的条形图。

（14）继续对 hospD 数据框进行操作和转换，对数据框进行年龄分组、列名更改和列删除等操作，并可视化转换后的数据。其具体实现代码如下：

```
# 将 age 列重新分组为 [0-40]、[40-50]、[50-60]、[60-70]、[70-80]、[80-100]
hospD$age <- case_when(hospD$age %in% c("[0-10)","[10-20)","[20-30)","[30-40)") ~ "[0-40]",
                        hospD$age %in% c("[80-90)","[90-100)") ~ "[80-100]",
                        hospD$age %in% "[40-50)" ~ "[40-50]",
                        hospD$age %in% "[50-60)" ~ "[50-60]",
                        hospD$age %in% "[60-70)" ~ "[60-70]",
                        TRUE ~ "[70-80]")
barplot(table(hospD$age), main = "Regroup Age")

hospD$age <- as.factor(hospD$age)

# 将 A1Cresult 列的名称改为 HbA1c
colnames(hospD)[17] <- "HbA1c"

# 删除一些药物特征，只保留 7 个特征
hospD$repaglinide <- NULL
hospD$nateglinide <- NULL
hospD$chlorpropamide <-NULL
hospD$acetohexamide <- NULL
hospD$tolbutamide <- NULL
hospD$acarbose <- NULL
hospD$miglitol <- NULL
```

```
hospD$troglitazone <- NULL
hospD$tolazamide <- NULL
hospD$glyburide.metformin <- NULL
hospD$glipizide.metformin <- NULL
hospD$glimepiride.pioglitazone <- NULL
hospD$metformin.rosiglitazone <- NULL
hospD$metformin.pioglitazone <- NULL

dim(hospD)
```

对上述代码的具体说明如下。

① 根据条件对 hospD 数据框中的 age 列重新分组。根据不同的年龄范围，将年龄分组为 [0-40]、[40-50]、[50-60]、[60-70]、[70-80]、[80-100] 等，绘制条形图，显示各组计数。

② 将 hospD 数据框中的 age 列的类型转换为因子。

③ 将 hospD 数据框中的 A1Cresult 列的名称改为 HbA1c。

④ 删除 hospD 数据框中的一些药物特征列，只保留 7 个特征。

⑤ 显示 hospD 数据框的维度（行数和列数）。

（15）继续对名为 hospD 的数据框进行操作和分析。具体实现代码如下：

```
hospD$readmitted <- case_when(hospD$readmitted %in% c(">30","NO") ~ "0",
                              TRUE ~ "1")
hospD$readmitted <- as.factor(hospD$readmitted)
levels(hospD$readmitted)

# 删除多次就诊的患者（根据某一列删除重复行）
hospD <- hospD[!duplicated(hospD$patient_nbr),]
# 删除 patient_nbr 列
hospD$patient_nbr <- NULL

dim(hospD)

# 将转换后的数据先存档，以方便后续调用
write.csv(hospD, file = "hospD_bef_outlier.csv")

par(mfrow = c(2,4))
boxplot(hospD$time_in_hospital, main = "time_in_hospital")
boxplot(hospD$num_lab_procedures, main = "num_lab_procedures")
boxplot(hospD$num_procedures, main = "num_procedures")
boxplot(hospD$num_medications, main = "num_medications")
boxplot(hospD$number_outpatient, main = "number_outpatient")
boxplot(hospD$number_emergency, main = "number_emergency")
boxplot(hospD$number_inpatient, main = "number_inpatient")
boxplot(hospD$number_diagnoses, main = "number_diagnoses")
```

```r
hospD$number_emergency <- NULL
hospD$number_inpatient <- NULL
hospD$number_outpatient <- NULL
dim(hospD)
```

删除数据集 hospD 中的 number_emergency、number_inpatient 和 number_outpatient 列
输出处理后的 hospD 数据集的维度（行数和列数）

```r
outliers_remover <- function(a){
  df <- a
  aa <- c()
  count <- 1
  for(i in 1:ncol(df)){
    if(is.integer(df[,i])){
      Q3 <- quantile(df[,i], 0.75, na.rm = TRUE)
      Q1 <- quantile(df[,i], 0.25, na.rm = TRUE)
      IQR <- Q3 - Q1   #IQR(df[,i])
      upper <- Q3 + 1.5 * IQR
      lower <- Q1 - 1.5 * IQR
      for(j in 1:nrow(df)){
        if(is.na(df[j,i]) == TRUE){
          next
        }
        else if(df[j,i] > upper | df[j,i] < lower){
          aa[count] <- j
          count <- count+1
        }
      }
    }
  }
  df <- df[-aa,]
}
hospD <- outliers_remover(hospD)

pairs.panels(hospD[c("time_in_hospital", "num_lab_procedures", "num_
  procedures", "num_medications", "number_diagnoses")])

dim(hospD)
table(hospD$readmitted)
# 确保结果可重复
set.seed(100)
library(Boruta)

boruta <- Boruta(readmitted ~., data = hospD, doTrace = 2)
plot(boruta, las = 2, cex.axis = 0.5)
plotImpHistory(boruta)
```

```
attStats(boruta)
boruta

# 尝试修复
bor <- TentativeRoughFix(boruta)
print(bor)
```

对上述代码的具体说明如下。

① 根据条件将 hospD 数据框中的 readmitted 列进行分类。如果值为 >30 或 NO；则将其分类为 0，否则分类为 1。将 readmitted 列的类型转换为因子，并显示因子的水平。

② 根据 patient_nbr 列删除重复行，即删除多次就诊的患者数据。

③ 删除 hospD 数据框中的 patient_nbr 列。

④ 显示处理后的 hospD 数据框的维度（行数和列数）。

⑤ 将转换后的数据保存为 CSV 文件，方便后续调用。

⑥ 绘制几个列的箱线图，包括 time_in_hospital、num_lab_procedures、num_procedures、num_medications、number_outpatient、number_emergency、number_inpatient 和 number_diagnoses。

⑦ 删除 hospD 数据框中的 number_emergency、number_inpatient 和 number_outpatient 列。

⑧ 显示删除列后的 hospD 数据框的维度。

⑨ 定义一个名为 outliers_remover 的函数，用于检测和删除离群值。函数 outliers_remover() 遍历数据框的每一列，对整数类型的列进行离群值检测，使用箱线图确定上界和下界，并将超出界限的行标记为删除，返回处理后的数据框。

⑩ 使用定义的函数 outliers_remover() 对 hospD 数据框进行离群值检测和删除操作。

⑪ 使用函数 pairs.panels() 绘制 hospD 数据框中的几个列之间的散点图矩阵。

⑫ 显示处理后的 hospD 数据框的维度。

⑬ 统计 hospD 数据框中 readmitted 列的计数。

⑭ 使用 Boruta 算法对数据进行特征选择和重要性评估。首先，创建一个 Boruta 对象，指定目标变量为 readmitted，其他变量为自变量；然后，绘制 Boruta 算法的结果图形、重要性历史图形以及特征的重要性统计；最后，输出 Boruta 对象的详细结果。

⑮ 尝试修复可能存在的问题，并输出修复后的结果。

15.7 第一方案

在本项目中，使用不同的方案划分方法来划分训练集和测试集是为了进行比较和对比。在机器学习中，使用不同的数据划分方法可以评估模型的稳定性和性能。通过使用不同的划分方法，可以观察到模型在不同数据集上的表现，从而更全面地评估模型的泛化能力。比较不同划分方法得到的模型性能指标，如准确率、召回率等，可以帮助判断模型在不同数据划分下的表现，并选择最佳的划分方法来训练和评估模型。此外，通过对比不同划分方法下的结果，还可以帮助了解数据划分的影响，如不同的划分方法可能导致训练集和测试集的分布不均衡或样本偏差，从而影响模型的性能。因此，使用不同的划分方法来划分训练集和测试集是为了对比和评估模型性能，并选择最佳的划分方法来建立可靠的模型。

15.7.1 划分训练集和测试集

使用函数 createDataPartition() 将数据划分为训练集和测试集，并设置随机种子。

（1）设置随机种子，将原始数据集划分为训练集（80%）和测试集（20%），具体实现代码如下：

```
# 设置随机种子, 以确保结果的可重复性
set.seed(100)

# 使用函数 createDataPartition() 将数据集 hospD$readmitted 按照 0.8 的比例划分为
# 训练集和测试集
train <- createDataPartition(hospD$readmitted, p = 0.8, list = FALSE)
training <- hospD[train, ]
testing <- hospD[-train, ]
```

（2）检查频数分布。下面的代码用于检查训练集（training）中因变量（readmitted）的频数分布，table() 函数会统计因变量中每个不同值的出现次数，并以表格形式展示结果。

```
# 检查训练集中的因变量 (readmitted) 的频数分布
table(training$readmitted)
```

15.7.2 数据集平衡

许多研究已经表明，平衡数据的结果比不平衡数据具有更高的准确性。比较有以下两种方法：①ROSE，使用自助法从特征空间中的少数类别1（<30）周围的邻居增加人工样本；②欠采样，减少了多数类别0（>30和NO）的观察数量，使数据集保持平衡。本项目中选择使用ROSE方法平衡数据集，因为在4个机器学习模型中，该方法的准确性更高，如图15-3所示。

使用函数ROSE()对训练集进行过采样，使得正负类别样本数量平衡化，并输出过采样后的数据集data_rose中因变量readmitted的频数分布，具体实现代码如下：

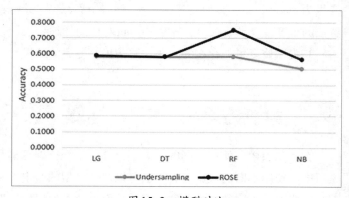

图15-3　模型对比

```
# 平衡数据集
```

```
data_rose <- ROSE(readmitted ~., data = training)$data
table(data_rose$readmitted)
```

执行上述代码后会输出：

```
    0     1
24795 24823
```

15.7.3 交叉验证

交叉验证是一种多次分割数据的方法，以获得对性能指标更好的估计。K折交叉验证是常用的一种方法，旨在减少与训练数据的随机抽样相关的偏差。在本项目中，为了评估分类器的性能，采用分层10折交叉验证方法。分层10折交叉验证方法将数据随机分为10个互斥的相等部分，其中9个部分用于训练算法，1个部分用于评估算法。通过使用不同的训练和测试部分，重复执行此过程10次。

（1）逻辑回归模型交叉验证。使用逻辑回归模型进行10折交叉验证，训练模型并在测试集上进行预测，输出模型评估结果，具体实现代码如下：

```
#10 折交叉验证
trCntl <- trainControl(method = "CV", number = 10)

# 逻辑回归模型进行10折交叉验证
logitMod_CV <- train(readmitted ~ race + gender + age + admission_type +
  discharge_disposition + admission_source + time_in_hospital +
  num_lab_procedures + num_procedures + num_medications + number_diagnoses +
  max_glu_serum + HbA1c + metformin + insulin + change + diabetesMed +
  primary_diagnosis, data = data_rose, trControl = trCntl, method = "glm",
  family = "binomial")

logit_pred_CV <- predict(logitMod_CV, testing)

confusionMatrix(logit_pred_CV, testing$readmitted)
```

执行上述代码后会输出：

```
Confusion Matrix and Statistics

          Reference
Prediction    0    1
         0 6726  517
         1 4559  601

               Accuracy : 0.5907
                 95% CI : (0.582, 0.5994)
```

```
              No Information Rate : 0.9099
              P-Value [Acc > NIR] : 1

                             Kappa : 0.0508

            Mcnemar's Test P-Value : <2e-16

                       Sensitivity : 0.5960
                       Specificity : 0.5376
                    Pos Pred Value : 0.9286
                    Neg Pred Value : 0.1165
                        Prevalence : 0.9099
                    Detection Rate : 0.5423
              Detection Prevalence : 0.5840
                 Balanced Accuracy : 0.5668

                  'Positive' Class : 0
```

（2）决策树模型交叉验证。使用决策树模型进行10折交叉验证，训练模型并在测试集上进行预测，输出模型评估结果，具体实现代码如下：

```
# 决策树模型进行10折交叉验证
DTMod_CV <- train(readmitted ~ race + gender + age + admission_type +
    discharge_disposition + admission_source + time_in_hospital +
    num_lab_procedures + num_procedures + num_medications + number_diagnoses +
    max_glu_serum + HbA1c + metformin + insulin + change + diabetesMed +
    primary_diagnosis, data = data_rose, trControl = trCntl, method = "rpart")

DT_pred_CV <- predict(DTMod_CV, testing)

confusionMatrix(DT_pred_CV, testing$readmitted)
```

执行上述代码后会输出：

```
Confusion Matrix and Statistics

           Reference
Prediction    0    1
         0 6171  439
         1 5114  679

                   Accuracy : 0.5523
                     95% CI : (0.5435, 0.5611)
        No Information Rate : 0.9099
        P-Value [Acc > NIR] : 1
```

```
                   Kappa : 0.0535

 Mcnemar's Test P-Value : <2e-16

             Sensitivity : 0.5468
             Specificity : 0.6073
          Pos Pred Value : 0.9336
          Neg Pred Value : 0.1172
              Prevalence : 0.9099
          Detection Rate : 0.4975
    Detection Prevalence : 0.5329
       Balanced Accuracy : 0.5771

        'Positive' Class : 0
```

（3）随机森林模型交叉验证。使用随机森林模型进行10折交叉验证，训练模型并在测试集上进行预测，输出模型评估结果，具体实现代码如下：

```
RFMod_CV <- train(readmitted ~ race + gender + age + admission_type +
discharge_disposition + admission_source +
                time_in_hospital + num_lab_procedures + num_procedures +
num_medications + number_diagnoses +
                max_glu_serum + HbA1c + metformin + insulin + change +
diabetesMed + primary_diagnosis,
                data = data_rose, trControl = trCntl, method = "rf")

RF_pred_CV <- predict(RFMod_CV, testing)

confusionMatrix(RF_pred_CV, testing$readmitted)
```

（4）朴素贝叶斯模型交叉验证。使用朴素贝叶斯模型进行10折交叉验证，训练模型并在测试集上进行预测，输出模型评估结果，具体实现代码如下：

```
NBMod_CV <- train(readmitted ~ race + gender + age + admission_type +
  discharge_disposition + admission_source + time_in_hospital +
  num_lab_procedures + num_procedures + num_medications + number_diagnoses +
  max_glu_serum + HbA1c + metformin + insulin + change + diabetesMed +
  primary_diagnosis, data = data_rose, trControl = trCntl, method = "nb")

NB_pred_CV <- predict(NBMod_CV, testing)

confusionMatrix(NB_pred_CV, testing$readmitted)
```

> **注意**
> 决策树是一种常用的机器学习算法，通过对数据集进行逐步划分来建立预测模型。在本项目中，使用的

是10折交叉验证的决策树模型。交叉验证是一种用于评估模型性能的方法,其将数据集多次划分为训练集和验证集,以获得更准确的性能指标估计。在10折交叉验证中,数据集被随机划分为10个互斥的相等部分,其中9个部分用于训练决策树模型,1个部分用于评估模型的性能。该过程重复执行10次,每次使用不同的训练和测试集。通过使用10折交叉验证的决策树模型,我们能够更准确地评估模型的性能,并得出关于决策树在预测患者再次住院可能性方面的表现的结论。

15.7.4 模型比较

(1)对比不同模型的性能,计算模型评估指标并绘制 ROC 曲线,同时输出模型比较结果和绘制的图形,具体实现代码如下:

```
model_list <- list(LR = logitMod2_CV, DT = DTMod_CV, RF = RFMod_CV, NB = NBMod_CV)
res <- resamples(model_list)
summary(res)

roc.curve(testing$readmitted, logit_pred2CV, plotit = T, col = "blue")
roc.curve(testing$readmitted, DT_pred_CV, plotit = T, add.roc = T, col = "red")
roc.curve(testing$readmitted, NB_pred_CV, plotit = T, add.roc = T, col = "yellow")
roc.curve(testing$readmitted, RF_pred_CV, plotit = T, add.roc = T, col = "green")

legend(.8, .4, legend = c("LG", "DT", "NB", "RF"),
       col = c("blue", "red", "yellow", "green"),
       lty = c(1,2,3,4), ncol = 1)

bwplot(res)
```

(2)计算随机森林模型的变量重要性,并通过图形展示变量重要性的结果,具体实现代码如下:

```
varImp(RFMod_CV)            # 计算随机森林模型的变量重要性
ggplot(varImp(RFMod_CV))    # 绘制变量重要性的图形

plot(varImp(RFMod_CV), col = "red", lwd = 10)
# 绘制变量重要性的图形,红色表示变量重要性较高

ggplot(varImp(RFMod_CV)) +
  geom_bar(stat = 'identity') +
  theme_bw() +
  coord_flip() +
  guides(fill=F)+
```

```
scale_fill_gradient(low="red", high="blue")
# 绘制变量重要性的条形图，采用渐变色表示变量重要性的程度
```

可视化结果图如图15-4所示。

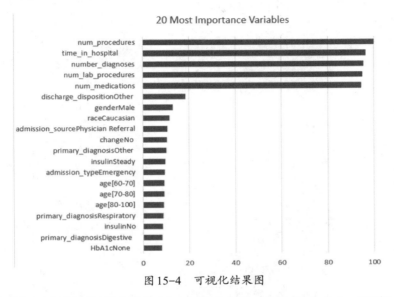

图15-4　可视化结果图

（3）绘制直方图。根据不同的变量绘制对应的直方图，并根据readmitted进行分组和颜色填充，具体实现代码如下：

```
ggplot(hospD, aes(x=num_procedures, group=readmitted, fill=readmitted)) +
  geom_histogram(position="identity", alpha=1, binwidth=1) +
  theme_bw()
# 绘制 num_procedures 变量的直方图，根据 readmitted 进行分组并用颜色填充

ggplot(hospD, aes(x=time_in_hospital, group=readmitted, fill=readmitted)) +
  geom_histogram(position="identity", alpha=1, binwidth=1) +
  theme_bw()
# 绘制 time_in_hospital 变量的直方图，根据 readmitted 进行分组并用颜色填充

ggplot(hospD, aes(number_diagnoses, group=readmitted, fill=readmitted)) +
  geom_histogram(position="identity", alpha=1, binwidth=1) +
  theme_bw()
# 绘制 number_diagnoses 变量的直方图，根据 readmitted 进行分组并用颜色填充

ggplot(hospD, aes(num_lab_procedures, group=readmitted, fill=readmitted)) +
  geom_histogram(position="identity", alpha=1, binwidth=1) +
  theme_bw()
# 绘制 num_lab_procedures 变量的直方图，根据 readmitted 进行分组并用颜色填充

ggplot(hospD, aes(num_medications, group=readmitted, fill=readmitted)) +
```

```
    geom_histogram(position="identity", alpha=1, binwidth=1) +
    theme_bw()
# 绘制 num_medications 变量的直方图,根据 readmitted 进行分组并用颜色填充
```

num_procedures 变量的直方图如图 15-5 所示。

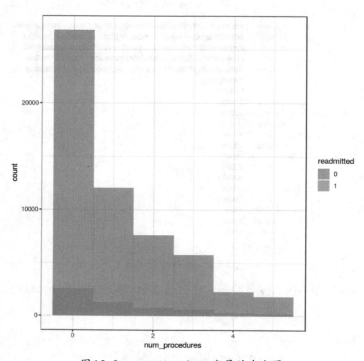

图 15-5　num_procedures 变量的直方图

15.8 第二方案

在第二个方案中,通过随机选择索引的方式将数据集划分为训练集和测试集,并同样设置随机种子。使用 ROSE 包中的函数 ovun.sample() 进行欠采样操作,平衡训练集的数据;同时,使用函数 glm() 拟合逻辑回归模型。

15.8.1 数据集拆分和数据平衡

将数据集分为训练集和测试集,并进行数据平衡处理,使用欠采样方法平衡训练集的数据,具体实现代码如下:

```
set.seed(100)
trainingRowIndex <- sample(1:nrow(hospD), 0.8*nrow(hospD))
# 随机选择 80% 的行作为训练集的索引
```

```
hospD_train <- hospD[trainingRowIndex, ]     # 训练集数据
hospD_test  <- hospD[-trainingRowIndex, ]    # 测试集数据
table(hospD_train$readmitted)   # 检查训练集的依赖变量

library(ROSE)
data_balance_under <- ovun.sample(readmitted ~., data = hospD_train, method
= "under", N = 8954, seed = 1)$data
# 使用欠采样方法平衡训练集的数据，并指定欠采样后的样本数量为8954
table(data_balance_under$readmitted)    # 检查平衡后的训练集的依赖变量
```

15.8.2 逻辑回归模型拟合和预测

使用逻辑回归模型对平衡后的训练集进行拟合，并对测试集进行预测，具体实现代码如下：

```
logitMod <- glm(readmitted ~ race + gender + age + admission_type +
discharge_disposition + admission_source + time_in_hospital +
            num_lab_procedures + num_procedures + num_medications +
number_diagnoses + max_glu_serum +
            HbA1c + metformin + insulin + change + diabetesMed +
primary_diagnosis, data = data_balance_under,
            family=binomial(link="logit"))
            # 使用逻辑回归模型对平衡后的训练集进行拟合
summary(logitMod)   # 输出逻辑回归模型的摘要信息

# 对测试集进行预测，使用逻辑回归模型
logit_pred <- predict(logitMod, newdata = hospD_test)
```

15.8.3 计算处理

（1）计算最佳阈值。使用InformationValue包中的函数optimalCutoff()，根据预测结果和实际结果计算最佳阈值（Cut-off），用于将预测的概率转换为二分类的结果，具体实现代码如下：

```
optCutoff <- optimalCutoff(hospD_test$readmitted, logit_pred)[1]
optCutoff
```

（2）计算误分类错误率。利用最佳阈值，通过调用InformationValue包中的函数misClassError()，计算误分类错误率，具体实现代码如下：

```
misClassError(hospD_test$readmitted, logit_pred, threshold = optCutoff)
```

（3）计算混淆矩阵。利用最佳阈值，通过调用InformationValue包中的函数confusionMatrix()，计算混淆矩阵，进而得到模型的准确率、敏感度、特异度等指标，具体实现代码如下：

```
confusionMatrix(hospD_test$readmitted, logit_pred, threshold = optCutoff)
```

（4）绘制ROC曲线。调用InformationValue包中的函数plotROC()，绘制ROC曲线，用于评估模型的性能，具体实现代码如下：

```
plotROC(hospD_test$readmitted, logit_pred)
```

（5）计算Concordance指数、灵敏度和特异度。通过调用concordance包中的函数Concordance()，计算Concordance指数；另外，使用InformationValue包中的函数sensitivity()和specificity()，分别计算灵敏度和特异度。其具体实现代码如下：

```
Concordance(hospD_test$readmitted, logit_pred)
sensitivity(hospD_test$readmitted, logit_pred, threshold = optCutoff)
specificity(hospD_test$readmitted, logit_pred, threshold = optCutoff)
```

15.8.4 逻辑回归模型的拟合、预测和评估

（1）加载数据集。加载数据集，并将readmitted变量转换为因子类型，具体实现代码如下：

```
hospD <- read.csv("hospDataOld_cleaned.csv")
hospD$X <- NULL
hospD$readmitted <- as.factor(hospD$readmitted)
```

（2）创建训练集和测试集。利用caret包中的函数createDataPartition()，将数据集分为训练集和测试集，具体实现代码如下：

```
train <- createDataPartition(hospD$readmitted, p = 0.8, list = FALSE)
training <- hospD[train, ]
testing <- hospD[-train, ]
```

（3）数据平衡。使用ROSE包中的函数ovun.sample()，采用欠采样方法平衡训练集的数据，具体实现代码如下：

```
data_bal_under <- ovun.sample(readmitted ~., data = training, method =
"under", N = 8950, seed = 1)$data
table(data_bal_under$readmitted)
```

（4）使用逻辑回归模型训练数据。使用caret包中的函数train()，利用逻辑回归模型拟合训练集，具体实现代码如下：

```
logitMod2 <- train(readmitted ~ race + gender + age + admission_type +
  discharge_disposition + admission_source + time_in_hospital +
  num_lab_procedures + num_procedures + num_medications + number_diagnoses +
  max_glu_serum + HbA1c + metformin + insulin + change + diabetesMed +
  primary_diagnosis,  data = data_bal_under, method = "glm", family =
"binomial")
```

（5）对测试集进行预测和评估。对测试集进行预测，通过调用函数confusionMatrix()计算混淆矩阵，进而得到模型的准确率等指标，具体实现代码如下：

```
logit_pred2 <- predict(logitMod2, newdata = testing)
confusionMatrix(logit_pred2, reference=testing$readmitted)
```

（6）计算Concordance指数。使用concordance包中的函数concordance()，计算Concordance指数，具体实现代码如下：

```
concordance(testing$readmitted, logit_pred2)
```

（7）绘制ROC曲线。调用InformationValue包中的函数roc.curve()，绘制ROC曲线，具体实现代码如下：

```
roc.curve(testing$readmitted, logit_pred2, plotit = F)
```

15.8.5 使用交叉验证方法训练决策树模型

（1）创建训练控制对象。创建一个训练控制对象，使用10折交叉验证方法进行模型训练，具体实现代码如下：

```
trCntl <- trainControl(method = "CV", number = 10)
```

（2）使用交叉验证方法训练决策树模型。使用caret包中的函数train()，利用交叉验证方法训练决策树模型，具体实现代码如下：

```
DTMod_CV <- train(readmitted ~ race + gender + age + admission_type +
  discharge_disposition + admission_source + time_in_hospital +
  num_lab_procedures + num_procedures + num_medications + number_diagnoses +
  max_glu_serum + HbA1c + metformin + insulin + change + diabetesMed +
  primary_diagnosis, data = data_bal_under, trControl = trCntl, method =
  "rpart")
```

（3）输出信息。分别输出决策树模型的摘要信息、训练好的模型和计算的混淆矩阵信息，具体实现代码如下：

```
summary(DTMod_CV)
DTMod_CV
confusionMatrix(DTMod_CV)
```

（4）对测试集进行预测和评估。对测试集进行决策树模型的预测，并计算混淆矩阵，具体实现代码如下：

```
DT_pred_CV <- predict(DTMod_CV, testing)
confusionMatrix(DT_pred_CV, testing$readmitted)
```

（5）检查准确率并绘制ROC曲线。计算预测结果的准确率，并绘制ROC曲线，具体实现代码如下：

```
accuracy.meas(DT_pred_CV, testing$readmitted)
roc.curve(testing$readmitted, DT_pred_CV, plotit = F)
```

15.8.6 使用交叉验证方法训练随机森林模型

（1）创建训练控制对象。创建一个训练控制对象，使用10折交叉验证方法进行模型训练，具体实现代码如下：

```
trCntl <- trainControl(method = "CV", number = 10)
```

（2）使用交叉验证方法训练随机森林模型。使用caret包中的函数train()，利用交叉验证方法训练随机森林模型，具体实现代码如下：

```
RFMod_CV <- train(readmitted ~ race + gender + age + admission_type +
discharge_disposition + admission_source +
                  time_in_hospital + num_lab_procedures + num_procedures
+ num_medications + number_diagnoses +
                  max_glu_serum + HbA1c + metformin + insulin + change +
diabetesMed + primary_diagnosis,
                  data = data_bal_under, trControl = trCntl, method = "rf")
```

（3）输出信息。分别输出随机森林模型的摘要信息、训练好的模型和计算的混淆矩阵，具体实现代码如下：

```
summary(RFMod_CV)
RFMod_CV
confusionMatrix(RFMod_CV)
```

（4）对测试集进行预测和评估。对测试集进行随机森林模型的预测，并计算混淆矩阵，具体实现代码如下：

```
RF_pred_CV <- predict(RFMod_CV, testing)
confusionMatrix(RF_pred_CV, testing$readmitted)
```

（5）检查准确率并绘制ROC曲线。计算预测结果的准确率，并绘制ROC曲线，具体实现代码如下：

```
accuracy.meas(RF_pred_CV, testing$readmitted)
ROSE::roc.curve(testing$readmitted, RF_pred_CV, plotit = F)
```

15.8.7 实现朴素贝叶斯模型

（1）加载包。加载e1071包，该包提供了朴素贝叶斯模型的实现，具体实现代码如下：

```
library(e1071)
```

（2）创建交叉验证的折叠索引。根据因变量readmitted创建10折交叉验证的折叠索引，具体实现代码如下：

```
folds <- createFolds(hospD$readmitted, k = 10)
```

（3）使用交叉验证方法训练朴素贝叶斯模型。首先，使用交叉验证方法的折叠训练朴素贝叶斯模型。在每个折叠中，随机种子设置为100，将数据集划分为训练集和测试集；然后，使用函数ROSE()对训练集进行过采样（数据平衡），使用函数naiveBayes()训练朴素贝叶斯模型；最后，对测试集进行预测并计算模型的特异度，具体实现代码如下：

```
NBMod_CV <- lapply(folds, function(x) {
  set.seed(100)
  train <- hospD[-x,]
  test <- hospD[x,]
  data_bal_ROSE <- ROSE(readmitted ~., data = train, seed = 1)$data
  model <- naiveBayes(readmitted~ race + gender + age + admission_type +
    discharge_disposition + admission_source + time_in_hospital +
    num_lab_procedures + num_procedures + num_medications +
    number_diagnoses + max_glu_serum + HbA1c + metformin + insulin +
    change + diabetesMed + primary_diagnosis, data = data_bal_ROSE)
  pred <- predict(model, test)
  conf_matrx <- table(pred, test$readmitted)
  spec <- specificity(pred, test$readmitted)
  return(spec)
})
```

（4）输出模型特异度。输出每个交叉验证折叠的朴素贝叶斯模型的特异度，具体实现代码如下：

```
NBMod_CV
```

（5）模型特异度转换。将模型特异度转换为向量形式，并计算平均模型特异度，具体实现代码如下：

```
unlist(NBMod_CV)
mean(unlist(NBMod_CV))
```

（6）创建模型列表并进行模型比较。首先，将不同模型的结果放入模型列表中，并使用函数resamples()进行模型比较；然后，使用函数summary()输出模型的摘要信息，并使用函数bwplot()绘制模型比较的图形，具体实现代码如下：

```
model_list <- list(LR = logitMod2_CV, DT = DTMod_CV, RF = RFMod_CV, NB = NBMod_CV)
res <- resamples(model_list)
summary(res)
bwplot(res)
```

15.9 模型训练和评估

在本项目中，一共进行了2次训练集和测试集的划分，并使用了4种不同的模型（逻辑回归、决策树、随机森林和朴素贝叶斯）进行训练和评估。

15.9.1 数据预处理

准备数据，对数据集进行预处理，并准备训练集与测试集，具体实现代码如下：

```
hospD <- read.csv("hospDataOld_cleaned.csv")
hospD$X <- NULL
hospD$readmitted <- as.factor(hospD$readmitted)

# 检查数据的维度
glimpse(hospD)    # 查看数据的维度信息

# 设置随机种子
set.seed(100)
library(caret)

train <- createDataPartition(hospD$readmitted, p = 0.8, list = FALSE)
training <- hospD[train, ]
testing <- hospD[-train, ]

# 检查因变量（训练集）
table(training$readmitted)    # 检查训练集的因变量分布

# 平衡数据集
library(ROSE)
data_bal_ROSE <- ROSE(readmitted ~., data = training, seed = 1)$data
table(data_bal_ROSE$readmitted)    # 检查平衡后的数据集的因变量分布
```

（1）使用函数read.csv()读取名为hospDataOld_cleaned.csv的数据集。
（2）通过hospD$X <- NULL将无用的列X删除。
（3）使用函数as.factor()将readmitted列转换为因子型变量。
（4）通过函数glimpse(hospD)检查数据集的维度信息，并输出数据集的结构概览。

（5）使用函数set.seed(100)设置随机种子，以确保结果的可重复性。
（6）载入caret包，该包提供了机器学习中常用的函数和工具。
（7）使用函数createDataPartition()根据readmitted列创建一个训练集和测试集的索引，其中80%的样本用于训练，20%用于测试。
（8）将训练集和测试集分别存储在training和testing中。
（9）使用table(training$readmitted)检查训练集中因变量readmitted的分布情况。
（10）载入ROSE包，该包提供了处理不平衡数据集的函数。
（11）使用函数ROSE()对训练集进行过抽样处理，以平衡数据集，生成平衡后的数据集data_bal_ROSE。
（12）使用table(data_bal_ROSE$readmitted)检查平衡后的数据集中因变量readmitted的分布情况。

15.9.2 逻辑回归模型的训练和评估

使用逻辑回归模型进行训练和评估，具体实现代码如下：

```
trCntl <- trainControl(method = "CV", number = 10)
logitMod2_CV <- train(readmitted ~ race + gender + age + admission_type +
  discharge_disposition + admission_source + time_in_hospital +
  num_lab_procedures + num_procedures + num_medications + number_diagnoses +
  max_glu_serum + HbA1c + metformin + insulin + change + diabetesMed +
  primary_diagnosis, data = data_bal_ROSE, trControl = trCntl, method =
  "glm", family = "binomial")
summary(logitMod2_CV)            # 输出模型的摘要信息
logitMod2_CV                     # 输出训练好的模型
confusionMatrix(logitMod2_CV)    # 计算模型的混淆矩阵

logit_pred2CV <- predict(logitMod2_CV, testing)
confusionMatrix(logit_pred2CV, testing$readmitted)        # 计算预测结果的混淆矩阵
#plotROC(testing$readmitted, logit_pred2CV)               # 绘制ROC曲线
# 计算准确率
accuracy.meas(logit_pred2CV, testing$readmitted)
roc.curve(testing$readmitted, logit_pred2CV, plotit = F)  # 绘制ROC曲线
```

对上述代码的具体说明如下。
（1）函数trainControl()使用交叉验证方法进行模型训练，其中method = "CV"表示使用交叉验证，number = 10表示使用10折交叉验证。
（2）函数train()使用glm方法训练逻辑回归模型，family = "binomial"表示二分类问题。
（3）使用函数summary(logitMod2_CV)输出逻辑回归模型的摘要信息。
（4）logitMod2_CV输出训练好的逻辑回归模型。
（5）使用函数confusionMatrix(logitMod2_CV)计算逻辑回归模型的混淆矩阵。
（6）函数predict(logitMod2_CV, testing)使用训练好的模型对测试集进行预测。

（7）使用函数 confusionMatrix(logit_pred2CV, testing$readmitted) 计算预测结果的混淆矩阵。
（8）使用函数 accuracy.meas(logit_pred2CV, testing$readmitted) 计算预测准确率。
（9）使用函数 roc.curve(testing$readmitted, logit_pred2CV, plotit = F) 绘制 ROC 曲线。

15.9.3 决策树模型的训练和评估

使用决策树模型进行训练和评估，具体实现代码如下：

```
trCntl <- trainControl(method = "CV", number = 10)
DTMod_CV <- train(readmitted ~ race + gender + age + admission_type +
discharge_disposition + admission_source +
                 time_in_hospital + num_lab_procedures + num_procedures
+ num_medications + number_diagnoses +
                 max_glu_serum + HbA1c + metformin + insulin + change +
diabetesMed + primary_diagnosis,
                 data = data_bal_ROSE, trControl = trCntl, method =
"rpart")
summary(DTMod_CV)         # 输出模型的摘要信息
DTMod_CV                  # 输出训练好的模型
confusionMatrix(DTMod_CV) # 计算模型的混淆矩阵

DT_pred_CV <- predict(DTMod_CV, testing)
confusionMatrix(DT_pred_CV, testing$readmitted)    # 计算预测结果的混淆矩阵
# 计算准确率
accuracy.meas(DT_pred_CV, testing$readmitted)
roc.curve(testing$readmitted, DT_pred_CV, plotit = F)    # 绘制 ROC 曲线
```

对上述代码的具体说明如下。

（1）函数 trainControl() 使用交叉验证方法进行模型训练，其中 method = "CV" 表示使用交叉验证，number = 10 表示使用 10 折交叉验证。

（2）函数 train() 使用 rpart 方法训练决策树模型。

（3）使用函数 summary(DTMod_CV) 输出决策树模型的摘要信息。

（4）使用 DTMod_CV 输出训练好的决策树模型。

（5）使用函数 confusionMatrix(DTMod_CV) 计算决策树模型的混淆矩阵。

（6）函数 predict(DTMod_CV, testing) 使用训练好的模型对测试集进行预测。

（7）使用函数 confusionMatrix(DT_pred_CV, testing$readmitted) 计算预测结果的混淆矩阵。

（8）使用函数 accuracy.meas(DT_pred_CV, testing$readmitted) 计算预测准确率。

（9）使用函数 roc.curve(testing$readmitted, DT_pred_CV, plotit = F) 绘制 ROC 曲线。

15.9.4 随机森林模型的训练和评估

使用随机森林模型进行训练和评估，具体实现代码如下：

```
trCntl <- trainControl(method = "CV", number = 10)
RFMod_CV <- train(readmitted ~ race + gender + age + admission_type +
discharge_disposition + admission_source +
                    time_in_hospital + num_lab_procedures + num_procedures
+ num_medications + number_diagnoses +
                    max_glu_serum + HbA1c + metformin + insulin + change +
diabetesMed + primary_diagnosis,
                    data = data_bal_ROSE, trControl = trCntl, method = "rf")
summary(RFMod_CV)    # 输出模型的摘要信息
RFMod_CV             # 输出训练好的模型
confusionMatrix(RFMod_CV)    # 计算模型的混淆矩阵

RF_pred_CV <- predict(RFMod_CV, testing)
confusionMatrix(RF_pred_CV, testing$readmitted)    # 计算预测结果的混淆矩阵

# 计算正类别的混淆矩阵
confusionMatrix(RF_pred_CV, testing$readmitted, positive = "1")

# 计算准确率
accuracy.meas(RF_pred_CV, testing$readmitted)
ROSE::roc.curve(testing$readmitted, RF_pred_CV, plotit = F)    # 绘制ROC曲线
```

对上述代码的具体说明如下。

（1）函数trainControl()使用交叉验证方法进行模型训练，其中method = "CV"表示使用交叉验证，number = 10表示使用10折交叉验证。

（2）函数train()使用rf方法训练随机森林模型。

（3）使用函数summary(RFMod_CV)输出随机森林模型的摘要信息。

（4）使用RFMod_CV输出训练好的随机森林模型。

（5）使用函数confusionMatrix(RFMod_CV)计算随机森林模型的混淆矩阵。

（6）函数predict(RFMod_CV, testing)使用训练好的模型对测试集进行预测。

（7）使用函数confusionMatrix(RF_pred_CV, testing$readmitted)计算预测结果的混淆矩阵。

（8）使用函数confusionMatrix(RF_pred_CV, testing$readmitted, positive = "1")计算正类别的混淆矩阵。

（9）使用函数accuracy.meas(RF_pred_CV, testing$readmitted)计算预测准确率。

（10）使用函数ROSE::roc.curve(testing$readmitted, RF_pred_CV, plotit = F)绘制ROC曲线。

15.9.5 朴素贝叶斯模型的训练和评估

使用朴素贝叶斯模型进行训练和评估，具体实现代码如下：

```
trCntl <- trainControl(method = "CV", number = 10)
NBMod_CV <- train(readmitted ~ race + gender + age + admission_type +
```

```
    discharge_disposition + admission_source + time_in_hospital +
    num_lab_procedures + num_procedures + num_medications + number_diagnoses +
    max_glu_serum + HbA1c + metformin + insulin + change + diabetesMed +
    primary_diagnosis, data = data_bal_ROSE, trControl = trCntl, method = "nb")
summary(NBMod_CV)              # 输出模型的摘要信息
NBMod_CV                       # 输出训练好的模型
confusionMatrix(NBMod_CV)      # 计算模型的混淆矩阵

NB_pred_CV <- predict(NBMod_CV, testing)

confusionMatrix(NB_pred_CV, testing$readmitted)    # 计算混淆矩阵

# 计算正类别的混淆矩阵
confusionMatrix(NB_pred_CV, testing$readmitted, positive = "1")

# 检查准确率
accuracy.meas(NB_pred_CV, testing$readmitted)
ROSE::roc.curve(testing$readmitted, NB_pred_CV, plotit = F)    # 绘制 ROC 曲线
```

对上述代码的具体说明如下。

（1）函数trainControl()使用交叉验证方法进行模型训练，其中method = "CV"表示使用交叉验证，number = 10表示使用10折交叉验证。

（2）函数train()使用nb方法训练朴素贝叶斯模型。

（3）使用函数summary(NBMod_CV)输出朴素贝叶斯模型的摘要信息。

（4）使用NBMod_CV输出训练好的朴素贝叶斯模型。

（5）使用函数confusionMatrix(NBMod_CV)计算朴素贝叶斯模型的混淆矩阵。

（6）函数predict(NBMod_CV, testing)使用训练好的模型对测试集进行预测。

（7）使用函数confusionMatrix(NB_pred_CV, testing$readmitted)计算预测结果的混淆矩阵。

（8）使用函数confusionMatrix(NB_pred_CV, testing$readmitted, positive = "1")计算正类别的混淆矩阵。

（9）使用函数accuracy.meas(NB_pred_CV, testing$readmitted)计算预测准确率。

（10）使用函数ROSE::roc.curve(testing$readmitted, NB_pred_CV, plotit = F)绘制ROC曲线。

15.10 结论

本项目利用人口统计学、临床相关的诊疗过程、诊断相关特征以及所有年龄段的药物信息的数据，构建了一个预测模型，以预测糖尿病患者再次住院的可能性。通过对4种机器学习算法（逻辑回归、决策树、随机森林和朴素贝叶斯）在准确率、ROC曲线和混淆矩阵等方面进行分析，得出每个算法的性能指标。

1. 逻辑回归

（1）准确率：72.45%。

（2）敏感度：63.81%。

（3）特异度：76.14%。

（4）精确度：64.20%。

2. 决策树

（1）准确率：69.91%。

（2）敏感度：61.62%。

（3）特异度：73.48%。

（4）精确度：61.97%。

3. 朴素贝叶斯

（1）准确率：61.02%。

（2）敏感度：68.35%。

（3）特异度：54.23%。

（4）精确度：60.01%。

4. 随机森林

（1）准确率：73.22%。

（2）敏感度：64.53%。

（3）特异度：76.92%。

（4）精确度：65.49%。

以上是每个算法在预测糖尿病患者再次住院可能性方面的性能指标。可以看出，随机森林模型在准确率、敏感度、特异度和精确度方面表现最好，达到了73.22%的准确率，因此被认为是最高性能的模型。这些性能指标可以帮助评估和比较不同模型在预测任务中的表现。

通过进一步分析发现影响患者再次住院率的关键因素包括患者的住院次数、诊断次数、实验室检查次数和用药次数。此外，入院类型、入院来源、主要诊断、胰岛素剂量、HbA1c值等也提供了有价值的参考。基于研究的结果，建议医院在优化医疗服务时，不仅要关注住院期间的治疗和管理，还要重视患者出院后的延续性护理。

第16章 中概科技指数统计分析与投资系统

中概科技指数是专门衡量中概科技公司股票表现的指数。本章将对阿里巴巴、腾讯等13家中概科技公司的技术指标、相对强弱指数、交叉比较、汇率溢价等多方面数据进行综合分析，构建一个定制化的股票指数系统。本章详细讲解了该系统的实现过程，并使用各种主流技术指标可视化统计分析中概科技指数中的核心股票，为投资策略提供技术支持。

16.1 背景简介

中概股是指不在A股上市的中国公司股票，通常是在美国金融市场上市的中国企业。这些公司涵盖了各个行业，包括科技、互联网、金融、消费品等。中概股在全球范围内受到了广泛关注，因为它们代表了中国经济的一部分，并且为国际投资者提供了投资中国市场的途径。

中概科技指数通常由中概科技公司的股票组成，通过追踪这些公司的股价变动，可以反映整个中概科技行业的趋势。这类指数为投资者提供了关于中国科技行业整体状况的信息。

本项目旨在深入研究中概科技股票及指数的趋势，揭示这一行业的演变和发展动向。

研究中概股和中概科技指数有如下意义。

（1）市场洞察：中概股和中概科技指数的研究可以提供对中国经济和科技行业的深入了解，帮助投资者识别潜在的市场机会和风险。

（2）投资决策：中概股的表现可能会对投资决策产生重大影响，投资者可以通过研究这些股票和指数来制定更明智的投资战略。

（3）全球资产配置：中概股在全球范围内被广泛持有，研究中概科技指数有助于全球投资者更好地配置其资产组合，从而实现风险分散和收益最大化。

（4）行业趋势了解：中概科技指数的研究有助于了解中国科技行业的发展趋势，包括人工智能、电子商务、云计算等领域的动态，这对于未来的行业投资方向至关重要。

总体而言，对中概股和中概科技指数的研究有助于投资者更好地理解和把握中国科技行业的发展机会以及应对相应的挑战。

16.2 需求分析

通过对系统的需求进行全面分析，可以明确系统的功能和性能要求，为系统的设计和开发提供指导，并确保系统能够满足投资者的需求。具体的需求分析如下。

（1）数据获取和清洗：项目需要从可靠的数据源获取中国科技公司的股票价格、技术指标和相关市场数据。数据清洗是确保准确性和一致性的关键步骤。

（2）中概科技股票趋势分析：对阿里巴巴、腾讯等中概科技巨头的股票趋势进行分析，包括价格变化、技术指标的波动等，以洞察市场的交易情况。

（3）中概科技指数研究：研究中概科技指数，包括构成股票、指数的历史表现、波动性等，以全面了解中国科技行业整体的市场表现。

（4）自定义指数构建：基于预设的权重，创建一个自定义的中概科技指数，并分析该指数的表现，以便全面评估整个行业的投资回报。

（5）投资组合分析：将中国科技公司股票与其他资产组合进行比较和分析，以确定投资组合的综合表现。

（6）汇报与可视化：通过直观的图形和可视化手段呈现研究结果，以便用户能够清晰地理解中概科技行业的趋势和投资机会。

（7）多时间段比较：分析不同时间段内中概科技行业的变化，以揭示长期和短期趋势，为投资者提供更全面的市场了解。

（8）项目可扩展性：考虑未来对其他科技公司的扩展，以确保项目在行业发展和新兴公司崛起时保持更新。

通过满足上述需求，项目将为投资者、分析师和对中国科技行业感兴趣的各方提供深入的市场见解和数据支持。

16.3 系统分析

系统分析旨在确保中概科技指数统计分析与投资系统的可靠性、准确性和实用性，通过合理的数据处理和模型建立，为投资者提供有价值的决策支持。

16.3.1 系统目标

（1）分析中国概念科技股票的市场趋势，为投资者提供全面的行业洞察。

（2）创建和分析自定义的中概科技指数，以便投资者了解整个行业的表现。

（3）提供可视化工具，使用户能够直观地理解股票和指数的变化。

（4）将中国科技公司与其他资产组合进行对比，为投资者的决策提供参考。

16.3.2 系统模块

（1）数据获取和清洗模块：从数据源获取中国科技公司的股票价格、技术指标等数据，并进行清洗，确保数据的准确性和一致性。

（2）中概科技股票趋势分析模块：对阿里巴巴、腾讯等科技公司的股票趋势进行分析，包括价格波动、技术指标变化等。

（3）中概科技指数研究模块：研究中概科技指数的构成、历史表现、波动性等，为投资者提供对整个行业的了解。

（4）自定义指数构建模块：基于预设权重创建自定义中概科技指数，分析其表现，为投资者提供更全面的投资选择。

（5）投资组合分析模块：将中国科技公司股票与其他资产组合进行比较和分析，帮助用户优化投资组合。

（6）汇报与可视化模块：通过直观的图形和可视化手段呈现研究结果，使用户能够清晰地理解市场趋势。

（7）多时间段比较模块：分析不同时间段内中概科技行业的变化，揭示长期和短期趋势。

16.3.3 数据处理流程

（1）从数据源获取原始股票数据。
（2）进行数据清洗，处理缺失值和异常值。
（3）分析单个科技公司的股票趋势和技术指标。
（4）研究中概科技指数的构成和表现。
（5）根据预设权重创建自定义指数。
（6）比较投资组合的综合表现。
（7）生成汇报和可视化图形。
（8）提供多时间段内的行业比较。

16.4 技术栈

中概科技指数统计分析与投资系统的功能十分强大，使用的是主流的数据统计技术。本节将介绍本项目用到的主要开发技术。

16.4.1 Tidyquant：财务数据分析

Tidyquant是一个R语言中的财务数据分析包，建立在Tidyverse框架之上。Tidyquant旨在使金融数据的分析更加方便和可靠，其提供了一套一致的工具和接口，使用户能够更轻松地导入、操作和可视化金融时间序列数据。Tidyquant的主要特点如下。

（1）一致性：Tidyquant使用Tidyverse规范，这意味着它与其他Tidyverse包（如dplyr包和ggplot2包）无缝集成，可使数据分析工作流更加流畅和一致。

（2）时间序列处理：Tidyquant专注于处理时间序列数据，提供了方便的工具来处理和分析金融时间序列，包括股票价格、交易量等。

（3）可视化：Tidyquant整合了ggplot2包，使得用户能够使用强大的图形功能来可视化金融数据。

（4）金融指标计算：Tidyquant包括许多用于计算金融指标的函数，如移动平均线、相对强弱指标等。dplyr包是一个用于数据处理和转换的强大框架，提供了一组简洁、一致且高效的函数，用于对数据进行筛选、整理、变换和汇总。

16.4.2 Tidyverse：数据处理工具

Tidyverse 是一个由 Hadley Wickham 创建的 R 语言的集合，旨在简化数据科学和数据分析的工作流程。Tidyverse 包括一系列相互兼容的包，共同提供了一套一致的数据处理和可视化语法，使得用户能够更轻松地进行数据整理、分析和展示。Tidyverse 包含的核心包如下。

（1）dplyr 包：提供了用于数据整理和处理的功能，包括数据过滤、排序、分组、汇总等，使得数据操作更直观、高效。

（2）ggplot2 包：绘制丰富多样的统计图形，支持分层绘图、标签、主题定制等，是数据可视化的重要工具。

（3）tidyr 包：数据整理和清理，提供了一系列用于处理缺失数据、整理变量等的函数。

（4）readr 包：高效读取文本数据，提供了快速、一致的数据导入工具。

（5）purrr 包：处理和操作 R 语言中的列表数据结构，提供了强大的函数式编程工具。

16.4.3 Loess 平滑算法：非参数统计方法

Loess（局部加权散点平滑）是一种用于数据平滑和趋势拟合的非参数统计方法，旨在通过对每个数据点进行局部加权来拟合数据的光滑曲线，以便更好地捕捉数据的局部特征，同时减小离群值的影响。Loess 常用于拟合数据的非线性趋势，在本项目中，Loess 被用于生成平滑的线条，从而更清晰地显示股票价格和指数之间的关系。

16.5 数据处理

本项目使用的股票数据保存在本地 CSV 文件中，数据资料来源于 Kaggle，如图 16-1 所示。本节将基于这些本地 CSV 文件进行数据处理工作。

本项目使用的本地 CSV 文件是通过 AlphaVantage 和 Yahoo Finance 生成的。在如下代码中，设置了一些关键的股票符号组、日期，并加载了一系列的股票市场数据，提取需要分析的股票数据。

图 16-1　数据集文件

```
# 设置关键的股票符号组和日期
index <- c("kweb", "mchi")
key.tech <- c("tcehy", "baba", "jd")
exclude.bidu.ntes <- c("bidu", "ntes", "mpngy")
chart.date <- as.Date("2021-01-01")    # 绘制此日期

# 加载累积成交量数据
df.OBV <- read_csv("../input/stock-data/df.OBV.csv")
# 加载商品通道指数数据
df.CCI <- read_csv("../input/stock-data/df.CCI.csv")
```

```
# 加载 Chaikin AD 数据
df.AD <- read_csv("../input/stock-data/df.AD.csv")
# 加载相对强度指数数据
df.RSI <- read_csv("../input/stock-data/df.RSI.csv")
# 来自 Yahoo 的股票数据
stock.data <- read_csv("../input/stock-data/stock.list.csv")
# 来自 Yahoo 的香港股票数据
stock.data.hk <- read_csv("../input/stock-data/stock.list.hk.csv")
# 投资组合每日收益
stock.list.2 <- read_csv("../input/stock-data/stock_data_2.csv")
# 在后续图形中使用数据的日期列
time <- stock.data$date %>% sort(decreasing = TRUE)
```

对上述代码的具体说明如下。

1. 设置符号组和日期

（1）index、key.tech 和 exclude.bidu.ntes：用于组织股票符号的向量，代表不同的股票组合或关键的股票。

（2）chart.date：日期对象，表示在图形中绘制的起始日期。

2. 加载数据

（1）df.OBV、df.CCI、df.AD 和 df.RSI：分别加载累积成交量、商品通道指数、Chaikin AD 和相对强度指数的数据。这些数据存储在 CSV 文件中，通过函数 read_csv() 加载进来。

（2）stock.data、stock.data.hk、stock.list.2：分别加载来自 Yahoo 的股票数据、来自 Yahoo 的香港股票数据和投资组合的每日收益数据。

3. 日期列设置

time 创建一个日期列，对 stock.data 中的日期进行排序，以便在后续的图形中使用。

总体而言，上述代码的目的是为后续的数据分析和可视化准备数据，其包括多个不同来源和类型的股票市场数据。

16.6 中概股技术分析

经过前面的数据处理工作后，接下来以这些数据为基础进行数据分析，对中概股的常见金融技术指标进行分析和可视化操作，得出对投资者有用的信息。

16.6.1 股票价格和收益分析

使用 Tidyquant 包查看中概股的股票价格和收益情况。

（1）可视化展示 S&P 500、China Broad Market 和 China Internet Sector 的指数回报情况，同时显示中国互联网 ETF KWEB 的市场最高价，具体实现代码如下：

```r
sl3 <- stock.data %>%
  group_by(symbol)

eq.only <- c( "SPY", "MCHI", "KWEB")

temp.list <- c("BABA", "TCEHY")

sl3 %>%
  filter(symbol %in% eq.only) %>%
  tq_transmute(adjusted,
               periodReturn,
               period = "daily",
               type = "log",
               col_rename = "returns") %>%
  mutate(index = 1 * cumprod(1 + returns)) %>%
  ggplot(aes(x = date, y = index, color = symbol)) +
    geom_vline(xintercept = as.Date("2021-02-17"), color = "red") +
    geom_line(size = 1) +
  labs(title = "Index Returns for S&P 500, China Broad Market, and China Internet Sector",
       subtitle = "From 01/01/2018 to 17/08/2021",
       caption = "Red line indicating max price of China Internet ETF KWEB (Top of market).") +
    theme_tq() +
    scale_x_bd(business.dates=time, labels = date_format(format = "%Y"), max.major.breaks=12)
```

上述代码的具体说明如下。

①通过sl3 <- stock.data %>% group_by(symbol)将股票数据按照符号进行分组，为后续的处理做准备。

②使用eq.only <- c("SPY", "MCHI", "KWEB")定义一个包含S&P 500、China Broad Market和China Internet Sector的股票符号的向量，使用temp.list <- c("BABA", "TCEHY")定义了一个临时的股票符号列表。

③通过sl3 %>% filter(symbol %in% eq.only) %>% tq_transmute(...)筛选出符号在eq.only中的股票，并使用函数tq_transmute()计算这些股票的对数期间收益率，计算结果存储在returns列中。通过mutate(index = 1 * cumprod(1 + returns))计算指数，表示从给定日期开始的累积收益。

④通过ggplot包和相关的图形函数创建一个以日期为x轴、指数为y轴的折线图，如图16-2所示。在图中，使用函数geom_vline()添加一条红色垂直线，标志着特定日期2021-02-17；使用函数labs()添加图形的标题、副标题和标注；使用函数theme_tq()应用Tidyquant提供的图形主题样式；通过函数scale_x_bd()调整x轴的刻度，使用业务日期并设定标签格式。

图 16-2　S&P 500、China Broad Market 和 China Internet Sector 的指数走势

（2）绘制阿里巴巴（BABA）和腾讯（TCEHY）股票的累积对数收益率指数随时间的变化折线图，并在图中添加基准线，以便比较它们的相对表现，具体实现代码如下：

```
sl3 %>%
  filter(symbol %in% temp.list) %>%
  tq_transmute(adjusted,
               periodReturn,
               period = "daily",
               type = "log",
               col_rename = "returns") %>%
  mutate(index = 1 * cumprod(1 + returns)) %>%
  ggplot(aes(x = date, y = index, color = symbol)) +
  geom_hline(yintercept = 1, alpha = 0.5) +
  geom_line(size = 1) +
  labs(title = "Returns for Alibaba and Tencent",
       subtitle = "From 01/01/2018 to 17/08/2021") +
  theme_tq() +
  scale_x_bd(business.dates=time, labels = date_format(format = "%Y"), max.
    major.breaks=12)
```

上述代码的具体说明如下。

① 通过 sl3 %>% filter(symbol %in% temp.list) 筛选出符号在 temp.list 中的股票，这里指的是阿里巴巴和腾讯。

② 使用函数 tq_transmute() 计算这两只股票的对数日收益率，并将结果存储在 returns 列中；通过 mutate(index = 1 * cumprod(1 + returns)) 计算指数，表示从给定日期开始的累积收益。

③通过ggplot包和相关的图形函数创建一个折线图，其中x轴表示时间，y轴表示指数的累积对数收益率。每条折线代表一只股票，不同的颜色用于区分不同的股票。在图中，通过函数geom_hline()添加一条水平线，表示累积对数收益率为1的基准线，这有助于直观地比较股票的相对表现。

④通过函数labs()添加图形的标题和副标题；通过函数theme_tq()应用Tidyquant提供的图形主题样式；通过函数scale_x_bd()调整x轴的刻度，使用业务日期并设定标签格式。

绘制的阿里巴巴和腾讯股票的累积对数收益率指数随时间的变化折线图，如图16-3所示。

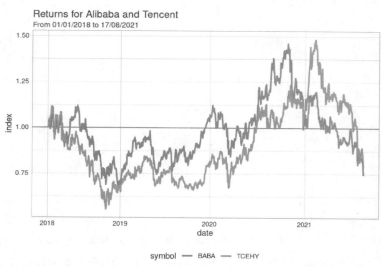

图16-3　阿里巴巴和腾讯的累积对数收益率指数随时间的变化折线图

（3）绘制指定股票在2021年1月1日至8月17日期间的累积对数收益率指数折线图，并突出相对同步的股价下跌趋势，同时标注中国互联网ETF KWEB的市场最高价，具体实现代码如下：

```r
eq.only <- c("SPY", "KWEB", "MCHI")

sl3 %>%
  filter(date > "2021-01-01") %>%
  filter(!symbol %in% eq.only) %>%
  tq_transmute(adjusted,
               periodReturn,
               period = "daily",
               type = "log",
               col_rename = "returns") %>%
  mutate(index = 1 * cumprod(1 + returns)) %>%
  ggplot(aes(x = date, y = index, color = symbol)) +
    geom_hline(yintercept = 1, alpha = 0.5) +
    geom_vline(xintercept = as.Date("2021-02-17"), color = "red", size = 1) +
    geom_line(size = 1) +
    labs(title = "Relatively Sychnronous Decline from Jan 2021",
         subtitle = "From 01/01/2021 to 17/08/2021",
         caption = "Red line indicating max price of China Internet ETF KWEB
          (Top of market).") +
    theme_tq() +
    scale_x_bd(business.dates=time, labels = date_format(format = "%b"))
```

上述代码的具体说明如下。

①通过 eq.only <- c("SPY", "KWEB", "MCHI") 定义一个包含特定股票符号的向量。

②通过 sl3 %>% filter(date > "2021-01-01") %>% filter(!symbol %in% eq.only) %>% tq_transmute(…) 对股票数据进行筛选和变换，计算2021年1月以来的对数日收益率，并生成相应的指数。

③通过 ggplot 包和相关的图形函数创建折线图。其中，通过函数 geom_hline() 添加一条基准线，表示累积对数收益率为1；通过函数 geom_vline() 添加一条红色垂直线，标志特定日期2021-02-17，即中国互联网ETF KWEB的市场最高价。

④通过函数 labs() 添加图形的标题、副标题和标注，使用 Tidyquant 提供的图形主题样式，并通过函数 scale_x_bd() 调整 x 轴的刻度，使用业务日期并设定标签格式。

效果图如图16-4所示。

（4）绘制6家公司（腾讯 TCEHY、阿里巴巴 BABA、京东 JD、拼多多 PDD、美团 MPNGY、蔚来汽车 NIO）在

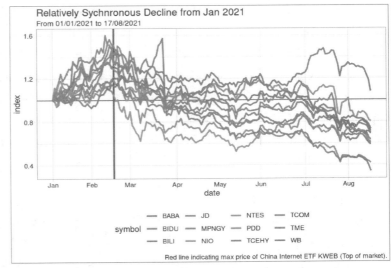

图16-4　累积对数收益率指数折线图和股价下跌趋势

2021年1月至2021年8月期间的累积对数收益率指数折线图，并通过区域图和垂直线突出中国互联网ETF KWEB的市场最高价，具体实现代码如下：

```
top5 <- c("TCEHY", "BABA", "JD", "MPNGY", "PDD", "NIO")

sl3 %>%
  filter(symbol %in% top5) %>%
  tq_transmute(adjusted,
               periodReturn,
               period = "daily",
               type = "log",
               col_rename = "returns") %>%
  mutate(index = 1 * cumprod(1 + returns)) %>%
  ggplot(aes(x = date, y = index)) +
  geom_hline(yintercept = 1, alpha = 0.5) +
  geom_line(size = 0.1) +
  geom_vline(xintercept = as.Date("2021-02-17"), color = "red", size = 1) +
  geom_area(alpha = 0.3) +
  labs(title = "Returns Time Period, Selected 6 Companies with line
    denoting Sector Peak",
       subtitle = "From 01/01/2021 to 17/08/2021  TCEHY, BABA, JD, NIO,
```

```
        PDD, MPNGY",
     caption = "Red line indicating max price of China Internet ETF KWEB
       (Top of market).") +
  scale_x_bd(business.dates=time, labels = date_format(format = "%Y"), max.
     major.breaks=6) +
  facet_wrap(.~ symbol, scales = "free")
```

上述代码的具体说明如下。

① 通过 top5 <- c("TCEHY", "BABA", "JD", "MPNGY", "PDD", "NIO") 定义6家公司的股票符号。

② 通过 sl3 %>% filter(symbol %in% top5) %>% tq_transmute(…) 对这6家公司的股票数据进行筛选和变换，计算2021年1月以来的对数日收益率，并生成相应的指数。

③ 通过 ggplot 包和相关的图形函数创建折线图。其中，函数 geom_hline() 添加一条基准线，表示累积对数收益率为1；函数 geom_line() 绘制6家公司的累积对数收益率指数的折线；函数 geom_vline() 添加一条红色垂直线，标志特定日期2021-02-17，即中国互联网ETF KWEB的市场最高价；函数 geom_area() 添加区域图，强调不同时间段的收益率波动。

④ 通过函数 labs() 添加图形的标题、副标题和标注，使用 Tidyquant 提供的图形主题样式；通过函数 scale_x_bd() 调整x轴的刻度，使用业务日期并设定标签格式。使用函数 facet_wrap 将6家公司的折线图分别展示在不同的子图中。

执行后的效果如图16-5所示。

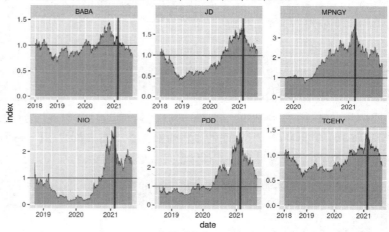

图16-5　6家公司累积对数收益率指数折线图

（5）绘制2021年1月至2021年8月期间包含6家公司（腾讯TCEHY、阿里巴巴BABA、京东JD、拼多多PDD、美团MPNGY、蔚来汽车NIO）在中概互联网ETF KWEB的市场最高价发生时的累积对数收益率指数折线图，全面展示整个股票篮子的表现，具体实现代码如下：

```
sl3 %>%
  filter(date > "2021-01-01") %>%
  filter(symbol %in% top5) %>%
  tq_transmute(adjusted,
          periodReturn,
          period = "daily",
          type = "log",
          col_rename = "returns") %>%
```

```
  mutate(index = 1 * cumprod(1 + returns)) %>%
ggplot(aes(x = date, y = index)) +
  geom_hline(yintercept = 1, alpha = 0.5) +
geom_line(size = 0.1) +
  geom_vline(xintercept = as.Date("2021-02-17"), color = "red", size = 1) +
  geom_area(alpha = 0.3) +
labs(title = "Same Time Period, Full Basket View including Sector Peak",
     subtitle = "From 01/01/2021 to 17/08/2021",
     caption = "Red line indicating max price of China Internet ETF KWEB
        (Top of market).") +
scale_x_bd(business.dates=time, labels = date_format(format = "%b"),
  max.major.breaks=6) +
  facet_wrap(.~ symbol, scales = "free")
```

上述代码的具体说明如下。

①通过 sl3 %>% filter(date > "2021-01-01") %>% filter(symbol %in% top5) %>% tq_transmute(…)对股票数据进行筛选和变换，计算这6家公司2021年1月以来的对数日收益率，并生成相应的指数。

②通过 ggplot 包和相关的图形函数创建折线图。其中，函数 geom_hline() 添加一条基准线，表示累积对数收益率为1；函数 geom_line() 绘制6家公司的累积对数收益率指数的折线；函数 geom_vline() 添加一条红色垂直线，标志特定日期2021-02-17，即中国互联网 ETF KWEB 的市场最高价；函数 geom_area() 添加区域图，强调不同时间段的收益率波动。

③通过函数 labs() 添加图形标题、副标题和标注，使用 Tidyquant 提供的图形主题样式；通过函数 scale_x_bd() 调整 x 轴的刻度，使用业务日期并设定标签格式；使用函数 facet_wrap() 将6家公司的折线图分别展示在不同的子图中。

执行效果如图16-6所示。

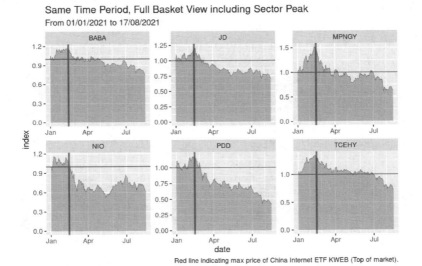

图16-6　中国互联网 ETF KWEB 的累积对数收益率指数折线图

16.6.2 配对分析统计图

股票中的配对分析是一种通过比较两只或多只相关性较高的股票之间的表现，以寻找交易机会或风险管理策略的方法。配对分析的基本思想是如果两只股票之间存在一定的关联性，则它们的价格走势可能会相似或相反。配对分析通常涉及同时买入一只股票并卖出另一只股票，从它们之间的价格关系中获利。

（1）在下面的代码中，首先定义了一个回归函数；然后，通过选取阿里巴巴和腾讯两只股票的价格数据，计算它们的对数日收益率，并绘制它们之间的散点图和线性回归拟合图；接着，通过滚动回归计算阿里巴巴的股票相对于腾讯股票的回归系数，绘制系数随时间变化的折线图。其具体实现代码如下：

```
temp.list <- c("BABA", "TCEHY")

regr_fun <- function(data) {
    coef(lm(BABA ~ TCEHY, data = timetk::tk_tbl(data, silent = TRUE)))
}

stock_pairs <- sl3 %>%
  filter(symbol %in% temp.list) %>%
  tq_transmute(select     = adjusted,
               mutate_fun = periodReturn,
               period     = "daily",
               type       = "log",
               col_rename = "returns") %>%
  spread(key = symbol, value = returns)

#Plotting the relationship of price returns
stock_pairs %>%
  ggplot(aes(x = BABA, y = TCEHY)) +
  geom_point(color = palette_light()[[1]], alpha = 0.5) +
  geom_smooth(method = "lm") +
  labs(title = "Visualizing Returns Relationship of Stock Pairs") +
  theme_tq()

stock_pairs <- stock_pairs %>%
  tq_mutate(mutate_fun = rollapply,
            width      = 90,
            FUN        = regr_fun,
            by.column  = FALSE,
            col_rename = c("coef.0", "coef.1"))

stock_pairs %>%
  ggplot(aes(x = date, y = coef.1)) +
  geom_line(size = 1, color = palette_light()[[1]]) +
```

```
geom_hline(yintercept = 0.8134, size = 1, color = palette_light()[[2]]) +
labs(title = "BABA ~ TCEHY: Visualizing Rolling Regression Coefficient",
     x = "") +
theme_tq()
```

执行效果如图16-7所示。

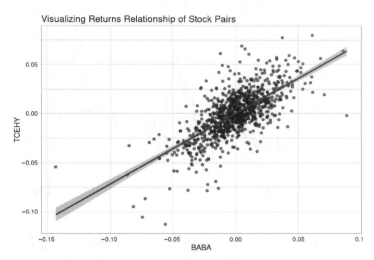

图16-7　阿里巴巴和腾讯股票的对数日收益率散点图和线性回归拟合图

（2）通过使用滚动窗口应用回归函数，计算阿里巴巴股票相对于腾讯股票的回归系数，并绘制系数随时间变化的折线图；同时，在图形中添加一条水平基准线，用于对比回归系数的趋势。其具体实现代码如下：

```
stock_pairs <- stock_pairs %>%
  tq_mutate(mutate_fun = rollapply,
            width      = 90,
            FUN        = regr_fun,
            by.column  = FALSE,
            col_rename = c("coef.0", "coef.1"))

stock_pairs %>%
  ggplot(aes(x = date, y = coef.1)) +
  geom_line(size = 1, color = palette_light()[[1]]) +
  geom_hline(yintercept = 0.8134, size = 1, color = palette_light()[[2]]) +
  labs(title = "BABA ~ TCEHY: Visualizing Rolling Regression Coefficient",
       x = "") +
  theme_tq()
```

上述代码的具体说明如下。

①通过函数tq_mutate()应用滚动窗口回归，计算阿里巴巴股票相对于腾讯股票的回归系数，并将结果保存为stock_pairs。

②使用ggplot包创建一个折线图，横轴表示时间，纵轴表示回归系数。通过函数geom_line()绘制系数随时间的变化趋势，并使用函数geom_hline()添加一条水平基准线，帮助比较系数的波动。

③通过函数labs()添加图形的标题和横轴标签，使用Tidyquant提供的图形主题样式。

执行效果如图16-8所示。

图16-8　阿里巴巴股票相对于腾讯股票的回归系数折线图

16.6.3 MACD技术分析统计图

MACD（Moving Average Convergence Divergence）是一种常用于股票和其他金融市场技术分析的指标，用于测量资产价格的趋势方向、趋势的强度以及可能的反转点。MACD被广泛用于识别价格趋势的强度和方向，以及可能的转折点，投资者可以使用MACD制定买入或卖出决策。要绘制指定所选股票的MACD图，首先计算所选择的股票（阿里巴巴、腾讯等）的MACD，然后绘制它们的MACD图，包括MACD线、信号线和差异柱状图，以便分析价格趋势和交叉信号。其具体实现代码如下。

```
main <- c("BABA", "TCEHY")

sl3_macd <- sl3 %>%
  filter(symbol %in% main) %>%
  group_by(symbol) %>%
  tq_mutate(select     = adjusted,
            mutate_fun = MACD,
            nFast      = 12,
            nSlow      = 26,
            nSig       = 9,
            maType     = SMA) %>%
  mutate(diff = macd - signal)
```

```
main <- c("BABA", "TCEHY", "JD", "MPNGY")

sl3_macd %>%
  filter(symbol %in% main) %>%
  filter(date > as_date("2021-05-01")) %>%
  ggplot(aes(x = date)) +
  geom_hline(yintercept = 0, color = palette_light()[[1]]) +
  geom_line(aes(y = macd, col = symbol)) +
  geom_line(aes(y = signal), color = "blue", linetype = 2) +
  geom_bar(aes(y = diff), stat = "identity", alpha = 0.5, color = palette_
    light()[[1]]) +
  facet_wrap(~ symbol, ncol = 2, scale = "free") +
  labs(title = "BABA, TCEHY, JD: Moving Average Convergence Divergence",
       y = "MACD", x = "", color = "") +
  scale_x_bd(business.dates=time, labels = date_format(format = "%b"),
    max.major.breaks=12) +
  theme_tq() +
  scale_color_tq()
```

上述代码的具体说明如下。

（1）选取主要股票（阿里巴巴、腾讯）的股票数据，使用函数tq_mutate()计算它们的MACD指标，包括快速线、慢速线和信号线，并计算差异。

（2）使用ggplot包创建一个图形，包括MACD线、信号线和差异柱状图，分别展示不同股票的MACD情况。通过函数facet_wrap()将不同股票的图形分别展示在不同的子图中。

（3）通过函数labs()添加图形的标题、坐标轴标签等，使用Tidyquant提供的图形主题样式和颜色。

执行效果图如图16-9所示。

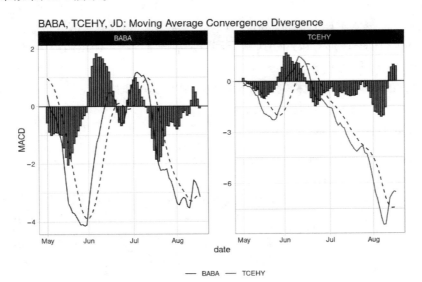

图16-9　阿里巴巴和腾讯的MACD图

16.6.4 OBV 技术分析统计图

OBV（On Balance Volume，成交量能指标）是一种常用的技术分析指标，用于衡量交易量的变化，以提供有关资产价格趋势的信息。OBV 的核心思想是通过量价分析判断市场的力量，以预测价格趋势的可能变化。该指标是由乔·格兰维尔（Joe Granville）于 1963 年引入的。

（1）绘制在美国上市的中国科技股票的 OBV 可视化图，展示从 2021 年 1 月至报告日期的 OBV 趋势。在该可视化图中，排除百度（BIDU）、网易（NTES）和美团（MPNGY）。其具体实现代码如下：

```
df.OBV %>%
  filter(time > chart.date) %>%
  filter(!symbol %in% index) %>%
  filter(!symbol %in% exclude.bidu.ntes) %>%
  ggplot(aes(time, OBV)) +
  geom_line() +
  geom_hline(yintercept = 0, alpha = 0.5, color = "black") +
  labs(title = "On Balance Volume (OBV) for US Listed Chinese Tech Stocks",
       subtitle = "From Jan 2021 to Date of Report",
       caption = "BIDU, NTES, and MPNGY excluded. Dates in Day/Month format",
       y= "OBV", x = "") +
  scale_x_bd(business.dates=time, labels = date_format(format = "%B"),
    max.major.breaks=6) +
  theme(axis.text.y=element_blank(),
        axis.ticks.y=element_blank(),
        axis.title.x=element_blank()) +
  facet_wrap(. ~ symbol, scale = "free")
```

上述代码的具体说明如下。

① 通过 df.OBV 选取了 OBV 数据，并使用一系列函数 filter() 筛选了符合条件的数据，包括时间在 chart.date 之后、不属于指数（index）和排除在 exclude.bidu.ntes 列表中的股票。

② 通过 ggplot 包创建图形，包括 OBV 线条和一条水平基准线。使用函数 facet_wrap() 将不同股票的图形分别展示在不同的子图中。

③ 通过函数 labs() 添加图形的标题、副标题、标注以及坐标轴标签，通过函数 scale_x_bd() 调整 x 轴的刻度，使用 Tidyquant 提供的图形主题样式。

执行效果图如图 16-10 所示。

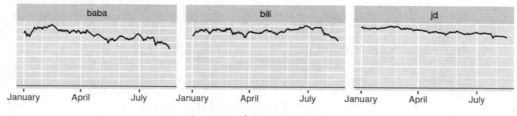

图 16-10　中概股的 OBV 图

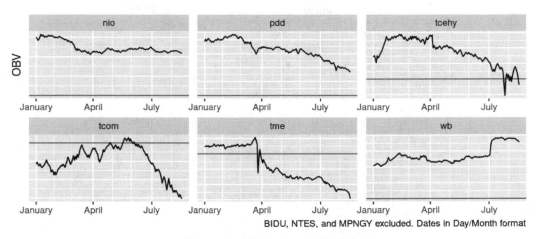

图 16-10　中概股的 OBV 图（续）

（2）使用相同的代码，但添加日期筛选。这里排除百度、网易和美团，因为这些股票在使用此指标时图形显示似乎无法正确格式化。通过添加日期筛选，绘制从 2021 年 6 月 1 日至报告日期在美国上市的中国科技股票的 OBV 可视化图。在 OBV 可视化图中排除百度、网易和美团。

```
df.OBV %>%
  filter(time > "2021-06-01") %>%
  filter(!symbol %in% index) %>%
  filter(!symbol %in% exclude.bidu.ntes) %>%
  ggplot(aes(time, OBV)) +
  geom_line() +
  geom_hline(yintercept = 0, alpha = 0.5, color = "black") +
  labs(title = "On Balance Volume for US Listed Chinese Tech Stocks",
       subtitle = "From Jan 2021 to Date of Report.  OBV on Y Axis",
       caption = "BIDU, NTES, and MPNGY excluded. Dates in Day/Month
        format",
       y= "OBV", x = "Date") +
  scale_x_bd(business.dates=time, labels = date_format(format =
    "%d-%b"),max.major.breaks=4) +
  theme(axis.title.y=element_blank(),
        axis.text.y=element_blank(),
        axis.ticks.y=element_blank()) +
  facet_wrap(. ~ symbol, scale = "free")
```

执行效果图如图 16-11 所示，OBV 可视化图显示从 2021 年 1 月至报告日期的完整 OBV 趋势，而上述代码绘制的 OBV 可视化图则对日期进行了更加精细的筛选，仅展示了从 2021 年 6 月 1 日至报告日期的 OBV 趋势。总体而言，这两个可视化图都旨在展示在美国上市的中国科技股票的 OBV 趋势，但通过筛选的日期不同，呈现了不同时间段内的趋势情况。

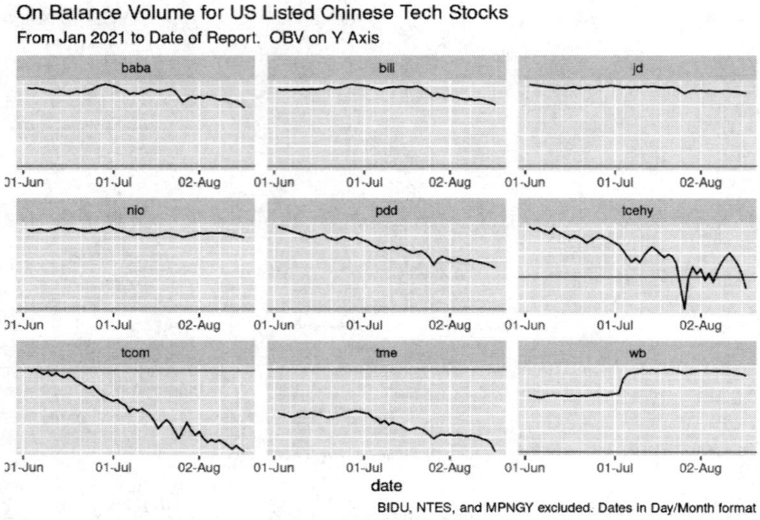

图 16-11 OBV 可视化图

（3）将阿里巴巴股票调整后每日的收盘数据与 OBV 数据合并，在可视化图中进行比较。首先，从阿里巴巴股票的股价数据和 OBV 数据中筛选出所需的时间范围和股票信息；接着，将这两个数据集合并为一个数据框，其中包括时间、调整后的股价和 OBV；最后，通过日期筛选和图形绘制，将阿里巴巴的股票调整后每日价格与 OBV 进行比较，以寻找可能的价格和 OBV 之间的分歧。其具体实现代码如下：

```
BABA <- stock.data %>%
  filter(date > chart.date) %>%
  filter(symbol %in% "BABA") %>%
  select(time = date, adjusted)

baba <- df.OBV %>%
  filter(time > chart.date) %>%
  filter(symbol %in% "baba") %>%
  select(time, OBV)

baba.fw <- merge(x = BABA, y = baba, by = "time", all = TRUE) %>%
  select(time, Adjusted = adjusted, "On Balance Volume" = OBV) %>%
  gather(key = "type", value = "value", -time)

# 通过日期筛选数据框并绘制股价和 OBV 的图形，它们分别显示在另一张上
# 读者可以寻找股价和 OBV 之间的分歧，作为指标使用
baba.fw %>%
  filter(time > "2021-06-01") %>%
  ggplot(aes(time, value)) +
  geom_line() +
  labs(title = "Alibaba Adjusted Daily Price Compared to On Balance Volume",
```

```
        caption = "Look for divergence between OBV and Price.",
        subtitle = "From June 2021 to Present") +
    facet_wrap( ~ type,nrow = 2,
                scales = "free") +
    scale_x_bd(business.dates=time, labels = date_format(format = "%d-%b"),
max.major.breaks=12)
```

执行效果图如图16-12所示。

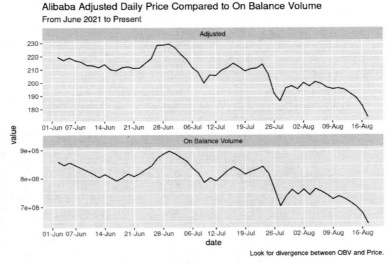

图16-12　阿里巴巴的股票调整后每日价格与OBV比较

（4）在下面的代码中，首先，从京东的股价数据和OBV数据中筛选出所需的时间范围和股票信息；接着，将这两个数据集合并为一个数据框，其中包括时间、调整后的股价和OBV；最后，通过日期筛选和图形绘制，将京东股票调整后的每日价格与OBV进行比较，以寻找可能的价格和OBV之间的分歧。

```
JD <- stock.data %>%
    filter(date > chart.date) %>%
    filter(symbol %in% "JD") %>%
    select(time = date, adjusted)

jd <- df.OBV %>%
    filter(time > chart.date) %>%
    filter(symbol %in% "jd") %>%
    select(time, OBV)

jd.fw <- merge(x = JD, y = jd, by = "time", all = TRUE) %>%
    select(time, Adjusted = adjusted, "On Balance Volume" = OBV) %>%
    gather(key = "type", value = "value", -time)
```

```
#And Chart it
jd.fw %>%
  filter(time > "2021-06-01") %>%
  ggplot(aes(time, value)) +
  geom_line() +
  labs(title = "JD Adjusted Daily Closing Price Compared to On Balance Volume",
       caption = "Look for divergence between OBV and Price.",
       subtitle = "From June 2021 to Present") +
  facet_wrap( ~ type,nrow = 2,
              scales = "free") +
  scale_x_bd(business.dates=time, labels = date_format(format = "%d-%b"),
max.major.breaks=12)
```

执行效果图如图16-13所示。

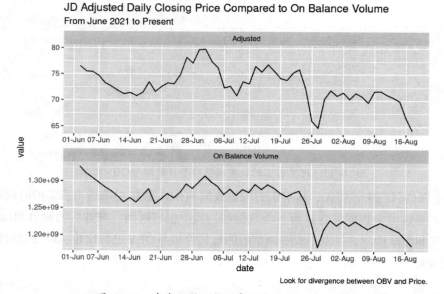

图16-13 京东股票调整后每日价格与OBV比较

（5）在下面的代码中，首先通过函数filter()筛选了相关时间范围和股票信息；然后，将股价数据和OBV数据合并为数据框；最后，通过日期筛选和图形绘制，将腾讯股票调整后的每日价格与OBV进行比较，以寻找潜在的价格和OBV之间的分歧。

```
rm(jd.fw, JD, jd)

TCEHY <- stock.data %>%
  filter(date > chart.date) %>%
  filter(symbol %in% "TCEHY") %>%
  select(time = date, adjusted)

tcehy <- df.OBV %>%
```

```
  filter(time > chart.date) %>%
  filter(symbol %in% "tcehy") %>%
  select(time, OBV)

tcehy.fw <- merge(x = TCEHY, y = tcehy, by = "time", all = TRUE) %>%
  select(time, Adjusted = adjusted, "On Balance Volume" = OBV) %>%
  gather(key = "type", value = "value", -time)

#Same Chart
tcehy.fw %>%
  filter(time > "2021-06-01") %>%
  ggplot(aes(time, value)) +
  geom_line() +
  labs(title = "Tencent Adjusted Daily Closing Price Compared to On Balance
    Volume",
       caption = "Look for divergence between OBV and Price.",
       subtitle = "From June 2021 to Present") +
  facet_wrap( ~ type,nrow = 2,
              scales = "free") +
  scale_x_bd(business.dates=time, labels = date_format(format = "%d-%b"),
    max.major.breaks=12)

#Remove
rm(tcehy.fw, TCEHY, tcehy)
```

执行效果图如图16-14所示。

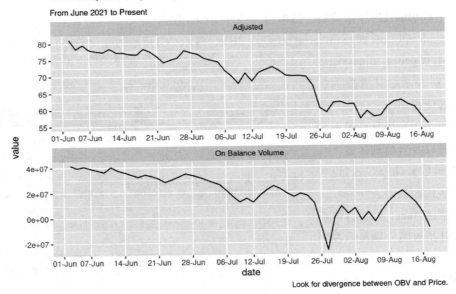

图16-14　腾讯股票调整后每日价格与OBV比较

16.6.5 CCI 技术分析统计图

商品通道指数（Commodity Channel Index，CCI）是一个有用的指标，主要目的是测量资产价格与其统计平均水平的偏离程度。该指标通常被用来识别市场中的超买和超卖条件，以及价格可能反转的时机。通过计算某组股票的CCI的平均值和中位数来衡量该组股票的强弱。在本项目中排除指数股，并进行多个计算，得出了用于绩效分析的独特集合。

（1）下面的代码中，通过绘制CCI的区域图，展示了一组股票符号的网格。在可视化图中使用面积图表达CCI指数，通过去除指数股，以区分股票组相对强弱。图形中的水平线表示CCI指数为0、-200和200的位置，有助于判断股票的相对强度或弱势。

```
df.CCI %>%
  filter(!symbol %in% index) %>%
  ggplot(aes(time, CCI)) +
  geom_area( alpha = 0.5, show.legend = FALSE) +
  geom_hline(yintercept = 0, color="black") +
  geom_hline(yintercept = -200, color="black", alpha = 0.8) +
  geom_hline(yintercept = 200, color="black", alpha = 0.8) +
  labs(title = "Commodity Channel Index US Listed Chinese Tech Stocks",
       subtitle = "Dates from Jan 2021 to Present",
       y= "CCI Index", x = "Date") +
  scale_x_bd(business.dates=time, labels = date_format(format = "%b"), max.major.breaks=8) +
  theme(axis.title.x=element_blank()) +
  facet_wrap(. ~ symbol)
```

对上述代码的具体说明如下。

① 使用函数filter()排除指数股，选取符合条件的CCI数据。

② 通过ggplot包和函数geom_area()绘制面积图，展示CCI指数的变化趋势。

③ 使用函数geom_hline()添加水平线，分别表示CCI指数为0、-200和200的位置。

④ 通过函数labs()设置图形的标题、子标题以及坐标轴标签。

⑤ 使用函数scale_x_bd()设置日期的显示格式和刻度。

⑥ 通过函数facet_wrap()将不同股票的CCI指数图分别显示在网格中。

执行效果图如图16-15所示。该可视化图用于直观地比较一组中

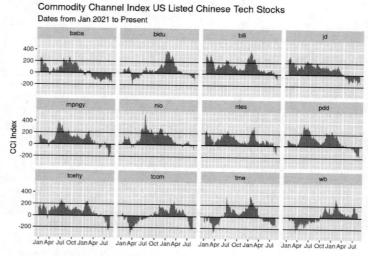

图 16-15　CCI 的区域图

国科技股的CCI指数走势，帮助分析它们的相对强度或弱势。

（2）下面的代码与上一个可视化图的代码相似，但是将日期缩小到了2021年6月以后。其中，使用函数facet_wrap()将不同股票的图分别显示在网格中，通过折线图表示CCI指数的变化趋势，通过散点图突出每个数据点的位置。

```
df.CCI %>%
  filter(time > "2021-06-01") %>%
  filter(!symbol %in% index) %>%
  ggplot(aes(time, CCI)) +
  geom_line( alpha = 0.5, show.legend = FALSE) +
  geom_hline(yintercept = 0, color = "black", alpha = 0.5) +
  geom_point(size = 0.1)+
  labs(title = "Commodity Channel Index US Listed Chinese Tech Stocks",
       subtitle = "Dates from June 2021 to Present",
       y= "CCI", x = "") +
  scale_x_bd(business.dates=time, labels = date_format(format = "%b")) +
  theme(axis.title.x=element_blank()) +
  facet_wrap(. ~ symbol)
```

执行效果图如图16-16所示。该图可用于更详细地观察一组中概科技股在2021年6月以后的CCI指数走势，帮助分析它们的相对强度或弱势。

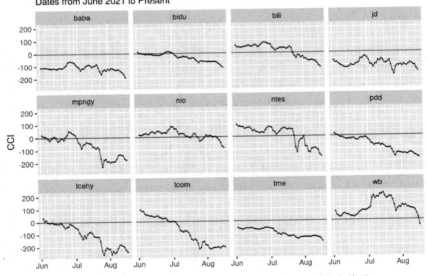

图16-16　中概科技股在2021年6月以后的CCI指数走势图

（3）创建一个新的数据框index.cci，并对其中非指数股票的CCI数据进行处理。通过计算CCI的中位数和均值，得到median.cci和mean.cci两个数据框，并将它们合并成一个包含中位数和均值的stat.cci数据框。通过函数gather()对数据框进行整理，以便后续绘图工作。其具体实现代码如下：

```r
index.cci <- df.CCI %>%
  filter(symbol != index)
median.cci <- index.cci %>%
  group_by(time) %>%
  summarise(median = median(CCI, na.rm = TRUE))
mean.cci <- index.cci %>%
  group_by(time) %>%
  summarise(mean = mean(CCI, na.rm = TRUE))
stat.cci <- data.frame(median.cci, mean = mean.cci$mean)
stat.cci.gather<- stat.cci %>%
  gather(key = "stat", value = "value", -time)
```

上述代码的具体说明如下。

① 使用函数 filter() 从 df.CCI 数据框中筛选出非指数股票的 CCI 数据，得到 index.cci。

② 使用函数 group_by 和 summarise() 计算 CCI 的中位数和均值，分别得到 median.cci 和 mean.cci 数据框。

③ 通过函数 data.frame() 将中位数和均值合并成一个数据框 stat.cci。

④ 使用函数 gather() 对 stat.cci 进行整理，将中位数和均值汇总到一个列中，得到 stat.cci.gather。

总之，上述代码用于计算非指数股票的 CCI 指数的中位数和均值，并整理成一个便于绘图的数据框。

（4）筛选出指定技术股票的 CCI 数据，计算这些股票的 CCI 指数的中位数和均值，并将其合并成一个数据框 key.stat.cci。通过函数 gather() 将中位数和均值整理成一个列，得到 key.stat.gather.cci。通过 ggplot 包绘制阿里巴巴和腾讯股票的 CCI 均值趋势图。其具体实现代码如下：

```r
# 根据CCI指数筛选数据
key.cci <- df.CCI %>%
  filter(symbol %in% key.tech)
# 计算中位数
key.median.cci <- key.cci %>%
  group_by(time) %>%
  summarise(median = median(CCI, na.rm = TRUE))
# 计算均值
key.mean.cci <- key.cci %>%
  group_by(time) %>%
  summarise(mean = mean(CCI, na.rm = TRUE))
# 合并数据框
key.stat.cci <- data.frame(key.median.cci, mean = key.mean.cci$mean)
# 合并并整理成一个列以便绘图
key.stat.gather.cci <- key.stat.cci %>%
  gather(key = "stat", value = "value", -time)

# 需要进一步改进
key.mean.cci %>%
```

```
filter(time > "2020-01-01") %>%
ggplot(aes(time, mean)) +
geom_line() +
geom_hline(yintercept = 0, color = "black", alpha = 0.5) +
labs(title = "CCI Mean for Alibaba and Tencent",
     subtitle = "From Jan 2020 to current date",
     caption = "(Alibaba CCI + Tencent CCI) / 2",
     y= "CCI",
     x = "") +
scale_x_bd(business.dates=time, labels = date_format(format = "%b %Y"),
max.major.breaks=12) +
   theme(axis.title.x=element_blank())
```

上述代码的具体说明如下。

① 使用函数filter()从df.CCI数据框中筛选出指定技术股票的CCI数据，得到key.cci数据框。

② 使用函数group_by()和summarise()计算这些技术股票的CCI指数的中位数和均值，分别得到key.median.cci和key.mean.cci数据框。

③ 通过函数data.frame()将中位数和均值合并成一个数据框key.stat.cci。

④ 使用函数gather()对key.stat.cci进行整理，将中位数和均值汇总到一个列中，得到key.stat.gather.cci。

⑤ 使用ggplot包绘制阿里巴巴和腾讯股票的CCI均值趋势图，展示从2020年1月至当前的CCI均值变化。

上述代码用于分析指定技术股票（阿里巴巴和腾讯）的CCI指数趋势，通过计算均值并绘制趋势图，帮助观察CCI指数的整体走势。执行效果图如图16-17所示。

（5）在下面的代码中，首先，从CCI数据中筛选出包含关键技术股票和指数的数据；然后，计算关键股票和指数的CCI均值；接着，将这些均值整合到一个数据框中，并通过绘图比较关键股票与中国指数ETF的CCI均值趋势；最后，添加图形的标题、副标题和说明，调整坐标轴标签及外观。

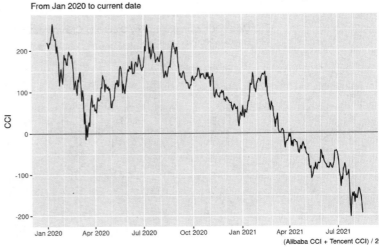

图16-17 阿里巴巴和腾讯股票的CCI均值趋势图

```
# 获取CCI指数中关键技术股票的数据
```

```r
idx.cci <- df.CCI %>%
  filter(symbol %in% index)

# 计算指数股票的均值
idex.mean.cci <- idx.cci %>%
  group_by(time) %>%
  summarise(mean = mean(CCI, na.rm = TRUE))

# 创建包含阿里巴巴、腾讯和指数股票 CCI 均值的数据框
idx.stat.cci <- data.frame(time = key.mean.cci$time, KEY = key.mean.cci$mean, INDEX = idex.mean.cci$mean) %>%
  gather(key = "stat", value = "value", -time)

# 绘图
idx.stat.cci %>%
  ggplot(aes(time, value, color = stat)) +
  geom_hline(yintercept = 0, color="black", alpha = 0.3) +
  labs(title = "Mean CCI: Comparing Key Stocks to China Index ETF",
       subtitle = "From Jan 2020 to current date",
       caption = "Index ETF: MCHI, KWEB | Key Stocks: BABA, TCEHY",
       y = "CCI Index") +
  geom_line() +
  scale_x_bd(business.dates=time, labels = date_format(format = "%b %Y"), max.major.breaks=12) +
  theme(axis.title.x=element_blank())
```

执行效果图如图 16-18 所示。

图 16-18 CCI 均值：比较关键股票与中国指数 ETF

（6）在下面的代码中，首先，创建了一个数据框，包含关键技术股票和指数的 CCI 均值，并计

算它们之间的差异（spread）；接着，选择时间和差异列，并绘制差异随时间变化的趋势图；然后，添加图形的标题、副标题和说明，通过水平线表示差异为零的基准；最后，调整坐标轴标签及外观，绘制差异随时间变化的趋势线。

```
data.frame(time = key.mean.cci$time, KEY = key.mean.cci$mean, INDEX = idex.
mean.cci$mean) %>%
  select(time, KEY, INDEX) %>%
  mutate(spread = KEY - INDEX) %>%
  select(time, spread) %>%
  ggplot(aes(time, spread)) +
  labs(title = "CCI: Key Stocks Spread to Index ETF",
       subtitle = "Mean CCI (Spread): Key Stocks Less China Index ETF",
       caption = "Index ETF: MCHI, KWEB | Key Stocks: BABA, TCEHY") +
  geom_hline(yintercept = 0, color="black", alpha = 0.8) +
  geom_line() +
  scale_x_bd(business.dates=time, labels = date_format(format = "%b %Y"),
max.major.breaks=12) +
  theme(axis.title.x=element_blank())
```

执行效果图如图16-19所示，展示了关键技术股票和指数的CCI均值之间的差异随时间的变化趋势。图16-19中的水平线代表差异为零的基准，通过观察趋势线，可以了解关键技术股票CCI均值相对于指数的表现。

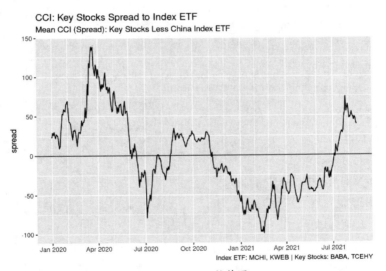

图16-19　CCI趋势图

（7）清除前面创建的一系列数据框和变量，以释放系统内存并确保在后续分析中不会发生混淆，具体实现代码如下：

```
rm(index.cci, median.cci, mean.cci, stat.cci, key.cci, key.median.cci, key.
   stat.cci, key.mean.cci, key.stat.gather.cci, index.mean.cci, comp.mean.
   cci, idx.cci, idex.mean.cci, idx.stat.cci)
```

16.6.6 Chaikin AD Line 技术分析统计图

Chaikin AD Line（钱林振荡器）是一种用于分析价格趋势强度的指标，也被称为Chaikin指标，交易者可以使用它基于交易量来评估价格趋势的强弱。

（1）在下面的代码中，首先，从Chaikin AD Line数据中筛选出符合条件的时间段和股票，并使用ggplot包创建折线图，展示Chaikin AD Line。接着，通过函数facet_wrap()按照股票符号拆分图形，以便比较不同股票的Chaikin AD Line走势；最后，通过调整图形的样式和标签，提供清晰的图形展示，帮助分析在美国上市的中国科技股的Chaikin AD Line。具体实现代码如下：

```
df.AD %>%
  filter(time > chart.date) %>%
  filter(!symbol %in% index) %>%
  ggplot(aes(time, AD)) +
  geom_line() +
  labs(title = "Chaikin AD Line for US Listed Chinese Tech Stocks",
       subtitle = "From Jan 2021 to date of report",
       y= "AD", x = "") +
  facet_wrap(. ~ symbol, scale = "free") +
  scale_x_bd(business.dates=time, labels = date_format(format = "%b"), max.major.breaks=6) +
  theme(axis.title.y=element_blank(),
        axis.text.y=element_blank(),
        axis.ticks.y=element_blank(),
        axis.title.x=element_blank())
```

执行上述代码后，效果图如图16-20所示。通过筛选时间并排除指数，使用函数ggplot()绘制AD Line图形，其中x轴表示时间，y轴表示AD值。函数facet_wrap()用于将不同股票的图形放置在不同的小面板中，以便更好地比较它们。图形标题显示绘制的数据范围，y轴标签为AD。为了美观，还使用函数theme()调整坐标轴的显示。

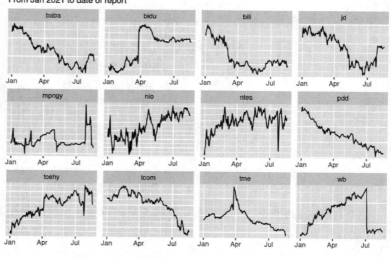

图16-20　中概股的Chaikin AD Line可视化图

（2）在下面的代码中，首先，从Chaikin AD Line数据中筛选出在2021年5月1日之后的数据，并选择特定的关键科技股股票；接着，利用ggplot包创建折线图，展示在美国上市的中概科技股的Chaikin AD Line走势；最后，通过函数facet_wrap()按照股票符号拆分图形，以便更清晰地比较不同科技股的Chaikin AD Line。具体实现代码如下。

```
df.AD %>%
  filter(time > "2021-05-01") %>%
  filter(symbol %in% key.tech) %>%
  ggplot(aes(time, AD)) +
  geom_line() +
  labs(title = "Chaikin AD Line for Key US Listed Chinese Tech",
       subtitle = "From May 2021 to Date of Report",
       y= "AD", x = "") +
  facet_wrap(. ~ symbol, scale = "free") +
  scale_x_bd(business.dates=time, labels = date_format(format = "%b"), max.major.breaks=6) +
  theme(axis.title.y=element_blank(),
        axis.text.y=element_blank(),
        axis.ticks.y=element_blank(),
        axis.title.x=element_blank())
```

效果图如图16-21所示。通过调整图形的样式和标签，可以提供清晰的可视化图，帮助分析关键科技股的Chaikin AD Line走势。

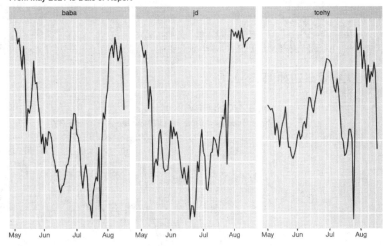

图16-21　中概科技股的Chaikin AD Line走势

16.6.7 相对表现比率统计图

相对表现比率统计图反映的是两个不同市场或地区的相对表现，而不是单一行业内的公司比较。在本项目中，使用Yahoo Finance的每日调整收盘价数据比较股价。在下面的代码中，首先，从Yahoo Finance获取股票的每日调整收盘价数据，并选取了指数MCHI（广义中国指数ETF）和SPY（标普500美国指数）的数据；接着，计算MCHI与SPY的每日收盘价比率，表示中概指数相对于美国标普500指数的表现；最后，通过时间序列绘制这一比率的图形，展示MCHI相对于SPY的主要相对表现不佳的情况，时间为2020年1月1日到2021年12月8日。具体实现代码如下：

```
mchi <- stock.data %>%
  filter(date > "2020-01-01")%>%
  filter(symbol == "MCHI") %>%
  select(mchi = adjusted)
spy <- stock.data %>%
  filter(date > "2020-01-01")%>%
  filter(symbol == "SPY")
comb <- data.frame(spy, mchi)

rm(spy, mchi)

comb %>%
  mutate(ratio = mchi/adjusted) %>%
  select(date, ratio) %>%
  ggplot(aes(date, ratio)) +
  labs(title = "Ratio: MCHI:SPY",
       subtitle = "Major Underperformance of China Index ETF vs SPY.",
       caption = "From 01/01/2020 to 08/12/2021") +
  geom_line() +
  scale_x_bd(business.dates=time, labels = date_format(format = "%b %Y"), max.major.breaks=20) +
  theme(axis.title.x=element_blank())
```

执行效果图如图16-22所示。

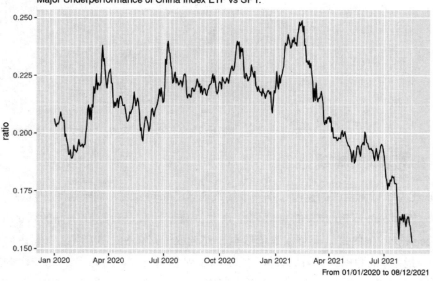

图16-22　MCHI与SPY的比率图

16.6.8 RSI 技术分析统计图

相对强弱指数（Relative Strength Index，RSI）是一种经过指数化的计算方法，可用于比较不同股票的 RSI 分数，以评估它们的相对强弱。

（1）绘制特定股票（如阿里巴巴、腾讯）的 RSI 的时间序列图，展示它们在 2021 年至报告日期间的走势。具体实现代码如下。

```
main <- c("baba", "tcehy")

df.RSI %>%
  filter(time > "2021-01-01") %>%
  filter(symbol %in% main) %>%
  ggplot(aes(time, RSI, color = symbol)) +
  labs(title = "Relative Strength Index for Tencent",
       subtitle = "From Jan 2021 to date of report") +
  geom_line() +
  scale_x_bd(business.dates=time, labels = date_format(format = "%B"), max.major.breaks=12)
```

效果图如图 16-23 所示，通过颜色区分不同的股票。

图 16-23 阿里巴巴和腾讯股票的 RSI 时间序列图

（2）绘制一个 RSI 的时间序列图，比较关键科技股股票（KWEB、阿里巴巴和腾讯）在 2020 年至报告日期期间的走势。具体实现代码如下。

```
temp.select <- c("kweb", "baba", "tcehy")

df.RSI %>%
```

```
    filter(time >"2020-01-01") %>%
    filter(symbol %in% temp.select) %>%
    ggplot(aes(time, RSI, color = symbol)) +
    labs(title = "Relative Strength Index for Key Tech",
         subtitle = "From Jan 2020 to Date of Report") +
    geom_line() +
    scale_x_bd(business.dates=time, labels = date_format(format = "%B"), max.
major.breaks=12) +
    theme(axis.title.x=element_blank())
```

效果图如图16-24所示，每支股票用不同颜色表示，可视化图的标题指明研究的时间范围。

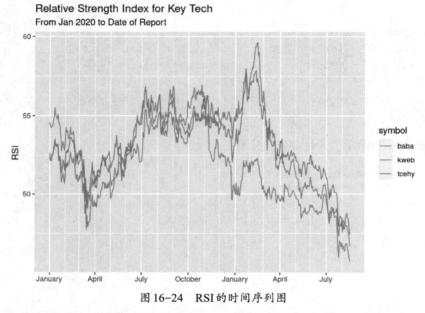

图16-24　RSI的时间序列图

首先，通过除指数股和阿里巴巴以外的股票，来计算中概股概念的平均RSI；随后，为阿里巴巴的RSI分配一个单独的变量，并过滤数据集，仅获取阿里巴巴的RSI。最后，将阿里巴巴与中概股概念中排除阿里巴巴的其他股票进行比较。

（3）首先，计算排除中概股指数股和阿里巴巴的其他股票的平均RSI，并计算阿里巴巴的RSI；然后，通过比较阿里巴巴的RSI与中概股中其他股票的平均RSI的差距，展示这两者在时间上的变化趋势；最后，通过可视化图形呈现阿里巴巴的RSI与行业平均RSI的差距。其具体实现代码如下：

```
rm(temp.select)

mean.rsi <- df.RSI %>%
    filter(symbol != index) %>%
    filter(!symbol %in% "BABA") %>%
    group_by(time) %>%
    summarise(mean = mean(RSI, na.rm = TRUE))
```

```
key.rsi <- df.RSI %>%
  filter(symbol %in% "baba") %>%
  group_by(time) %>%
  summarise(mean = mean(RSI, na.rm = TRUE)) %>%
  select(keymean = mean)

baba.spread.rsi <- data.frame(mean.rsi, key.rsi) %>%
  mutate(spread = keymean - mean) %>%
  select(time, BABA.Spread = spread)

stat.rsi <- data.frame(mean.rsi, key.rsi) %>%
  gather(key = "stat", value = "value", -time)

stat.rsi %>%
  ggplot(aes(time, value, color = stat)) +
  labs(title = "Mean RSI for Key Stocks and Mean RSI for Sector",
       subtitle = "From Jan 2020 to date of report",
       y = "RSI") +
  geom_line() +
  scale_x_bd(business.dates=time, labels = date_format(format = "%b %Y"),
    max.major.breaks=12) +
  theme(axis.title.x=element_blank())
```

效果图如图16-25所示。

图16-25　阿里巴巴的RSI与行业平均RSI的差距

（4）计算阿里巴巴的RSI与中概股科技行业平均RSI之间的差距，并通过可视化图形呈现这一差距的变化趋势。其具体实现代码如下：

```
data.frame(mean.rsi, key.rsi) %>%
  mutate(spread = keymean - mean) %>%
  select(time, spread) %>%
ggplot(aes(time, spread)) +
  labs(title = "Spread of Alibaba RSI less Mean RSI for China Tech Sector",
       subtitle = "From Jan 2020 to date of report",
       caption = "Rest of sector excludes Alibaba and Index ETF",
       y = "RSI") +
  geom_line() +
  geom_hline(yintercept = 0, color = "black", alpha = 0.5) +
  scale_x_bd(business.dates=time, labels = date_format(format = "%b %Y"),
max.major.breaks=12) +
  theme(axis.title.x=element_blank())
```

效果图如图16-26所示，图形标题指明了呈现的内容，包括阿里巴巴RSI减去中概股科技行业平均RSI的差距；副标题提供了时间范围和相关说明。

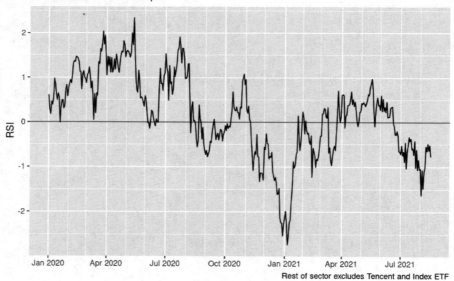

图16-26　阿里巴巴RSI减去中概股科技行业平均RSI的差距

（5）首先，计算不包括指数股和腾讯的中概科技股的RSI均值；接着，计算腾讯的RSI均值，并选择一个新的变量keymean；最后，通过将这两个均值相减，创建一个新的变量spread，并绘制腾讯的RSI相对于整个中概科技股均值的传播图。其具体实现代码如下：

```
mean.rsi <- df.RSI %>%
  filter(symbol != index) %>%
```

```
  filter(!symbol %in% "tcehy") %>%
  group_by(time) %>%
  summarise(mean = mean(RSI, na.rm = TRUE))
key.rsi <- df.RSI %>%
  filter(symbol %in% "tcehy") %>%
  group_by(time) %>%
  summarise(mean = mean(RSI, na.rm = TRUE)) %>%
  select(keymean = mean)
stat.rsi <- data.frame(mean.rsi, key.rsi) %>%
  gather(key = "stat", value = "value", -time)

data.frame(mean.rsi, key.rsi) %>%
  mutate(spread = keymean - mean) %>%
  select(time, spread) %>%
  ggplot(aes(time, spread)) +
  labs(title = "Spread of Tencent RSI less Mean RSI for China Tech Sector",
       subtitle = "From Jan 2020 to date of report",
       caption = "Rest of sector excludes Tencent and Index ETF",
       y = "RSI") +
  geom_line() +
  geom_hline(yintercept = 0, color = "black", alpha = 0.5) +
  scale_x_bd(business.dates=time, labels = date_format(format = "%b %Y"),
    max.major.breaks=12) +
  theme(axis.title.x=element_blank())
```

效果图如图16-27所示，图形标题和副标题提供了相应的解释，强调了排除腾讯和指数ETF的情况。

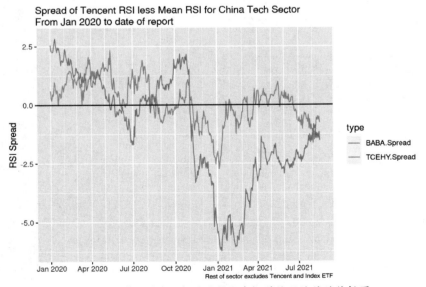

图16-27　腾讯的RSI相对于整个中概科技股均值的传播图

16.6.9 交易差价技术分析统计图

本节关注阿里巴巴在纽交所和港交所之间的价差。为了理解两者之间的关系，使用以下方式进行计算。

（1）设定一个基准，即1股在美国上市的阿里巴巴股票等同于8股在香港上市的阿里巴巴股票。

（2）使用每日的港元兑美元汇率，将香港市场的股票价格转换为等效的美元价格，以便与美国市场的价格进行比较。

在此基础上，我们进行计算和数据处理，转换香港市场的股票价格至等效美元，以便与美国市场的价格处于同一货币单位下。

（1）为了直观地展示阿里巴巴在美国和香港之间交易差价的变化趋势，我们将使用数据可视化工具绘制柱状图和平滑曲线（Loess线）。这条平滑曲线将清晰地表明从2021年1月至报告日期期间，香港市场股票相对于美国市场股票的溢价或折价情况。具体来说，当平滑线位于零轴上方时，表示香港市场存在溢价；当平滑线穿越或位于零轴下方时，则表示香港市场出现折价。通过这种方式，我们可以深入理解两个市场之间的价格动态关系。具体实现代码如下：

```
spread.sl.hk <- stock.data.hk %>%
  spread(symbol, adjusted)

spread.sl.hk <- spread.sl.hk %>%
  mutate(BABA.conv = BABA / 8)

spread.sl.hk <- spread.sl.hk %>%
  filter(date > "2021-01-01") %>%
  select(date, BABA.conv, BABAHK = "9988.HK", HKD = "HKD=X") %>%
  mutate(BABACONV = BABAHK / HKD) %>%
  select(date, BABA.conv, BABACONV)

spread.sl.hk <- spread.sl.hk %>%
  mutate(abs.spread = BABACONV - BABA.conv)
spread.sl.hk.copy <- spread.sl.hk %>%
  mutate(abs.spread = BABACONV - BABA.conv)

spread.sl.hk %>%
  ggplot(aes(date, abs.spread)) +
    geom_col() +
    geom_smooth() +
  labs(title = "Alibaba: HK and US Exchange, US Dollar Spread",
       subtitle = "From Jan 2021 to date of report",
       caption = "Comparison with US value of HK shares.") +
  scale_x_bd(business.dates=time, labels = date_format(format = "%B"), max.major.breaks=12) +
  theme(axis.title.x=element_blank())
```

效果图如图16-28所示。具体来说，上述代码将绘制阿里巴巴在美国和香港之间的每日绝对价差，使用柱状图表示，并添加平滑曲线以显示变化趋势。这有助于比较阿里巴巴在两个市场的交易差价（以美元计价）。

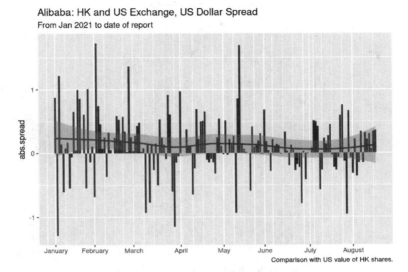

图16-28　阿里巴巴在美国和香港之间的每日绝对价差

（2）首先，创建一个数据框 spread.sl.hk，其中包含阿里巴巴在美国市场和香港市场每日调整后的价格；然后，通过转换香港市场股票的数量和汇率，计算香港市场股票在美国市场的等效价值，并计算两个市场之间的绝对价差；接着，通过生成一个柱状图，展示阿里巴巴在两个市场之间的每日百分比价差；最后，添加一条Loess平滑曲线，以更清晰地显示价差的趋势。

```
spread.sl.hk <- spread.sl.hk %>%
  mutate(spread.pct = (abs.spread/BABACONV)*100) %>%
  select(date, spread.pct)

spread.sl.hk %>%
  ggplot(aes(date, spread.pct)) +
  labs(title = "Alibaba: Hong Kong and US Exchange Spread",
       subtitle = "Daily Percentage. Hong Kong Price Premium Has Been
         Maintained.",
       caption ="Loess Mean Calculation. Time Period: 01/01/2021 to
         12/08/2021",
       y = "Percent Spread") +
  stat_smooth(method = loess) +
  geom_hline(yintercept = 0, alpha = 0.5) +
  geom_col(alpha = 0.7) +
  scale_x_bd(business.dates=time, labels = date_format(format = "%B"), max.
    major.breaks=12) +
  theme(axis.title.x=element_blank())
```

效果图如图16-29所示。该可视化图使用柱状图表示每日的价差百分比，同时添加平滑曲线以显示趋势。这有助于观察香港市场股票是否一直维持在相对于美国市场股票的溢价水平。

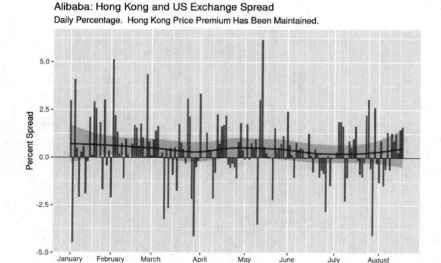

图16-29　阿里巴巴每日百分比价差

16.6.10 CCI密度图

本节将以阿里巴巴、腾讯和京东的CCI数据为基础，检查两个时间段内CCI结果的密度。
（1）第一个时间段是2020年1月1日到2021年1月1日，具体实现代码如下：

```
df.CCI$symbol[df.CCI$symbol == "jd"] <- "JD"
df.CCI$symbol[df.CCI$symbol == "baba"] <- "Alibaba"
df.CCI$symbol[df.CCI$symbol == "tcehy"] <- "Tencent"

new.key.tech <- c("Alibaba", "JD", "Tencent")

df.CCI %>%
  select(time, Corporation = symbol, CCI) %>%
  filter(time >"2020-01-01") %>%
  filter(time < "2021-01-01") %>%
  filter(Corporation %in% new.key.tech) %>%
  ggplot(aes(CCI, fill = Corporation)) +
  geom_density(alpha = 0.5) +
  labs(title = "CCI Density: Time Period Analysis (2020)",
       subtitle = "Tracking Commodity Channel Index Shift for Alibaba, JD,
       and Tencent.",
       caption = "Time Series: 01/01/2020 to 01/01/2021.",
       y = "Density") +
```

```
  xlim(-300,300) +
  theme(axis.title.x=element_blank())
```

在上述代码中，首先对CCI数据进行符号替换，将jd替换为JD，baba替换为Alibaba，tcehy替换为Tencent；接着，创建一个新的关键技术股列表new.key.tech；然后，从CCI数据中选择符号、时间和CCI列，进行时间和公司过滤，筛选出2020年的数据；最后，使用ggplot包创建一个密度图，对比Alibaba、JD和Tencent在2020年的CCI密度分布，用于追踪CCI的变化趋势。效果图如图16-30所示。

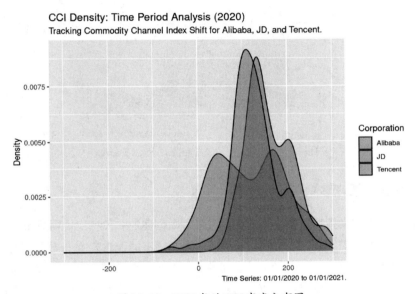

图16-30　2020年的CCI密度分布图

（2）绘制第二个密度图，时间段是2021年1月2日到2021年8月12日，该密度图显示中概股中3家关键互联网公司的股价密度明显的变化。其具体实现代码如下：

```
df.CCI %>%
  select(time, Corporation = symbol, CCI) %>%
  filter(time >"2021-02-01") %>%
  filter(time < "2021-12-08") %>%
  filter(Corporation %in% new.key.tech) %>%
  ggplot(aes(CCI, fill = Corporation)) +
    geom_density(alpha = 0.5) +
  labs(title = "CCI Density: Time Period Analysis (2021)",
       subtitle = "Tracking Commodity Channel Index Shift for Alibaba, JD,
         and Tencent.",
       caption = "Time Series: 02/01/2021 to 12/08/2021.",
       y = "Density") +
  xlim(-300,300) +
  theme(axis.title.x=element_blank())
```

效果图如图16-31所示。

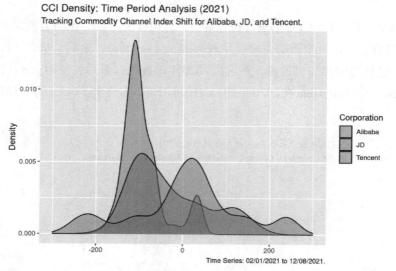

图16-31 阿里巴巴、京东和腾讯的CCI密度图

16.6.11 自定义指数技术分析统计图

在股票市场中，自定义指数通常是指投资者或分析师创建的一种特定规则或条件下的股票指数。与常见的市场指数（如标普500、道琼斯工业平均指数等）不同，自定义指数是根据个体或特定投资策略的要求而创建的。自定义指数的创建通常是为了追踪特定投资策略、行业趋势或者其他市场分析需求。这种自定义的方法能够提供更符合投资者需求的指数，反映投资者关心的特定市场或行业表现。

（1）如下代码的功能是计算一个自定义指数，预先设定的权重是基于当前市值设置的，权重会在代码块底部输出。

```
list <- c("BABA","TCEHY","JD","PDD","NIO","MPNGY","DIDI","NTES","BILI","BIDU","WB","TCOM","LU")
wts <- c(0.15, 0.15, 0.10, 0.10, 0.10, 0.05, 0.05, 0.05, 0.05, 0.05, 0.05, 0.05, 0.05)

start.date <- as.Date("2021-01-01")
end.date <- Sys.Date()

#Get the stock price imported at beginning of project.
#Yahoo data and we are using tidyquant to get the daily returns.
stock_return <- stock.list.2 %>%
  group_by(symbol) %>%
  tq_transmute(select     = adjusted,
               mutate_fun = periodReturn,
```

```
              period       = "daily",
              col_rename = "Ra")

basket <- stock_return %>%
  tq_portfolio(assets_col   = symbol,
               returns_col  = Ra,
               weights      = wts,
               col_rename   = "investment.growth",
               wealth.index = TRUE) %>%
  mutate(investment.growth = investment.growth *225)

basket <- basket %>%
  mutate(symbol = "index") %>%
  rename("adjusted" = investment.growth)

basket %>%
  ggplot(aes(x = date, y = adjusted)) +
  geom_line(size = 1, color = palette_light()[[1]]) +
  labs(title = "Custom Index Time Series",
       subtitle = "Fixed Compondent Weight Portfolio with 13 Holdings",
       x = "", y = "Index Value") +
    scale_x_bd(business.dates=time, labels = date_format(format = "%B"),
max.major.breaks=12)
```

上述代码的具体说明如下。

① 首先，定义要包含在指数中的股票列表和相应的权重；随后，指定起始日期和结束日期；最后，获取股票价格数据，使用Yahoo数据，并使用Tidyquant包计算每日收益率。

② 通过函数tq_portfolio()计算基于给定权重的投资组合的日收益率，并将其转换为累积增长率。为了创建指数时间序列，将投资组合的累积增长率乘以一个基准值（这里是225），绘制指数的时间序列图，其中x轴表示日期，y轴表示指数值，效果如图16-32所示。

（2）现在可以从回报的角度观察股票的表现，对自定义指数与阿里巴巴进行比较。在下面的代码中，使用Tidyquant将价格序列转换为每日回报数据，可视化展示了与阿里巴巴相比的自定义指数回报。

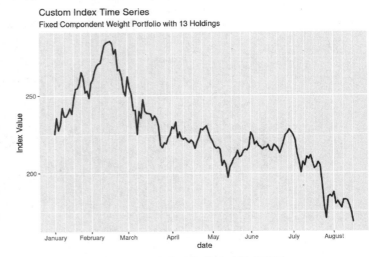

图16-32 自定义指数的时间序列图

```
sp.baba <- stock.list.2 %>%
```

```r
    filter(date > "2021-01-01") %>%
    filter(symbol %in% "BABA") %>%
    select(symbol, date, adjusted)

merged <- full_join(sp.baba, basket, by = c('symbol','date', 'adjusted'))

merged.returns <- merged %>%
  group_by(symbol) %>%
  tq_transmute(select     = adjusted,
               mutate_fun = periodReturn,
               period     = "daily",
               col_rename = "daily_return")

#probably a better way to do this.
merged.returns <- merged.returns %>%
  mutate(cm.ret = 100*(cumprod(1 + daily_return)))

merged.returns %>%
  ggplot(aes(date, cm.ret-100, color = symbol)) +
    labs(title = "Custom Index Returns Compared to Alibaba",
         subtitle = "Fixed Compondent Weight Portfolio with 13 Holdings and
                     Alibaba",
         x = "", y = "Percent Return") +
    geom_line() +
      scale_x_bd(business.dates=time, labels = date_format(format = "%b"),
         max.major.breaks=12)
```

效果图如图16-33所示。

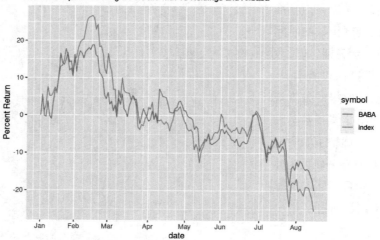

图16-33　自定义指数回报与阿里巴巴的表现比较图

（3）下面的代码可视化展示了自定义指数与腾讯的回报对比。

```
sp.tencent <- stock.list.2 %>%
  filter(date > "2021-01-01") %>%
  filter(symbol %in% "TCEHY") %>%
  select(symbol, date, adjusted)

merged <- full_join(sp.tencent, basket, by = c('symbol','date',
'adjusted'))

merged.returns <- merged %>%
  group_by(symbol) %>%
  tq_transmute(select     = adjusted,
               mutate_fun = periodReturn,
               period     = "daily",
               col_rename = "daily_return")

merged.returns <- merged.returns %>%
  mutate(cm.ret = 100*(cumprod(1 + daily_return)))

merged.returns %>%
ggplot(aes(date, cm.ret-100, color = symbol)) +
    labs(title = "Custom Index Returns Compared to Tencent",
        subtitle = "Fixed Compondent Weight Portfolio with 13 Holdings and
            Tencent",
        x = "", y = "Percent Return") +
    geom_line()
```

效果图如图16-34所示。

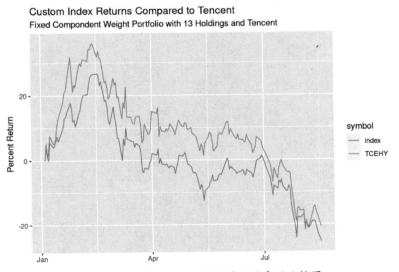

图16-34　自定义指数回报与腾讯的表现比较图

同样，可以继续绘制自定义指数与SPY的表现比较图，如图16-35所示。

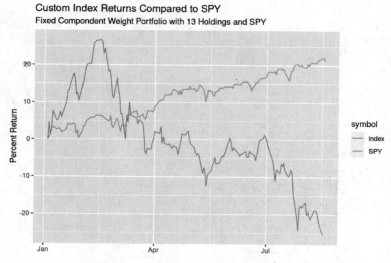

图16-35　自定义指数与SPY的表现比较图